SEMENTES

Os autores

Juhani Pallasmaa é um dos mais famosos arquitetos e teóricos da arquitetura contemporânea. Foi reitor do Instituto de Artes Industriais, Helsinque; diretor do Museu de Arquitetura Finlandesa, Helsinque; e professor titular e diretor da Faculdade de Arquitetura da Universidade de Tecnologia de Helsinque, entre outros cargos acadêmicos. Foi também professor visitante em diversas universidades do mundo inteiro. Pallasmaa é autor ou editor de cerca de 60 livros, incluindo os best-sellers *Os olhos da pele: a arquitetura e os sentidos*; *As mãos inteligentes: a sabedoria existencial corporalizada na arquitetura*; e *A imagem corporificada: imaginação e imaginário na arquitetura*.

Matteo Zambelli é graduado em Arquitetura pelo IUAV (Instituto Universitário de Arquitetura de Veneza) e doutor em Engenharia Civil pela Faculdade de Engenharia de Ancona. Zambelli já lecionou as disciplinas de Projeto de Arquitetura e História e Teoria da Arquitetura Contemporânea nas Faculdades de Engenharia de Ancona e Trento, e é pesquisador no Departamento de Arquitetura da Universidade de Florença. Escreveu extensivamente sobre os arquitetos contemporâneos e as novas tendências na arquitetura e nos métodos de projeto, além de ter traduzido e editado quatro livros escritos por Juhani Pallasmaa da língua inglesa para a italiana.

P153s	Pallasmaa, Juhani.
	    Sementes : ideias para pensar a arquitetura / Juhani Pallasmaa, Matteo Zambelli ; tradução técnica: Alexandre Salvaterra. – Porto Alegre : Bookman, 2024.
	    xxii, 306 p. ; 23 cm.
	
	    ISBN 978-85-8260-641-4
	
	    1. Arquitetura. I. Zambelli, Matteo. II. Título.
	
	                                                                CDU 72

Catalogação na publicação: Karin Lorien Menoncin – CRB 10/2147

JUHANI PALLASMAA | MATTEO ZAMBELLI

SEMENTES
Ideias para Pensar a **Arquitetura**

Tradução
Alexandre Salvaterra
Arquiteto e Urbanista pela Universidade Federal do Rio Grande do Sul

Porto Alegre
2024

Obra originalmente publicada sob o título
Inseminations: Seeds for Architectural Thought, First Edition
ISBN 9781119622185

Copyright © 2020, All Rights Reserved. Authorised translation from the English language edition published by John Wiley & Sons Limited. Responsibility for the accuracy of the translation rests solely with Grupo A Educação S.A., through its subsidiaries and is not the responsibility of John Wiley & Sons Limited. No part of this book may be reproduced in any form without the written permission of the original copyright holder, John Wiley & Sons Limited.

Gerente editorial: *Letícia Bispo de Lima*

Colaboraram nesta edição:

Supervisão editorial: *Simone de Fraga*

Editora: *Mariana Belloli Cunha*

Preparação de originais: *Sandra Chelmicki*

Leitura final: *Marina Carvalho Dummer*

Arte sobre capa original: *Márcio Monticelli*, adaptada de ©Vadyrn Kur

Editoração: *Matriz Visual*

Reservados todos os direitos de publicação ao
GRUPO A EDUCAÇÃO S.A.
(Bookman é um selo editorial do GRUPO A EDUCAÇÃO S.A.)
Rua Ernesto Alves, 150 – Bairro Floresta
90220-190 – Porto Alegre – RS
Fone: (51) 3027-7000

SAC 0800 703 3444 – www.grupoa.com.br

É proibida a duplicação ou reprodução deste volume, no todo ou em parte, sob quaisquer formas ou por quaisquer meios (eletrônico, mecânico, gravação, fotocópia, distribuição na *web* e outros), sem permissão expressa da Editora.

IMPRESSO NO BRASIL
PRINTED IN BRAZIL

Prefácio

Nunca quis ou decidi deliberadamente me tornar escritor, crítico ou teórico de arquitetura. Vaguei, sem perceber, da minha prática de arquitetura para o pensamento e a escrita sobre esta forma de arte, e, há quase uma década, desde que encerrei as atividades de projeto em meu escritório, escrevo praticamente em tempo integral.

Escrevi meu primeiro artigo em 1966 e, durante os últimos anos, redigi um ensaio, palestra ou prefácio para o livro de alguém mais ou menos a cada duas semanas. Já publiquei mais de 60 livros e mais de 400 artigos. Confesso que desenvolvi gradualmente uma forma de escrever semelhante à minha forma de projetar. Escrevo espontaneamente e sem um roteiro ou plano claro, da mesma maneira que costumava esboçar meus projetos de arquitetura. Sinto que não mudei realmente meu ofício, já que continuo fazendo a mesma coisa: imaginando situações, encontros e experiências de arquitetura, agora em palavras em vez de forma e matéria.

No final da década de 1970, li *The Poetics of Space*[1], de Gaston Bachelard (o livro me foi recomendado por Daniel Libeskind na livraria da Cranbrook Academy), e um novo mundo se abriu para mim: a esfera da imaginação poética e imagética, um mundo onde percepção, pensamento, imaginação e sonhos se unem. Dei-me conta de que o mundo não está lá fora objetivamente, pois é fundamentalmente produto de nossa própria criação perceptual e mental. Tornei-me consciente da base existencial e poética da arquitetura em oposição a suas questões de estética visual, de composição ou utilitárias. Comecei a ler filósofos, psicólogos da criatividade, cientistas (principalmente físicos e cientistas da natureza) e, mais tarde, inclusive neurocientistas. Também li com entusiasmo romances e poemas. Os livros abrem mundos maravilhosos, aqueles da imaginação – os mundos mais significativos para mim.

---

[1] Gaston Bachelard, *The Poetics of Space*, Boston, Beacon Press, 1969.

Em 1985, escrevi um ensaio intitulado *The Geometry of Feeling*,[2] que foi republicado como um exemplo de fenomenologia da arquitetura em algumas antologias sobre escrita e teoria da arquitetura. Devo dizer honestamente que só após trabalhar nesse ensaio fiquei ciente da fenomenologia como uma linha de investigação filosófica, e adicionei um curto capítulo sobre essa abordagem filosófica no texto, principalmente com o objetivo de esclarecer minha própria visão. Ainda assim, mesmo hoje, não me considero um fenomenologista devido à minha falta de formação filosófica formal. Eu diria que minhas opiniões atuais sobre arquitetura e arte são paralelas ao que entendo como a postura fenomenológica. Minha "fenomenologia" resulta de minha meia década de experiências como arquiteto, professor, escritor e colaborador com diversos artistas, bem como minhas inúmeras viagens ao redor do mundo e minhas experiências de vida em geral.

O fenomenologista holandês J. H.-van den Berg afirma surpreendentemente: "Pintores e poetas são fenomenologistas natos".[3] O neurobiólogo Semir Zeki, que estuda o fundamento neurológico da arte e estética, elabora um argumento paralelo: "A maioria dos pintores também são neurologistas", no sentido de entender intuitivamente os princípios neurológicos das atividades cerebrais.[4] Essas afirmações falam sobre o poder da intuição do artista. Acredito que sou, da mesma maneira, um "fenomenologista nato" por meio de minhas experiências e observações formativas na infância, na pequena fazenda do meu avô agricultor no centro da Finlândia, durante a Segunda Guerra Mundial, entre 1939 e 1945. Meu pensamento é essencialmente "a fenomenologia de um menino de fazenda" refinado por minha posterior participação no mundo artístico. No entanto, nos últimos anos, tive a oportunidade de dar palestras em vários países com alguns dos principais fenomenologistas do mundo.

Entendo a fenomenologia de acordo com a noção do fundador do movimento, Edmund Husserl, como um "olhar puro", um encontro inocente e imparcial com os fenômenos, da mesma forma que um pintor observa uma paisagem, um poeta busca uma expressão poética para determinada experiência humana e um arquiteto imagina um espaço significativo para a existência. Também entendi que o significado original da palavra grega *theorein* era observar, não especular. Meu teorizar é um olhar intenso nas coisas para ver suas essências, conexões, interações e significados. Também simpatizo com a visão de Johann Wolfgang von Goethe sobre a ciência, que ele chamou de

---

[2] Juhani Pallasmaa, "Geometry of Feeling: A look at the Phenomenology of Architecture. Part 1", *Arkkitehti: The Finnish Architectural Review* 3, 1985, p. 44–49.

[3] J. H. van den Berg, The Phenomenological Approach in Psychology (1955), como citado em Bachelard, *op. cit.*, XXIV.

[4] Semir Zeki, *Inner Vision – An Exploration of Art and the Brain*, Oxford, UK, Oxford University Press, 1999, p. 2.

"*zarte empirie*", empirismo delicado,⁵ um pensamento que aspira a observar sem mudar e violar o fenômeno em questão. Escrevo de maneira associativa em ensaios de literatura, e não hesito em combinar descobertas científicas com observações experienciais e sensoriais ou formulações fenomenológicas. Também tento alcançar características literárias em meus escritos depois de ter percebido que a característica estética da linguagem torna o leitor mais receptivo; ele recebe simultaneamente o significado intelectual e um impacto estético e emotivo.

Em *The Book of Disquiet* (*Livro do desassossego*), o poeta português Fernando Pessoa – que escreveu com 52 pseudônimos – confessa: "Eu era um poeta animado pela filosofia, não um filósofo com faculdades poéticas".⁶ Como não tenho formação acadêmica em filosofia, gostaria de parafrasear a confissão do poeta: sou um arquiteto animado pela filosofia, não um filósofo com interesses na arquitetura. Devo confessar que sou um pensador amador, embora tenha lido inúmeros livros de filósofos devido ao meu interesse pelo enigma da existência humana, consciência e essência do conhecimento. Considero-me um artesão e amador, e até passei a suspeitar da especialização na maneira que o poeta Joseph Brodsky coloca: "Um artesão não coleciona especialização, ele coleciona incertezas".⁷ Ao longo de minha larga experiência como arquiteto e *designer*, tenho me tornado cada vez mais incerto, na medida em que o conhecimento ampliado complica a realidade, em vez de simplificá-la.

Fiquei particularmente impressionado com as obras de Maurice Merleau-Ponty, cujo pensamento considero inspiradoramente aberto e otimista. Ele é um verdadeiro filósofo poético, cujas expressões muitas vezes possuem a magia da arte. Sua filosofia me fez compreender a maneira quiasmática com que os mundos mental e material se entrelaçam, e essa visão abriu novos caminhos para entender fenômenos artísticos e arquitetônicos. Meu pensamento fenomenológico começou com o interesse pelos sentidos e me levou à crítica da hegemonia da visão na cultura ocidental. Esse predomínio já surgira na filosofia grega e foi dramaticamente acelerado pela tecnologia, especialmente pela escrita e impressão mecânica, como Walter J. Ong sugeriu de modo convincente em *Orality and Literacy*.⁸

Depois de décadas de trabalho, reflexão e escritos, estou convencido de que o sentido mais importante na experiência da arquitetura não é a visão, e sim o

---

⁵ David Seamon, Arthur Zajonc, editors, *Goethe's Way of Science*, Albany, NY, State University of New York Press, 1998, p. 2.

⁶ Fernando Pessoa, *The Book of Disquiet*, New York, Pantheon Books, 1991, p. 1.

⁷ Joseph Brodsky, "Less Than One", in Id., *Less Than One*, New York, Farrar, Straus & Giroux, 1998, 17.

⁸ Walter J. Ong, *Orality & Literacy – The Technologizing of the World*, London and New York, Routledge, 1991.

sentido existencial, o nosso senso de individualidade (*self*). Existimos na "carne do mundo", usando uma noção de Merleau-Ponty, e a arquitetura nos dá uma base exatamente nesta carne.[9] Também me convenci de que as percepções periféricas e sem foco e a compreensão da natureza da realidade existencial humana são mais importantes na arquitetura do que nossas percepções focadas. O *continuum* de memória, percepção e imaginação também é mais essencial do que sensações isoladas. Em suma, focar a visão nos torna *outsiders* ("externos"), enquanto abarcar as percepções periféricas e difusas nos torna *insiders* e participantes. Esta visão torna questionável a hegemonia formal e geométrica na teoria e no ensino da arquitetura em comparação com uma compreensão existencial, experiencial e atmosférica.

Em 2010, quando trabalhava na tradução de dois livros meus do inglês para o italiano, o arquiteto e professor Matteo Zambelli sugeriu-me a ideia de compilar uma seleção de trechos de meus escritos em forma enciclopédica, organizados alfabeticamente com base em palavras-chave que identificam o conteúdo dos capítulos selecionados. Como tendo a escrever em fragmentos ou parágrafos semiautônomos, em vez de buscar forjar uma narrativa contínua e ininterrupta, aceitei imediatamente a ideia. Na época de nossa conversa, quase nove anos atrás, eu já havia publicado cerca de 45 livros e por volta de 350 ensaios, prefácios e entrevistas, principalmente sobre visões experienciais e filosóficas de arquitetura e artes. Senti que haveria material suficiente para um livro baseado na ideia de Matteo. Ao mesmo tempo que a ideia de uma "enciclopédia" de meus textos soasse um pouco pretensiosa, também parecia projetar uma atitude descontraída em relação a ensaios individuais como simples material para uma entidade anteriormente não meditada.

O livro foi publicado em italiano pela Pendragon, Bolonha, em 2011, como Juhani Pallasmaa, *Lampi di pensiero – Fenomenologia della percezione in architettura*, editado por Mauro Fratta e Matteo Zambelli. Agora, ao escrever a introdução para a versão inglesa amplamente expandida do livro, o número total de meus livros é superior a 60, e devo ter publicado mais de 400 artigos e ensaios. O número de entradas na edição inglesa de *Sementes* quase dobrou. Como os estudantes de hoje tendem a ler fragmentos curtos em vez de ensaios completos ou livros inteiros, uma coleção de capítulos condensados em temas distintos pode ser atraente para os leitores acadêmicos.

Meu modo de pensar e escrever é focar em um tema ou ponto de vista de cada vez, registrar minhas observações, pensamentos e associações sobre esse tema e seguir para o próximo ponto de vista ou tema de meu interesse, relacionado ao tópico principal. Meu processo de escrita é, em grande parte, autogerado, e as ideias surgem por meio do próprio ato de escrever. O fato de a

---

[9] Maurice Merlau-Ponty descreve o conceito de carne em seu ensaio "The Intertwining – The Chiasm", em Id., *The Visible and the Invisible*, Evanston, IL, Northwestern University Press, 1992.

maioria de meus ensaios ser originalmente escrita como palestras, ilustradas com uma grande quantidade de imagens associativas que seguem uma lógica visual própria, apoia ainda mais a estrutura interna aditiva de meus textos. Como resultado de minha maneira de escrever, os ensaios são essencialmente uma colagem de capítulos, e frequentemente continuo movendo os vários "elementos" durante o processo de escrita. Normalmente, também uso uma série de citações, o que enfatiza ainda mais o caráter de colagem de meus textos. A razão principal para o uso extensivo de citações é colocar meus pensamentos em um *continuum* de pensamento, em vez de apresentar as ideias como minhas visões pessoais e independentes. Além disso, não acredito em grandes verdades ou teorias, confio mais na sinceridade de visões momentâneas e observações situacionais. Observações e ideias estão fadadas a depender do ponto de vista (um ponto na evolução do pensamento nessa área específica de raciocínio), e, portanto, observações e argumentos mudam de acordo com alterações no ponto de observação. Normalmente, não concordo comigo mesmo por muito tempo.

As formas de arte da colagem, compilação, aglomeração e montagem – a sintaxe da expressão cinematográfica –, têm estado próximas de minha forma de pensar e sensibilidade estética há muito tempo. A forma de arte da colagem baseia-se em um diálogo interno entre as partes que confere novos significados umas às outras, mas que ainda mantém algum grau de autonomia e identidade. Essa interação complexa projeta significados inesperados à entidade. Muitas vezes, a imagem colada, assim como um texto, consiste em conflitos e irreconciliabilidades e posições não resolvidas. Procuro conflitos internos propositalmente em meus escritos. Como consequência dessas aspirações, várias partes de meus ensaios podem facilmente estar desconectadas da continuidade do texto e ser apresentadas como declarações autônomas, ditos ou proposições.

As entradas enciclopédicas reais são redigidas com base em conceitos, temas e assuntos singulares, e a entrada gira coesivamente ao redor desse tema. Dividir ensaios em vários textos de acordo com seu conteúdo específico e dar-lhes novas palavras-título é um processo inverso. Como resultado, a maioria dos capítulos fragmentados pode ser classificada de forma diferente e caracterizada por palavras-chave alternativas. Portanto essa "enciclopédia" dos meus escritos tende a ser uma quase-enciclopédia, uma de muitas compilações alternativas.

Ao escrever com uma ambição literária, como ocorre em um ensaio, a intensidade da argumentação varia intencionalmente; há partes que têm um peso particular, inseridas em parágrafos de menor importância e densidade de conteúdo. A separação das ideias de seu contexto geral intensifica naturalmente a densidade da compilação dos capítulos separados, pois o ritmo literário é perdido. O isolamento de capítulos também tende a dar-lhes uma ambiência um tanto aforística e uma importância forçada, que talvez não tenha sido o tom do trecho em seu contexto original.

Deve-se notar também que todos os trechos são apresentados em sua forma original publicada, sem eliminar repetições.

•

Agradeço ao editor Paul Sayer e à editora de texto Nora Naughton.

Quero agradecer especialmente a Matteo Zambelli por sua ideia de uma compilação enciclopédica de alguns de meus escritos e por seu árduo trabalho na reorganização de uma grande amostra de meus pensamentos. A desconstrução de meus próprios textos seria psicologicamente impossível para mim. Nesse contexto enciclopédico inesperado, tendo a ler as diversas entradas com distanciamento, como se fossem escritas por outra pessoa. Mesmo no processo normal de escrita, a identificação pessoal e a intimidade do texto mudam constantemente, e a medida de sua finitude é quando ele não parece mais ser seu e sobrevive independentemente de você.

13 de junho de 2019

Sumário

Sementes A   1

A obra de arte é...   1
    Experiência corporificada e pensamento sensorial: espaço vivenciado na arte e na arquitetura (2006)   1
Água e tempo   1
    O espaço do tempo: tempo mental na arquitetura (2007)   2
Amplificadores de emoções   3
    Identidade, memória e imaginação: paisagens de recordação e sonho (2007)   3
Anonimato   3
    Vozes da tranquilidade: silêncio na arte e na arquitetura (2011)   4
Arquitetura animal   5
    Arquitetura e a natureza humana: em busca de uma metáfora sustentável (2011)   11
Arquitetura como disciplina impura   11
    Paisagens e horizontes da arquitetura: arquitetura e pensamento artístico (2007)   11
    Paisagens da arquitetura: a arquitetura e a influência de outros campos de investigação (2003/2010)   12
    Arquitetura e a natureza humana: em busca de uma metáfora sustentável (2011)   12
Arquitetura como experiência   13
    Arquitetura como experiência: significado existencial na arquitetura (2018)   13
Arquitetura e biologia   15
    Arquitetura como experiência: significado existencial na arquitetura (2018)   15
    Imaginação empática: simulação corporificada e emotiva na arquitetura (2016)   16
Arquitetura é espaço mental construído   17
    Experiência corporificada e pensamento sensorial: espaço vivenciado na arte e na arquitetura (2006)   17
Arquitetura e ser   18
    Generosidade artística, humildade e expressão: senso de realidade e idealização na arquitetura (2007)   18
    Identidade, memória e imaginação: paisagens de recordação e sonho (2007)   18
Arquitetura frágil   19
    Juhani Pallasmaa, *Hapticity and Time. Notes on Fragile Architecture*, em Id., *Encounters*, Helsinki: Rakennustieto Oy, 2005, 327–331   19

Arquitetura funerária   23
   Arquitetura e vida simbólica: o significado mental de tempo, memória e sepultamento
      na arquitetura (2019)   23
Arquitetura, realidade e individualidade   29
   Tocando o mundo: espaço vivenciado, visão e tatilidade (2007)   29
Arte como representação e realidade   30
   Entre arte e ciência: realidade e experiência em arquitetura e arte (2018)   30
Arte *versus* ciência I   31
   Experiência corporificada e pensamento sensorial: espaço vivenciado na arte e na
      arquitetura (2006)   31
   Paisagens e horizontes da arquitetura: arquitetura e pensamento artístico (2007)   32
   Experiência corporificada e pensamento sensorial: espaço vivenciado na arte e na
      arquitetura (2006)   32
   Paisagens e horizontes da arquitetura: arquitetura e pensamento artístico (2007)   33
   Experiência corporificada e pensamento sensorial: espaço vivenciado na arte e na
      arquitetura (2006)   33
   Paisagens e horizontes da arquitetura: arquitetura e pensamento artístico (2007)   33
Arte *versus* ciência II   34
   Infinidade e limites: infinitude, eternidade e imaginação artística (2017)   34
Artistas como fenomenologistas e neurologistas   36
   Sarah Robinson, Juhani Pallasmaa, editores, *Mind in Architecture: Neuroscience,*
      Embodiment, and the Future of Design. The MIT Press, Cambridge, MA, e Londres,
      2007, p. 66–68.   36
Artistas *versus* arquitetos   38
   Identidade, memória e imaginação: paisagens de recordação e sonho (2007)   39
Atmosferas na arquitetura   39
   Espaço, lugar e atmosfera: percepção periférica na experiência existencial (2011)   39
Atmosferas nas artes   42
   Espaço, lugar e atmosfera: percepção periférica e emoção na experiência arquitetônica
      (2012)   43

Sementes B   45

Beleza   45
   Experiência corporificada e pensamento sensorial: espaço vivenciado na arte e na
      arquitetura (2006)   45
   Generosidade artística, humildade e expressão: senso de realidade e idealização na
      arquitetura (2007)   45
   Paisagens e horizontes da arquitetura: arquitetura e pensamento artístico (2007)   46
Beleza biofílica   47
   Espaço, lugar e atmosfera: percepção periférica e emoção na experiência da
      arquitetura (2012)   47
Beleza e ética   48
   O significado ético da beleza (2019)   48
Beleza e tempo   53
   O espaço do tempo: tempo mental na arquitetura (2007)   53

Sementes C 55

Cheiros 55
    A veracidade da experiência: orquestrando a experiência com nossos sentidos negligenciados (2019) 55
Cinema e arquitetura 56
    Espaço vivenciado na arquitetura e no cinema (2008) 56
    Experiência corporificada e pensamento sensorial: espaço vivenciado na arte e na arquitetura (2006) 57
    Espaço vivenciado na arquitetura e no cinema (2008) 57
    Espaço vivenciado na arquitetura e no cinema (2008) 57
Cinema e pintura 61
    Espaço vivenciado na arquitetura e no cinema (2008) 61
Cliente ideal 62
Colaboração 63
    Paisagens e horizontes da arquitetura: arquitetura e pensamento artístico (2007) 63
    Generosidade artística, humildade e expressão: senso de realidade e idealização na arquitetura (2007) 63
Complexidade da simplicidade 64
    Complexidade da simplicidade: a estrutura interna da imagem artística (2016) 64
Computador e imaginação 67
    Tocando o mundo: espaço vivenciado, visão e tatilidade (2007) 68
Condensação 68
    Generosidade artística, humildade e expressão: senso de realidade e idealização na arquitetura (2007) 68
Conhecimento e pensamento corporificado 69
    Experiência corporificada e pensamento sensorial: espaço vivenciado na arte e na arquitetura (2006) 69
    Conhecimento corporificado e sabedoria existencial na arquitetura (2009) 69
Coração 71
    Juhani Pallasmaa, *As mãos inteligentes: a sabedoria existencial e corporalizada na arquitetura*, Porto Alegre: Bookman Editora, 2013, 152 71
Cortesia da arquitetura 71
    Generosidade artística, humildade e expressão: senso de realidade e idealização na arquitetura (2007) 71
Culto da personalidade 71
    Generosidade, humildade e expressão artística: senso de realidade e idealização na arquitetura (2007) 71

Sementes D 73

Desabrigo 73
    A falta de abrigo existencial: desterritorialização e nostalgia na era da mobilidade (2006) 73

Desenho   74
   Juhani Pallasmaa, *As mãos inteligentes: a sabedoria existencial e corporalizada na arquitetura*, Porto Alegre: Bookman Editora, 2013. O desenho e a identidade pessoal (título do parágrafo)   74
Desenho à mão livre   78
   Juhani Pallasmaa, *As mãos inteligentes: a sabedoria existencial e corporalizada na arquitetura*, Porto Alegre: Bookman Editora, 2013, 61   78

Sementes E   81

Eco emocional   81
   Identidade, memória e imaginação: paisagens de recordação e sonho (2007)   81
Educação   81
   Experiência corporificada e pensamento sensorial: espaço vivenciado na arte e na arquitetura (2006)   81
   Sabedoria corporificada e existencial na arquitetura (2009)   82
Emoções   82
   Experiência corporificada e pensamento sensorial: espaço vivenciado na arte e na arquitetura (2006)   82
   Espaço vivenciado na arquitetura e no cinema (2008)   83
Emoções e pensamento criativo   84
   Espaço, lugar e atmosfera: percepção periférica e emoção na experiência arquitetônica (2012)   84
Empatia   86
   Arquitetura como experiência: significado existencial na arquitetura (2018)   86
   Generosidade artística, humildade e expressão: senso de realidade e de idealização na arquitetura (2007)   86
   Sarah Robinson e Juhani Pallasmaa, editores, *Mind in Architecture: Neuroscience, Embodiment, and the Future of Design*, Cambridge, MA e Londres: The MIT Press, 2007, 60   86
Encontrando a arquitetura   87
   Arquitetura como experiência: significado existencial na arquitetura (2018)   87
Entendimento corporificado   89
   Tocando o mundo: espaço vivenciado, visão e tatilidade (2007)   89
Escadarias do cinema   91
   Espaço vivenciado na arquitetura e no cinema (2008)   92
Espaço e imaginação   93
   Tocando o mundo: a integração dos sentidos e a experiência da realidade (2018)   93
Espaço existencial I   94
   Identidade, memória e imaginação: paisagens de recordação e sonho (2007)   94
Espaço existencial II   95
   Experiência corporificada e pensamento sensorial: espaço vivenciado na arte e na arquitetura (2006)   95
Espaço vivenciado   96
   Espaço vivenciado na arquitetura e no cinema (2008)   96

Espaço-tempo   98
    O espaço do tempo: tempo mental na arquitetura (2007)   98
    A falta de abrigo existencial: desterritorialização e nostalgia na era da mobilidade (2006)   99
    Fazendo o mundo – espaço, lugar e tempo na arquitetura: desterritorialização e nostalgia na era da mobilidade (2012)   100
Esquecimento   100
    Juhani Pallasmaa, *As mãos inteligentes: a sabedoria existencial e corporalizada na arquitetura*, Porto Alegre: Bookman Editora, 2013, 147–149   100
Estetização   101
    A sabedoria existencial: fusão do espaço arquitetônico e mental (2008)   102
Evocatividade   103
    Espaço vivenciado na arquitetura e no cinema (2008)   103
Existência corporificada   103
    Sabedoria corporificada e existencial na arquitetura (2009)   103
Experiência tem uma essência multissensorial (A)   104
    A sensualidade da matéria: imaginação material, tatilidade e tempo (2012)   104
    Tocando o mundo: espaço vivenciado, visão e tatilidade (2007)   105
    A sensualidade da matéria: imaginação material, tatilidade e tempo (2012)   105
Experiências relacionais   106
    Arquitetura como experiência: significado existencial na arquitetura (2018)   106

Sementes F   107

Falta de profundidade   107
    A falta de abrigo existencial: desterritorialização e nostalgia na era da mobilidade (2006)   107
Fenomenologia da arquitetura   107
    Juhani Pallasmaa, *Encounters*, Helsinki: Rakennustieto Oy, 2005, 90–92   107
    Espaço vivenciado na arquitetura e no cinema (2008)   109
Filosofia na carne   111
    Sabedoria corporificada e existencial na arquitetura (2009)   111
    Generosidade, humildade e expressão artística: senso de realidade e idealização na arquitetura (2007)   112
Forma presente da arte   112
    O espaço do tempo: tempo mental na arquitetura (2007)   112
Fragmentos   113
    Identidade, memória e imaginação: paisagens de recordação e sonho (2007)   114
    Espaço vivenciado na arquitetura e no cinema (2008)   115
Fundamentalismo   115
    Juhani Pallasmaa, *Encounters*, Helsinque: Rakennustieto Oy, 2005, 88–89   115
Fusão do eu com o mundo   116
    Generosidade artística, humildade e expressão: senso de realidade e idealização na arquitetura (2007)   116

Sementes G   119

Generosidade   119
  Generosidade artística, humildade e expressão: senso de realidade e idealização na arquitetura (2007)   119

Sementes H   123

Homem   123
  Arquitetura e a natureza humana: em busca de uma metáfora sustentável (2011)   123
Horizontes de significado   125
  Experiência corporificada e pensamento sensorial: espaço vivenciado na arte e na arquitetura (2006)   125
  Tocando o mundo: espaço vivenciado, visão e tatilidade (2007)   126
Humildade   126
  Generosidade artística, humildade e expressão: senso de realidade e idealização na arquitetura (2007)   126
  Juhani Pallasmaa, *Encounters*, Helsinki: Rakennustieto Oy, 2005, 333   127

Sementes I   129

Ideais   129
  Generosidade artística, humildade e expressão: senso de realidade e idealização na arquitetura (2007)   129
  Experiência corporificada e pensamento sensorial: espaço vivenciado na arte e na arquitetura (2006)   129
Identidade   130
  Novidade, tradição e identidade: conteúdo existencial e significado na arquitetura (2012)   130
  A tarefa existencial da arquitetura (2009)   131
Imagens libertadoras *versus* imagens decadentes   132
  Tocando o mundo: espaço vivenciado, visão e tatilidade (2007)   132
Imaginação criativa   133
  Imaginação empática: simulação corporificada e emotiva na arquitetura (2016)   133
Imaginação sincrética   134
  Imaginação empática: simulação corporificada e emotiva na arquitetura (2016)   135
Imaginário   135
  Juhani Pallasmaa, *Encounters*, Helsinki: Rakennustieto Oy, 2005, 89-90   135
Imperfeição   136
  Paisagens e horizontes da arquitetura: arquitetura e pensamento artístico (2007)   136
Incerteza   137
  Juhani Pallasmaa, *As mãos inteligentes: a sabedoria existencial e corporalizada na arquitetura*, Porto Alegre: Bookman Editora, 2013, 111-114   137
Inteligência atmosférica   139
  Tocando o mundo: a integração dos sentidos e a experiência da realidade (2018)   139

Interpretação reversa   140
   Paisagens da arquitetura: a arquitetura e a influência de outros campos de
      investigação (2003/2010)   140

Sementes J   143

Jogando com formas   143
   Juhani Pallasmaa, *Encounters*, Helsinki: Rakennustieto Oy, 2005, 87–88   143

Sementes L   145

Limites   145
   Juhani Pallasmaa, *As mãos inteligentes: a sabedoria existencial e corporalizada na arquitetura*, Porto Alegre: Bookman Editora, 2013, 114–116   145
Limites e imensidade   147
   Infinito e limites: infinitude, eternidade e imaginação artística (2017)   147
Linguagem da matéria   147
   A sensualidade da matéria: imaginação material, tatilidade e tempo (2012)   147
Livros (e arquitetura)   149
   Paisagens da arquitetura: a arquitetura e a influência de outros campos de
      investigação (2003/2010)   149
Luz   151
   O toque da luz: materialidade e tatilidade da iluminação (2011)   151

Sementes M   157

Mãos informatizadas   157
   Juhani Pallasmaa, *As mãos inteligentes: a sabedoria existencial e corporalizada na arquitetura*, Porto Alegre: Bookman Editora, 2013, 97   157
Mãos inteligentes   161
   Juhani Pallasmaa, *As mãos inteligentes: a sabedoria existencial e corporalizada na arquitetura, Porto Alegre: Bookman Editora, 2013*, 93–97   161
Matéria e tempo   163
   Juhani Pallasmaa, "Matter and Time. Notes on Fragile Architecture", *in Id.*,
      Encounters, Helsinki: Rakennustieto Oy, 2005, 323–324   164
Memória   167
   Identidade, memória e imaginação: paisagens de recordação e de sonho (2007)   167
Memória corporificada   169
   Identidade, memória e imaginação: paisagens de recordação e sonho (2007)   169
Memórias coletivas   170
   Identidade, memória e imaginação: paisagens de recordação e sonho (2007)   170
Memórias espacializadas   170
   Identidade, memória e imaginação: paisagens de recordação e sonho (2007)   170
Metáfora   171
   Arquitetura e a natureza humana: em busca de uma metáfora sustentável
      (2011)   171
Microcosmos   174
   Paisagens e horizontes da arquitetura: arquitetura e pensamento artístico (2007)   174

Mito   174
   A falta de abrigo existencial: desterritorialização e nostalgia na era da mobilidade (2006)   174
Modos de pensamento   175
   Experiência corporificada e pensamento sensorial: espaço vivenciado na arte e na arquitetura (2006)   175
Movimento   176
Museus do tempo   176
   O espaço do tempo: tempo mental na arquitetura (2007)   176

Sementes N   179

Niilismo   179
   A falta de abrigo existencial: desterritorialização e nostalgia na era da mobilidade (2006)   179
Nomadismo e mobilidade   180
   A falta de abrigo existencial: desterritorialização e nostalgia na era da mobilidade (2006)   180
Nostalgia   182
   A falta de abrigo existencial: desterritorialização e nostalgia na era da mobilidade (2006)   182
Novidade   185
   Identidade, memória e imaginação: paisagens de recordação e sonho (2007)   185
   Novidade, tradição e identidade: conteúdo existencial e significado na arquitetura (2012)   186
   O espaço do tempo: tempo mental na arquitetura (2007)   188

Sementes O   189

O agora e a eternidade   189
   Infinito e limites: infinitude, eternidade e imaginação artística (2017)   189
Odores na arquitetura   190
   A veracidade da experiência: orquestrando a experiência com nossos sentidos negligenciados (2019)   190
Olhos   191
   Tocando o mundo: espaço vivenciado, visão e tatilidade (2007)   191
Otimismo   193
   Generosidade, humildade e expressão artística: senso de realidade e idealização na arquitetura (2007)   193

Sementes P   195

Paisagem física e mental   195
   Paisagens e horizontes da arquitetura: arquitetura e pensamento artístico (2007)   195
Perfeição e erro   196
   Juhani Pallasmaa, *Encounters*, Helsinki: Rakennustieto Oy, 2005, 332–333   196
   A sensualidade da matéria: imaginação material, tatilidade e tempo (2012)   197
Pintor, arquiteto e cirurgião   198

Espaço vivenciado na arquitetura e no cinema (2008)   199
Pintura e arquitetura   199
  Paisagens e horizontes da arquitetura: arquitetura e pensamento artístico (2007)   199
Processo de projeto   201
  Juhani Pallasmaa, *As mãos inteligentes: a sabedoria existencial e corporalizada na arquitetura*, Porto Alegre: Bookman Editora, 2013, 109-111   201

Sementes R   203

Racionalizando a arquitetura   203
  Entre arte e ciência: realidade e experiência na arquitetura e na arte (2018)   203
Raízes e biologia   205
  A falta de abrigo existencial: desterritorialização e nostalgia na era da mobilidade (2006)   205
  Experiência corporificada e pensamento sensorial: espaço vivenciado na arte e na arquitetura (2006)   205
  O espaço do tempo: tempo mental na arquitetura (2007)   206
Realidade e imaginação   206
  Generosidade, humildade e expressão artística: senso de realidade e idealização na arquitetura (2007)   206
Realidade *versus* símbolo   207
  O espaço do tempo: tempo mental na arquitetura (2007)   207
Realismo e idealização   208
  Generosidade, humildade e expressão artística: senso de realidade e idealização na arquitetura (2007)   208
Reconciliação   209
  Paisagens e horizontes da arquitetura: arquitetura e pensamento artístico (2007)   209
Ruínas   210
  A sensualidade da matéria: imaginação material, tatilidade e tempo (2012)   210

Sementes S   213

Sagrado   213
  Sacralidade existencial: luz, silêncio e espiritualidade na arquitetura (2012)   213
Senso atmosférico   215
  Sarah Robinson, Juhani Pallasmaa, editores, *Mind in Architecture: Neuroscience, Embodiment, and the Future of Design*, Cambridge, MA e Londres: The MIT Press, 2007, 60-61   215
Sentidos I   217
  Tocando o mundo: a integração dos sentidos e a experiência da realidade (2018)   217
Sentidos II. Quantos sentidos temos?   218
  A veracidade da experiência: orquestrando a experiência com nossos sentidos negligenciados (2019)   218
Ser no mundo   219
  Experiência corporificada e pensamento sensorial: espaço vivenciado na arte e na arquitetura (2006)   219

Significado 221
    Generosidade, humildade e expressão artística: senso de realidade e idealização na arquitetura (2007) 221
Silêncio, tempo e solidão 222
    Tocando o mundo: a integração dos sentidos e a experiência da realidade (2018) 222
Símbolo 223
    Experiência corporificada e pensamento sensorial: espaço vivenciado na arte e na arquitetura (2006) 223
Sinestesia 224
    A veracidade da experiência: orquestrando a experiência com nossos sentidos negligenciados (2019) 224
    Tocando o mundo: espaço vivenciado, visão e tatilidade (2007) 224
    A veracidade da experiência: orquestrando a experiência com nossos sentidos negligenciados (2019) 224
Som 226
    Tocando o mundo: a integração dos sentidos e a experiência da realidade (2018) 226
    Experienciando a sacralidade existencial do espaço: luz, silêncio e espiritualidade na arquitetura (2012) 227
    Tocando o mundo: a integração dos sentidos e a experiência da realidade (2018) 228
Sublime 228
    Infinito e limites: infinitude, eternidade e imaginação artística (2017) 228
    Espiritualidade na arquitetura: arquitetura, arte e sacralidade existencial (2011) 229
    Infinito e limites: infinitude, eternidade e imaginação artística (2017) 229
    Espiritualidade na arquitetura: arquitetura, arte e sacralidade existencial (2011) 230
Sustentabilidade 230
    A tarefa existencial da arquitetura (2009) 230

Sementes T 233

Tarefas da arquitetura 233
    Paisagens e horizontes da arquitetura: arquitetura e pensamento artístico (2007) 233
    Experiência corporificada e pensamento sensorial: espaço vivenciado na arte e na arquitetura (2006) 233
    Sarah Robinson, Juhani Pallasmaa, editores, *Mind in Architecture: Neuroscience, Embodiment, and the Future of Design*, Cambridge, MA e Londres: The MIT Press, 2007, 52–54 234
Tarefas da arte 236
    Experiência corporificada e pensamento sensorial: espaço vivenciado na arte e na arquitetura (2006) 236
Tatilidade 237
    Tocando o mundo: espaço vivenciado, visão e tatilidade (2007) 237
Tatilidade e materialidade da luz 238
    A sensualidade da matéria: imaginação material, tatilidade e tempo (2012) 238
Tempo 243
    O espaço do tempo: tempo mental na arquitetura (2007) 243

Tempo e eternidade   245
  Experiência corporificada e pensamento sensorial: espaço vivenciado na arte e na arquitetura (2006)   245
Teorizando a arquitetura   245
  Arquitetura como experiência: significado existencial na arquitetura (2018)   246
  Paisagens e horizontes da arquitetura: arquitetura e pensamento artístico (2007)   247
  Paisagens da arquitetura: a arquitetura e a influência de outros campos de investigação (2003/2010)   248
  Paisagens e horizontes da arquitetura: arquitetura e pensamento artístico (2007)   249
Toque   249
  A experiência integrada: orquestrando arquitetura por meio dos nossos sentidos negligenciados (2018)   249
  Tocando o mundo: espaço vivenciado, visão e tatilidade (2007)   250
  Tocando o mundo: a integração dos sentidos e a experiência da realidade (2018)   251
  Tocando o mundo: espaço vivenciado, visão e tatilidade (2007)   251
Trabalho artesanal   252
  Juhani Pallasmaa, *As mãos inteligentes: a sabedoria existencial e corporalizada na arquitetura*, Porto Alegre: Bookman Editora, 2013, 54–56; 61–62; 65–71   252
Trabalho criativo em equipe?   256
  Imaginação empática: simulação corporificada e emotiva na arquitetura (2016)   256
Tradição   257
  Novidade, tradição e identidade: conteúdo existencial e significado na arquitetura (2012)   257
  Identidade, memória e imaginação: paisagens de recordação e sonho (2007)   262
  Generosidade, humildade e expressão artística: senso de realidade e idealização na arquitetura (2007)   263
Tríade   263
  Juhani Pallasmaa, *As mãos inteligentes: a sabedoria existencial e corporalizada na arquitetura*, Porto Alegre: Bookman Editora, 2013, 150   263
Troca   264
  Identidade, memória e imaginação: paisagens de recordação e sonho (2007)   264

Sementes U   265

Universo digital   265
  A falta de abrigo existencial: desterritorialização e nostalgia na era da mobilidade (2006)   265

Sementes V   267

Velocidade   267
  A falta de abrigo existencial: desterritorialização e nostalgia na era da mobilidade (2006)   267
  Identidade, memória e imaginação: paisagens de recordação e sonho (2007)   267
  A falta de abrigo existencial: desterritorialização e nostalgia na era da mobilidade (2006)   267

Velocidade e tempo 268
    O espaço do tempo: tempo mental na arquitetura (2007) 268
    Fazendo o mundo – espaço, lugar e tempo na arquitetura: desterritorialização e nostalgia na era da mobilidade (2012) 270
Verbos *versus* substantivos 271
    Juhani Pallasmaa, *Encounters*, Helsinque: Rakennustieto Oy, 2005, 326–327 271
Visão desfocada 272
    Tocando o mundo: espaço vivenciado, visão e tatilidade (2007) 272
Visão periférica 273
    Tocando o mundo: espaço vivenciado, visão e tatilidade (2007) 273
    Espaço, lugar e atmosfera: visão periférica e emoção na experiência arquitetônica (2012) 274

Sementes: ideias para pensar a arquitetura 277

Preâmbulo 277
A escavação psicológica 278
A abordagem: saltos *versus* pensamento linear 278
    Des-, Ex- 282
Resposta de Pallasmaa à nossa proposta 284
    Proposta 1. Títulos provisórios: "Juhani Pallasmaa: esboços de pensamentos" ou "Dicionário de Juhani Pallasmaa: um livro de fragmentos" 284
    Proposta 2. Juhani Pallasmaa: ensaios reunidos 285
Uma estrutura fraca: a ordem alfabética 286
Referências literárias 290
O que é este livro e como devemos "usá-lo"? 291
    Mas o que eu acho do livro de Pallasmaa? 292
Pensamentos finais 294
Índice 295

A obra de arte é...

→ *esquecimento*

Experiência corporificada e pensamento sensorial: espaço vivenciado na arte e na arquitetura (2006)

Rainer Maria Rilke, um dos maiores poetas de todos os tempos, faz uma descrição memorável da enorme dificuldade de criar uma obra de arte autêntica e de sua densidade e condensação, reminiscente do núcleo de um átomo. "Os versos não são, como as pessoas imaginam, simplesmente sentimentos (...) são experiências. Em prol de um único verso, é preciso ver muitas cidades, homens e coisas, é preciso conhecer os animais, é preciso sentir como os pássaros voam e conhecer o gesto por meio do qual as florezinhas abrem de manhã".[1] O poeta continua infinitamente sua lista de experiências necessárias.. Ele lista estradas que levam a regiões desconhecidas, encontros e separações inesperados, doenças na infância e refúgios para a solidão de quartos, noites de amor, gritos de mulheres em trabalho de parto e vigílias ao lado de moribundos. Mas mesmo tudo isso junto não é suficiente para criar um único verso de poema. É preciso esquecer tudo, e ter a paciência de esperar pelo retorno das lembranças desses momentos. Só depois que todas as nossas experiências de vida se tornarem o próprio sangue dentro de nós, "só então pode acontecer que, numa hora extremamente rara, a primeira palavra de um verso surja no meio delas e parta delas".[2]

Água e tempo

→ *beleza; tempo*

---

[1] Rainer Maria Rilke, *The Notebooks of Malte Laurids Brigge*, London, W. W., Norton & Company, 1992, p. 26.

[2] *Ibid.*, 27.

O espaço do tempo: tempo mental na arquitetura (2007)

A arquitetura necessita de dispositivos deliberados para expressar a duração e o tempo. A fascinação do século XVIII por ruínas artificiais é um exemplo da tentativa de expandir a escala do tempo arquitetônico. Um elemento que evoca, de maneira um tanto inesperada, o tempo em relação à arquitetura, é a água.

Joseph Brodsky dá um significado surpreendente ao tempo: "Sempre aderi à ideia de que Deus é o tempo, ou pelo menos que seu espírito é".[3] Ele faz outras associações intrigantes: "Penso, simplesmente, que a água é a imagem do tempo",[4] e: "A água é igual ao tempo, e proporciona à beleza o seu par".[5] Na imaginação do poeta, Deus, tempo, água e beleza estão conectados para criar um ciclo misterioso, ou uma mandala de gêneros. No entanto, essas associações não são exclusivas de Brodsky; Gaston Bachelard e Adrian Stokes, por exemplo, fazem sugestões semelhantes. A água também é uma imagem frequente em várias formas de arte. Pense na fusão de imagens de água e no extraordinário sentido de tempo, espiritualidade e melancolia nos filmes de Andrei Tarkovsky, ou na lentidão suave e hipnótica das pinturas de água de Claude Monet, ou na arquitetura da água de Sigurd Lewerentz, Carlo Scarpa e Luis Barragán. A água pingando de uma concha gigante no ferimento escuro do chão de tijolo da igreja em Klippan, de Lewerentz, a arquitetura subaquática da Capela Brion-Vega, de Scarpa, e os véus de água refletores, bem como as imagens de água corrente, nos prédios de Luis Barragán, todas evocam uma experiência intensificada e sensibilizada de duração. A superfície reflexiva da água esconde sua profundidade, assim como o presente esconde o passado e o futuro. A imagem vital da água também contém as imagens mortais do dilúvio e da seca. Estamos suspensos entre os opostos do nascimento e da morte, da utopia e do esquecimento.

Imagens de água se transformam em instrumentos de concretização da passagem e da persistência do tempo. O diálogo da arquitetura com a água é verdadeiramente erótico. Há uma fascinação especial em todas as cidades que estão em diálogo com a água. Como Stokes observa: "A hesitação da água revela a imobilidade da arquitetura".[6] O som da queda d'água na *Fallingwater House* (Casa da Cascata), de Frank Lloyd Wright cria uma trama sensual densa, quase como um tecido de ingredientes visuais e audíveis, com a arquitetura e a floresta envolvente; alguém habita reconfortantemente em uma duração natural ao lado do coração pulsante da realidade em si.

---

[3] Joseph Brodsky, *Watermark*, London, Penguin Books, 1992, p. 42.

[4] *Ibid.*, 43.

[5] *Ivi.*

[6] Adrian Stokes, "Prologue: at Venice", in Id. *The Critical Writings of Adrian Stokes, Vol. II*. Plymouth, Thames and Hudson, 1978, p. 88.

Amplificadores de emoções

→ *emoções; emoções e pensamento criativo; microcosmos; memórias espacializadas*

Identidade, memória e imaginação: paisagens de recordação e sonho (2007)

Além de serem dispositivos de memória, as paisagens e os edifícios também são amplificadores de emoções; eles reforçam sensações de pertencimento ou alienação, convite ou rejeição, tranquilidade ou desespero. No entanto, uma paisagem ou obra de arquitetura não pode criar sentimentos. Por meio de sua autoridade e aura, elas evocam e fortalecem nossas próprias emoções e as refletem de volta para nós, como se esses sentimentos tivessem uma fonte externa. Na Biblioteca Mediciea Laurenziana, em Florença, enfrento minha própria sensação de melancolia metafísica despertada e refletida pela arquitetura de Michelangelo. O otimismo que experimento ao me aproximar do Sanatório de Paimio é meu próprio sentimento de esperança evocado e fortalecido pela arquitetura otimista de Alvar Aalto. A colina do bosque de meditação no Cemitério do Bosque, em Estocolmo, por exemplo, evoca um estado de saudade e esperança por meio de uma imagem que é um convite e uma promessa. Essa imagem arquitetônica da paisagem ao mesmo tempo evoca lembrança e imaginação como a imagem em pintura composta da obra *A ilha dos mortos*, de Arnold Böcklin. Todas as imagens poéticas são condensações e microcosmos.

"Casa, ainda mais do que a paisagem, é um estado psicológico", sugere Bachelard.[7] De fato, escritores, diretores de cinema, poetas e pintores não apenas retratam paisagens ou casas como cenários geográficos e físicos inevitáveis dos eventos de suas histórias; eles buscam expressar, evocar e amplificar emoções humanas, estados mentais e memórias por meio de retratos de contextos, tanto naturais quanto artificiais. "Vamos supor uma parede: o que acontece atrás dela?", pergunta o poeta Jean Tardieu,[8] mas nós, arquitetos, raramente nos preocupamos em imaginar o que acontece por trás das paredes que erguemos. As paredes concebidas por arquitetos são geralmente meras construções estetizadas, e vemos nossa arte como a tarefa de projetar construções estéticas em vez de obras que evoquem percepções, sentimentos e fantasias.

Anonimato

→ *humildade; culto à personalidade*

---

[7] Gaston Bachelard, *The Poetics of Space*, Boston, Beacon Press, 1969, p. 72.

[8] Como citado em Georges Perec, *Tiloja ja avaruuksia* [Espèces d'espaces], Helsinki, Loki-Kirjat, 1992, p. 72.

Vozes da tranquilidade: silêncio na arte e na arquitetura (2011)

Na cultura consumista de hoje, somos levados a acreditar que as características da arte e da arquitetura surgem da expressão da personalidade do artista ou arquiteto. No entanto, como escreve o filósofo Maurice Merleau-Ponty: "Não olhamos para uma obra de arte, olhamos para o mundo de acordo com ela".[9] Em uma entrevista no fim de sua vida, Balthus, um dos maiores pintores figurativos do século passado, faz um comentário instigante sobre a expressão artística: "A modernidade, que começou, em seu verdadeiro sentido, com a Renascença, determinou a tragédia da arte. O artista surgiu como um indivíduo, e a forma tradicional de pintar desapareceu. A partir daí, o artista buscou expressar seu mundo interior, que é um universo limitado: ele tentou colocar sua personalidade no poder, e usou os quadros como meio de autoexpressão. Mas uma grande pintura tem que ter significado universal. Infelizmente, não é o que acontece hoje, e é por isso que eu quero devolver à pintura sua universalidade e anonimato perdidos, porque quanto mais anônima é a pintura, mais real ela é".[10] Em sua obra e ensino, o respeitado *designer* finlandês, Kaj Franck, também buscou o anonimato; em sua visão, a personalidade do *designer* não deve dominar a experiência do objeto. Na minha opinião, o mesmo critério se aplica plenamente à arquitetura; arquitetura sábia surge dos fatos, causalidades e experiências da vida, e não de invenções artísticas pessoais. Como argumenta Álvaro Siza, um dos maiores arquitetos de nossa época: "os arquitetos não inventam nada, eles apenas transformam condições". Em uma entrevista dada na televisão, em 1972, Alvar Aalto fez uma confissão inesperada: "Não acho que haja tanta diferença entre razão e intuição. A intuição às vezes pode ser extremamente racional. (...) São os objetivos práticos das construções que me dão meu ponto de partida intuitivo, e o realismo é minha estrela guia. (...) O realismo geralmente fornece o maior estímulo para minha imaginação".[11]

Em minha própria prática profissional, sempre quis me afastar da obra quando ela está concluída. A obra precisa expressar a beleza do mundo e da existência humana, não quaisquer ideias idiossincráticas minhas. Esse pedido de anonimato não implica falta de emoção e sentimento. Um projeto significativo remitifica, reanima e reerotiza nossa relação com o mundo. Desejo que meus projetos sejam sensuais e emotivos, mas sem expressar minhas emoções.

---

[9] Maurice Merleau-Ponty, como citado em Iain McGilchrist, *Master and His Emissary: The Divided Brain and the Making of the Western World*, New Haven: Yale University Press, 2009, p. 409.

[10] Balthus, *Balthus in His Own Words*, New York, Assouline, 2001, p. 6.

[11] Entrevista para a televisão finlandesa, julho de 1972, em Göran Schildt, editor, *Alvar Aalto in His Own Words*, Helsinki, Otava Publishing Company, 1997, p. 273-274.

Arquitetura animal

→ *arquitetura e biologia; beleza biofílica*

Nossa percepção padrão da arquitetura e de sua história é surpreendentemente limitada. Quase todos os livros e cursos sobre história da arquitetura começam com a arquitetura egípcia, ou seja, há aproximadamente 5.500 anos. A falta de interesse pelas origens das construções humanas para fins habitacionais ou cosmológicos e rituais é realmente surpreendente, mesmo considerando o fato de que não existiriam restos materiais das primeiras construções do homem. Sabemos que a domesticação do fogo ocorreu há cerca de 700 mil anos, e o impacto de centrar, focalizar e organizar o fogo já é um ingrediente arquitetônico. Na verdade, o primeiro teórico da arquitetura, o romano Marco Vitrúvio Polião, reconhece este fato em *De Architectura Libri Decem* (*Dez livros sobre arquitetura*), que ele escreveu durante a primeira década da *Pax Augusta*, século XXX a XX a.C. A maioria dos tratados associa as origens da arquitetura à construção tectônica, em outras palavras, a prédios de alvenaria ou madeira ou construções de tijolos de adobe ou taipa. No entanto, não há dúvida sobre a hipótese de que a arquitetura humana tem origem em estruturas de fibras vegetais tramadas. A antropologia da arquitetura, um campo de pesquisa relativamente recente, estuda as origens de certos padrões rituais e espaciais no comportamento de construção dos primatas.[12]

Além disso, as inúmeras tradições de construção vernacular do mundo, com suas características impressionantes de adaptação às condições locais prevalecentes, como clima e materiais disponíveis, não foram muito pensadas até a exposição de Bernard Rudofsky, *Arquitetura sem arquitetos*, no Museu de Arte Moderna de Nova York (Museum of Modern Art, ou MoMA), em 1964.[13] Estudos antropológicos revelaram os refinamentos culturais, simbólicos, funcionais e técnicos dos processos inconscientes de construção mediados por tradições alfabetizadas e corporificadas. No entanto, as tradições vernaculares ainda permanecem como uma curiosidade nos estudos de arquitetura, embora o aprofundamento das pesquisas na sustentabilidade de assentamentos humanos e maneiras de construções certamente despertará o interesse nesta área negligenciada da cultura da edificação humana.

As construções animais servem aos mesmos propósitos fundamentais das construções humanas; elas alteram o ambiente imediato para o benefício da espécie, aumentando o nível de ordem e previsibilidade do hábitat e melhorando a probabilidade de sobrevivência e procriação. Como sabemos, as construções

---

[12] O Dr. Nold Egenter, da Universidade de Lausanne, em particular, tem estudado o comportamento dos primatas no Norte do Japão.

[13] Bernard Rudofsky, *Architecture Without Architects*, New York, The Museum of Modern Art, 1964.

animais são surpreendentemente variadas. Certo grau de comportamento de construção é praticado em todo o reino animal, e espécies hábeis em construção estão espalhadas em todos os filos, desde *protozoa* até primatas. Habilidades especiais em arquitetura podem ser encontradas entre pássaros, insetos e aranhas. É instigante perceber que as construções de animais mais elevados estão entre as menos criativas. Por exemplo, os macacos só constroem abrigos temporários todas as noites – embora pareça haver mais organização e habilidade do que já observamos até agora –, ao passo que uma metrópole de formigas com milhões de habitantes pode ser utilizada por séculos.

O interesse entre arquitetos e acadêmicos de arquitetura na arquitetura animal tem permanecido totalmente anedótico, apesar da existência de documentação inspiradora sobre construções animais desde o notável tratado *Homes Without Hands*, publicado pelo reverendo John George Wood em 1865.[14] A obra *Animal Architecture*, de Karl von Frisch de 1974[15] foi fundamental para reacender o fascínio de minha infância pelas atividades de construção dos animais. Os livros e a exposição de Michael H. Hansell em Glasgow, em 1999, proporcionaram um fundamento científico sobre os princípios de funcionamento, bem como sobre os materiais e as formas de construção entre animais.

O livro *The Poetics of Space* (*La Poétique de l'Espace*, 1958), do filósofo francês da ciência e imagem poética, que tem sido um dos livros mais influentes na recente teorização da arquitetura, surpreendentemente inclui um capítulo sobre ninhos.[16] Ele cita a visão de Ambroise Paré escrita em 1840: "A proeza e a habilidade com que os animais fazem seus ninhos mostra tamanha eficiência que não é possível superá-los, eles excedem completamente todos os pedreiros, carpinteiros e construtores; pois não há um homem que seja capaz de fazer uma casa mais bem adequada a ele e a seus filhos do que esses pequenos animais constroem para si mesmos. Isso é tão verdade que temos um provérbio de acordo com o qual os homens podem fazer tudo, exceto construir um ninho de passarinho".[17]

Em relação ao tamanho de seus operários, muitas construções animais excedem a escala de edificações humanas. Outras são construídas com uma precisão inimaginável na construção humana. Animais construtores de artefatos nos ensinam que a organização até mesmo da vida animal simples é complexa e sutil. Estudos aprofundados com o uso de microscópios eletrônicos de varredura (SEMs do inglês, *scanning electron microscope*) revelam refinamentos

---

[14] Karl von Frisch, *Animal Architecture*, New York and London, Harcourt Brace Jovanovich, 1979.

[15] Michael H. Hansell, *Animal Architecture and Building Behaviour*, London, Longman, 1971; Id., *Animal Construction Company*, Glasgow, Hunterian Museum and Art Gallery, 1999.

[16] Gaston Bachelard, *The Poetics of Space*, Boston, MA, Beacon Press, 1969.

[17] Paré Ambroise, *Le livre des animaux et de l'intelligence de l'homme. Oeuvres complètes*, Vol. III, Paris, Editions J.F. Malgaigne, 1840, 74.

inacreditáveis de estruturas em uma escala invisível ao olho humano e completamente além das capacidades dos construtores humanos, como as engenhosas estruturas microscópicas das construções de larvas de aranha ou tricópteros.

Os animais frequentemente usam os mesmos materiais e métodos de construção das culturas humanas vernaculares. Apesar das diferenças de escala geralmente grandes, as semelhanças em um nível formal costumam surpreender. As construções de argila de várias andorinhas e vespas parecem moradias dos povos originários norte-americanos. Nas culturas africanas tradicionais, cabanas tramadas muitas vezes parecem ninhos de pássaros ampliados ou mesmo construções de determinadas espécies de peixes. As paredes curvas das barragens dos castores lutam contra a pressão da água da mesma maneira que algumas de nossas maiores e mais avançadas barragens. Uma minúscula larva de borboleta pode proteger sua casa com uma cúpula armada com seu próprio pelo, ecoando a geometria das estruturas geodésicas de Buckminster Fuller, que estão entre as construções humanas mais eficientes já concebidas em sua razão entre volume fechado e peso. Um projeto de pesquisa em construção verde (1990) da Future Systems utilizando uma forma externa de jarra e um sistema de ventilação natural evoca de maneira surpreendente a forma interna do ninho e o sistema de ar-condicionado automatizado do cupim *Macrotermes bellicosus*, uma das mais refinadas construções do reino animal. Eu mesmo comparei a similaridade dessas imagens, mas elas, é claro, estão destinadas a permanecer apenas no nível da semelhança de aparência. Estas comparações podem ser interessantes e estimulantes, mas não podem nos ensinar nada essencial, acredito eu.

Até agora, a instituição que fez as mais sérias pesquisas sobre a lógica interna de algumas construções animais e sua adaptabilidade à arquitetura humana é o Instituto de Estruturas Leves da Universidade de Stuttgart, dirigido por Frei Otto, um arquiteto e construtor de destaque. Esses estudos se concentraram em estruturas em rede e pneumáticas.[18]

Depois de mencionar alguns paralelos, gostaria de destacar certas diferenças significativas entre a arquitetura animal e humana. Vamos começar com o fator tempo. Os processos de construção animal são o resultado de processos evolutivos absurdamente longos, enquanto nossa própria história da arquitetura é muito curta em comparação a ela.

As aranhas e suas habilidades na construção de teias evoluíram, talvez, ao longo de cerca de 300 milhões de anos; a revista *The Economist* publicou ima-

---

[18] Bach, Klaus *et al.* sob orientação de Helnske, J.G. e Otto Frei, *Nets in Nature and Technics*, Institute for Lightweight Structures, University of Stuttgart, Stuttgart, 1975; Bach, Klaus *et al.* sob orientação de Schaur, Eda et al., *Pneus in Nature and Technics*, Institute for Lightweight Structures, University of Stuttgart, Stuttgart, 1976; sob orientação de Otto Frei, *Lightweight Structures in Architecture and Nature*, Institute for Lightweight Structures, University of Stuttgart, Stuttgart, 1983.

gens de microtomografia de raios X de alta resolução de aracnídeos fossilizados de 312 milhões de anos que tinham oito pernas, mas não tinham fiandeiras e, presumivelmente, não podiam produzir seda. Quando esses períodos de desenvolvimento evolutivo são comparados com os míseros milhões de anos de desenvolvimento humano desde que o *Homo erectus* ficou em pé sobre duas pernas, é fácil entender que as habilidades de construção dos animais excedam as nossas. Certamente, houve arquitetos animais na Terra dezenas de milhões de anos antes que o *Homo sapiens* montasse suas primeiras estruturas desajeitadas. Como disse antes, nossos conceitos convencionais de arquitetura estão restritos às construções que ocorreram ao longo de cerca de 5 mil anos da alta cultura ocidental.

Outra diferença surge do fato de que a arquitetura animal evoluiu e continua a fazê-lo sob as leis e o controle da evolução, enquanto a arquitetura humana se desvinculou desse mecanismo de controle e retroalimentação imediata. Enquanto as construções animais são continuamente testadas pela realidade da sobrevivência, nós podemos, e conseguimos, desenvolver ideias absurdas de arquitetura sem o castigo da seleção natural e eliminação imediata. Como disse Mies van der Rohe, tendemos a "inventar uma nova arquitetura toda segunda-feira de manhã". Essa emancipação temporária da lógica da sobrevivência nos permite construir edificações totalmente irracionais em termos das necessidades reais da vida. Na nossa "sociedade do espetáculo", como Guy Debord chama a era atual, a arquitetura muitas vezes se transforma em pura moda, representação, estetização e entretenimento visual. O castigo é adiado, é claro, porque os modelos falsos não são eliminados, e, consequentemente, o absurdo causal se torna uma preocupação para as futuras gerações. É um triste fato que nossa arquitetura continue a se desenvolver, em grande parte, sem o teste da realidade.

Sverre Fehn, o grande arquiteto norueguês, uma vez me disse em uma conversa privada: "O ninho de passarinho é o funcionalismo absoluto porque ele não tem consciência de sua morte".[19] Este argumento aparentemente simples e enigmático contém uma verdade significativa. Desde que nos tornamos conscientes de nós mesmos e de nossa existência no mundo, todas as nossas ações e construções, materiais e mentais, estão ligadas ao enigma metafísico da existência. Não podemos alcançar a funcionalidade perfeita e o desempenho em nossas moradias porque nossas casas e outras edificações têm suas dimensões metafísicas, representacionais e estéticas que necessariamente comprometem o desempenho em termos rigorosos de sobrevivência biológica. Estas aspirações e preocupações metafísicas frequentemente prevalecem sobre os requisitos da sobrevivência biológica e ecológica.

---

[19] Sverre Fehn, correspondência pessoal, 1985.

As construções animais são estruturalmente eficientes, e a seleção natural gradativamente otimizou tanto suas formas quanto o uso de seus materiais. A estrutura celular hexagonal dos favos das abelhas, com seus ângulos específicos, é matematicamente perfeita para armazenar mel. A parede celular verticalmente suspensa que as abelhas fazem, com duas camadas de células construídas uma atrás da outra e com um deslocamento de meia célula na posição das paredes celulares, criando uma estrutura contínua tridimensional dobrada feita de unidades piramidais na superfície que serve de limite, é uma estrutura engenhosa.

O revestimento interno da madrepérola é duas vezes mais resistente do que as cerâmicas de alta tecnologia fabricadas pelo homem; em vez de quebrar, a concha se deforma sob estresse, como um metal. A aderência do mexilhão funciona debaixo d'água e gruda em qualquer coisa, enquanto o chifre do rinoceronte se repara, apesar de não conter células vivas. Todos esses materiais milagrosos são produzidos à temperatura corporal sem produtos tóxicos e retornam ao ciclo da natureza.

A força extraordinária da linha de arrasto da aranha é o exemplo mais impressionante dos milagres técnicos dos processos evolutivos. Nenhum dos metais ou fibras de alta resistência fabricados pelo homem hoje consegue chegar perto da combinação de força e elasticidade com absorção de energia da linha de arrasto da aranha. A resistência à tração da linha tecida pela aranha é mais de três vezes superior à do aço. A elasticidade dela é ainda mais incrível; sua extensão no ponto de ruptura é de 229%, comparada a 8% do aço. A seda da aranha consiste em pequenos cristalitos incorporados em uma matriz elástica de polímero orgânico – um material composto desenvolvido, talvez, há algumas centenas de milhões de anos antes da nossa atual era de materiais compostos.

Há dois mil anos, as vespas ensinaram os chineses a fazer papel, e acredita-se que as câmaras de ninho de vespas-oleiras tenham servido de modelo para os jarros de argila dos nativos norte-americanos. Os chineses aprenderam, 4.600 anos atrás, como usar o fio produzido pela larva do bicho-da-seda e, até hoje, usamos vários milhões de quilogramas de seda bruta anualmente. Além de ser empregado como material para tecidos finos, o fio de seda servia, no passado, para produzir varas de pesca e cordas de instrumentos musicais.

Como hoje poderíamos aproveitar as invenções dos animais, e quais lições poderíamos aprender a partir de um estudo do comportamento construtivo animal?

A evolução lenta dos artefatos animais pode ser comparada aos processos da tradição nas sociedades humanas tradicionais. A tradição é uma força de coesão que reduz a mudança e conecta a invenção individual de forma segura a padrões costumeiros, estabelecidos ao longo de um tempo infinito e ao teste da vida. É esta interação entre mudança e testes rigorosos por forças de seleção que é perdida na arquitetura humana da era industrial. Acreditamos em individualidade, novidade e invenção. A arquitetura humana evolui mais sob as forças dos valores culturais e sociais do que sob as forças do mundo natural. O papel da escolha estética é importante, pois é um princípio orientador nas construções humanas. É discutível se a escolha estética existe ou não no mundo animal, mas é inquestionável que o princípio do prazer guia até mesmo o comportamento dos animais mais primitivos, e a transformação do prazer físico em prazer estético poderia ser quase imperceptível. Independentemente da questão da intencionalidade da beleza nas construções animais, a beleza do desempenho incrível e da causalidade da arquitetura animal dá prazer ao olho e à mente humana.

Darei um exemplo do uso humano de invenções animais relatado no *The Economist*.[20] David Kaplan e seus colegas na Universidade Tufts conseguiram estender a gama de propriedades da teia de aranha além daquelas encontradas na natureza. Ao embaralhar a ordem e o número das seções hidrofílicas, hidrofóbicas e de organização estrutural do DNA, e, em seguida, selecionar bactérias para transformar os genes artificiais resultantes em proteínas, a equipe de pesquisa produziu cerca de duas dúzias de novas formas de seda. Algumas das formas de seda mais resistentes e à prova d'água poderiam ser usadas para impregnar fibras sintéticas e materiais leves chamados hidrogéis e torná-los mais fortes e à prova d'água. Os materiais resultantes mais resistentes poderiam, então, ser utilizados para revestir e endurecer superfícies, fortalecer os plásticos não agressivos aos seres vivos usados em cirurgias e criar componentes fortes e leves para uso em aeronaves.

As ciências dos materiais, que também desenvolvem produtos inovadores para usos arquitetônicos que podem ser automaticamente responsivos às condições ambientais prevalecentes (p. ex., temperatura, umidade e luz), da mesma forma que o tecido vivo ajusta suas funções, estão se tornando importantes no desenvolvimento científico da construção humana. As analogias e modelos do mundo biológico podem ser decisivos, como no caso do desenvolvimento do vidro autolimpante, com base nas observações da estrutura da superfície da ninfeia gigante e na nanotecnologia praticamente invisível.

Também está se tornando cada vez mais essencial que nossas próprias construções sejam vistas em seus marcos antropológicos, socioeconômicos e ecológicos, além da esfera estética tradicional da disciplina da arquitetura. É igualmente importante que nossa compreensão estética da arquitetura seja expandida para as bases bioculturais do comportamento e construção humana. O campo da biopsicologia é um exemplo de tal extensão. Como construtores, poderíamos aprender estudando o desenvolvimento e a adaptação gradual e lenta das construções animais ao longo do tempo infinito.

---

[20] "Does even more than a spider can: how to make something useful of spider silk", *in The Economist*, January 31, 2009, p. 81.

As construções dos animais abrem uma janela importante sobre os processos de evolução, ecologia e adaptação. As formigas têm a maior biomassa e, como consequência de suas habilidades de adaptação a uma ampla variedade de condições ambientais, são os animais mais numerosos e onipresentes de todos, incluindo o homem. Elas estão entre os seres mais altamente sociais do planeta, e o estudo das formigas produziu *insights* sobre as origens do comportamento altruísta.

Arquitetura e a natureza humana: em busca de uma metáfora sustentável (2011)

Eu não apoio qualquer arquitetura biomórfica romântica. Defendo, sim, uma arquitetura que surja de um respeito à natureza em sua complexidade, não apenas em suas características visuais, e que tenha empatia e lealdade a todas as formas de vida e mostre humildade sobre nosso próprio destino.

De fato, a arquitetura não pode regredir; todas as formas de vida e estratégias da natureza continuam se desenvolvendo e se aprimorando. A magnitude de nossos problemas exige tecnologias extremamente refinadas, sensíveis e sutis.

Está ficando cada vez mais evidente que nos afastamos demais da natureza, com graves consequências. As pesquisas do alergista finlandês Tari Haahtela mostram de modo convincente que muitas das chamadas "doenças da civilização", como todas as alergias, o diabetes, a depressão, muitos tipos de câncer e até a obesidade, são consequências de viver em ambientes estéreis e "artificiais" demais. Temos destruído os hábitats bacterianos naturais de nossos intestinos. Este especialista em alergias nos diz que nunca encontrou um paciente com alergia "com terra debaixo das unhas".[21]

Arquitetura como disciplina impura

→ *arquitetura e ser; arte* versus *ciência I; arte* versus *ciência II; esquecimento; lar; modos de pensamento; movimento; otimismo; brincar com formas; tarefas da arquitetura; tríade*

Paisagens e horizontes da arquitetura: arquitetura e pensamento artístico (2007)

A complexidade do fenômeno da arquitetura resulta de sua essência conceitual "impura" como um campo do empreendimento humano. A arquitetura é simultaneamente uma atividade prática e metafísica; uma manifestação utilitária e poética, tecnológica e artística, econômica e existencial, coletiva e

---

[21] Edward O. Wilson, *Biophilia: The human bond with other species*. Cambridge, MA, and London: Harvard University Press, 1984, p. 37.

individual. Na verdade, não consigo citar uma disciplina com uma base mais complexa e essencialmente conflitante na realidade vivida e na intencionalidade humana. O projeto é essencialmente uma forma de filosofar por meio de seus meios característicos: espaço, matéria, estrutura, escala e luz, horizonte e gravidade. A arquitetura responde a demandas e desejos existentes ao mesmo tempo que cria sua própria realidade e critérios; é tanto o fim quanto o meio. Além disso, a arquitetura autêntica ultrapassa todos os objetivos conscientemente definidos e, consequentemente, é sempre um presente da imaginação e do desejo, da vontade e da previsão.

Paisagens da arquitetura: a arquitetura e a influência de outros campos de investigação (2003/2010)

No século I a.C., no tratado mais influente na história da arquitetura, Vitrúvio já reconhecia a amplitude da arte do arquiteto e suas interações com inúmeras habilidades e áreas de conhecimento: "Que ele [o arquiteto] seja educado, habilidoso com o lápis, instruído em geometria, conheça muito a história, tenha seguido os filósofos com atenção, entenda de música, tenha algum conhecimento de medicina, conheça as opiniões dos juristas e esteja familiarizado com astronomia e teoria dos céus".[22] Vitrúvio cita motivos cuidadosos pelos quais o arquiteto precisa dominar cada um desses campos de conhecimento. A filosofia, por exemplo, "faz com que um arquiteto tenha fortes princípios morais e que não seja pretencioso, e sim cortês, justo e honesto sem avareza";[23] e isso é um conselho extremamente valioso para os arquitetos ainda nos dias de hoje.

Arquitetura e a natureza humana: em busca de uma metáfora sustentável (2011)

Já chamei a arquitetura de "impura" e "bagunçada" porque ela contém ingredientes inerentemente irreconciliáveis, como aspirações metafísicas, culturais e econômicas, objetivos funcionais, técnicos e estéticos etc. Na verdade, não consigo pensar em uma atividade humana ou artefato mais complexo que a arquitetura. As aspirações conflitantes que são parte inseparável da arquitetura humana tendem a conduzir nossas construções ao irracional. O grande arquiteto norueguês Sverre Fehn uma vez me disse em uma conversa privada: "O ninho de passarinho é o funcionalismo absoluto porque o pássaro não tem consciência de sua morte".[24] No entanto, nossas ações são profundamente motivadas por

---

[22] Vitruvius (Marcus Vitruvius Pollio), *The Ten Books on Architecture* (De Architectura Libri Decem), New York, Dover Publications, Inc., 1960, p. 5–6.

[23] *Ibid.*, 8.

[24] Sverre Fehn em uma conversa particular com o autor na Villa Mairea, 1985.

nosso medo reprimido da morte. Para condensar a natureza "ilógica" da arquitetura, podemos dizer que a arquitetura é, ao mesmo tempo, o meio e o fim.

Como Alvar Aalto afirmou, na década de 1950, somente a visão artística pode converter em uma síntese harmoniosa os milhares de ingredientes conflitantes de um problema de arquitetura.[25] No entanto, na perspectiva da sustentabilidade, as várias características cruciais desta síntese precisam passar por uma avaliação e medição críticas. Não estou pregando uma "arquitetura científica" – sugiro uma arquitetura que esteja fundamentada na compreensão completa do destino humano, e esta visão certamente exige uma visão profunda mais do que formulações científicas. Nossa tarefa é mais ética do que técnica. A arquitetura não está envolvida apenas com o presente, mas também expressa o que queremos nos tornar. Construímos e habitamos de acordo com nossos pensamentos, medos e sonhos.

Arquitetura como experiência

→ *experiência tem uma essência multissensorial; reconciliação*

Arquitetura como experiência: significado existencial na arquitetura (2018)

O fenômeno da arquitetura também tem sido abordado por meio de encontros subjetivos e pessoais em poemas, aforismos e ensaios, como nos textos de muitos dos maiores arquitetos, de Frank Lloyd Wright e Le Corbusier até Alvar Aalto e Louis Kahn, chegando a Steven Holl e Peter Zumthor. Nestes textos, a arquitetura é abordada de forma poética e metafórica, sem ambições ou qualificações como pesquisa científica. Estes escritos geralmente nascem de experiências pessoais, observações e crenças, e abordam a arquitetura como um encontro poético e projeção da vida, e sua ambição é ser verdadeira na experiência. Devo confessar pessoalmente que estes relatos pessoais, e frequentemente confissões, valorizaram a essência holística, existencial e poética da arquitetura para mim mais do que os estudos teóricos ou empíricos que afirmam satisfazer os critérios da ciência.

Historicamente, há três categorias de busca de significado na existência humana: religião (ou mito), ciência e arte, e esses esforços são fundamentalmente incomparáveis entre si. A primeira é baseada na fé, a segunda, no conhecimento racional e a terceira, em experiências existenciais e emotivas. O núcleo poético, experiencial e existencial da arte e da arquitetura deve ser confrontado, vivenciado e sentido em vez de compreendido e formalizado intelectualmente. Certamente, há diversos aspectos na construção, em seu desempenho, realidade estrutural, propriedades formais e dimensionais, bem como impactos psi-

---

[25] Aalto, "Art and Technology", *op. cit.*, p. 174.

cológicos distintos, que podem e estão sendo estudados "cientificamente", mas o significado mental e existencial da entidade experiencial só pode ser encontrado e internalizado.

Nas últimas décadas, ganhou terreno uma abordagem experiencial, baseada em encontros fenomenológicos e experiências em primeira pessoa de edifícios e contextos. Esse pensamento inicialmente se baseou nas filosofias de Edmund Husserl, Martin Heidegger, Maurice Merleau-Ponty, Gaston Bachelard e muitos outros pensadores filosóficos. A abordagem fenomenológica, que reconhece o papel significativo da corporificação, foi introduzida no contexto da arquitetura por escritores como Steen Elier Rasmussen, Christian Norberg--Schulz, Charles Moore, David Seamon, Robert Mugerauer e Karsten Harries, por exemplo. Também acredito que o livro *Questions of Perception,* de 1994 (Steven Holl, Juhani Pallasmaa e Alberto Pérez-Gómez) ajudou a espalhar esse modo de pensar especialmente nas escolas de arquitetura do mundo todo.

A dimensão poética e existencial da arquitetura é uma característica mental, e esta essência artística e mental da arquitetura surge no encontro individual e na experiência da obra. No início de seu pioneiro livro de 1934, *Art as Experience*, John Dewey, o visionário e pragmático filósofo norte-americano argumenta: "Na concepção comum, a obra de arte é frequentemente identificada com o edifício, livro, pintura ou estátua em sua existência apartada da experiência humana. Uma vez que a real obra de arte é a que o produto faz com a experiência e dentro dela, o resultado não é favorável ao entendimento. (...) Quando objetos artísticos são separados tanto de suas condições de origem quanto de sua operação na experiência, constrói-se uma parede ao redor deles que torna quase opaco o seu significado geral, com o qual a teoria estética lida".[26] Aqui, o filósofo conecta a condição de criar uma obra de arte e seu posterior encontro por alguém, pois, em ambos os casos, a realidade mental e a da experiência prevalecem, e a obra existe "crua" como uma experiência humana. O filósofo sugere que as dificuldades em entender fenômenos artísticos surgem da tradição de estudá-los como objetos fora da consciência e da experiência humana. Dewey escreve ainda: "É unânime que o Partenon seja uma grande obra de arte. No entanto, ele tem valor estético apenas quando a obra se torna uma experiência para um ser humano. (...) A arte sempre é o produto da experiência de uma interação de seres humanos com seu ambiente. A arquitetura é uma notável instância dos resultados desta interação. (...) A ressignificação da experiência subsequente das obras de arquitetura é mais direta e mais extensa do que no caso de qualquer outra arte. (...) Elas não influenciam apenas o futuro, mas registram e transmitem o passado".[27] Aqui, Dewey atribui até mesmo um papel condicionador ativo à arquitetura em relação à natureza da experiência

---

[26] John Dewey, *Art as Experience*, New York: Putnam's, 1934, p. 4.

[27] *Ivi.*

em si, bem como à nossa compreensão da passagem do tempo e da história. Formulei esta visão com o argumento de que a arquitetura cria molduras e horizontes para a percepção, experiência e compreensão da condição humana, e, por conseguinte, em vez de ser o produto final, tem essencialmente um papel mediador. O verdadeiro significado está sempre além da essência material do edifício.

A importância da experiência vem sendo aceita em outras formas de arte, como o teatro, o cinema e a música, mas não foi compreendida em relação a objetos tão materiais e utilitários como edifícios e ambientes maiores. É por isso que ensino a arquitetura por meio de exemplos e ideias de outras formas de arte.

Arquitetura e biologia

→ *arquitetura animal; beleza biofílica; tradição*

Arquitetura como experiência: significado existencial na arquitetura (2018)

Arquitetos sábios sempre entenderam intuitivamente que os edifícios estruturam, reorientam e ajustam nossas realidades mentais. Eles também foram capazes de imaginar as reações experimentais e emotivas do outro. O fato de artistas terem intuído fenômenos mentais e neurais, muitas vezes décadas antes da psicologia ou da neurociência tê-los identificado, é o objeto do livro instigante de Jonah Lehrer, *Proust Was a Neuroscientist*.[28] Em seu livro pioneiro *Survival Through Design* (1954), Richard Neutra reconhece as realidades biológicas e neurais e faz uma sugestão surpreendente para a época: "Nossa época é caracterizada por um aumento sistemático das ciências biológicas, e está se afastando das visões simplistas e mecanicistas dos séculos XVIII e XIX, sem diminuir, de forma alguma, o bem temporário que tais visões um dia podem ter gerado. Um resultado importante desta nova maneira de ver esse negócio de viver pode ser deixar e elevar princípios e critérios de trabalho apropriados para o projeto".[29] Mais tarde, ele até professou: "Hoje, o *design* pode exercer uma influência de longo alcance na composição nervosa das gerações".[30] Graças a instrumentos eletrônicos como o *scanner* de ressonância magnética funcional, hoje sabemos que isso é verdade. Alvar Aalto também intuiu a base biológica da arquitetura em sua declaração: "Gostaria de acrescentar minha visão pessoal e emocional de que a arquitetura e seus detalhes são, de certa maneira, parte da

---

[28] Jonah Lehrer, *Proust Was a Neuroscientist*, New York, Houghton Mifflin, 2008.
[29] Richard Neutra, *Survival Through Design*, Oxford, Oxford University Press, 1954, p. 18.
[30] *Ibid.*, 7.

biologia".³¹ O impacto direto dos ambientes no sistema nervoso humano e no cérebro foi comprovado pelas pesquisas da neurociência de hoje. "Enquanto o cérebro controla nosso comportamento e os genes controlam o projeto para o *design* e a estrutura do cérebro, o ambiente pode modular a função dos genes e, em última instância, a estrutura do cérebro. Mudanças no ambiente mudam o cérebro e, portanto, nosso comportamento. Ao planejar os ambientes em que vivemos, o projeto de arquitetura afeta nosso cérebro e nosso comportamento".³² Essa declaração de Fred Gage, neurocientista, leva à mais crucial compreensão: ao projetarmos a realidade física, estamos, na verdade, também projetando as realidades experienciais e mentais, e as estruturas externas condicionam e alteram as estruturas internas. Nós, arquitetos, agimos inconscientemente com neurônios e conexões neurais. Esse entendimento aumenta a responsabilidade humana no trabalho do arquiteto. Eu mesmo costumava ver os edifícios como objetos esteticizados, mas já faz três décadas para mim que as imagens da arquitetura são principalmente imagens mentais, ou experiências da condição humana e da mente. Também compreendi gradualmente a importância da capacidade de empatia do projetista, o dom de simular e empatizar com a experiência do "pequeno homem", usando a noção de Alvar Aalto.³³

Imaginação empática: simulação corporificada e emotiva na arquitetura (2016)

O Sanatório de Paimio, projetado por Alvar Aalto entre 1929 e 1933, é um dos marcos da arquitetura funcionalista, mas também é um exemplo da habilidade e empatia do arquiteto. Eis o que Aalto escreve sobre seu processo de projeto: "Eu estava doente na época em que fui contratado, e pude vivenciar um pouco o que significa estar realmente incapacitado. Era irritante ter que ficar deitado em posição horizontal o tempo todo, e a primeira coisa que percebi é que os quartos são projetados para pessoas na posição vertical, não para aqueles que precisam ficar na cama o tempo todo. Como moscas ao redor de uma lâmpada, meus olhos estavam voltados para a luminária, e não havia equilíbrio interno, nenhuma paz real no cômodo, que poderia ter sido projetado especialmente para uma pessoa doente e acamada. Por isso, tentei projetar quartos para pacientes debilitados que fornecessem um ambiente tranquilo para pessoas que

---

³¹ Alvar Aalto, "The Trout and the Stream", *in* Göran Schildt, editor, *Alvar Aalto In His Own Words*, Helsinki: Otava Publishing Company Ltd., p. 108.

³² Fred Gage, como resumido por John Paul Eberhard, "Architecture and Neuroscience: A Double Helix" *in* Sarah Robinson, Juhani Pallasmaa, editors, *Mind in Architecture: Neuroscience, Embodiment, and the Future of Design*, Cambridge, MA, and London, The MIT Press, 2015, p. 135.

³³ Alvar Aalto, "Art and Technology", *in Alvar Aalto in His Own Words*, *op. cit.*, p. 176.

precisam ficar na posição horizontal. Assim, decidi contra o uso de ar condicionado (porque a corrente de ar entrando é desagradável à cabeça) e a favor de ar fresco aquecido levemente entre as duas camadas de vidro duplo. Cito esses exemplos para mostrar como detalhes incrivelmente pequenos podem ser empregados para aliviar o sofrimento das pessoas. Eis outro exemplo: um lavatório. Esforcei-me para projetar um lavatório em que a água não fizesse barulho. A água cai na pia de porcelana em um ângulo agudo, sem fazer barulho que pudesse perturbar o paciente vizinho, já que na condição física ou mental enfraquecida o impacto do ambiente é aumentado".[34] Aalto falou frequentemente do "pequeno homem" como o verdadeiro cliente do arquiteto, e concluiu que devemos sempre projetar para "o homem em sua situação mais frágil".[35] Estes são exemplos de uma imaginação empática, em vez da imaginação formalista.

Arquitetura é espaço mental construído

→ *beleza; emoções; ideais; otimismo; paisagem física e mental*

Experiência corporificada e pensamento sensorial: espaço vivenciado na arte e na arquitetura (2006)

"Arquitetura é espaço mental construído", como costumava dizer meu falecido amigo, o arquiteto Keijo Petäjä. Quando experimentamos uma atitude negativa em relação à vida ou um senso de tristeza e ansiedade, frequentemente projetados pelos ambientes de nossa época, geralmente somos relutantes e incapazes de neles identificar nossa própria paisagem mental. Se pudéssemos aprender a interpretar a mensagem não intencional do ambiente e da arquitetura, certamente compreenderíamos melhor nós mesmos e os problemas de nossa mente coletiva fanaticamente materialista e irracional. Uma psicanálise do ambiente poderia iluminar o terreno mental de nosso comportamento paradoxal, como a adoração da individualidade e a submissão simultânea a valores condicionados. As atitudes regressivas em relação à arquitetura no caso do estilo neogótico universitário dos Estados Unidos, por exemplo, pedem uma análise urgente.

O desaparecimento da beleza no ambiente não pode significar mais nada além da perda da capacidade de idealização e veneração da dignidade humana e da perda da esperança. No entanto, o homem é capaz de construir somente se tiver esperança – a Esperança é a Santa Padroeira da Arquitetura.

---

[34] *Ibid.*, 178.
[35] Alvar Aalto, "Rationalism and Man", *in* Göran Schildt, editor, *Alvar Aalto Sketches*, Cambridge, MA, and London, The MIT Press, 1985, p. 49.

George Nelson, um arquiteto e *designer* norte-americano que faleceu há 15 anos, previu a queda do império nazista já na década de 1930, lendo as mensagens ocultas inconscientes da arquitetura nazista em pedra. Ele compreendeu que a mensagem que fez a maioria dos observadores acreditar no futuro de mil anos do Terceiro Reich, na verdade, significava uma fortificação inconsciente contra a auto-destruição.[36]

Arquitetura e ser

→ *ser no mundo; sentidos*

Generosidade artística, humildade e expressão: senso de realidade e idealização na arquitetura (2007)

Eu poderia falar de incontáveis espaços e lugares que encapsulei em minha memória e que alteraram meu próprio ser. Estou convencido de que cada um vocês pode recordar tais experiências transformadoras. Esse é o poder da arquitetura – ela nos muda, e nos muda para melhor, abrindo e emancipando nossa visão de mundo.

Em geral, espera-se que edifícios projetados com habilidade direcionem e canalizem as experiências, sentimentos e pensamentos dos usuários. Na minha visão, essa atitude é fundamentalmente errada; a arquitetura oferece um campo aberto de possibilidades e estimula e emancipa percepções, associações, sentimentos e pensamentos. Uma edificação significativa não afirma ou propõe nada; ela nos inspira a ver, sentir e pensar por nós mesmos. Uma grande obra de arquitetura aguça nossos sentidos, abre nossas percepções e nos torna receptivos às realidades do mundo. A realidade da obra também nos inspira a sonhar. Ajuda-nos a ver uma bela vista do jardim, sentir a silenciosa persistência de uma árvore ou a presença do outro, mas não nos doutrina ou nos prende.

Identidade, memória e imaginação: paisagens de recordação e sonho (2007)

Além de seus fins práticos, as edificações têm uma tarefa existencial e mental significativa; elas domesticam o espaço para a ocupação humana, transformando o espaço anônimo, uniforme e ilimitado em lugares distintos de significância humana, e, não menos importante, tornam o tempo infinito suportável, dando à sua duração sua medida humana. Como argumenta Karsten Harries, o filósofo: "A arquitetura ajuda a substituir a realidade sem sentido por uma realidade teatralmente ou, melhor dizendo, arquitetonicamente transformada, que nos atrai e, conforme nos rendemos a ela, nos concede a ilusão de sentido.

---

[36] Carta de George Nelson ao escritor datada em 31 de agosto de 1982.

(...) Não podemos viver com o caos. O caos deve ser transformado em cosmo".[37] "A arquitetura não trata apenas de domesticar o espaço. É também uma profunda defesa contra o terror do tempo", afirma em outro contexto.[38]

Em conjunto, ambientes e edifícios não servem apenas a propósitos práticos e utilitários, eles também estruturam nossa compreensão do mundo. "A casa é um instrumento com o qual enfrentamos o cosmo", afirma Gaston Bachelard.[39] A noção abstrata e indefinível de cosmo está sempre presente e representada em nossa paisagem imediata. Cada paisagem e cada edifício é uma representação condensada do mundo, uma representação microcósmica.

Arquitetura frágil

→ *fenomenologia da arquitetura; matéria e tempo*

Juhani Pallasmaa, *Hapticity and Time. Notes on Fragile Architecture*, em *Id.*, *Encounters*, Helsinki: Rakennustieto Oy, 2005, 327–331

Nossa cultura aspira ao poder e à dominação. Essa busca caracteriza também a arquitetura ocidental; a arquitetura busca uma imagem e um impacto poderosos. O filósofo italiano Gianni Vattimo, referindo-se a um método filosófico que não busca totalizar a multidão de discursos humanos em um sistema único, introduziu as noções de "ontologia fraca" e "pensamento frágil" (*il pensiero debole*) em *The End of Modernity*.[40] A ideia de Vattimo parece ser paralela ao método de "empirismo delicado" (*Zarre Empirie*) de Goethe, um esforço "para entender o significado de uma coisa por meio de um olhar empático prolongado e compreendê-lo baseado na experiência direta".[41] De acordo com as ideias

---

[37] Karsten Harries, "Thoughts on a Non-Arbitrary Architecture", *in* David Seamon, editor, *Dwelling, Seeing and Designing: Toward a Phenomenological Ecology*, Albany, NY: State University of New York Press, 1993, p. 47.

[38] Karsten Harries, "Building and the Terror of Time", in *Perspecta: The Yale Architectural Journal*, issue 19. Cambridge, MA, and London: The MIT Press, 1982, como citado em David Harvey, *The Condition of Postmodernity*, Cambridge: Blackwell, 1992, p. 206.

[39] Bachelard, *The Poetics of Space, op. cit.*, 46.

[40] Vattimo introduziu essa noção no final dos anos 1970. A ideia foi desenvolvida em um volume de ensaios intitulado *Il pensiero debole* editado por Gianni Vattimo em colaboração com Pier Aldo Rovatti. Vattimo também discute a ideia em sua obra seminal *The End of Modernity*, Baltimore, MD, The John Hopkins University Press, 1991.

[41] "Há um delicado empirismo que se torna absolutamente idêntico ao objeto, tornando-se, portanto, uma verdadeira teoria, em Johann Wolfgang Goethe, *Goethe: Scientific Studies*, Princeton, NJ, Princeton University Press, 1934, p. 307, como citado em David Seamon, "Goethe. Nature and Phenomenology: An Introduction", *in* David Seamon, Arthur Zajonc, editors, *Goethe's Way of Science*, Albany, State University of New York Press, 1998, p. 2.

de Vattimo, podemos falar de uma "arquitetura fraca" ou "frágil", ou, talvez sendo mais precisos, de uma arquitetura de estrutura e imagem fracas, em oposição a uma arquitetura de estrutura e imagem fortes. Enquanto a última deseja nos impressionar por meio de uma imagem singular e uma articulação consistente da forma, a arquitetura de imagem fraca é contextual e responsiva; ela se preocupa com a interação sensorial, e não com manifestações idealizadas e conceituais. Essa arquitetura cresce e se abre, em vez do processo inverso de se fechar do conceito ao detalhe. Devido às conotações negativas da palavra 'fraco', talvez devêssemos usar a noção de "arquitetura frágil".

Também poderíamos falar de um "urbanismo frágil".[42] As tendências dominantes no planejamento urbano também têm sido baseadas em estratégias fortes e em uma forma urbana forte, enquanto as paisagens urbanas medievais, assim como os ambientes urbanos de comunidades tradicionais, cresceram sobre as bases de princípios frágeis. O olho reforça estratégias fortes, enquanto os princípios frágeis da urbanidade dão origem à paisagem urbana tátil de intimidade e participação.

Uma estrutura frágil similar também surgiu na literatura e no cinema; o novo romance francês, *le nouvel roman*, fragmenta deliberadamente a progressão linear da história e abre-a para interpretações alternativas. Por outro lado, os filmes de Michelangelo Antonioni e Andrei Tarkovsky exemplificam uma narrativa fraca no cinema, baseada na improvisação. Essa técnica cria uma distância deliberada entre a imagem e a narrativa, com a intenção de enfraquecer a lógica da história e, assim, criar um campo associativo de imagens aglomeradas. Em vez de ser um espectador externo do evento narrativo, o leitor/espectador torna-se um participante, aquele que aceita uma responsabilidade moral pela sequência de eventos.[43]

A ideia de fragilidade sugere escuta empática e diálogo. No início da década de 1980, o pintor finlandês Juhana Blomstedt intitulou uma série de suas pinturas como *The Listening Eye*.[44] Esse título sugere um olhar de humildade libertado do desejo de domínio patriarcal. Talvez devêssemos também conceber a arquitetura com um olho ouvinte. A geometria e a redução formal servem à linha heroica e utópica da arquitetura que rejeita o tempo, enquanto a materialidade e a forma frágil evocam um sentimento de humildade e duração.

A ideia da imagem fraca na arquitetura parece ser paralela à ideia de "força fraca" na física, bem como aos processos fracos da natureza, quando compa-

---

[42] Simon Hubacker, "Weak Urbanism", *in Daidalos*, n. 72, 1999, p. 10–17.

[43] Juhani Pallasmaa, *The Architecture of Image: Existential Space in Cinema*, Helsinki, Rakennustieto, 2002, p. 123–125.

[44] Harald Arnkil, *Juhana Blomstedt*, Helsinki, Weilin+Göös, p. 1989.

rados ao uso de violência física excessiva em nossos processos tecnológicos.[45] A arquitetura é uma forma de arte com impacto intrinsecamente fraco em comparação, por exemplo, com a inundação de emoções mobilizadas por experiências teatrais, cinemáticas e musicais. A força do impacto da arquitetura deriva de sua presença inevitável como a compreensão inconsciente e prévia de nossa condição existencial.

Uma distinta fragilização da imagem da arquitetura ocorre por meio dos processos de intemperismo e ruína. A erosão tira camadas de utilidade, lógica racional e articulação de detalhes de um edifício, e empurra a construção para a esfera da inutilidade, nostalgia e melancolia. A linguagem da matéria assume o lugar do efeito visual e formal, e a estrutura adquire uma intimidade intensificada. A arrogância da perfeição é substituída por uma vulnerabilidade humanizadora. É por isso que artistas, fotógrafos, cineastas e diretores de teatro tendem a utilizar imagens de arquitetura erodida e abandonada para evocar uma sutil atmosfera emocional.

Em um ensaio sobre a manipulação destrutiva do espaço arquitetônico por parte do diretor teatral Peter Brook, Andrew Todd escreve: "As paredes se envolvem com o tempo de uma maneira complexa. Há um eco da forma original do salão musical burguês, e isso é profundamente aprimorado, torna-se quase mágico com a abertura das camadas de tempo nas paredes. A pele superior, que sela a imaginação em um estilo ou período específico, foi carbonizada, então as paredes existem em um tempo indeterminado, parcialmente entre a definição cultural e a dissolução escatológica. Mas isso não é uma ruína morta: Brook não teve medo de perturbar o lugar um pouco mais, fazendo buracos, colocando portas... Também se pode falar da outra pátina virtual que as paredes adqui-

---

[45] O poder de uma força fraca na natureza pode ser ilustrado comparando-se o material mais forte conhecido na natureza ao seu equivalente artificial. Nenhuma das fibras de liga de metal de alta resistência feitas pelo homem chega perto da resistência combinada à elasticidade absorvedora de energia da teia das aranhas. A linha tecida por uma aranha é cinco vezes mais forte do que o aço e muito mais resistente do que o poliaramida (Kevlar), o material utilizado em coletes e máscaras à prova de bala; ele consegue absorver cinco vezes mais impactos do que Kevlar conseguiria sem quebrar. De acordo com um artigo publicado na edição de 21 de janeiro de 1995 da *Science News*, uma teia de aranha gigante que tivesse a espessura de linha e trama proporcionais à de uma rede de pesca comum poderia apanhar um avião de passageiros em pleno voo. A teia de aranha é produzida com baixo consumo de energia e na temperatura corporal do aracnídeo, ao passo que, na fabricação do Kevlar, as moléculas derivadas do petróleo que compõem o material são colocadas em um recipiente pressurizado com ácido sulfúrico concentrado, que é fervido a uma temperatura de centenas de graus centígrados a fim de assumir a forma de cristal líquido. A entrada de energia é elevadíssima, e há subprodutos tóxicos extremamente problemáticos. Veja Janine M. Benyus, *Biomimicry*, New York: William Morrow, 1998, 132, 135.

riram por meio da memória acumulada da obra de Brook lá dentro".[46] Já citei, em outro lugar, o capítulo impactante de Rainer Maria Rilke de *The Notebooks of Malte Laurids Brigge*, no qual o protagonista compreende a vida que foi vivida em uma casa demolida por meio dos vestígios deixados na parede do prédio vizinho; na verdade, esses são os sinais com os quais o jovem reconstrói aspectos essenciais de sua infância e de si mesmo.[47]

Um enfraquecimento semelhante da lógica da arquitetura também ocorre no reúso e na reforma de edifícios. A inserção de novas estruturas funcionais e simbólicas faz com que a lógica de arquitetura inicial do prédio entre em curto-circuito e abra faixas emocionais e expressivas de experiência. Espaços arquitetônicos que misturam ingredientes contraditórios projetam um charme especial. Muitas vezes, o espaço mais agradável de um museu, escritório ou residência é aquele que se encaixa em um edifício já existente e cujo uso foi reciclado.

A abordagem ecológica também favorece uma imagem adaptativa e paralela à "fraqueza" inerente aos processos ecologicamente adaptados. Essa fragilidade ecológica é refletida em grande parte pela arte contemporânea, por exemplo, nas obras poéticas de Richard Long, Hamish Fulton, Wolfgang Laib, Andy Goldsworthy e Nils-Udo, todos em diálogo sutil com a natureza. Mais uma vez, os artistas dão exemplo para os arquitetos.

A arte da jardinagem é uma forma de arte intrinsicamente envolvida com o tempo, a mudança e a imagem frágil. Por outro lado, o jardim geométrico exemplifica a tentativa de domesticar a natureza em padrões de geometria humana. A tradição do paisagismo pode inspirar uma arquitetura libertada das restrições da imagem geométrica e forte. Os modelos biológicos – biomimetismo – já entraram em vários campos da ciência, medicina e engenharia. Por que eles não deveriam ser válidos na arquitetura? De fato, a linha mais sutil da arquitetura *high-tech* já está indo nessa direção.

A arquitetura do jardim japonês, com seus múltiplos temas arquitetônicos paralelos e entrelaçados com a natureza e sua sutil justaposição de morfologias naturais e artificiais, é um exemplo inspirador do poder estético da forma fraca. A trilha incrivelmente sensível de Dimitris Pikionis rumo à Acrópole de Atenas, a queda de água abstrata da Ira's Fountain, de Lawrence Halprin, em Portland, Oregon, e as configurações da arquitetura minuciosamente elaboradas de Carlo Scarpa são exemplos contemporâneos de uma arquitetura que nos coloca em uma relação com o espaço e o tempo diferente daquela que nos coloca a arquitetura da geometria eterna. São exemplos de uma arquitetura cujo po-

---

[46] Andrew Todd, "Learning from Peter Brook's Work on Theatre Space", September 25, 1999, manuscrito não publicado, p. 4.

[47] Rainer Maria Rilke, *The Notebooks of Malte Laurids Brigge*, New York and London, WW Norton et Co., 1992, p. 47–48.

der total não depende de um conceito ou imagem singular. A obra de Pikionis é uma conversa densa com o tempo e a história ao ponto de o projeto parecer um produto da tradição anônima sem chamar atenção para o criador individual. Os projetos de Halprin exploram o limiar entre arquitetura e natureza; eles têm a naturalidade descontraída de cenas da natureza, mas são lidos como um contraponto feito pelo homem ao mundo geológico e orgânico. A arquitetura de Scarpa estabelece um diálogo entre conceito e produção, visualidade e tatilidade, invenção artística e tradição. Embora seus projetos frequentemente pareçam carecer de uma ideia orientadora geral, eles projetam uma impressionante experiência de descobrimento e cortesia da arquitetura.

Arquitetura funerária

→ *matéria e tempo; museus do tempo*

Arquitetura e vida simbólica: o significado mental de tempo, memória e sepultamento na arquitetura (2019)

Na era moderna, e especialmente em nossa cultura de materialismo sem sentido e de consumo, tendemos a pensar que a arquitetura nasceu da imprescindibilidade e utilidade, da necessidade de abrigo físico. Essa visão deixa escapar as verdadeiras origens e os primórdios da arquitetura, bem como as essenciais dimensões mentais e inconscientes dos edifícios. Independentemente de seus mais recentes fins utilitários, a arquitetura tem sido guiada pelo desejo de dar significado à mortalidade humana. "A forma não é nada mais do que um desejo concentrado de vida eterna na Terra", afirmou o jovem Alvar Aalto.[48] A perecibilidade e a morte são elementos inescapáveis da vida, embora tendamos a suprimir ou negar as forças de transitoriedade e entropia. Estamos até mesmo nos afastando da experiência temporal essencial e nos tornando habitantes apenas do espaço. A rejeição do tempo surge de nosso medo inconsciente dele, de sua transitoriedade simultânea e eternidade. T. S. Eliot aponta para um novo fenômeno cultural curioso, "o provincianismo do tempo": "Um provincianismo, não de espaço, e sim de tempo: aquele para o qual a história é apenas a crônica de instrumentos humanos que cumpriram sua tarefa e foram descartados, aquele para o qual o mundo é propriedade exclusiva dos vivos, uma propriedade em que os mortos não têm ações".[49] De fato, estamos cada vez mais vivendo no presente, em um aqui e agora cada vez mais efêmero, sem ecos do passado,

---

[48] Alvar Aalto em Göran Schildt, *Alvar Aalto: The Early Years*, New York, Rizzoli International Publications, 1984, p. 192.

[49] Thomas Stearns Eliot, "What is a Classic", *in Id.*, *Selected Essays*, New York, Harcourt, Brace & World, 1964.

e esse achatamento do tempo sem dúvida cresceu muito desde os dias de Eliot. O poeta vê o tempo experiencial como um ciclo interminável, uma espécie de fita de Möbius:

> *Tempo presente e tempo passado*
> *Ambos talvez estejam presentes no tempo futuro,*
> *E o tempo futuro contido no tempo passado.*
> *Se todo o tempo é eternamente presente*
> *Todo o tempo é irreparável.*[50]

Sem a experiência do passado, não temos confiança no futuro, pois o tempo é uma continuidade se estendendo simultaneamente em direções opostas. A tarefa da arquitetura é habitar-nos tanto no tempo quanto no espaço. Karsten Harries, o filósofo, aponta para a necessidade humana de domesticar o tempo: "A arquitetura também é uma profunda defesa contra o terror do tempo. A linguagem da beleza é essencialmente a linguagem da realidade atemporal".[51] De fato, é o ideal da realidade atemporal que está desaparecendo no mundo mental e na arquitetura de hoje, devido à nossa obsessão tendenciosa com a novidade e o consumo acelerado.

Ítalo Calvino, que nos deu valiosos conselhos para o novo milênio em *Six Memos for the Next Millennium*,[52] descreve de forma instigante o desaparecimento do tempo na literatura: "Os longos romances escritos hoje talvez sejam uma contradição: a dimensão do tempo foi destruída, não podemos viver ou pensar a não ser em fragmentos de tempo, cada um dos quais segue sua própria trajetória e desaparece imediatamente. Podemos redescobrir a continuidade do tempo somente nos romances daquele período em que o tempo parecia não ter parado e ainda não parecia ter sido explodido, um período que durou, no máximo, cem anos".[53] Além da literatura do século XIX, podemos vivenciar o tempo perdido em antigos edifícios e contextos urbanos, que protegem e desaceleram o tempo para gerações futuras.

A essência da arquitetura é frequentemente mal compreendida. Somos ensinados que a arquitetura evoluiu da cabana primitiva, mas os seres humanos enterraram seus mortos de maneiras específicas e com rituais antes de começarem a construir abrigos para si mesmos. "No meio das incertas peregrinações do homem paleolítico, os mortos foram os primeiros a ter moradas permanentes: uma caverna, um monte, uma elevação marcada por um monte funerário, um túmulo coletivo. Esses eram pontos de referência aos quais os vivos provavelmente retornavam de tanto em tanto para se comunicar com os espíritos ances-

---

[50] Thomas Stearns Eliot, "Burnt Norton", in Id., *Four Quartets*, London, Faber and Faber, 2001, p. 3.
[51] Harries, "Building and the Terror of Time", *op. cit.*, p. 206.
[52] Italo Calvino, *Six Memos for the Next Millenium*, New York, Vintage Books, 1988.
[53] Italo Calvino, *If on a Winter's Night a Traveller*, Orlando, Harcourt, Brace & Company, 1979, p. 8.

trais ou acalmá-los", escreve Lewis Mumford em *The City in History*.[54] As origens da arquitetura em sepultamentos sugerem que a tarefa mental e simbólica precedeu a utilidade prática. Adolf Loos também vê a essência da arquitetura em sua dimensão mental: "Quando nos deparamos com um monte em uma floresta, dois metros de comprimento e um de largura, elevado a uma forma piramidal com o uso de uma pá, ficamos sérios e algo em nós diz: 'Alguém está enterrado aqui'. Isso é arquitetura".[55] Em seu livro *The Dominion of the Dead*, sobre as consequências mentais do nosso atual negacionismo da morte, o estudioso da literatura norte-americano Robert Pogue Harrison destaca o profundo significado mental do enterro: "Eu diria que os seres humanos enterram não somente para dar um encerramento e simular uma separação dos mortos, mas também e, acima de tudo, para humanizar o solo em que constroem seus mundos e fundam suas histórias".[56] Ele também nos lembra que a palavra "*humanitas*" em latim vem da palavra "*humando*", enterrando, e conclui: "Ser humano significa, acima de tudo, enterrar".[57]

Fatos antropológicos apoiam a visão da origem primordial da construção. Ainda em nossa era moderna, os nativos da Patagônia, na extremidade meridional da América do Sul, viviam praticamente nus no clima abaixo de zero da região e não construíam abrigos para se protegerem, embora fossem capazes de erguer elaboradas construções para seus rituais.[58] Não construir um abrigo é uma escolha mental e cultural, e não o resultado de uma incapacidade de construir. O exemplo patagônico revela a necessidade básica humana de compreender o significado de nossa existência, além da mera sobrevivência ou necessidades e desejos diários. Podemos concluir que a arquitetura nasceu de um anseio mental, e não de uma necessidade física. Temos a necessidade de saber como chegamos a morar nesta terra e de vivenciar o significado em nossa existência terrena. Desenvolvemos três sistemas para a busca de significado existencial: religião (e mito), ciência e arte (incluindo arquitetura). O primeiro se baseia na fé; o segundo, no conhecimento racional; e o terceiro, na experiência pessoal existencial e estética. A arquitetura é o meio mais poderoso de concretizar e estender questões existenciais humanas.

---

[54] Lewis Mumford, *The City in History: Its Origins, Its Transformations, and Its Prospects*, New York, Harcourt, Brace & World, 1961, p. 7.

[55] Adolf Loos, *Architecture*, 1909, como citado em Colin St John Wilson, *Architectural Reflections: Studies in the philosophy and practice of architecture*, Oxford, Butterworth-Heinemann Ltd., 1992, p. 191.

[56] Robert Pogue Harrison, *The Dominion of the Dead*, Chicago and London, The University of Chicago Press, 2003, p. XI.

[57] *Ivi*.

[58] Amos Rapoport, *House Form and Culture*, Englewoods Cliffs, NJ, Prentice-Hall, 1969.

A noção de sepultamento se aplica simbolicamente a artefatos humanos, que são preservados como testemunhos silenciosos do passado, frequentemente desvinculados de seu uso prático. Podemos estender a ideia de sepultamento à nossa prática de acumular objetos físicos, bem como informações e conhecimentos como evidências do passado. Para compreender a essência das origens da arquitetura, precisamos saber que ela nasceu da noção de morte, e não de vida; do passado, e não do presente. O sepultamento também ativa e concretiza o segundo nível de realidade, a realidade de mitos, religiões e crenças, juntamente com as edificações especiais para celebração, que são dispositivos explícitos de memória coletiva.

Além de seu uso pragmático e racional, a arquitetura sempre se preocupou com as vidas mentais humanas e a relação da vida com as dimensões cósmicas e metafísicas por meio de dispositivos como a simbolização, a sintonização e a harmonia proporcional.[59] Na Renascença, a harmonia proporcional era vista como o meio pelo qual os edifícios poderiam ser harmonizados tanto com os fenômenos cósmicos quanto com os princípios da natureza. Somente com a emergência da modernidade no Iluminismo, a arquitetura se tornou obcecada com a racionalidade e com o realismo científico. Assim como os ritos e as cerimônias, a arquitetura tem a tarefa fundamental, embora na maioria das vezes oculta, de mediar nossa relação e interação com o desconhecido, não somente a imensidão do mundo físico.

Em seu livro *House, Form and Culture*, Amos Rapoport destaca que fatores culturais e crenças sempre predominaram em relação às considerações funcionais na construção humana. Na visão do antropólogo, até mesmo as tradições de construção indígenas e vernaculares são guiadas mais por crenças culturais e desejos do que pelo uso prático. Sabendo que eu estava trabalhando em uma exposição sobre a arquitetura animal na década de 1970,[60] Sverre Fehn, o norueguês vencedor do prêmio Pritzker, me disse em uma conversa privada: "O ninho de passarinho é o funcionalismo absoluto porque o pássaro não tem consciência de sua morte".[61] A afirmação casual, porém surpreendentemente metafísica de Fehn, sugere que nossa consciência da mortalidade tende a afastar nossas construções da racionalidade funcional devido ao esforço inconsciente para lidar com o desconhecido. De fato, muitas das construções animais são artefatos funcionais incrivelmente complexos e perfeitos, e muitas vezes superam as capacidades humanas em precisão e perfeição de desempenho funcional. Edward O. Wilson, o biólogo e filósofo da obra *Biophilia*, sugeriu que o ninho de uma colônia de formigas-cortadeiras é mais complexo em seu de-

---

[59] Rudolf Wittkower, *Architectural Principles in the Age of Humanism*, New York, Random House, 1965.

[60] Pallasmaa, *Animal Architecture*, op. cit.

[61] Sverre Fehn ao escritor em uma conversa particular na Villa Mairea, em agosto de 1986.

sempenho do que qualquer invenção humana.[62] Este incrível feito é uma consequência da falta de consciência da mortalidade das formigas, como sugere Fehn? Ele certamente reflete os quase três milhões de anos de aperfeiçoamento evolutivo da construção das formigas em comparação com os meros cem mil anos de construção humana.

É famosa a definição de arquitetura de Adolf Loos por meio das polaridades da "urna e do penico", dois objetos que representam significados espirituais e rituais, de um lado, e de mera utilidade, de outro. Karl Kraus, poeta e dramaturgo, esclareceu a ideia de seu amigo: "Tudo o que Adolf Loos e eu sempre quisemos dizer é que há uma diferença entre uma urna e um penico. As pessoas de hoje podem ser divididas em aquelas que usam o penico como uma urna e aquelas que usam a urna como um penico".[63] Muitos dos arquitetos de hoje certamente perderam sua capacidade de distinguir entre os dois objetos.

Desde a época de Loos e Kraus, o primeiro motivo da arquitetura – concretizar a realidade do mito, ritual, crença e desconhecido – praticamente desapareceu, com a exceção de edificações projetadas especificamente para fins religiosos e comemorativos. Mesmo nesses casos, a intenção inocente e devota parece ter enfraquecido, e a dimensão espiritual se tornou convencionalizada e esteticizada. Esse distanciamento esteticista também é evidente nas Capelas do Vaticano, na Bienal de Veneza de 2018; as 10 capelas são estruturas de estética arquitetônica em vez de fé. Isso sugere que as dimensões metafísica, religiosa e espiritual estão se transformando em meros elementos da estética arquitetônica. As edificações costumavam mediar entre a imensidão e a intimidade, o mundo e a mente, os deuses e os mortais, mas cada vez mais se tornaram fins em si mesmas, com suas próprias motivações manipuladoras.

Ruínas, erosão e edifícios degradados têm uma tarefa significativa na experiência humana. Eles são suportes necessários para compreendermos a profundidade do tempo e a inevitabilidade da decadência e da ruína. "De todas as faculdades, a memória é aquela que tem mais a ver com a arquitetura: a memória, que os gregos personificaram como *Mnemosine*, mãe de todas as musas, é sua verdadeira patrona", escreve Joseph Rykwert.[64]

As ruínas, assim como os monumentos, memoriais, prédios antigos e espaços ou conjuntos urbanos em geral, são guardiões do passado e de nossa própria historicidade e identidade cultural. Como poderíamos compreender o profundo tempo cultural sem a imagem da pirâmide egípcia em nossa memória? A arquitetura nos transforma em seres históricos e nos coloca no *continuum* do tempo. A importância de compreender a historicidade biológica humana tam-

---

[62] Wilson, Biophilia, *op. cit.*, p. 37.

[63] Como citado em St John Wilson, *op. cit.*

[64] Joseph Rykwert, "The Purpose of Ceremonies", *in Id.*, *The Necessity of Artifice*, New York, Rizzoli International Publications, 1982, p. 131.

bém está surgindo, e essa será uma perspectiva crucial no futuro próximo, uma vez que, por exemplo, a superinteligência digital será, em seguida, introduzida no nosso genoma biológico. Já se sabe que levam 50 mil anos para que uma propriedade adquirida se torne parte do genoma humano, mas a superinteligência provavelmente será criada em poucos anos.

Como muitos escritores e pensadores sugeriram, o tempo era a dimensão teórica e experiencial central na literatura até o século XIX, mas foi deixado de lado pelo nosso envolvimento com o espaço. Na verdade, as duas dimensões se fundiram em uma na atual "implosão espaço-temporal" ou "compressão espaço-temporal",[65] como propuseram David Harvey e Daniel Bell e outros pensadores pós-modernos. Não há dúvida de que tais mudanças na percepção, pensamento e ação também mudaram inadvertidamente a arquitetura e suas práticas, bem como a posição dessa forma de arte na cultura atual.

Monumentos, memoriais e edificações religiosas concretizam e estendem nossas memórias culturais e representam o desconhecido e o inefável. Mas também nos lembram das esferas essenciais dos valores espirituais e simbólicos. Tendemos a acreditar que agimos racionalmente, e o papel dominante da ciência e tecnologia em nossa cultura nos faz ver nossa era como a era da razão; porém, basta pensar nos eventos políticos e nas catástrofes humanas dos últimos anos para perceber e admitir que muitas vezes estamos seguindo na direção oposta, rumo ao reinado do irracional.

A rejeição à morte e à continuidade das profundas tradições culturais do mundo ocidental atual sugere irracionalidade, supressão e negação. As edificações simbolizadoras da história nos lembram de nosso passado, tanto trágico quanto heroico, corajoso e covarde, ético e vergonhoso. Elas nos lembram da realidade da vida e do destino humanos, assim como a literatura e outras formas de arte, e nos impedem de esquecer a história da humanidade. Ao mesmo tempo, elevam e celebram eventos, ideais, ideias e personalidades escolhidos. Monumentos e memoriais concretizam histórias políticas, sociais e culturais. No entanto, no mundo industrial e consumista de hoje, a arquitetura e sua prática está cada vez mais se tornando uma profissão de serviços, assim os edifícios têm perdido sua autonomia artística e existencial e seus significados, bem como suas conexões com nossos mundos mentais e o enigma da existência humana. Ludwig Wittgenstein formula a ideia de elevação espiritual por meio da arquitetura de forma sucinta: "A arquitetura glorifica e eterniza algo, quando não há nada a glorificar, não há arquitetura".[66] Precisamos nos perguntar o que há na cultura consumista ultramaterialista atual para glorificar e eternizar.

---

[65] David Harvey, *The Condition of Postmodernity*, Cambridge, Blackwell, 1992, p. 240–242.

[66] Ludwig Wittgenstein, *Culture and Value*, Oxford, Blackwell, 1998, 74e.

Nós, os seres humanos, criamos três dimensões alternativas para encontrar significado na nossa esfera de vida: religião, ciência e arte. A primeira surge da fé; a segunda, do conhecimento racional; e a terceira, da experiência pessoal. Em busca de sua respeitabilidade perdida, nosso ofício da arquitetura hoje deseja se associar à racionalidade científica. Ao mesmo tempo, está refutando totalmente as dimensões mentais e espirituais, bem como as artes. O edifício instrumentalizado de hoje dificilmente pode ser considerado uma forma de arte. Esse já era o julgamento de Adolf Loos: "Apenas uma pequena parte da arquitetura pertence à arte: a tumba e o monumento".[67] Hoje, provavelmente veríamos a distinção de forma diferente, mas esse julgamento precisa ser feito.

Edifícios religiosos, monumentos e memoriais também são lembretes da segunda camada de realidade, a esfera de ideais, crenças e valores espirituais, a realidade mental no meio das nossas construções cada vez mais instrumentalizadas e materializadas. Edward F. Edinger, um estudioso dos arquétipos e do inconsciente, faz uma declaração instigante: "A necessidade mais urgente do homem moderno é descobrir a realidade e o valor do mundo subjetivo interno, descobrir a vida simbólica. (...) A vida simbólica de alguma forma é pré-requisito para a saúde psicológica".[68]

Arquitetura, realidade e individualidade

→ *estar no mundo; tempo e eternidade*

Tocando o mundo: espaço vivenciado, visão e tatilidade (2007)

É evidente que a arte e a arquitetura "enriquecedoras da vida" (usando a noção de Goethe) abordam todos os sentidos simultaneamente e fundem nosso senso de individualidade (*self*) com a experiência do mundo. A arquitetura precisa fortalecer o senso do real, e não criar cenários de mera ficção e fantasia. A tarefa mental essencial da arte de construir é reconciliação, mediação e integração. Edifícios feitos com profundidade articulam experiências de estar no mundo e fortalecem o senso de realidade e individualidade. Eles emolduram e estruturaram as experiências e projetam um horizonte específico de percepção e significado. Além de nos habitar no espaço, a arquitetura também nos relaciona com o tempo; ela articula o espaço natural ilimitado e dá uma medida humana ao tempo infinito. A arquitetura nos ajuda a superar "o terror do tempo", usando uma expressão provocativa de Karsten Harries, o filósofo.[69]

---

[67] Adolf Loos, como citado em St John Wilson, *op. cit.*, p. 128.

[68] Edward F Edinger, *Ego & Archetype: Individuation and the Religious Function of the Psyche*, Baltimore, Penguin Books, 1974, p. 109 e 117.

[69] Harries, *op. cit.*, 206.

Arte como representação e realidade

→ *olhos; luz*

Entre arte e ciência: realidade e experiência em arquitetura e arte (2018)

Um dos principais avanços das artes dos últimos 100 anos foi seu distanciamento da função figurativa mediadora para se tornar uma realidade cada vez mais autônoma e independente. Em seu livro *The Dehumanization of Art*, de 1925, José Ortega y Gasset apresentou uma ideia provocativa sobre o tema da arte em mudança. Na sua visão, o tema da arte era primeiro "coisas" ou eventos (como na arte de Caravaggio e Velázquez), depois "sensações" (como nas obras de Cézanne e Picasso) e, por fim, "ideias" (como na arte moderna).[70] A visão de Ortega sugere que a arte se aproximou da ciência em sua nova característica ideacional. No entanto, "O objeto da arte não é reproduzir a realidade, e sim criar uma realidade de mesma intensidade", como nos lembra Alberto Giacometti.[71] O desenvolvimento histórico da arte abrange a emergência da abstração e da autonomia, a pluralização das concepções de realidade e também o aumento da importância das práticas multissensoriais e o afastamento da retinalidade pura em direção à corporificação total. Estas orientações também incluem o questionamento da criatividade singular do artista baseada nas reações emocionais (Marcel Duchamp, automatismo, arte conceitual), a desconexão da obra de arte de sua moldura ou base e sua transformação em um ambiente ou parte dele (*landscape art* e *land art*) e, por fim, as obras atmosféricas, cuja essência reside na sua presença multissensorial, física e emotiva, em vez de na sua representação. Ao mesmo tempo, a arte aceitou a natureza multissensorial da percepção humana. Em suas obras, Richard Serra, por exemplo, ativou o sentido de peso, gravidade e experiência muscular, enquanto James Turrell articulou experiências de luz e nos permitiu ver "luz tátil" e "luz velha", luz cósmica que viajou milhares de anos-luz pelo espaço sideral antes de atingir nossa retina; esta experiência até nos permite tocar o tempo e sentir o infinito e a eternidade.

Uma série de artistas também se aproximou de seu campo por meio de teorias e métodos científicos, como os membros do Movimento Luz e Espaço (destacando-se Robert Irwin e James Turrell), que surgiu na década de 1960, e, mais recentemente, o artista islandês-dinamarquês Olafur Eliasson, um membro posterior deste movimento.

---

[70] José Ortega y Gasset, The Dehumanization of Art and Other Essays on *Art, Culture, and Literature*, Princeton, NJ, Princeton University Press, 2013.

[71] Quem me contou a citação de Alberto Giacometti foi um aluno em uma oficina minha em Ljubljana, em 2015. A fonte original é desconhecida.

Olafur Eliasson é o artista que abalou fundamentalmente nossas ideias sobre representação e comunicação artística. Suas obras projetam sua própria realidade experiencial, que é constituída no ato de encontro da obra pelo observador, sem qualquer referência mediadora a outros temas. Suas obras constituem sua própria realidade, a qual existe a partir do ato de experienciar as obras. Ao mesmo tempo, Eliasson, sem dúvida, levou a experiência artística ainda mais para a esfera dos fenômenos científicos do que os outros artistas.

Ele colabora em seu ateliê com quase 100 assistentes, com engenheiros, artesãos, arquitetos, técnicos especializados, arquivistas e administradores. Há vários anos, ele tem trabalhado em obras ambientais extremamente grandes que brincam com o estado emocional do observador de uma forma multissensorial, periférica, inconsciente e atmosférica, semelhante a fenômenos naturais ou climáticos. O objetivo dessa experiência artística não é mais uma imagem ou realidade ilusória, mediada pelo artista, mas um fenômeno ou processo que ocorre no processo de percepção e experiência do espectador por meio de uma situação experimental elaborada pelo artista. O próprio Eliasson as chama de "configurações experimentais".[72]

A obra mais famosa de Eliasson até hoje, baseada na experiência da luz e do clima, e também a mais arquetípica em sua simplicidade, é o *Projeto Tempo* (2003), na enorme Turbine Hall da galeria Tate Modern, em Londres. A obra, que atraiu mais de dois milhões de visitantes, consistia em um sol artificial brilhando dentro de uma fina névoa que criava uma atmosfera extraordinária. As obras de Eliasson produzem experiências alternativas que, apesar de tudo, possuem a complexidade e a inexplicabilidade final da realidade vivida. Suas obras são uma espécie de "máquinas de realidade", seguindo o apelo de Giacometti por uma realidade artística da mesma intensidade da realidade vivida. No caso do *Projeto Tempo* de Eliasson, a experiência era tão fascinante que os visitantes deitavam no chão como os banhistas espontaneamente fazem em uma praia.

Arte *versus* ciência I

→ *arquitetura como disciplina impura; modos de pensamento*

Experiência corporificada e pensamento sensorial: espaço vivenciado na arte e na arquitetura (2006)

A visão dominante em nossa cultura faz uma distinção fundamental entre os mundos da ciência e da arte; a ciência é compreendida como representando a

---

[72] Richard Dawkins, "Bar Codes in the Stars", *Olafur Eliasson: Your Lighthouse: Works with Light 1991–2004*, Holger Broecher, editor, Wolfsburg, Kunstmuseum Wolfsburg / Hatje Cantz Verlag, 2004, p. 13.

esfera do conhecimento racional e objetivo, enquanto a arte corresponde ao mundo das sensações subjetivas. A primeira é compreendida como possuindo valor operacional, enquanto o mundo da arte é visto como uma forma de entretenimento cultural exclusivo.

Paisagens e horizontes da arquitetura: arquitetura e pensamento artístico (2007)

A relação entre conhecimento científico e conhecimento artístico, ou conhecimento instrumental e sabedoria existencial, requer alguma consideração. O trabalho acadêmico e literário do filósofo francês pouco ortodoxo Gaston Bachelard, conhecido pelos profissionais de arquitetura desde seu influente livro *The Poetics of Space* (publicado pela primeira vez em francês em 1958), medeia os mundos do pensamento científico e artístico. Por meio de perspicazes estudos filosóficos dos elementos antigos – terra, fogo, água e ar – bem como sonhos, devaneios e imaginação, Bachelard sugere que a imaginação poética, ou "química poética",[73] como ele diz, está estreitamente relacionada ao pensamento pré-científico e a uma compreensão animista do mundo. Em *The Philosophy of No: A Philosophy of the New Scientific Mind*, escrito em 1940,[74] durante o período em que seu interesse estava mudando de fenômenos científicos para o imaginário poético (*The Psychoanalysis of Fire* fora publicada dois anos antes), Bachelard descreve o desenvolvimento histórico do pensamento científico como um conjunto de transições progressivamente mais racionalizadas do animismo por meio do realismo, positivismo, racionalismo e racionalismo complexo para o racionalismo dialético. "A evolução filosófica de um conhecimento científico específico é um movimento por meio de todas essas doutrinas na ordem indicada", argumenta.[75]

É significativo que Bachelard defenda que o pensamento artístico parece prosseguir na direção oposta – buscando conceitualizações e expressão, mas passando pelas atitudes racionais e realistas em direção a uma compreensão mítica e animista do mundo. Ciência e arte, portanto, parecem deslizar uma na frente da outra, movendo-se em direções opostas.

Experiência corporificada e pensamento sensorial: espaço vivenciado na arte e na arquitetura (2006)

Em uma entrevista em 1990 sobre as complexidades e mistérios da nova física, perguntaram a Steven Weinberg, que ganhou o prêmio Nobel de Física em

---

[73] Gaston Bachelard, *Water and Dreams: An Essay on the Imagination of Matter*, Dallas, TX, The Pegasus Foundation, 1983, p. 46.

[74] Gaston Bachelard, *The Philosophy of No: A Philosophy of the New Scientific Mind*, New York, The Orion Press, 1968.

[75] *Ibid.*, 16.

1979 por sua descoberta da relação entre eletromagnetismo e a força nuclear fraca: "A quem você perguntaria sobre a complexidade da vida: Shakespeare ou Einstein?" O físico respondeu rapidamente: "Ah, sobre a complexidade da vida, não há dúvida – Shakespeare". E o entrevistador continuou: "E você iria a Einstein por simplicidade?". "Sim, para ter uma ideia de por que as coisas são do jeito que são – não por que as pessoas são do jeito que são, porque isso está no fim de uma longa cadeia de inferências...".[76]

Paisagens e horizontes da arquitetura: arquitetura e pensamento artístico (2007)

Além de animar o mundo, a imaginação artística busca imagens capazes de expressar a complexidade inteira da experiência existencial humana por meio de imagens condensadas singulares. Esta tarefa paradoxal é alcançada por meio de imagens poetizadas, as quais são experienciadas e vividas em vez de serem entendidas racionalmente. As pequenas naturezas-mortas de Giorgio Morandi são um exemplo impressionante da capacidade das imagens artísticas humildes de se tornarem afirmações metafísicas totalizantes. Uma obra de arte ou arquitetura não é um símbolo que representa ou retrata indiretamente algo fora de si mesmo; é um objeto de imagem mental real, um microcosmo completo que se coloca diretamente em nossa experiência e consciência existencial.

Experiência corporificada e pensamento sensorial: espaço vivenciado na arte e na arquitetura (2006)

A arte articula nossas experiências essenciais existencialmente, mas também modos de pensar, isto é, as reações ao mundo e o processamento de informações ocorrem diretamente como uma atividade corporificada e sensorial, sem serem transformadas em conceitos ou mesmo entrarem em nossa esfera de consciência.

Paisagens e horizontes da arquitetura: arquitetura e pensamento artístico (2007)

Embora esteja sublinhando a diferença entre a investigação científica e artística, não acredito que a ciência e a arte sejam antitéticas ou hostis uma à outra. As duas modalidades de conhecimento simplesmente olham para o mundo e para a vida humana com olhos, focos e aspirações diferentes. Também já foram escritas visões estimulantes sobre as semelhanças da imaginação científica e poética, bem como sobre a importância do prazer estético e da corporificação para ambas as práticas.

---

[76] Entrevista em *Time*, 1990. Fonte não identificada em detalhes.

Arte *versus* ciência II

→ *limites; limites e imensidade*

Infinidade e limites: infinitude, eternidade e imaginação artística (2017)

Na época da Renascença, a arquitetura aspirava a mediar entre os mundos dos deuses e dos mortais e visava dar uma nova autoridade à atividade de construir, conferindo-lhe uma fundamentação matemática. "A crença na correspondência entre macrocosmo e microcosmo, na estrutura harmônica do universo, na compreensão de Deus mediante os símbolos matemáticos de centro, círculo e esfera – todas essas ideias estreitamente relacionadas, que tinham raízes na antiguidade e pertenciam aos dogmas inquestionáveis da filosofia e teologia medievais, assumiram nova vida na Renascença".[77] "Havia uma tradição ininterrupta que vinha desde a antiguidade, segundo a qual a aritmética (o estudo dos números), a geometria (o estudo das relações espaciais), a astronomia (o estudo dos movimentos dos corpos celestes) e a música (o estudo dos movimentos captados pelo ouvido), formavam o *quadrivium* das "artes matemáticas". Em contraste com essas, as "artes liberais" de pintura, escultura e arquitetura eram consideradas ocupações manuais",[78] informa-nos Rudolf Wittkower. Para elevar a arquitetura do nível de uma arte mecânica ao de uma arte matemática, era necessário dar-lhe uma base teórica sólida, isto é, matemática, e essa seria encontrada na teoria musical baseada nos estudos do geômetra grego Pitágoras.

As relações e interações entre ciência e arte ainda são um tema em discussão. A ciência geralmente é julgada como tendo um valor de verdade mais elevada, mas há vozes que veem o significado da arte como mais próximo da realidade humana vivida. Vittorio Gallese, um dos quatro descobridores dos neurônios-espelho há 30 anos, decoberta que abriu perspectivas emocionantes em nossas interações inconscientes com o mundo, expressa uma visão inesperada da relação entre ciência e arte: "De certo ponto de vista, a arte é mais poderosa que a ciência. Com ferramentas muito menos caras e com maior poder de síntese, as intuições artísticas nos mostram quem somos, provavelmente de forma mais completa em relação à abordagem objetivante das ciências naturais. Ser humano equivale à habilidade de nos perguntarmos quem somos. Desde o início

---

[77] Rudolf Wittkower, *Architectural Principles in the Age of Humanism*, London, Academy Editions, 1988, p. 117.

[78] *Ibid.*, 39.

da humanidade, a criatividade artística tem expressado tal habilidade em sua forma mais pura e elevada", escreve Gallese.[79]

Alguns artistas modernos e contemporâneos, especialmente de orientação conceitual, têm produzido obras puramente cerebrais, que dependem mais de processos mentais e intelectuais do que de percepções sensoriais e identificações emocionais, aproximando-se assim da esfera da ciência. A obra do artista islandês-dinamarquês Olafur Eliasson frequentemente está suspensa entre os reinos da ciência e da arte. Normalmente, suas obras têm uma fundamentação científica meticulosamente pensada a partir de conhecimentos teóricos de física e psicologia perceptiva. Esta base dá origem às suas construções técnicas perfeitamente executadas, que levam o espectador a observações sensoriais pessoais e, muitas vezes também o levam, sem perceber, da esfera da objetividade para a da subjetividade. Frequentemente, as experiências têm a natureza de milagre ou mágica. As experiências do espectador são evidentes e claras ao mesmo tempo em que são enigmáticas e inacreditáveis. O caráter duplo das obras como experimentos científicos desmascarados e confrontos emocionais geralmente cria uma sensação de fenômeno que vai além dos limites da normalidade. A instalação atmosférica de Eliasson no imenso Turbine Hall na Tate Modern em Londres, intitulada *Projeto Tempo* (2003), conferiu à obra autoridade de luz solar real, incentivando os visitantes a se deitarem no piso de concreto como se estivessem tomando sol na praia.

Ao todo, existem três categorias para dar significado humano ao nosso ser-no-mundo: a religião (ou mito), a ciência e a arte. A primeira se baseia na crença e na fé, a segunda, na racionalidade e no conhecimento, e a terceira, na emoção e na experiência. As obras de Eliasson geralmente fundem ou fazem um curto-circuito com as categorias de ciência e arte e dão origem a uma experiência sublime, que pode até invocar presságios religiosos. Embora muitas de suas obras projetem experiências sublimes, elas também podem inverter ou contradizer as expectativas do espectador. Em um sentido de percepção concreta, suas obras com espelhos criam espaços infinitamente repetidos ou corredores perspectivos intermináveis. Em sua instalação no Museu de Arte Moderna de Louisiana, em Copenhague, o interior branco modernista do museu foi transformado em uma paisagem de rochas, cascalho e água, revertendo o tempo como se a paisagem que existia ali antes da construção do museu tivesse tomado conta. Suas obras no Museu de Bregenz, projetado por Peter Zumthor, transformaram as partes internas brancas e minimalistas do museu

---

[79] Vittorio Gallese and Cinzia Di Dio, "Neuroesthetics: The Body in Esthetic Experience", in *The Encyclopedia of human Behaviour*, Vol. 2, V.S. Ramachandran, editor, Amsterdam, Elsevier, 2012, p. 693.

em paisagens de água, plantas aquáticas e neblina – o espaço arquitetônico feito pelo homem se transforma em uma selva.

A relação entre a realidade e a arte não é tão simples e óbvia quanto pensamos. "Nada é mais abstrato do que a realidade", afirma Giorgio Morandi de forma provocativa,[80] enquanto outro grande artista, Alberto Giacometti, dá outro conselho sobre a relação problemática entre realidade e arte: "O objeto da arte não é reproduzir a realidade, e sim criar uma realidade de mesma intensidade".[81] Afinal, nem mesmo a ciência reproduz a realidade, ela revela sua estrutura interna.

Artistas como fenomenologistas e neurologistas

→ *beleza; beleza biofílica*

Sarah Robinson, Juhani Pallasmaa, editores, *Mind in Architecture: Neuroscience, Embodiment, and the Future of Design.* **The MIT Press, Cambridge, MA, e Londres, 2007, p. 66–68.**

Semir Zeki, um neurologista que estuda o fundamento neural da imagem e efeito artístico, considera essencial um alto grau de ambiguidade – como a imagem incompleta dos escravos de Michelangelo ou as narrativas humanas ambivalentes das pinturas de Johannes Vermeer – para a grandeza dessas obras.[82] Em referência à grande capacidade dos artistas sábios de evocar, manipular e direcionar emoções, ele apresenta o argumento surpreendente: "A maioria dos pintores também são neurologistas (...) são aqueles que vivenciaram e, sem nunca perceber, compreenderam algo sobre a organização do cérebro visual, apesar das técnicas únicas a eles".[83] Este comentário curiosamente ecoa um argumento do fenomenologista-terapeuta holandês J. H. van den Berg: "Todos os pintores e poetas são fenomenologistas natos".[84] Os artistas e arquitetos são fenomenologistas no sentido de serem capazes de "ver puramente", um modo imparcial e "ingênuo" de descobrir coisas. Na verdade, Bachelard aconselha os praticantes da abordagem fenomenológica "a serem modestos sistematicamente" e "irem na direção da simplicidade máxima".[85] Um livro

---

[80] Giorgio Morandi, citação de: https://en.wikiquote.org/wiki/Giorgio_Morandi.

[81] Alberto Giacometti, entrevista obtida em: https://www.azquotes.com/quote/535146.

[82] Semir Zeki, *Inner Vision: An Exploration of Art and the Brain*, Oxford: Oxford University Press, 1999, p. 22–36.

[83] *Ibid.*, 2.

[84] J. H. van den Berg, como citado em Bachelard, *op. cit.*, xxiv.

[85] Ivi, xxi, 107.

recente, *Proust Was a Neuroscientist*, de Jonah Lehrer, populariza este tópico, argumentando que certos grandes mestres, como Walt Whitman, Marcel Proust, Paul Cézanne, Igor Stravinsky e Gertrude Stein, anteciparam algumas das importantes descobertas neurológicas de hoje por meio de sua arte há mais de um século.[86] Em seus importantes livros *The Architect's Brain* e *Architecture and Embodiment*, Harry F. Mallgrave conecta as últimas descobertas nas neurociências ao campo da arquitetura de acordo com o objetivo deste livro.[87] Em *Inner Vision*, Semir Zeki sugere a possibilidade de "uma teoria da estética baseada na biologia".[88] Tendo estudado por 40 anos o comportamento de construção animal e a emergência de escolhas "esteticamente" motivadas no mundo animal, não tenho dúvida sobre isso. O que mais poderia ser a beleza senão o poderoso instrumento de seleção da natureza no processo de evolução? Joseph Brodsky nos assegura isso com a convicção de um poeta: "O propósito da evolução, acredite se quiser, é a beleza".[89] É indubitável que a natureza pode nos dar grandes lições de *design*, especialmente sobre o projeto adaptado à ecologia e aos processos dinâmicos. Isso pode ser visto em campos emergentes de estudo, como a biônica e o biomimetismo. Alguns anos atrás, tive a oportunidade de participar de uma conferência em Veneza intitulada "What Can We Learn from Swarming Insects" ("O que podemos aprender com insetos em enxames?") e organizada pelo European Center for Living Technologies. Os participantes eram biólogos, matemáticos, cientistas da computação e alguns arquitetos. O objetivo do encontro era compreender, por meio das recentes descobertas das pesquisas e simulações computacionais, as habilidades milagrosas de formigas, cupins, abelhas e vespas de construir ninhos e sistemas ambientais perfeitamente adaptados, como fazendas de fungos e redes de estradas cobertas. Já se conseguiu simular a cadeia de ações coletivas e instintivas que permitem aos cupins construir uma abóbada, mas o conhecimento coletivo corporificado que os permite construir seu ninho como um pulmão artificial para sustentar a vida de uma comunidade de milhões de indivíduos ainda está muito além de nossa compreensão.[90] Certamente podemos esperar mais dessas deliberações no futuro. O mais importante mirmecologista do mundo e o precursor da biofilia, Edward O. Wilson, afirma, de modo surpreendente, que "o supe-

---

[86] Jonah Lehrer, *Proust Was a Neuroscientist*, New York, Houghton Mifflin, 2008.

[87] Harry Francis Mallgrave, *The Architect's Brain: Neuroscience, Creativity, and Architecture*, Chichester: Wiley-Blackwell, 2010, e *Id.*, Architecture and Embodiment: The Implications of the New Sciences and Humanities for Design, Abingdon, UK, Routledge, 2013.

[88] Zeki, *op. cit.*, p. 1.

[89] Joseph Brodsky, "An Immodest Proposal", in *Id.*, *On Grief and Reason*, New York, Farrar, Straus and Giroux, 1997, p. 208.

[90] Veja Juhani Pallasmaa, editor, *Eläinten arkkitehtuuri – Animal Architecture*, Helsinki, Museum of Finnish Architecture, 1995.

organismo de um ninho de formigas-cortadeiras é um sistema mais complexo em seu desempenho do que qualquer invenção humana, e ele é incrivelmente antigo".[91] Em seu estudo sobre o fundamento neurológico da arte, Zeki defende que "a arte é uma extensão das funções do cérebro visual em sua busca por essências".[92] Não vejo motivo para limitar essa ideia de extensão ou externalização apenas ao campo visual. Acredito que a arte fornece extensões momentâneas das funções de nossos sistemas perceptivos, consciência, memória, emoções e "compreensão existencial". A grande dádiva da arte é permitir que nós, meros mortais, experimentemos algo com a sensibilidade perceptual e emocional de alguns dos maiores indivíduos da história humana. Podemos sentir por meio da sutileza neural de Michelangelo, Bach e Rilke, por exemplo. E também podemos, sem dúvida, fazer a mesma suposição sobre a arquitetura dotada de significado; podemos sentir a própria existência amplificada e sensibilizada pelas obras de grandes arquitetos, desde Ictino e Calícrates até Frank Lloyd Wright e Louis Kahn. O papel da arquitetura como uma extensão funcional e mental de nossas capacidades é claro, e, na verdade, Richard Dawkins descreveu vários aspectos dessa noção entre animais em seu livro *The Extended Phenotype*;[93] ele sugere que essas extensões fabricadas das espécies biológicas devem ser parte do fenótipo da espécie em questão. Assim, barragens e sistemas de regulação de água devem fazer parte do fenótipo do castor e as impressionantes teias das aranhas devem fazer parte do fenótipo delas. Obras de arquitetura dotadas de significado captam intuitivamente a essência da natureza humana e do comportamento, além de serem sensíveis às características biológicas e mentais ocultas do espaço, forma e materialidade. Ao intuir esse conhecimento, os arquitetos que têm sensibilidade são capazes de criar lugares e atmosferas que nos fazem sentir seguros, confortáveis, fortalecidos e honrados, sem conseguirem teorizar conceitualmente suas habilidades. Nesse contexto, usei a noção de "uma filosofia natural da arquitetura", uma sabedoria que surge diretamente de uma compreensão intuitiva e vivenciada da natureza humana e da arquitetura como uma extensão dessa mesma natureza. Em suma, a arquitetura de alta qualidade emana sabedoria existencial não falada, mas contagiante.

Artistas *versus* arquitetos

→ *microcosmos; tarefas da arquitetura; tarefas da arte*

---

[91] Wilson, *op. cit.*, 37.
[92] Zeki, *op. cit.*, 1.
[93] Richard Dawkins, *The Extended Phenotype*, Oxford, Oxford University Press, 1982.

Identidade, memória e imaginação: paisagens de recordação e sonho (2007)

Os artistas parecem entender a inter-relação entre lugar e mente humana, memória e desejo melhor do que nós, arquitetos, e é por isso que as outras formas de arte podem fornecer uma inspiração tão estimulante para nosso trabalho, bem como para o ensino de arquitetura. Não há lições melhores da capacidade extraordinária de condensação artística para evocar imagens microcósmicas do mundo do que, por exemplo, os contos de Anton Tchekhov e Jorge Luis Borges ou as minúsculas naturezas-mortas de Giorgio Morandi, que consistem em algumas garrafas e xícaras em cima de uma mesa.

Atmosferas na arquitetura

→ *inteligência atmosférica; atmosferas nas artes; senso atmosférico; visão periférica; paisagem física e mental; visão não focalizada*

Espaço, lugar e atmosfera: percepção periférica na experiência existencial (2011)

A qualidade de um espaço ou lugar não é apenas uma questão de percepção visual, como geralmente se supõe. A avaliação do caráter ambiental é uma fusão multissensorial complexa de inúmeros fatores que são imediata e sinteticamente compreendidos como uma atmosfera, sensação, humor ou ambiente geral. "Eu entro em um prédio, vejo um cômodo e – em uma fração de segundo – tenho determinado sentimento sobre ele", confessa Peter Zumthor, um dos arquitetos que reconheceram a importância das atmosferas da arquitetura.[94] John Dewey, o visionário filósofo norte-americano, que há oito décadas compreendeu a essência imediata, corporificada, emotiva e subconsciente da experiência, articula a natureza deste encontro existencial da seguinte maneira: "A impressão arrebatadora e total vem primeiro, talvez em uma convulsão com a súbita glória da paisagem ou o efeito sobre nós de entrar em uma catedral quando a luz tênue, o incenso, os vitrais e as proporções majestosas se fundem em um todo indistinguível. Dizemos com propriedade que uma pintura nos impacta. Há um impacto que precede todo o reconhecimento definitivo do que ela se trata".[95]

Essa experiência é multissensorial em sua própria essência. Em seu livro *The Experience of Place*, Tony Hiss usa a noção de "percepção simultânea"

---

[94] Peter Zumthor, *Atmospheres: Architectural Environments – Surrounding Objects*, Boston, Berlin, Basel, Birkhäuser, 2006, p. 13.

[95] John Dewey, *Art as Experience*, New York, Perigee Trade, 2005, p. 145.

do sistema que usamos para perceber nosso entorno.[96] Isso também é a forma como normalmente observamos, com todos os sentidos ao mesmo tempo. Como Merleau-Ponty testemunha: "Minha percepção não é... uma soma de dados visuais, táteis e audíveis – eu percebo de uma forma total com meu ser inteiro, eu compreendo uma estrutura única da coisa, uma forma única de ser que se comunica com todos meus sentidos ao mesmo tempo".[97] Uma percepção atmosférica também envolve julgamentos além dos cinco sentidos aristotélicos, como as sensações de orientação, gravidade, equilíbrio, estabilidade, movimento, duração, continuidade, escala e iluminação. De fato, o julgamento imediato do caráter do espaço requer nossos sentidos corporificados e existenciais, e é percebido de maneira difusa e periférica, e não por meio de uma observação precisa e consciente. Esta avaliação complexa também inclui a dimensão do tempo, já que a experiência implica duração e funde percepção, memória e imaginação. Além disso, cada espaço e lugar sempre é um convite a atos distintos e os sugere: os espaços são verbos.

Além de atmosferas ambientais, há atmosferas culturais, sociais, de trabalho, familiares, interpessoais etc. A atmosfera de uma situação social pode ser de apoio ou desencorajadora, libertadora ou opressora, inspiradora ou monótona. Podemos até falar de atmosferas específicas na escala de entidades culturais, regionais ou nacionais. *Genius loci*, o espírito do lugar, é uma característica experiencial etérea, sem foco e imaterial que está estreitamente relacionada à atmosfera; podemos, de fato, falar da atmosfera de um lugar, que lhe confere sua característica e identidade perceptuais únicas. Dewey explica esse caráter unificador como uma característica específica: "uma experiência tem uma unidade que lhe dá seu nome, *aquela* refeição, *aquela* tempestade, *aquele* êxtase de amizade. A existência dessa unidade é constituída por uma única *qualidade* que permeia toda a experiência, apesar da variação de suas partes constituintes. Essa unidade não é emocional, prática ou intelectual, pois esses termos nomeiam distinções que a reflexão pode fazer dentro de si".[98] Em outro contexto, o filósofo reafirma o poder integrador dessa característica de experiência: "A qualidade do todo permeia, afeta e controla cada detalhe".[99]

---

[96] Tony Hiss, *The Experience of Place: A New Way of Looking at and Dealing with Our Radically Changing Cities and Countryside*, New York, Random House, Inc., 1991.

[97] Maurice Merleau-Ponty, "The Film and the New Psychology", *in Id.*, *Sense and Non-Sense*, Evanston, IL: Northwestern University Press, 1964, p. 48.

[98] Dewey, *Art as Experience*, *op. cit.*, p. 37.

[99] John Dewey, "Qualitative Thought", *in* Larry A. Hickman, Thomas M. Alexander, editors, *The Essential Dewey, Volume 1: Pragmatism, Education, Democracy*, Bloomington, IN, Indiana University Press, 1998, p. 197.

Martin Heidegger vincula o espaço indissociavelmente à condição humana: "Quando falamos de homem e espaço, parece que o homem está de um lado, o espaço de outro. No entanto, o espaço não é algo que enfrenta o homem. Não é nem um objeto externo nem uma experiência interna. Não é que haja homens e, sobre e além deles, o espaço".[100] Quando entramos em um espaço, ele entra em nós, e a experiência é essencialmente uma troca e fusão entre objeto e sujeito. Robert Pogue Harrison, um acadêmico norte-americano de literatura, afirma poeticamente: "Na fusão de lugar e alma, a alma é tanto um recipiente de lugar quanto o lugar é um recipiente de alma – ambos são suscetíveis às mesmas forças de destruição".[101] A atmosfera é, de modo similar, uma troca entre as propriedades materiais ou existentes do lugar e a esfera imaterial da percepção e imaginação humana. Ainda assim, eles não são "coisas" físicas ou fatos, pois são "criações" experienciais humanas.

Paradoxalmente, captamos a atmosfera antes de identificarmos seus detalhes ou compreendê-la intelectualmente. De fato, pode ser que sejamos completamente incapazes de dizer algo significativo sobre as características de uma situação, mas tenhamos uma imagem clara, postura emocional e lembrança dela. Da mesma forma, apesar de não analisarmos conscientemente ou compreendermos a interação de fatos meteorológicos, captamos a essência do clima em um vislumbre, e ele inevitavelmente condiciona nosso humor e intencionalidade. Quando entramos em uma nova cidade, captamos seu caráter geral de maneira semelhante, sem ter analisado conscientemente uma única de suas inúmeras propriedades materiais, geométricas ou dimensionais. Dewey até estende os processos que avançam a partir de uma compreensão inicial, mas temporária, do todo, rumo aos detalhes, até os processos de pensamento: "Todo pensamento sobre qualquer tema começa com exatamente esse todo não analisado. Quando o tema é razoavelmente familiar, distinções relevantes se apresentam rapidamente, e a pura qualitatividade pode não durar tempo suficiente para ser facilmente lembrada".[102]

Essa é uma capacidade intuitiva e emocional que parece ser derivada da biologia, e é, em grande parte, determinada inconsciente e instintivamente por meio da programação evolutiva. "Percebemos as atmosferas por meio de nossa sensibilidade emocional – uma forma de percepção que funciona de maneira incrivelmente rápida e que nós, humanos, evidentemente precisamos para nos ajudar a

---

[100] Martin Heidegger, "Building, Dwelling, Thinking", *in Id.*, Basic Writings, New York, Harper & Row, 1997, p. 334.

[101] Robert Pogue Harrison, *Gardens: An Essay on the Human Condition*, Chicago and London, The University of Chicago Press, 2008, p. 130.

[102] Dewey, "Qualitative Thought", *op. cit.*, p. 198.

sobreviver", sugere Zumthor.[103] As novas ciências da biopsicologia e psicologia ecológica estudam justamente essas causalidades evolutivas no comportamento e cognição instintiva humana.[104] É evidente que estamos genetica e culturalmente condicionados a buscar ou evitar determinados tipos de situações ou atmosferas. Nosso prazer compartilhado de estar à sombra de grandes árvores olhando para um campo aberto e iluminado pelo sol, por exemplo, é explicado com base nesta programação evolutiva – este tipo específico de configuração demonstra as noções polares de "refúgio" e "perspectiva", que foram aplicadas para explicar a agradável sensação pré-reflexiva das casas de Frank Lloyd Wright.[105]

Apesar de atmosfera e humor parecerem ser características dominantes em nossos ambientes e espaços, estas características não têm sido muito observadas, analisadas ou teorizadas na arquitetura ou no planejamento urbano. O professor Gernot Böhme é um dos pensadores pioneiros da filosofia das atmosferas, junto com Hermann Schmitz.[106] Estudos filosóficos recentes, baseados em evidências neurais, como o de Mark Johnson em *The Meaning of the Body: Aesthetics of Human Understanding*,[107] e pesquisas neurais como as de Iain McGilchrist apresentados em *The Master and His Emissary: The Divided Brain and the Making of the Western World*,[108] valorizam significativamente o poder das atmosferas. As recentes descobertas sobre os neurônios-espelho ajudam-nos a compreender que podemos internalizar situações e experiências externas físicas por meio da simulação corporal.

Atmosferas nas artes

→ *inteligência atmosférica; senso atmosférico; visão periférica; paisagem física e mental; visão sem foco*

---

[103] Zumthor, *op. cit.*, p. 13.

[104] Veja, por exemplo, Grant Hildebrand, *Origins of Architectural Pleasure*, Berkeley, Los Angeles, London, University of California Press, 1999, e *Id.*, *The Wright Space: Pattern & Meaning in Frank Lloyd Wright's Houses*, Seattle, University of Washington Press, 1992.

[105] Veja Hildebrand, *Origins of Architectural Pleasure*, op. cit., *Id.*, *The Wright Space*, op. cit., e Edward O. Wilson, "The Right Place", in *Id.*, *Biophilia*, op. cit., p. 103–118.

[106] Gernot Böhme, *Atmosphäre: Essays zur neuen* Ästhetik, Frankfurt am Main, Suhrkamp Verlag, 1995, *Id.*, *Architektur und Atmosphäre*, München, Wilhelm Fink GmbH & Co. Verlags-KG, 2006, e Hermann Schmitz, *System der Philosophie. Studienausgabe: System der Philosophie 3/1. Der leibliche Raum: BD III/1*, Bouvier, BonnBonn, Bouvier, 2005.

[107] Mark Johnson, *The Meaning of the Body: Aesthetics of Human Understanding*, Chicago and London, The University of Chicago Press, 2007.

[108] Iain McGilchrist, *The Master and His Emissary: The Divided Brain and the Making of the Western World*, New Haven and London, Yale University Press, 2009, p. 184.

Espaço, lugar e atmosfera: percepção periférica e emoção na experiência arquitetônica (2012)

A atmosfera parece ser um objetivo mais consciente no pensamento literário, cinematográfico e teatral do que na arquitetura. Mesmo o imaginário de uma pintura é integrado por uma atmosfera ou sensação geral; o fator unificador mais importante nas pinturas geralmente é seu senso específico de iluminação e cor, mais do que seu conteúdo conceitual ou narrativo. Na verdade, há uma abordagem inteiramente pictórica, exemplificada por Joseph Mallord William Turner e Claude Monet, que pode ser chamada de "pintura atmosférica", nos dois significados da noção; a atmosfera sendo tanto o tema como o meio expressivo destas pinturas. "A atmosfera é meu estilo", confessou Turner a John Ruskin, como nos lembra Zumthor. Os ingredientes formais e estruturais nas obras desses artistas são deliberadamente suprimidos em benefício de uma atmosfera abrangente e amorfa, sugerindo a temperatura, a umidade e os sutis movimentos de ar. Os pintores do estilo *Color-field* ("campo de cores") suprimem também formas e limites e utilizam grandes telas para criar uma intensa interação e presença de cor.

Filmes extraordinários, como os de Jean Vigo, Jean Renoir, Michelangelo Antonioni e Andrei Tarkovsky, também estão imersos em um *continuum* atmosférico característico. Além disso, o teatro depende muito da atmosfera, que suporta a integridade e continuidade da história, independentemente das características abstratas e vagamente indicadas do lugar ou espaço. O ambiente pode ser tão sugestivo e dominante que são necessários indícios mínimos do cenário, como no filme *Dogville* (2003) de Lars von Trier, no qual casas e cômodos são frequentemente sugeridos apenas por linhas de giz no chão escuro, mas o drama prende nossa imaginação e determina as emoções do espectador.

De forma um tanto paradoxal, também podemos falar de "escultura atmosférica", como as obras de Medardo Rosso, Auguste Rodin e Alberto Giacometti, as quais são esculpidas de forma que se assemelham a esboços. É frequentemente a atmosfera de obras, como as esculturas abstratas de Constantin Brancusi, que criam o sentido único de um mundo artístico singular. Parece que os artistas são mais conscientes do papel seminal do ambiente do que os arquitetos, que tendem a pensar mais em termos de características "puras" de espaço, forma e geometria. Entre os arquitetos, a atmosfera parece ser julgada como algo romântico e superficialmente divertido. Além disso, a tradição da arquitetura ocidental séria é baseada inteiramente na visão da arquitetura como um objeto material e geométrico percebido por meio de uma visão focada. Imagens padrão da arquitetura buscam clareza em vez de efemeridade e obscuridade.

Ao descrever seu processo criativo no ensaio *The Trout and the Mountain Stream*, Alvar Aalto confessa: "Liderado por meus instintos, desenho, não sínteses da arquitetura, mas às vezes até composições infantis, e por esta rota finalmente chego a uma base abstrata para o conceito principal, uma espécie de substância universal com a ajuda da qual os diversos subproblemas que divergem [da tarefa de projeto] podem ser harmonizados". A noção de "substância universal" de Aalto parece se referir a uma atmosfera unificadora ou sentimento intuitivo, em vez de a uma ideia conceitual, intelectual ou formal qualquer.

A música das várias formas de arte é particularmente atmosférica e tem um impacto poderoso em nossas emoções e estados de espírito, independentemente de o quanto entendemos intelectualmente as estruturas musicais. Essa parece ser justamente a razão pela qual a música costuma ser empregada para criar climas atmosféricos desejados em espaços públicos, *shoppings* e até mesmo elevadores. A música cria espaços interiores atmosféricos, campos de experiência efêmeros e dinâmicos, em vez de formas distantes, construções ou objetos. A atmosfera enfatiza a presença sustentada em uma situação, em vez de um momento singular de percepção. O fato de a música conseguir nos levar às lágrimas é uma prova convincente do poder emotivo da arte, assim como de nossa capacidade inata de simular e internalizar estruturas de experiência abstratas, ou, sendo mais preciso, de projetar nossas emoções em construções simbolicamente abstratas.

B

Beleza

→ *arquitetura é espaço mental construído; tarefas de arte; lar; ideais*

Experiência corporificada e pensamento sensorial: espaço vivenciado na arte e na arquitetura (2006)

O desaparecimento da beleza em nosso mundo contemporâneo é alarmante. Isso pode significar outra coisa senão o desaparecimento do valor humano, da autoidentidade e da esperança? A beleza não é um valor estético agregado; o anseio por beleza reflete a crença e confiança no futuro, e representa a esfera de ideais na paisagem mental humana. "A beleza não é o oposto do feio, mas do falso",[1] como escreveu Erich Fromm. Uma cultura que perde seu anseio pela beleza já está a caminho da decadência.

Generosidade artística, humildade e expressão: senso de realidade e idealização na arquitetura (2007)

Eu gostaria de afirmar com assertividade que o potencial ético e a tarefa da arquitetura residem em sua capacidade de transcender o realismo ingênuo e a instrumentalidade, de sonhar com um mundo melhor, mais sensível e sensual, e de facilitar a emergência desse mundo na esfera do real. A razão e a sensibilidade arquitetônicas, a sinceridade e a beleza certamente ressoam com ideais éticos. A beleza em si evoca o núcleo existencial do ser e é um presságio da vida eterna. A beleza salvará o mundo, como acreditava Fiódor Dostoiévski. Como argumenta Joseph Brodsky: "Em geral, cada nova realidade estética confere mais precisão à realidade ética do homem. *Afinal, a estética é a mãe da ética.* As categorias 'bom' e 'ruim' são, em primeiro lugar, categorias estéticas, pelo menos etimologicamente precedendo as categorias de 'bem' e 'mal'".[2]

---

[1] Erich Fromm, fonte não identificada, mas provavelmente seja *Escape from Freedom*.

[2] Joseph Brodsky, "Uncommon Visage", *in Id.*, *On Grief and Reason*, New York, Farrar, Straus and Giroux, 1997, p. 49.

Paisagens e horizontes da arquitetura: arquitetura e pensamento artístico (2007)

O atual discurso filosófico reintroduziu a questão sobre beleza e ética; os escritos de Elaine Scarry, como o elegante livro *On Beauty and Being Just*, exemplificam essa nova orientação ética.[3] Estou totalmente de acordo com o argumento de Scarry a favor da primazia do julgamento estético – uma ideia que também foi condensada em formulações poderosas por Joseph Brodsky: "O homem é um ser estético antes de se tornar um ser ético",[4] e; "A estética é a mãe da ética".[5] O poeta faz até uma afirmação instigante sobre o papel evolutivo da beleza: "O objetivo da evolução, acredite se quiser, é a beleza, que sobrevive a tudo e gera verdade simplesmente por ser uma fusão do mental e do sensual".[6]

Ao mesmo tempo em que vemos o valor constitutivo da aspiração e do julgamento estético, devemos ser críticos da prática duvidosa da estetização. Na nossa cultura consumista, a estetização se tornou a estratégia mais sagaz de manipulação; hoje a violência, o sofrimento humano e a desigualdade são estetizados, assim como a política e a guerra. De fato, nossas próprias vidas estão se tornando produtos estetizados, que consumimos com tanta indiferença quanto o fazemos com os mais novos produtos materiais da moda.

A beleza é, sem dúvida, parte inseparável da noção de arte, mas com uma natureza complexa. Joseph Brodsky chega, inclusive, a criticar Ezra Pound por sua tendência de visar diretamente a beleza e apenas ela: "O livro *The Cantos* também não me tocou – o principal erro foi o mais clássico: buscar a beleza. Para alguém que viveu tanto tempo na Itália, era estranho que não tivesse percebido que a beleza não pode ser um alvo, que é sempre um subproduto de outras buscas, frequentemente muito triviais".[7]

Em nosso ofício da arquitetura, também, a beleza sedutora e o apelo estético infelizmente se tornaram um objetivo consciente e explícito.

O Movimento Moderno chegou, em determinado momento, à fronteira da arquitetura como consequência da estetização, vendo a arquitetura como uma arte pura. Principalmente na nossa época, no entanto, o processo de estetização produziu projetos e construções que se deslocaram totalmente do território da arquitetura e se tornaram objetos de arte, frequentemente com um resultado ordinário.

Da mesma maneira que na poesia, a beleza encantadora e tocante na arquitetura é resultado de outras preocupações: um desejo de simplicidade, precisão

---

[3] Elaine Scarry, *On Beauty and Being Just*, New Jersey, Princeton University, 1999.
[4] Brodsky, "An Immodest Proposal", em Id., *On Grief and Reason*, op. cit., 208.
[5] *Ivi*.
[6] *Ibid.*, 207.
[7] Joseph Brodsky, *Watermark*, London, Penguin Books, 1992, p. 70

ou verdade, e especialmente da experiência de viver e de ser humano no meio de outros seres humanos. Cada edifício extraordinário abre uma visão para a essência da condição humana e, mais importante, para um mundo idealizado e melhor. Essa foi a mensagem de Alvar Aalto em seu discurso para arquitetos suecos em 1957:

"A arquitetura tem um segundo pensamento (...) a ideia de criar um paraíso. Esse é o único propósito de nossos edifícios (...) queremos construir um paraíso na Terra para as pessoas."[8]

Beleza biofílica

→ *arquitetura animal; beleza*

Espaço, lugar e atmosfera: percepção periférica e emoção na experiência da arquitetura (2012)

Junto com a inspiração trazida pelos modelos biológicos, é necessário um entendimento mais profundo de nossa própria historicidade biológica e cultural. Temos um osso caudal como lembrete de nossa vida arbórea, os restos de uma prega semilunar horizontal de nossa fase arcosauriana em nossos olhos, e traços de brânquias de nossa vida pisciforme primordial, e certamente devemos ter restos mentais semelhantes em nossa memória genética e coletiva. Na verdade, Freud supôs a existência de "vestígios arcaicos" ao teorizar a mente inconsciente humana. Este é um dos verdadeiros avanços intelectuais revolucionários do homem.

As origens do significado e do prazer arquitetônicos podem ser igualmente rastreadas de volta à nossa história evolutiva. Avançar entusiasticamente para um mundo virtual gerado por computador e esquecer de onde viemos me parece um descuido. Vejo a defesa de nossa essência biológica e histórica como uma tarefa crucial da arte e da arquitetura em geral, especialmente em nossa era de euforia tecnológica. É necessária uma "ecologia mental" para expandir a noção de ecologia para o mundo mental humano, já que os verdadeiros problemas da ecologia e da sustentabilidade não podem ser tratados apenas em termos técnicos.

Gostaria de enfatizar que a arquitetura está por demais enraizada biológica, cultural, existencial e mentalmente em nossa própria historicidade – e estou me referindo aqui principalmente à nossa bio-historicidade – para nos atermos à esfera da estética, sem falar de comércio. Ou, melhor, até mesmo nosso desejo

---

[8] Alvar Aalto, "Arkkitehtien paratiisiajatus" [The Paradise Idea of Architects], palestra realizada em Malmö, Suécia, em 1957. Göran Schildt, editor, *Alvar Aalto: Luonnoksia*, Helsinki, Otava, 1972, p. 101–102.

estético e anseio por beleza precisam ser vistos em uma perspectiva existencial e biológica, não como uma mera fonte de prazer momentâneo ou como estratégia de *marketing*.

Como argumenta o poeta Joseph Brodsky, vencedor do prêmio Nobel: "O homem é um ser estético antes de ser ético"[9] e, consequentemente, a arquitetura sustentável só terá futuro se conseguirmos torná-la esteticamente emocionante e sedutora. Paradoxalmente, a sustentabilidade precisa ser transformada em um novo conceito de beleza, uma "beleza biofílica". Mesmo hoje, os melhores exemplos de arquitetura surgem de uma profunda compreensão do lugar e de suas características climáticas e naturais, que também exploram técnicas de construção avançadas e novas tecnologias de materiais para fins de eficiência energética dinâmica, projetam uma beleza especial, a beleza da razão e da ética. Joseph Brodsky nos assegura com a convicção de um poeta: "Acredite se quiser: o propósito da evolução é a beleza".[10]

"Meu trabalho sempre tentou combinar verdade com beleza, mas quando tive de escolher um ou o outro, geralmente escolhi o belo."[11]

Hermann Weyl, o matemático que aperfeiçoou a teoria da relatividade e da quântica.

Beleza e ética

→ *beleza; beleza e tempo; beleza biofílica, ideais*

O significado ético da beleza (2019)

A beleza e a ética, bem como suas inter-relações, são, sem dúvida, tópicos fora da moda no discurso atual sobre arte e arquitetura. Hoje, a característica artística é vista como uma expressão subjetiva e única que busca ser inesperada e provocativa, em vez de bela. Na verdade, a beleza tem sido um conceito problemático na era moderna, e os artistas têm negligenciado ou questionado o conceito completo acerca dela como algo ultrapassado e romântico. Em nossa cultura cega e consumista, a beleza se transformou em uma manipulação estética deliberada; tudo, desde a personalidade até o comportamento, ou da política à guerra, agora é estetizado. A dormência individual implica o afastamento e externalização da individualidade (*self*) e a perda de sinceridade. Mesmo a celebrada e retoricamente dramatizada arquitetura formalista de hoje dificilmente busca serenidade ou beleza, já que as experiências com o inesperado, o surpreendente e o inquietante (*unheimlich*) ou

---

[9] Brodsky, *On Grief and Reason*, op. cit., p. 208.
[10] *Ibid.*, p. 207.
[11] Como citado em Wilson, *Biophilia*, op. cit., p. 61.

com uma ameaça direta costumam ser aparentes no imaginário da arquitetura. Em uma era que reverencia as expressões radicais, únicas e autônomas, a perspectiva ética também parece ter sido deixada de lado, e, nas últimas décadas, a dimensão ética raramente tem aparecido nos textos sobre arte e arquitetura. A união da ética, moral e beleza estética foi rompida. Na agressividade política e autocentrada de hoje, os ideais e as avaliações éticas não parecem ter papel algum. Karsten Harries, o filósofo, é um dos poucos importantes escritores de arquitetura que abordaram explicitamente a questão da ética na arquitetura, em especial no livro *The Ethical Function of Architeture*.[12] Ele também defende o valor da beleza em seus textos: "O idioma da beleza é essencialmente o idioma da realidade atemporal".[13]

O que significa esse distanciamento da arte e arquitetura em relação à beleza e à ética? Em seu livro *The Dehumanization of Art and Other Essays on Art, Culture and Literature* (1925), José Ortega y Gasset sugere que o tema da arte mudou gradualmente de "coisas" (dos séculos XVI e XVII, como na arte de Caravaggio e Velázquez) para "sensações" (do Impressionismo, Expressionismo e arte moderna inicial, como nas obras de Monet, Cézanne e Picasso) e, por fim, para "ideias" (da arte moderna pós-duchampiana).[14] Na visão de Ortega, essa evolução gradualmente enfraqueceu o contexto e conteúdo humanos na arte. Independentemente de se concordar ou não com a análise do filósofo, suas sugestões abrem uma visão importante sobre a transformação na essência da arte, que é inegável. É uma mudança da representação e experiência realista, narrativa e sensorial para as construções e expressões abstratas, conceitualizadas, cognitivas e autônomas, e a fusão de conceito e imagem, cognição e emoção. A arte passou a se preocupar com si própria, seus meios e fins. Ao mesmo tempo, ela muitas vezes se moveu em direção à esfera da ciência. O papel da beleza mudou de acordo com isso, e é difícil relacionar a representação sensorial e a experiência fenomenológica da beleza com as ideias cerebrais e instrumentalizadas nas expressões artísticas de hoje. Essas mudanças fundamentais no pensamento e no foco artístico também se aplicam à arquitetura. Paradoxalmente, a arquitetura perdeu sua autonomia nas sociedades de políticas centradas em si e economias consumistas, e, ao mesmo tempo, também perdeu suas conexões com sua própria historicidade e ontologia.

---

[12] Karsten Harries, *The Ethical Function of Architecture*, Cambridge, MA, and London, The MIT Press, 1997.

[13] Karsten Harries, "Building and the Terror of Time", in *Perspecta 19: The Yale Architectural Journal*, Cambridge, MA, and London, como citado em David Harvey, *The Condition of Postmodernity*, Cambridge, Blackwell, 1992, p. 59–69.

[14] José Ortega y Gasset, *The Dehumanization of Art and Other Essays on Art, Culture, and Literature*, Princeton, NJ, Princeton University Press, 1968.

As belezas clássica, romântica e sublime eram aspirações fundamentais da arte até o século XIX, mas nossa cultura materialista semirracional de hoje considera cada vez mais a arte como um desvio cultural, entretenimento e investimento. No entanto, um interesse nas conexões de ética e estética, verdade e beleza, parece estar ressurgindo. Ao mesmo tempo, a atenção está mudando de uma arquitetura da abundância, espalhafatosa, mas com frequência intelectualmente vazia, para formas de construir em um mundo em desenvolvimento, as quais ainda estão fadadas a terem como base a escassez e a necessidade e, por consequência, que continuam a refletir uma verdade existencial e cultural. Enquanto o significado existencial está desaparecendo das construções de um mundo de opulência surreal e de tecnologias onipotentes, as construções severamente confinadas da realidade da falta no mundo em desenvolvimento ainda medeiam valores éticos e existenciais. Esta arquitetura de limites também expressa a beleza da necessidade, em oposição à estética manipuladora e desintegrada e aos rápidos modismos da abundância. A primeira arquitetura visa a estabilidade no desenvolvimento, a segunda leva à instabilidade constante e a mudanças sem sentido.

A perspectiva de enfrentar catástrofes ecológicas e morais exige uma nova fusão das sensibilidades estética e ética e a ampliação dessas considerações ao ensino e à prática da arquitetura. Um dos maiores pintores realistas da segunda metade do século passado, Balthus (conde Balthasar Klossowski de Rola), faz uma surpreendente crítica à orientação subjetiva na arte: "Se uma obra só expressa a pessoa que a criou, não valeu a pena fazê-la. (...) Expressar o mundo, compreendê-lo, é o que parece interessante para mim".[15] O pintor reformulou mais tarde sua argumentação: "A pintura extraordinária tem que ter significado universal. Infelizmente, hoje isso não é mais o caso, e é por isso que eu quero devolver à pintura sua universalidade e anonimato perdidos, porque quanto mais anônima é a pintura, mais real ela é".[16] Como argumenta Balthus, precisamos mudar o foco do subjetivo e do excepcional para preocupações e valores universais, para o anonimato das verdadeiras tradições. *The Ethical Function of Architecture*, de Karsten Harries, bem como vários outros livros de filosofia significativos dos últimos anos, como a obra de Elaine Scarry, *On Beauty and Being Just*[17], e a de Martha Nussbaum, *Poetic Justice*[18], exemplificam essa preocupação crescente. O poeta Joseph Brodsky, agraciado com o prêmio Nobel, com frequência também escreveu sobre as interações dessas duas dimensões mentais e deu primazia à percepção estética: "O homem é uma criatura esté-

---

[15] Claude Roy, *Balthus*, New York, Little, Brown and Company, 1996, p. 18.

[16] Balthus, *Balthus in His Own Words*, New York, Assouline, 2001, p. 6.

[17] Elaine Scarry, *On Beauty and Being Just*, Princeton, NJ, Princeton University Press, 1999.

[18] Martha Nussbaum, *Poetic Justice: The Literary Imagination and Public Life*, Boston, MA, Beacon Press, 1995.

tica antes de ser ética".[19] Ele até chama nosso instinto estético de mãe da ética: "Cada nova realidade estética torna a realidade ética do homem mais acurada, porque a estética é a mãe da ética".[20]

Durante as últimas duas décadas, a realidade e os critérios da estética foram estendidos até mesmo aos fenômenos biológicos. Além disso, a neurociência está estudando a essência neural da experiência de beleza. Em seu livro *Inner Vision: An Exploration of Art and the Brain*, o neurobiólogo Semir Zeki tem como objetivo desenvolver "uma teoria da estética baseada na biologia".[21] Com a intuição de um poeta, Brodsky apoia a visão do neurocientista: "O propósito da evolução, acredite se quiser, é a beleza, que sobrevive a tudo e gera verdade simplesmente sendo uma fusão do mental com o sensual".[22]

Diversos estudos tentaram provar que a proporção áurea é o princípio intrínseco do crescimento na natureza, e a existência de uma escolha estética foi estendida ao comportamento animal. É de conhecimento comum que certas preferências no mundo animal, que poderiam ser consideradas como escolhas estéticas, como a simetria do corpo e sinais de saúde física e força, são critérios essenciais na seleção do acasalamento. Certos gestos "estéticos" e construções deliberadas também são empregados para atrair um companheiro, como os ritualísticos balões de seda da mosca dançante e os enormes ninhos cenográficos e decorados do pássaro-jardineiro.[23] A noção de biofilia, "a ciência e ética da vida", introduzida pelo biólogo e mirmecologista Edward O. Wilson, expande a responsabilidade ética humana para além da interação humana, incluindo nossa obrigação de manter a biodiversidade.[24] É evidente que a arquitetura ecológica não terá ampla popularidade enquanto nossos valores culturais e estéticos estiverem em conflito com questões e estéticas ecologicamente relevantes.

A beleza e elegância do pensamento também são critérios essenciais em matemática e física. A beleza frequentemente representa características e integridades abrangentes que não podem ser formalizadas e descritas por outros meios. A experiência da beleza que desarma é uma prova da correção, equilíbrio e harmonia do fenômeno. O físico Paul Adrien Maurice Dirac argumentou que as teorias da física que projetam beleza são provavelmente as corre-

---

[19] Joseph Brodsky, "An Immodest Proposal", in Id., *On Grief and Reason*, op. cit., 50.

[20] *Ibid.*, 208.

[21] Semir Zeki, *Inner Vision: An Exploration of Art and the Brain*, Oxford: Oxford University Press, 1999, p. 1–2.

[22] Brodsky, "An Immodest Proposal", op. cit., 208.

[23] Para decoração em construções animais, veja: Juhani Pallasmaa, editor, *Eläinten arkkitehtuuri – Animal Architecture*, Helsinki, Museum of Finnish Architecture, 1995.

[24] Edward O. Wilson, *Biophilia*, Cambridge, MA, and London, Harvard University Press, 1984.

tas.²⁵ Hermann Weyl, que aperfeiçoou as teorias quântica e da probabilidade, fez uma confissão ainda mais direta: "Meu trabalho sempre tentou combinar verdade com beleza, mas quando tive de escolher um ou o outro, geralmente escolhi o belo".²⁶ Hoje, os matemáticos usam o conceito de "*dirty proof*" para se referir a uma verificação matemática que foi obtida por meio de um imenso poder computacional, mas que está além da percepção e da compreensão intelectual humanas.²⁷ Razão, beleza e verdade são normalmente vistas como propriedades exclusivas, mas podem compartilhar facilmente a mesma fonte mental e neural. Beleza e razão parecem ser igualmente abordagens e critérios válidos de julgamento humano tanto na ciência quanto na arte. Erich Fromm, o psiquiatra social, fornece-nos uma expressão chocante da fusão de beleza com verdade: "A beleza não é o oposto do feio, mas do falso".²⁸

É evidente que a beleza não é um valor acrescido superficialmente, um mero adjetivo, sobre a coisa em si, pois ela expressa a coerência, integridade, totalidade e completude da coisa ou do fenômeno em questão. A beleza não é um julgamento intelectual, e sim uma ressonância estética e emocional. Nossa cultura tende a priorizar a inteligência e a razão, embora as reações emocionais sejam frequentemente nossas formas mais sintéticas de compreensão, e a beleza implica a experiência de uma entidade complexa como uma singularidade qualitativa integrada. A beleza é um julgamento completo de uma coisa da mesma forma que captamos vastas situações e características ambientais por meio de nosso senso atmosférico. A beleza é uma característica experiencial imaterial, que sugere uma "coisidade" (*thingness*) distinta da mesma forma que a experiência da luz pode obter "coisidade", como nas obras de luz cósmica de James Turrell. A beleza, como a atmosfera, é uma entidade experiencial, sentida e compreendida de forma sintética, corporificada, sensorial e emocional, em vez de ser intelectualmente compreendida. Por fim, devemos reconhecer que as emoções também são um domínio da "inteligência", implicando uma estruturação e julgamento abrangentes do fenômeno percebido. Mark Johnson, filósofo, faz uma observação significativa: "Não há cognição sem emoção, apesar de estarmos geralmente desapegados do aspecto emocional de nosso pensamento".²⁹

---

²⁵ Paul Dirac, citado em Juhani Pallasmaa, "Maailma, minuus ja taide: kauneus ja eettisyys taiteessa" [The world, selfhood, and art: beauty and ethics in art], palestra realizada no 300º aniversário do Museu de Arte de Rovaniemi em 26 de outubro de 2016. Fonte original não identificada.

²⁶ Weyl, *op. cit.*

²⁷ A noção foi utilizada por vários dos apresentadores em *Simplicity in Arts and Mathematics: Ideals of Practice in Mathematics & the Arts*, City University of New York, Graduate Center, 3–5 de abril de 2013.

²⁸ Erich Fromm, fonte não identificada, provavelmente seja *Escape from Freedom*.

²⁹ Mark Johnson, *The Meaning of the Body: Aesthetics of Human Understanding*, Chicago and London: The University of Chicago Press, 2007, p. 9.

Em sua opinião, as emoções são a fonte de significado primordial: "As emoções não são cognições de segunda classe; em vez disso, elas são padrões afetivos de nosso encontro com nosso mundo, pelo qual tiramos o significado das coisas em um nível primordial".[30] As emoções unificam as características éticas e estéticas e também um senso de propósito – basta pensar na beleza prática de objeto e da arquitetura em estilo *shaker*, por exemplo. Um *design* funcional excelente, como o dos objetos cotidianos dos esquimós, transforma-se em beleza prazerosa, bem como em lição ética. Saint-Exupéry, o lendário aviador e escritor, afirmou: "Só com o coração é que se pode ver claramente. O essencial é invisível aos olhos."[31]

Beleza e tempo

→ *matéria e tempo; ruínas*

O espaço do tempo: tempo mental na arquitetura (2007)

O tempo tem uma importância mental fundamental devido ao nosso medo inconsciente da morte. Não habitamos apenas o espaço e o lugar, também habitamos o tempo. Karsten Harries, o filósofo, destaca a realidade mental essencial do tempo na arte da arquitetura: "A arquitetura não trata apenas de domesticar o espaço, ela também é uma profunda defesa contra o terror do tempo. A linguagem da beleza é essencialmente a linguagem da realidade atemporal".[32] Nossa saudade e busca pela beleza é uma tentativa inconsciente de eliminar temporariamente a realidade da erosão, entropia e morte. A beleza é uma promessa; uma experiência de beleza promete a existência de características e valores permanentes. Jorge Luis Borges faz uma observação poderosa nesse sentido: "Há uma eternidade na beleza".[33] Mas Paul Valéry dá um aviso por meio das palavras de Fedro em seu diálogo "*Eupalinos or the Architect*" (Eupalinos ou o arquiteto): "O que é mais belo é necessariamente tirânico...".[34] Além disso, Valéry discorda de Borges quanto à permanência da beleza, pois escreve: "O que é mais belo não encontra lugar na eternidade".[35] Esse desacordo fundamental entre dois mestres poetas é instigante, de fato.

---

[30] *Ivi.*

[31] Antoine de Saint-Exupéry, *The Little Prince*, Hertfordshire, Wordsworth Editions Limited, 1995, p. 82.

[32] Karsten Harries, "Building and the Terror of Time", *in Perspecta 19: The Yale Architectural Journal*, Cambridge, MA, and London, como citado em David Harvey, *The Condition of Postmodernity*, Cambridge, Blackwell, 1992, p. 206.

[33] Borges, *op. cit.*, 115.

[34] Paul Valéry, "Eupalinos or the Architect", *in Id.*, *Dialogues*, New York, Pantheon Books, 1956, p. 86.

[35] *Ibid.*, 76.

C

Cheiros

→ *odores na arquitetura*

A veracidade da experiência: orquestrando a experiência com nossos sentidos negligenciados (2019)

O olfato é o nosso sentido mais arcaico, e as memórias de odores também são conhecidas por serem as mais persistentes. Estudos recentes de relatos de testemunhas revelam quão pouco confiáveis podem ser nossas lembranças visuais, porém, é muito difícil falsificarmos nossas memórias olfativas. O nariz faz com que até mesmo nossos olhos se lembrem. "A memória e a imaginação permanecem associadas", escreve Bachelard, e ele continua: "Somente eu, em minhas memórias de outro século, posso abrir o armário profundo que ainda guarda só para mim aquele odor único, o odor das uvas secando em uma bandeja de vime. O aroma das uvas passas! É um odor que está além da descrição, que exige muita imaginação para sentir".[1] Tendo vivido os anos da guerra (1939-1945) na humilde fazenda de meu avô agricultor, no centro da Finlândia, ainda consigo lembrar – passados 75 anos – do cheiro inebriante de um celeiro cheio de feno recém-seco e do cheiro um pouco abafado do estábulo, onde ovelhas e galinhas também eram mantidas. O entorno natural também tinha seus cheiros, o cheiro estratificado e profundo do pequeno rio com água acastanhada que fluía lentamente pelas terras do meu avô, para não falar do cheiro de morangos selvagens em um dia quente e ensolarado e do cheiro divino da orquídea *Platanthera bifolia* no crepúsculo úmido da noite de verão. As flores brancas brilhantes adicionavam mais uma dimensão a essa experiência. Também posso sentir ainda a espessa barreira de odores que preenchia a entrada para a cozinha/sala de estar da casa da fazenda quando abríamos a porta de madeira maciça. O cheiro era uma mistura rica de odores de comida, madeira queimando, alimentos cozinhando e assando, roupas, suor e os fortes odores de animais domésticos. Esse cheiro de casa sempre desaparecia da minha consciência depois de um

---
[1] Gaston Bachelard. *The Poetics of Space*. Boston, Beacon Press, 1969, p. 13.

tempo, pois tendemos a ficar insensíveis e cegos para as características dos contextos de nossas vidas cotidianas. Cada casa tem seu cheiro específico, embora façamos o possível para eliminá-lo ou substituí-lo por odores fabricados. Além disso, na vida rural tradicional, cada indivíduo tinha um cheiro, que muitas vezes refletia seu trabalho. O cheiro específico de casa inconscientemente se soma ao nosso sentimento prazeroso de estar em casa. Não é de admirar que os pesquisadores cheguem a sugerir que selecionamos nosso parceiro com base no cheiro, embora não estejamos conscientes disso e definitivamente negaríamos tal critério "primitivo" em uma das decisões mais significativas de nossas vidas.

Também existem odores locais e regionais, como os cheiros distintos da agricultura e da criação de animais no campo, ou os cheiros de indústrias poluentes, como as fábricas de celulose. Além disso, cada estação tem seus cheiros característicos. Posso me lembrar especialmente do cheiro da primavera na minha infância. A recordação de um cheiro também pode nos fazer lembrar do contexto visual ou social do odor. Para mim, o cheiro imaginado do feno traz à tona a impressionante luz listrada que entrava no celeiro pelas frestas das toras horizontais das paredes, enquanto a lembrança do cheiro da orquídea do norte me faz reviver o crepúsculo da noite de verão. Nossas memórias se baseiam em sensações e estão integradas à nossa experiência existencial, real ou imaginada.

Cinema e arquitetura

→ *emoções; nostalgia; escadarias do cinema*

Espaço vivenciado na arquitetura e no cinema (2008)

Em sua abstração intrínseca, a música tem tradicionalmente sido considerada a forma de arte mais próxima da arquitetura. Estruturas musicais são frequentemente descritas em termos de arquitetura e vice-versa. A noção de arquitetura de Friedrich Schelling como música congelada ou petrificada, geralmente lembrada como uma ideia de Goethe, exemplifica bem essa visão.[2] O cinema, no entanto, está ainda mais próximo da arquitetura do que a música, não apenas devido à sua estrutura temporal e espacial, mas fundamentalmente porque tanto a arquitetura quanto o cinema articularam o espaço vivenciado e mediam imagens abrangentes da vida. A base de ambas as artes é o espaço vivenciado, no qual o espaço interno da mente e o espaço externo do mundo se fundem formando uma ligação quiasmática. O espaço vivenciado do cinema oferece uma bela lição para nós arquitetos, que tendemos a ver nossa arte com um viés

---

[2] Goethe usa o adjetivo *verstummt*. Veja Johann Wolfgang Goethe, *Maxims and Reflections*, New York, Penguin, 1998, p. 143. O adjetivo escolhido por Schelling é *erstarrt*. Veja Friedrich Schelling, *Philosophy of Art*, Minneapolis, MN, University of Minnesota Press, 1989, p.177.

formal. Grandes diretores de cinema mostram-nos que a arquitetura pode evocar e manter experiências de alienação ou terror, melancolia ou medo, diversão ou alegria.

Experiência corporificada e pensamento sensorial: espaço vivenciado na arte e na arquitetura (2006)

Da mesma forma que edifícios e cidades materializados projetam e preservam imagens de cultura e de um modo de vida específico, o cinema ilumina a arqueologia cultural tanto do tempo de sua criação quanto da era que retrata. Ambas as formas de arte definem características e essências do espaço existencial; elas criam contextos e marcos de experiência para situações da vida.

Espaço vivenciado na arquitetura e no cinema (2008)

São raros os filmes que não contêm imagens de arquitetura. Esta afirmação é verdadeira, independentemente de os edifícios serem realmente mostrados no filme ou não, porque o enquadramento de uma imagem, ou a definição de escala ou iluminação, já implica o estabelecimento de um lugar distinto. Estabelecer um lugar é o ato arquitetônico mais fundamental; a primeira tarefa da arquitetura é marcar o lugar do homem no mundo. Nas palavras de Martin Heidegger, somos atirados no mundo. Por meio de nossas construções físicas e mentais, transformamos nossas experiências de exterioridade e estranhamento em sentimentos positivos de interioridade e domicílio. A estruturação do lugar (espaço, situação, escala, iluminação, etc.), característica da arquitetura – o enquadramento da existência humana – entra inevitavelmente em toda a expressão cinematográfica. Da mesma forma que a arquitetura articula o espaço, ela também manipula o tempo. "A arquitetura não trata apenas de domesticar o espaço", escreve o filósofo Karsten Harries, "ela também é uma profunda defesa contra o terror do tempo. A linguagem da beleza é essencialmente a linguagem da realidade atemporal".[3] Reestruturar e articular o tempo – reorganizar, acelerar, desacelerar, interromper e reverter – são igualmente essenciais nas expressões do cinema e da arquitetura.

Espaço vivenciado na arquitetura e no cinema (2008)

A tarefa da arquitetura, como um ressonador ou amplificador de impacto mental, é claramente refletida nas arquiteturas cinematográficas de dois diretores com aspirações emocionais opostas. Enquanto a arquitetura de

---

[3] Karsten Harries, "Building and the Terror of Time", em *Perspecta 19: The Yale Architectural Journal*, Cambridge, MA, and London, como citado em David Harvey, *The Condition of Postmodernity*, Cambridge, Blackwell, 1992, p. 206.

Alfred Hitchcock cria espaços de emoção e terror, os cômodos de Andrei Tarkovsky transmitem sentimentos de saudade e nostalgia. Estes dois diretores examinam a metafísica da arquitetura do medo e da melancolia, respectivamente, e revelam a poderosa interação do cenário com a narrativa.

O espaço vivenciado não é uniforme, neutro e sem valor. Um mesmo evento – um beijo ou um assassinato, por exemplo – é uma história totalmente diferente, dependendo se ocorre em um quarto, banheiro, biblioteca, elevador ou gazebo. Um evento adquire seu significado particular por meio do horário do dia, da iluminação, do clima e da paisagem sonora. Além disso, cada lugar tem sua história e conotações simbólicas que se fundem ao incidente. A apresentação de um evento cinematográfico é, portanto, totalmente inseparável da arquitetura de espaço, lugar e tempo, e um diretor de cinema está destinado a criar arquitetura, embora muitas vezes sem saber disso. É exatamente esta inocência e independência da disciplina profissional de arquitetura que torna a arquitetura do cinema tão inocente, sutil e reveladora.

A situacionalidade do significado arquitetônico é particularmente clara na arte de Hitchcock. Em seus filmes – *Intriga internacional, Janela indiscreta, Um corpo que cai, Psicose* e *Os pássaros*, por exemplo – os prédios têm um papel crucial. Hitchcock era muito consciente dos funcionamentos mentais e significados da arquitetura. Seu interesse na arquitetura é expresso em sua resposta à pergunta de François Truffaut sobre a casa em *Sabotagem (O marido era o culpado)*: "De certa forma, todo o filme é uma história daquela casa. A casa foi uma das três figuras-chave do filme".[4] Hitchcock também confessa que os dois prédios em *Psicose*, a casa neogótica e o motel horizontal, formam uma composição de arquitetura deliberada: "Senti que esse tipo de arquitetura ajudaria na atmosfera da trama. (...) Definitivamente, é uma composição, um bloco vertical e um bloco horizontal".[5] A justaposição das duas arquiteturas amplifica a aceleração do terror em ambos os cenários.

Os contextos e a arquitetura sempre desempenham o mesmo papel nos filmes de Hitchcock; eles funcionam como amplificadores psicológicos da história. Em geral, seus filmes começam com uma atmosfera idílica e relaxada. Cenas e edifícios refletem um equilíbrio um pouco ingênuo e divertido da vida burguesa. Quando a história começa, no entanto, um sentimento de presságio começa a transmitir um conteúdo negativo para os edifícios. A própria arquitetura gradualmente se transforma em geradora e contexto de medo, e, no final, o terror parece ter envenenado o próprio espaço. O apartamento confortável de *Festim diabólico* lentamente torna visível sua terrível face oculta. Bodega Bay, a charmosa vila de praia do norte da Califórnia em *Os pássaros*, transforma-se em uma cena amaldiçoada de medo e desastre que não oferece saída a

---

[4] François Truffaut, *Hitchcock*, London, Paladin Grafton Books, 1986, p. 180.
[5] *Ibid.*, 416.

ninguém. O prédio de apartamentos de aluguel de Manhattan em *Janela indiscreta*, cenário de episódios inofensivos da vida cotidiana, transforma-se em um labirinto aterrorizante. Nos filmes de Hitchcock, o suspense toma conta do espectador ao ponto de até mesmo a evidente realidade encenada dos edifícios cinematográficos ou sua incredibilidade arquitetônica – como o perfil urbano pintado em *Janela indiscreta*, a Manhattan miniaturizada de *Festim diabólico* e o cenário de porto pintado de maneira ingênua em *Marnie* – já não conseguem descarregar ou aliviar a realidade do medo. As imagens de arquitetura perderam seu significado humano normal ao se submeterem a serviço do medo.

Existe um efeito alucinatório na experiência cinematográfica, assim como em qualquer impacto artístico: "Não consigo mais pensar no que quero pensar. Meus pensamentos foram substituídos por imagens em movimento".[6] Além disso, a arquitetura real direciona intenções, emoções e pensamentos humanos por meio do ar alucinatório que desperta. "Um homem que se concentra diante de uma obra de arte é absorvido por ela", escreve Walter Benjamin.[7]

A "casa onírica" descrita por Gaston Bachelard em seu livro seminal *The Poetics of Space*[8] tem três ou quatro andares; os pavimentos intermediários são as etapas da vida cotidiana, o sótão é o depósito de memórias agradáveis, enquanto o porão é o local de lembranças negativas, empurradas para fora da consciência. Essa imagem da casa com vários níveis é, claro, uma metáfora da estrutura em camadas da mente humana, não uma instrução prática de projeto para o arquiteto. Nas sequências finais de *Psicose*, de Hitchcock, os diferentes pavimentos da Casa Bates adquirem seus significados de acordo com a casa simbólica de Bachelard. Ao começar sua investigação do enigma da casa no sótão, Lila é forçada a uma fuga em pânico pelos andares da moradia até o porão, onde encontra o corpo mumificado e com uma peruca da mãe de Norman.

Hitchcock fez a Casa Bates ser construída com base na casa fantasmagórica da pintura *Casa junto à ferrovia*, de Edward Hopper (1925). Na verdade, um pouco antes, ele havia colaborado com outro artista, Salvador Dalí, que projetou os cenários para a sequência do sonho em *A casa encantada* (1945). O próprio diretor descreve o estilo arquitetônico da Casa Bates como "pão de mel da Califórnia".[9] A ameaça imposta pela casa é ocultada precisamente em seu romantismo burguês e, como Hitchcock reconhece, no contraste entre o motel horizontal modernista vulgar e a casa neogótica vertical. A racionalidade

---

[6] Georger Duhamel, *Scènes de la vie future*, Paris, 1930, p. 52, como citado em Walter Benjamin, "The Work of Art in the Age of Mechanical Reproduction", *in Id.*, *Illuminations*, New York, Schocken Books, 1968, p. 238.

[7] *Ibid.*, p. 239.

[8] Gaston Bachelard, "The house, from cellar to garret: the significance of the hut", *in Id.*, *The Poetics of Space*, Boston, MA, Beacon Press, 1964, p. 3–37.

[9] Truffaut, *op. cit.*, p. 416.

aparente do motel reforça o horror da casa. A estratégia de contrastes também é empregada em outros momentos do filme. Na cena do assassinato aterrorizante, o banheiro branco e reluzente do motel evoca a esterilidade controlada de um bloco cirúrgico. O banheiro branco obtém seu poder de imagem especial ao contrastar com a escuridão insondável do pântano adjacente, o cemitério de Norman.

Conforme a narrativa progride, Hitchcock vai esvaziando gradualmente os edifícios de seu conteúdo emocional normal – ou, sendo mais preciso, impede que o espectador projete suas emoções positivas neles – e então os preenche com terror. Andrei Tarkovsky cria outro tipo de metamorfose de arquitetura. Ao permitir que a erosão e o mofo corroam as paredes, a chuva se infiltre pelo telhado e a água inunde o chão, ele tira a máscara de utilidade do edifício trazida por nossa razão e senso comum. Ele remove a perfeição inacessível e "rejeitante" do edifício, e revela a vulnerabilidade de suas estruturas, concebidas para a eternidade. O diretor faz com que o espectador coloque seus sentimentos e empatia na estrutura nua. Um edifício útil endereça nossa razão, enquanto um prédio em ruínas desperta nossa imaginação e fantasias inconscientes. Esta também é a estratégia de Peter Brook em suas intervenções violentas em espaços teatrais: "Um bom espaço não pode ser neutro, pois uma esterilidade impessoal não alimenta a imaginação. *O Bouffes* (o teatro abandonado e vandalizado que Brook transformou em seu espaço de apresentação) tem a magia e poesia de uma ruína, e qualquer um que tenha se deixado envolver com a atmosfera de uma ruína entende muito bem como a imaginação corre solta".[10]

Enquanto sótãos, celeiros e casas de barcos abandonados, bem como os lares que foram habitados por gerações, despertam nossa imaginação e fantasias eróticas, as matrizes racionais de concreto e aço dos edifícios contemporâneos tendem a repeli-las. Na visão de Herbert Marcuse, a sexualidade vulgar e a violência sexual de nossa época são, em parte, devidas ao fato de nossos edifícios terem perdido sua capacidade de estimular e apoiar a reverência erótica positiva.

A arquitetura comum de nossa época tem padronizado as emoções, eliminando os extremos do espectro de sentimentos humanos: melancolia e alegria, felicidade e tristeza, nostalgia e êxtase. Os filmes de Tarkovsky revitalizam nosso senso poético. Ele direciona o espectador a imaginar a fé dos moradores que abandonaram sua casa, bem como a fé da casa abandonada por seus residentes. A assustadora prisão de sete anos da família do matemático Domenico em *Nostalgia* está gravada nas paredes atormentadas de sua casa erodida. As paredes erodidas dos filmes de Tarkovsky lembram a fé dos moradores da mesma forma que as manchas e os sinais deixados na parede da casa vizinha aban-

---

[10] Andrew Todd; Jean-Guy Lecat, *The Open Circle: Peter Brook's Theatre Environments*, New York, Palgrave MacMillan, 2004, p. 25.

donada do livro *The Notebooks of Malte Laurids Brigge* (Os Cadernos de Malte Laurids Brigge), de Rainer Maria Rilke, contam a vida que houve nos quartos da casa demolida:[11]

"Lá estavam os meios-dias e as doenças; e a respiração exalada e a fumaça dos anos; e o suor que sai das axilas e deixa as roupas pesadas; e o mau hálito das bocas e o odor oleoso dos pés abafados. Lá estavam o cheiro penetrante da urina e da fuligem queimada; e o odor pungente das batatas e a catinga suave da gordura rançosa. O odor doce e prolongado dos bebês mal cuidados estava lá; e o cheiro de medo das crianças que vão para a escola; e o ardor das camas dos jovens casadouros."[12]

Cinema e pintura

→ *artistas* versus *arquitetos*

Espaço vivenciado na arquitetura e no cinema (2008)

A arquitetura do cinema é estruturada com base em temas experienciais verdadeiros, e não por meio de elementos de composição desvinculados da entidade experiencial, ou por algum formalismo visual de projeto. Consequentemente, os cineastas costumam reconhecer o terreno mental do impacto arquitetônico de maneira mais sutil do que os arquitetos. O cineasta holandês Jan Vrijman faz uma observação instigante sobre a falta de empatia entre arquitetos: "Afinal de contas, por que a arquitetura e os arquitetos, ao contrário do cinema e dos cineastas, estão tão pouco interessados nas pessoas durante o processo de projetar? Por que eles são tão teóricos, tão distantes da vida em geral?".[13] Mesmo um elemento tão insignificante da arquitetura como um armário, uma gaveta ou uma chave pode se tornar uma dimensão arquitetônica e épica no cinema. Uma chave ou um isqueiro pode representar uma virada decisiva na narrativa, como em *Disque M para matar* (1954), de Hitchcock, ou *Pacto sinistro* (1951). Os conteúdos intimistas dos armários e das gavetas de inúmeros filmes são familiares para nós. Alguns diretores de cinema confessam que fornecem as gavetas dos quartos e cozinhas em seus filmes com todos os objetos normais desses lugares de armazenamento – independentemente do fato de que os conteúdos dessas gavetas nunca serão mostrados para a câmera – porque esses objetos invisíveis aumentam o senso de autenticidade para os criadores do filme em si e, assim,

---

[11] Herbert Marcuse, *Yksiulotteinen ihminen* (One-Dimensional Man), Tapiola, Weilin+Göös, 1969, p. 91–95.

[12] Rainer Maria Rilke, *The Notebooks of Malte Laurids Brigge*, New York and London, W. W. Norton & Co., 1992, p. 47–48.

[13] Jan Vrijman, "Filmmakers Spacemakers", in *The Berlage Papers* n. 11, January 1994.

fortalecem seu senso de realidade. Mesmo um cenário projetado exige uma certa autenticidade. Ao filmar *Os deuses malditos*, Luchino Visconti insistiu que o principal cenário da mansão Altona fosse revestido de parquê de madeira. Ele acreditava que, somente se pisassem em um piso de madeira maciça, os atores seriam capazes de assumir posturas apropriadas e convincentes.[14]

Um artista magistral faz o espectador/leitor pensar, ver e vivenciar coisas diferentes do que está sendo exposto. As linhas diagonais das pinturas de Piet Mondrian, que se encontram além dos limites da tela, fazem com que o espectador tenha consciência do espaço fora da pintura. O enquadramento arbitrário dos temas nas pinturas impressionistas fortalece a sensação de realidade e traz o mundo e a vida, continuando além dos limites da moldura, à consciência do observador. Na penúltima cena de *Profissão: repórter*, de Antonioni, o protagonista é assassinado atrás das costas do espectador enquanto ele assiste, por meio de uma janela, incidentes aleatórios e insignificantes da vida cotidiana ocorrendo na praça do vilarejo lá fora.

O valor de um grande filme não está nas imagens projetadas diante de nossos olhos, e sim nas imagens e sentimentos que o filme suscita em nossa alma. Fritz Lang comenta sobre o conteúdo invisível de seu filme *M, o vampiro de Dusseldorf* (1931): "Não há violência em meu filme *M, o vampiro de Dusseldorf*, ou quando há, ela acontece por trás das cenas, digamos. Vejamos um exemplo. Você deve se lembrar da sequência em que uma menina é assassinada. Tudo o que você vê é uma bola rolando e depois parando. Então, um balão voando e preso em alguns fios aéreos de telefonia. A violência está na sua mente", diz.[15] Catherine Breillat faz um comentário semelhante sobre o poder de imagens invisíveis: "O trabalho de um diretor é uma forma de hipnotizar: o espectador tem de acreditar em ver até aquilo que não está vendo. Uma mulher se queixou da exagerada sangueira da cena final de meu filme *Parfait amour!*, terminando em um assassinato passional. Mas esse sangue estava apenas em sua própria cabeça. Não é mostrado na tela de jeito nenhum", lembra Breillat.[16]

Cliente ideal

O arquiteto precisa criar um cliente ideal para elevar sua obra à esfera da arquitetura.

---

[14] Kenneth Frampton, "Towards a Critical Regionalism: Six Points for an Architecture of Resistance", *in* Hal Foster, editor, *Postmodern Culture*, London and Sydney, Pluto Press, 1985, p. 28.

[15] Citado em Peter von Bagh, "The death of emotion", *in Synnyt: Sources of Contemporary Art*, Museum of Contemporary Art, Helsinki, 1989, p. 202.

[16] Tarmo Poussu, "Elokuvajuhlien ohjaajajavieras Catherine Breillat: 'Teen elokuvia seksistä, mutta inhoan erotiikkaa'" (A diretora convidada do festival de cinema – Catherine Breillat: "Faço filmes sobre sexo, mas detesto o erotismo."), *Ilta-Sanomat*, 23.9.1996, A 22.

Colaboração

→ *trabalho em equipe criativo?; culto à personalidade*

Paisagens e horizontes da arquitetura: arquitetura e pensamento artístico (2007)

A arquitetura, assim como todo trabalho artístico, é essencialmente um produto de colaboração. A colaboração ocorre no sentido óbvio e prático da palavra, como na interação com diversos profissionais, trabalhadores e artesãos, mas também envolve outros artistas, arquitetos e paisagistas, não apenas com seus contemporâneos e vivos, mas talvez – e acima de tudo – com predecessores que já morreram há décadas ou séculos. Qualquer obra autêntica é inserida na tradição atemporal de obras de arte e só é significativa caso se apresente humildemente a essa tradição e se torne parte desse *continuum*. Inúmeras obras feitas em todos os tempos, mas particularmente hoje, são muito ignorantes, desrespeitosas e arrogantes para serem aceitas como constituintes da prestigiosa instituição da tradição.

O papel dos mortos na coletividade do trabalho criativo foi, é claro, destacado por T. S. Eliot em seu ensaio seminal *Tradition and the Individual Talent*, de 1919,[17] que deve ser um dos itens na longa lista de leitura obrigatória para todos os estudantes de arquitetura. Mas, em vez de repetir esse ensaio tão citado, lembro o que Jean Genet diz sobre o papel dos mortos no trabalho em equipe criativo em seu ensaio sobre Alberto Giacometti: "Em sua busca por significado real, cada obra de arte deve descer as escadas de milênios com paciência e extrema cautela, e encontrar – se possível – a noite imemorial dos mortos, para que os mortos se reconheçam na obra".[18]

Generosidade artística, humildade e expressão: senso de realidade e idealização na arquitetura (2007)

O trabalho artístico sempre está destinado a ser uma colaboração simultânea em vários níveis. Como John Dewey nos informa em seu livro seminal *Art as Experience* (1934),[19] a dimensão artística surge do encontro da obra com seu leitor/espectador. A experiência artística é um esforço colaborativo do escritor e do leitor, do pintor e do espectador, do arquiteto e do usuário. Como afirma Sartre: "É o esforço conjunto do autor e do leitor que traz à cena esse objeto

---

[17] Thomas Stearns Eliot, "Tradition and the Individual Talent", in Id., *Selected Essays*, New York, Harcourt, Brace & World, 1964.

[18] Jean Genet, *L'atelier d'Alberto Giacometti*, Lárbelét, Marc Barbezat, 1963.

[19] John Dewey, *Art as Experience*, New York, Perigree Books, 1980.

concreto e imaginário que é a obra da mente. Não há arte exceto para os outros e por eles".[20]

"A poesia excepcional é possível somente se houver leitores excepcionais", coloca, com propriedade, Walt Whitman.[21] Da mesma maneira, é evidente que há bons prédios apenas se houver bons moradores e usuários, mas não estaríamos nós – cidadãos deste mundo consumista e excessivamente materialista – perdendo nossa capacidade de habitar e, consequentemente, ficando incapazes de promover a arquitetura?

Complexidade da simplicidade

→ *imaginação sincrética*

Complexidade da simplicidade: a estrutura interna da imagem artística (2016)

A dificuldade de determinar algo como simples ou complexo em uma obra de arte surge do fato de que qualquer imagem artística – pintura, poema, música ou espaço arquitetônico – existe simultaneamente em duas esferas, primeiro como um fenômeno material no mundo físico e, em segundo lugar, como uma imagem mental na experiência individual única. No primeiro sentido, o *Quadrado negro*, de Kazimir Malevich, é apenas uma figura geométrica simples, em preto contra um fundo branco, executada pelo pincel do pintor. No entanto, a superfície pintada, craquelada pelo tempo, confere à pintura um senso de unicidade e autenticidade, realidade e envelhecimento, além de sua essência geométrica, bem como sua autoridade icônica e aura. As antigas pinturas de ícones possuem uma autoridade e radiância semelhantes. A obra dialoga com outras obras de arte antes de sua criação e com as que vieram depois. Sua imagem mental é várias coisas ao mesmo tempo, que a conectam a campos existenciais, filosóficos, metafísicos, religiosos e simbólicos. A imaginação do espectador e a busca autônoma por significado inicia um processo interminável de associação e interpretação. É a sugestão poética indefinida e aberta que lhe confere sua riqueza evocativa, senso de vida e complexidade mental. A simplicidade se transforma em complexidade labiríntica. Uma obra de arte ou de arquitetura sábia sempre é um rizoma mental interminável. Sem a sugestão enigmática da imagem poética, um quadrado permanece apenas uma figura geométrica morta e sem significados mais profundos ou capacidade de evocar emoções. A simplicidade da arquitetura sábia condensa imaginários e significados de maneira semelhante. As geometrias das construções e dos espaços

---

[20] Jean-Paul Sartre, *Basic Writings*, London and New York, Routledge, 2001, p. 264.

[21] Citado em Joseph Brodsky, *Less Than One*, New York, Farrar, Straus and Giroux, 1997, p. 179.

arquitetônicos se transforma em mandalas espaciais, dispositivos que medeiam o cosmos, o mundo e o indivíduo (*self*). Além disso, na arquitetura, a simplicidade formal, sem intenção poética e riqueza de sentimento, resulta em uma mera construção.

A Casa Wittgenstein, projetada e construída por Ludwig Wittgenstein em Viena, em 1928, é um caso ilustrativo da interação necessária entre a simplicidade formal e a complexidade do contexto e conteúdo. Concebida por um importante filósofo do século XX, é, sem dúvida, um produto de pensamento sério e preciso, que reduziu todos os elementos arquitetônicos a sua essência mínima. O fato de Wittgenstein ter mandado demolir e refazer, com três centímetros a mais de altura, a laje do piso intermediário nos convence da intransigente ambição de arquitetura do autor. No entanto, o prédio permanece curiosamente mudo e sem vida. O que parece faltar nessa obra de arquitetura ultrarracional é a complexidade mental e o diálogo contextual, o senso de corporificação e a sensualidade poética. "Não estou interessado em erguer um prédio, e sim em (...) apresentar a mim mesmo a fundação de todos os prédios possíveis", confessou Wittgenstein.[22] Parece que é exatamente essa generalidade racionalizada que faz a Casa Wittgenstein parecer muda; ela parece ser uma fórmula lógica para uma casa em vez de um prédio específico e autêntico na "carne do mundo", usando a noção sugestiva de Maurice Merleau-Ponty.[23] A obra raramente evoca associações ou sentimentos, ela apenas existe como si própria e reflete seu sistema radical de proporções e estrutura.

A arquitetura minimalista geralmente implica a aplicação de uma concepção estilística formal, enquanto que a simplicidade artística e a abstração significativas são o resultado de um processo laborioso e gradual. A palavra "abstração" sugere de forma equivocada uma subtração ou redução de conteúdos e significados, porém, uma abstração artística fértil, que tem a capacidade de tocar nossas emoções e carregar nossas imaginações, só pode surgir do processo oposto de destilação ou compressão. Constantin Brancusi, o mestre escultor, nos dá uma dica significativa: "Simplicidade não é um fim na arte, mas se chega à simplicidade apesar de si mesmo, ao aproximar-se da essência real das coisas (...) a simplicidade é, no fundo, complexidade, e devemos ser nutridos com sua essência para compreender sua importância".[24] O que o artista quer dizer com

---

[22] Ludwig Wittgenstein, em Wikipedia.

[23] Maurice Merleau-Ponty, "The Intertwining—The Chiasm", *in* Id., *The Visible and the Invisible*, Evanston, IL, Northwestern University Press, 1969. O escritor descreve a noção de carne da seguinte maneira: "Meu corpo é feito da mesma carne do mundo (...) e, além disso (...) essa carne do meu corpo é compartilhada pelo mundo" (p. 248) e "A carne (do mundo ou minha própria) é (...) uma textura que retorna a si mesma e se adapta a si mesma" (p. 146).

[24] Constantin Brancusi em "1926 Brancusi Exhibition Catalogue – Brummer Gallery, New York", republicado em Eric Shanes, *Brancusi*, New York, Abbeville Press, 1989.

"apesar de si mesmo"? Ele sugere que a simplicidade tem sua própria gravidade que puxa o artista a buscá-la independentemente de sua verdadeira natureza?

Uma verdadeira abstração condensa incontáveis ingredientes de exploração criativa em uma singularidade artística. Ao mesmo tempo, a obra assume uma distância determinada da subjetividade do autor rumo à universalidade e anonimato. Balthus (Balthasar Klossowski de Rola), um dos maiores pintores figurativos do século passado, faz um comentário surpreendente e instigante sobre a expressão artística: "Se uma obra só expressa a pessoa que a criou, não valeu a pena fazê-la. (...) Expressar o mundo, entendê-lo – isso é o que parece interessante para mim".[25] Mais tarde, Balthus reformulou seu argumento: "Uma ótima pintura tem que ter um significado universal. Isso realmente não é mais assim hoje, e, por isso, eu quero devolver à pintura seu anonimato perdido, pois quanto mais anônima é a pintura, mais real ela é".[26] Este é um argumento instigante, mas o mesmo certamente poderia ser dito sobre a arquitetura. Em sua busca obsessiva por unicidade, a arquitetura de nosso tempo muitas vezes se tornou sem significado.

Todas as obras de arte significativas são microcosmos, representações miniaturizadas e condensadas de um mundo metafórico e idealizado. É um universo interno da obra em si, o *Weltinnenraum*, usando uma bela noção de Rilke.[27] A imagem poética guia nossas mentes a contextos constantemente novos; a clareza contém obscuridade convidativa, e a simplicidade formal se transforma em complexidade experiencial. "O que há de mais misterioso do que a clareza?", pergunta Paul Valéry, o poeta.[28] William James, o visionário psicólogo norte-americano, descreve a fluidez essencial e a abertura do imaginário mental: "Cada imagem definida na mente é imersa e tingida na água livre que flui ao seu redor. Com ela vem o senso de suas relações, próximas e distantes, o eco moribundo de onde ela veio a nós, o senso emergente de onde ir que é liderar. A significância, o valor da imagem, está toda na auréola ou na penumbra que a cerca e a acompanha."[29] A clareza tem valor na arte apenas quando projeta um campo potente de associações e impressões cruzadas. A imagem poética mais simples, que surge de um processo autêntico de destilação artística, continua sugerindo imagens e ecos e buscando significados infinitamente.

---

[25] Balthus in Claude Roy, *Balthus*, Boston, New York, Toronto, Little, Brown and Company, 1996, p. 18.

[26] Balthus, *Balthus in His Own Words*, New York, Assouline, 2001, p. 6.

[27] Liisa Enwald, "Lukijalle" (To the reader), Rainer Maria Rilke, *Hiljainen taiteen sisin: kirjeitä vuosilta 1900–1926* (The silent innermost core of art: letters 1900–1926), Helsinki, TAI-teos, 1997, p. 8.

[28] Paul Valéry, "Eupalinos or the Architect", *in* Id., *Dialogues*, New York, Pantheon Books, 1956, p. 107.

[29] William James, *Principles of Psychology*, Cambridge, MA, and London, Harvard University Press, 1983.

A imagem associativa da arte é existencial, não estética, e aborda nossa compreensão completa de ser. Em vez de oferecer apenas prazer visual, a arquitetura também agita camadas profundas da mente e da noção de si, ou, sendo mais preciso, as verdadeiras imagens de arquitetura evocam memórias multissensoriais e corporificadas, tornando a entidade de arquitetura parte da nossa constituição corporal e senso de existência. Por meio do nosso corpo, revivenciamos e imitamos inconscientemente tudo o que encontramos no mundo, chamado de "simulação corporificada". Como confirmaram estudos neurológicos recentes, toda obra significativa de arte e arquitetura realmente muda nosso cérebro, comportamento e auto-compreensão.[30]

Além da esfera das artes, a interação entre simplicidade e complexidade é especialmente impressionante e inspiradora no mundo natural e biológico. Aqui, a interação constante entre princípios simples e causalidades cria um fluxo interminável de variações sutis e complexidades. A complexidade do mundo biológico normalmente é subestimada, já que tendemos a supervalorizar nossa própria compreensão e conquistas. Edward O. Wilson, o principal mirmecologista do mundo e porta-voz da biofilia, a ciência e ética da vida, argumenta surpreendentemente que o "superorganismo" de uma comunidade de formigas-cortadeiras é "um dos mecanismos mestre da evolução – incansável, repetitivo e preciso, sendo mais complicado do que qualquer invenção humana e tendo uma antiguidade inimaginável".[31] Não é de admirar que sistemas de tráfego complicados hoje sejam projetados usando modelos de comportamento de formigas, e novos tipos de computadores super-rápidos estejam sendo desenvolvidos tomando nossa própria rede neural como modelo. Ao mesmo tempo, Semir Zeki, um neurobiólogo e professor de neuroestética que aplicou o conhecimento recente das neurociências aos fenômenos artísticos, sugere "uma teoria da estética que seja biologicamente fundamentada".[32] O que mais poderia ser a beleza senão o princípio supremo da natureza de trazer complexidade à impressionante coerência da singela e aparentemente autoevidente beleza?

Computador e imaginação

→ *mãos informatizadas; universo digital; desenho; desenho à mão livre*

---

[30] Fred Gage, como citado em John Paul Eberhard, "Architecture and Neuroscience: A Double Helix", *in* Sarah Robinson, Juhani Pallasmaa, editors, *Mind in Architecture: Neuroscience, Embodiment, and the Future of Design*, Cambridge, MA, and London, The MIT Press, 2015, p. 135.

[31] Edward O Wilson, *Biophilia: The Human Bond With Other Species*, Cambridge, MA, Harvard University Press, 1984, p. 37.

[32] Semir Zeki, *Inner Vision: An Exploration of Art and the Brain*, Oxford, Oxford University Press, 1999, p. 1.

Tocando o mundo: espaço vivenciado, visão e tatilidade (2007)

O computador é geralmente visto como uma invenção exclusivamente benéfica que liberta a fantasia humana e facilita o trabalho em projetos eficientes. Gostaria de expressar minha séria preocupação nesse sentido. Pelo contrário, a imagem gerada por computador tende a aplanar nossas magníficas capacidades de imaginação multissensoriais, simultâneas e sincrônicas ao transformar o processo de projeto em uma manipulação visual passiva, uma jornada da retina. O computador cria uma distância entre o criador e o objeto, enquanto que desenhar à mão ou construir um modelo ou uma maquete coloca o projetista em contato tátil com objetos ou espaço. Sendo mais preciso, na imaginação, o objeto é simultaneamente segurado na palma da mão e dentro do cérebro. Estamos dentro e fora do objeto ao mesmo tempo. Em última instância, o objeto se torna uma extensão de nosso corpo, e o corpo é projetado sobre o objeto. O trabalho criativo exige empatia e compaixão por meio da identificação e corporificação.

Henry Moore, um dos melhores escultores da era moderna, faz um comentário provocativo sobre o método de trabalho do artista e o uso da imaginação: "É isso que o escultor deve fazer. Ele deve se esforçar continuamente para pensar na forma e em como usá-la em sua completa plenitude espacial. Ele obtém a forma sólida, por assim dizer, dentro de sua cabeça; ele a pensa, seja qual for o seu tamanho, como se a estivesse segurando completamente contida na palma da mão. Ele visualiza mentalmente uma forma complexa de todos os lados; ele sabe, enquanto olha para um lado, como é o outro; ele se identifica com o centro de gravidade da forma, sua massa, seu peso; ele percebe o volume e o espaço que a forma ocupa no ar".[33] O escultor precisa ter uma imaginação simultânea, sincretizada e multissensorial e uma empatia corporificada que certamente estão além das capacidades do mais poderoso dos computadores.

Condensação

→ *reconciliação*

Generosidade artística, humildade e expressão: senso de realidade e idealização na arquitetura (2007)

Imagens poéticas não são meras invenções formais de engenhosidade artística; são condensações de incontáveis experiências, percepções e memórias. São frutos de uma vida sábia. Rilke expressa a ideia da condensação artística de forma

---

[33] Henry Moore, "The sculptor speaks", *in* Philip James, editor, *Henry Moore on Sculpture*, MacDonald, London, 1966, p. 62 e 64.

tocante, na verdade: "Os versos não são, como as pessoas imaginam, simplesmente sentimentos (...) são experiências. Em prol de um único verso, é preciso ver muitas cidades, homens e coisas, é preciso conhecer os animais, é preciso sentir como os pássaros voam e conhecer o gesto por meio do qual as florezinhas abrem de manhã".[34]

Conhecimento e pensamento corporificado

→ *memória corporificada; olhos; fusão do eu com o mundo; sentidos I; compreensão corporificada; (as) mãos inteligentes; visão não focada*

Experiência corporificada e pensamento sensorial: espaço vivenciado na arte e na arquitetura (2006)

Nossa consciência é uma consciência corporificada, o mundo é estruturado em torno de um centro sensorial e corporal. "Eu sou meu corpo",[35] afirma Gabriel Marcel, "Eu sou o espaço onde estou",[36] decreta o poeta Noël Arnaud. Enfim, "Eu sou meu mundo",[37] escreve Ludwig Wittgenstein.

Conhecimento corporificado e sabedoria existencial na arquitetura (2009)

Estamos conectados com o mundo por meio de nossos sentidos. No entanto, os sentidos não são meros receptores passivos de estímulos, e o corpo não é apenas um ponto de vista do mundo a partir de uma perspectiva central. Também não é a cabeça o único local do pensamento cognitivo, pois nossos sentidos e todo o corpo estruturam, produzem e armazenam silenciosamente conhecimentos existenciais. O corpo humano é uma entidade que sabe. Toda a nossa existência no mundo é uma forma sensual e corporificada de ser, e esse próprio sentido de ser é a base do conhecimento existencial. "A compreensão não é uma característica vinda de fora da realidade humana; é a sua forma característica de existir", afirma Jean-Paul Sartre.[38]

Em termos existenciais, o conhecimento essencial não é primordialmente um conhecimento moldado em palavras, conceitos e teorias. Na interação ape-

---

[34] Rilke, *The Notebooks of Malte Laurids Brigge*, op. cit., p. 26.

[35] Como citado em "Translator's Introduction", *in* Maurice Merleau-Ponty, *Sense and Non-Sense*, Evanston, IL: Northwestern University Press, 1964, p. XII.

[36] Como citado em Gaston Bachelard, *The Poetics of Space*, Boston, Beacon Press, 1969, p. 137.

[37] A origem da citação não foi identificada.

[38] Jean-Paul Sartre, *The Emotions: An Outline of a Theory*, New York, Carol Publishing Co., 1993, p. 9.

nas entre humanos, estima-se que 80% da comunicação ocorra fora do canal verbal e conceitual. A comunicação ocorre até mesmo no nível químico; outrora pensava-se que as glândulas endócrinas eram como um sistema fechado no corpo, selado e apenas ligado indiretamente ao mundo externo. No entanto, os experimentos de A. S. Parker e H. M. Bruce mostram que os reguladores químicos, como as substâncias odoríferas, atuam diretamente na química corporal de outros organismos condicionando o comportamento.[39] Os insetos sociais, como os cupins, possuem capacidades de comunicação baseadas principalmente em processos químicos, que são milhões de vezes mais precisos e eficientes do que nossas próprias capacidades naturais.[40]

Os conhecimentos e as habilidades das sociedades tradicionais residem diretamente nos sentidos e músculos, nas mãos inteligentes e sábias, estando diretamente corporificados e codificados nas situações e configurações da vida. O curioso fato histórico de a representação da figura humana ter sido aperfeiçoada na escultura grega cerca de um milênio antes de os pintores conseguirem retratar perfeitamente o corpo humano é explicado pela surpreendente teoria de que a escultura não era de forma alguma considerada uma arte visual. A escultura era a comunicação dos músculos do modelo por meio dos músculos da escultura diretamente para o senso muscular do espectador.[41] De acordo com o argumento de Sartre que citei anteriormente, nascemos no mundo, que, por si próprio, é a fonte mais importante de conhecimento para nós.

Nossa compreensão normal é de que as crianças nascem completamente ignorantes do mundo. No entanto, de acordo com a psicologia cognitiva de hoje, isso é uma compreensão grosseiramente equivocada. "Hoje sabemos que os bebês sabem mais sobre o mundo do que jamais imaginaríamos. Eles têm ideias sobre outros seres humanos, sobre objetos e sobre o mundo – desde o dia em que nascem. E são ideias bastante complexas, não apenas reflexos ou respostas a sensações... Os bebês recém-nascidos têm uma teoria inicial sobre o mundo e capacidades de aprendizado inferencial para revisar, mudar e refazer essas teorias iniciais com base nas evidências que experimentam desde o início de suas vidas", afirma Alison Gopnik, professora de psicologia cognitiva na Universidade da Califórnia, em Berkeley.[42]

---

[39] Sobre a bioquímica das superpopulações, veja Edward T Hall, *The Hidden Dimension*, New York, London, Toronto, Sydney, Auckland, Anchor Books Doubleday, 1966, p. 32–40.

[40] Eugen Marais, *The Soul of the White Ant*, London, Methuen, 1939.

[41] Hall, *op. cit.*, p. 84.

[42] Alison Gopnik, "The Scientist in the crib interviewed – what every baby knows", in *New Scientist*, Vol. 178, n. 2395, 17 May 2003, p. 42–45.

Coração

→ *empatia; otimismo*

Juhani Pallasmaa, *As mãos inteligentes: a sabedoria existencial e corporalizada na arquitetura*, Porto Alegre: Bookman Editora, 2013, 152

O arquiteto precisa de seu coração para imaginar situações da vida real e sentir compaixão pelo destino humano. Na minha opinião, o dom do coração é subestimado como pré-requisito para a arquitetura em nossos tempos de egocentrismo e falsa autoconfiança.

Cortesia da arquitetura

→ *verbos* versus *substantivos*

Generosidade artística, humildade e expressão: senso de realidade e idealização na arquitetura (2007)

Além de um "afastamento estético" e da "gentileza", falei sobre uma "cortesia da arquitetura" referindo-me à forma como um edifício sensual oferece gestos suaves e subconscientes para o prazer do usuário: uma maçaneta oferece-se com cortesia à mão que se aproxima, o primeiro degrau de uma escada aparece exatamente no momento em que você deseja subir, e a janela está exatamente onde você deseja olhar. O edifício está em plena ressonância com seu corpo, movimentos e desejos.

Culto da personalidade

→ *colaboração; novidade; perfeição e erro*

Generosidade, humildade e expressão artística: senso de realidade e idealização na arquitetura (2007)

A arquitetura é considerada uma forma de expressão artística. Mas o que as artes e a arquitetura expressam? Em nossos tempos que valorizam a novidade imprevisível e a unicidade, a visão predominante na educação, na prática e na crítica de arquitetura parece ser que os edifícios expressam os ideais estéticos pessoais e as aspirações do projetista, ou mesmo as características de sua personalidade única. O culto da personalidade faz parte do sistema de valores da arquitetura atual.

D

Desabrigo

→ *nomadismo e mobilidade; velocidade; tradição*

A falta de abrigo existencial: desterritorialização e nostalgia na era da mobilidade (2006)

Em 1862, Fiódor Dostoiévski fez uma instigante reflexão sobre nosso desejo moderno de criar e construir, por um lado, e nossa incapacidade de habitar, por outro: "O homem adora criar e construir estradas, isso é indiscutível. Mas (...) será que não pode ser que (...) ele tenha medo instintivo de atingir seu objetivo e completar o edifício que está construindo? Como você sabe, talvez ele só goste desse prédio de longe e não de perto, talvez ele só goste de construí-lo e não queira viver nele".[1] Marx estava, na verdade, comentando sobre o Palácio de Cristal de 1851, em Londres, uma das verdadeiras maravilhas da construção humana. Nossa incapacidade de habitar era, claro, um dos temas de Martin Heidegger um século depois. Não estamos até hoje obsessivamente fazendo e construindo um novo mundo e, ao mesmo tempo, distanciando-nos de uma intimidade erótica com o mundo, da "carne do mundo", para usar a noção poética de Maurice Merleau-Ponty?[2] Não estamos mais interessados em eficiência e produção do que em nossa própria existência? Não estamos mais interessados

---

[1] Como citado em Marshall Berman, *All That Is Solid Melts into Air: The Experience of Modernity*, New York, Verso, 1990, p. 242.

[2] Merleau-Ponty descreve a ideia da carne em seu ensaio "The Intertwining, the Chiasm", *in Id.*, *The Visible and the Invisible*, Evanston, IL., Northwestern University Press, 1969: "Meu corpo é feito da mesma carne do mundo (...) além disso (...) essa carne do meu corpo é compartilhada com o mundo (...)" (p. 248), e; "A carne (do mundo ou mesmo a minha) é (...) uma textura que retorna a si própria e se conforma a si própria" (p. 146). A noção da "carne" deriva do princípio dialético de Merleau-Ponty do entrelaçamento do mundo com a individualidade (*self*). Ele também fala da "ontologia da carne" como sendo a conclusão definitiva dessa fenomenologia inicial da percepção. Essa ontologia implica que o significado é, ao mesmo tempo, interno e externo, subjetivo e objetivo, espiritual e material. Veja Richard Kearney, "Maurice Merleau-Ponty", *in Id.*, *Modern Movements in European Philosophy*, Manchester and New York, Manchester University Press, 1994, p. 73–90.

em ter do que ser, como sugeriu Erich Fromm? Estamos perdendo nossa capacidade de habitar, de habitar o mundo poeticamente, como sugeriu Heidegger? O poeta modernista Octavio Paz aponta a perda trágica de raízes na modernidade como consequência de sua simples velocidade: "[A modernidade] é cortada do passado e continua avançando com tanta rapidez que não consegue criar raízes, que apenas sobrevive de um dia para o outro: não consegue retornar aos seus começos e, assim, recuperar suas forças de renovação".[3] A observação do poeta sugere que, em nossa obsessão com o progresso, poderíamos estar regredindo e retrocedendo qualitativamente. Este paradoxo de aparente progresso material e empobrecimento espiritual, de fato, foi apontado por muitos pensadores.

Nos primórdios da era moderna, Baudelaire descreveu um herói moderno em seu ensaio "Pintores da vida moderna", o qual deveria "estabelecer sua casa no coração da multidão, no meio da fluxo e refluxo do movimento, no meio do fugaz e do infinito, no meio da multidão metropolitana. (...) Este amor pela vida universal deve entrar na multidão como se fosse uma imensa barragem hidrelétrica. (...) Ou podemos compará-lo a um caleidoscópio dotado de consciência".[4] Essa imagem estranha de infinitude, coletividade cosmopolita e consciência caleidoscópica não lembra nossa realidade atual representada pelo labirinto em expansão da rede digital?

Desenho

→ *mãos informatizadas; desenho à mão livre; conhecimento e pensamento corporificados; cheiros; toque*

Juhani Pallasmaa, *As mãos inteligentes: a sabedoria existencial e corporalizada na arquitetura*, Porto Alegre: Bookman Editora, 2013.
O desenho e a identidade pessoal (título do parágrafo)

Esboçar e desenhar são exercícios espaciais e táteis que fundem a realidade externa do espaço e da matéria, e a realidade interna da percepção, do pensamento e do imaginário mental em entidades singulares e dialéticas. Ao esboçar o contorno de um objeto, figura humana ou paisagem, eu, na verdade, toco e sinto a superfície do objeto de minha atenção e, inconscientemente, sinto e internalizo seu caráter. Além da mera correspondência entre o contorno observado e aquele representado, também ecoo o ritmo das linhas com meus músculos e, por fim, a imagem fica registrada na memória muscular. Na verdade, cada ato de esboçar e desenhar produz três conjuntos distintos de imagens: o desenho que surge no papel, a imagem registrada em minha memória cerebral

---
[3] Octavio Paz, como citado em Berman, *op. cit.*, p. 35.
[4] Charles Baudelaire, como citado em Berman, *op. cit.*, p. 145.

e uma memória muscular do próprio ato de desenhar. Todas as três imagens não são meras fotografias, uma vez que são registros de um processo temporal de percepção sucessiva, medição, avaliação, correção e reavaliação. Um desenho é uma imagem que compreende todo um processo que funde uma duração distinta naquela imagem. Um esboço é, na verdade, uma imagem temporária, uma ação cinematográfica registrada como uma imagem gráfica.

Esta natureza múltipla do esboço, como se fosse uma exposição em camadas, faz-me lembrar com clareza cada uma das centenas de cenas que esbocei durante 50 anos de viagens pelo mundo, embora mal consiga lembrar dos lugares que fotografei, como resultado do registro corporificado mais tênue que ocorre quando fotografamos. É claro que este argumento não reduz o valor da fotografia como forma de arte em si, mas busca ressaltar as limitações corporais da fotografia como forma de registro de experiências.

Desenho e observação

Nas últimas décadas do século XIX, na época em que a fotografia surgiu como a técnica de registro e interpretação do mundo biológico, Santiago Ramón y Cajal, o pai da neurobiologia moderna, insistia que todos os seus alunos tivessem aulas de pintura em aquarela e justificava: "Se nosso estudo trata de um objeto relacionado à anatomia ou história natural etc., as observações deverão ser acompanhadas de esboços, pois, além de outras vantagens, o ato de representar algo disciplina e aprimora a atenção, obrigando-nos a cobrir a totalidade do fenômeno estudado e evitando, portanto, que os detalhes, frequentemente ignorados na observação rotineira, escapem da nossa atenção. (...) O grande Cuvier (Georges Leopold Cuvier, naturalista e zoólogo francês [1769–1832]) tinha razão ao afirmar que, sem a arte do desenho, a história natural e a anatomia teriam sido impossíveis. Não é por acaso que todos os grandes observadores são hábeis desenhistas".[5]

Desenhar é, ao mesmo tempo, um processo de observação e expressão, recepção e doação. Sempre é resultado de mais outro tipo de perspectiva dupla; um desenho olha simultaneamente para fora e para dentro, para o mundo observado ou imaginado e para a própria personalidade e mundo mental do desenhista. Cada esboço e desenho contém parte do artista e de seu mundo mental, ao mesmo tempo em que representa um objeto ou uma vista do mundo real ou um universo imaginado. Cada desenho também é uma investigação do passado e da memória do desenhista. John Berger descreve essa fusão fundamental entre o tema e o desenhista: "É o próprio ato de desenhar que força o artista a

---

[5] Como citado em J. Alan Hobson, *The Dreaming Brain*, New York, Basic Books, 1988, p. 95–97. Republicado em William Irwin Thompson, 'An Introduction to "What Am I Doing in Österfärnebo?" by Cornelia Hesse-Honegger', *Cornelia Hesse-Honegger, After Chernobyl*, Baden, Verlag Hans Müller, 1992, p. 16.

olhar para o objeto diante de si, a dissecá-lo em sua imaginação e a recompô-lo; ou, se ele estiver desenhando de memória, que o obriga a dragar sua própria mente para descobrir o conteúdo de seu próprio depósito de observações passadas".[6]

A tatilidade do desenho

Ao esboçar um espaço imaginado ou um objeto sendo projetado, a mão se encontra em colaboração e interação direta e delicada com a imagem mental. A imagem desenhada surge simultaneamente com a imagem mental interna e o esboço mediado pela mão. É impossível saber qual surgiu primeiro: a linha no papel, o pensamento ou a consciência de uma intenção. De certo modo, a imagem parece se desenhar por meio da mão humana.

John Berger observa essa interação dialética entre a realidade externa e interna: "Cada linha que desenho reformula a figura no papel e, ao mesmo tempo, redefine a imagem em minha mente. Além disso, a linha traçada redesenha o *modelo*, porque muda minha capacidade de perceber".[7] Henri Matisse faz um comentário semelhante: "Quando pinto um retrato, volto repetidas vezes para meu esboço, e cada vez é um novo retrato que estou pintando: não um que estou melhorando, mas um completamente diferente que estou iniciando; e cada vez eu extraio de uma mesma pessoa um ser diferente".[8] É evidente que o ato de desenhar mistura percepção, memória e o senso que alguém tem de si e da vida: um desenho sempre representa mais do que seu tema real. Cada desenho é um testemunho. "Um desenho de uma árvore mostra, não uma árvore, e sim uma árvore-sendo-observada (...) Dentro do instante da visão de uma árvore, uma experiência de vida é estabelecida".[9] Um desenho não reproduz a árvore como se manifesta na realidade objetiva; o desenho registra a forma como a árvore é vista ou experienciada.

Desenhar sem os olhos

A modernidade, em grande parte, tem estado obcecada pela visão e suprimido o tato, porém, muitos artistas visuais se preocuparam com o sentido tátil. Por exemplo, Brancusi exibiu sua *Escultura para cegos* (1916), em 1917, em Nova York, oculta por um saco de tecido de modo que só pudesse ser experienciada por meio do tato.[10]

---

[6] John Berger, *Berger On Drawing*, Aghabullogue, Co., Cork, Ireland, Occasional Press, p. 3.

[7] *Ibid.*, 112.

[8] Henri Matisse, 'Looking at life with the eyes of a child', *in* Jack D Flam, editor, *Matisse in Art*, New York, EP Dutton, 1978, p. 149.

[9] Berger, *op. cit.*, 71.

[10] O amigo do escultor, Henri-Pierre Roché, relata: "Foi exibida (...) dentro de um saco que tinha duas mangas nas quais era possível colocar as mãos", em Eric Shanes, *Brancusi*, New York, Abbeville Press, 1989, p. 74.

A união olho-mão-mente normalmente é o modo de produção artística, mas também têm havido tentativas sérias de enfraquecer ou eliminar este circuito fechado. Meu professor e mentor Aulis Blomstedt gostava de fazer desenhos com os olhos fechados para eliminar a estreita coordenação do olho e da mão. Alguns artistas de hoje, como Brice Marden, desenham com varas longas para emancipar a linha do controle rigoroso da mão. Os expressionistas abstratos, como Jackson Pollock e Morris Louis, tinham suas cores espalhadas na tela por meio da gravidade e vários processos de derramamento e lançamento da tinta, em vez da orientação visual do olho e do controle muscular da mão. Cy Twombly experimentou desenhar no escuro e, durante algum tempo, também se obrigou a desenhar com a mão esquerda.[11]

Desenho e imaginário corporal

A imagem mental inicial pode surgir como uma entidade visual, mas também pode ser uma impressão tátil, muscular ou corporal ou uma sensação amorfa que a mão concretiza em um conjunto de linhas, projetando um formato ou estrutura. Não se pode saber se a imagem surgiu primeiro na mente do desenhista e depois foi registrada pela mão, se foi produzida pela mão de forma independente ou se surgiu como resultado de uma colaboração perfeita entre a mão e o espaço mental do desenhista. Frequentemente é o ato em si de desenhar, o engajamento intenso no ato de pensar inconscientemente ao fazer, que dá origem a uma imagem ou ideia. Na língua inglesa, o segundo significado do verbo "desenhar" (*to draw*) é "puxar" e aponta para este significado fundamental do desenho como modo de "extrair" algo, revelando e concretizando imagens e sentimentos internos, bem como registrando um mundo externo. A mão sente o estímulo invisível e sem forma, puxa-o para o mundo de espaço e matéria e lhe dá forma. "Tudo o que seus olhos veem, ele toca com os dedos", comenta John Berger sobre a tatilidade de um desenho de Vincent van Gogh.[12] O mesmo ato de tocar os objetos de observação ou sonhos, íntimos ou remotos, dá origem ao processo criativo.

Da mesma forma, no ato de escrever, frequentemente – talvez até mesmo na maioria das vezes – é o processo de escrita em si que dá origem a ideias inesperadas e a um fluxo mental especialmente rápido e inspirado. Não há dúvida de que a mão tem um papel crucial também na escrita. Mas não apenas a mão, pois até escrever poesia ou música é um ato corporificado e existencial. Charles Tomlinson, o poeta, destaca a base corporal na prática de pintura e poesia: "A pintura desperta a mão, traz para dentro de si seu senso de coordenação muscular, seu senso do corpo, digamos. A poesia também, na medida em que se baseia em suas ênfases, avança sobre os fins de verso, ou descansa nas

---

[11] Richard Lacayo, 'Radically Retro', *in Time*, Vol. 172, n. 6/2008, p. 47.

[12] Berger, *op. cit.*, 16.

pausas de verso, também faz com que todo o homem e seu senso de identidade corporal entrem em jogo".[13]

John Berger dá uma descrição poética dos atos corporificados, internalizações e projeções que ele imagina acontecerem no processo de desenho de van Gogh:

"Os gestos vêm de sua mão, de seu pulso, de seu braço, ombro, talvez até dos músculos de seu pescoço, mas os traços que ele risca no papel estão seguindo correntes de energia que não são fisicamente dele e que só se tornam visíveis quando ele as desenha. Correntes de energia? A energia do crescimento de uma árvore, da busca de uma planta por luz, da necessidade de acomodação de um galho com seus galhos vizinhos, das raízes de cardos e arbustos, do peso de rochas apoiadas em um barranco, da luz do sol, da atração da sombra para tudo o que é vivo e sofre com o calor, do Mistral do Norte que moldou os extratos de rocha".[14]

Na descrição de Berger, os músculos do corpo inteiro do artista parecem participar do ato físico de desenhar, mas o ato é alimentado pelo próprio tema. É evidente que a compreensão comum de desenho ou pintura como esforços puramente visuais é completamente equivocada. Devido à espacialidade inata e concreta da arquitetura e à sua essência indiscutivelmente existencial e corporificada, a compreensão visual desta forma de arte é ainda mais enganosa.

Desenho à mão livre

→ *computador e imaginação; desenho; mãos informatizadas; memória corporificada; conhecimento e pensamento corporificados*

Juhani Pallasmaa, *As mãos inteligentes: a sabedoria existencial e corporalizada na arquitetura*, **Porto Alegre: Bookman Editora, 2013, 61**

Ao desenhar, um projetista ou arquiteto maduro não enfoca nas linhas do desenho que ele próprio está visualizando: sua mente é que segura o objeto em suas mãos ou que ocupa o espaço sendo projetado. Durante o processo de projeto, o arquiteto ocupa a própria edificação que as linhas do desenho representam. Como consequência da transferência mental entre a realidade do desenho ou da maquete e a realidade do projeto, as imagens com as quais o projetista avança não são meras representações visuais, elas se constituem em uma realidade totalmente tátil e multissensorial da imaginação. O arquiteto se desloca livremente dentro do prédio concebido, por maior e mais complexo que ele seja,

---

[13] Charles Tomlinson, 'The Poet as Painter', *in* J.D.. McClatchy, *Poets on Painters*, Berkeley, Los Angeles, London, University of California Press, 1990, p. 280.

[14] Berger, *op. cit.*, p. 14.

como se estivesse caminhando em um prédio, tocando em todas as suas superfícies e sentindo suas materialidades e texturas. Sem dúvida, essa intimidade é difícil, se não impossível, de simular por meios computacionais de modelagem e simulação. Ao trabalhar em um desenho, você pode tocar de maneira concreta em todas as bordas e superfícies do objeto projetado pela ponta do lápis, que se transforma em uma extensão de seus dedos. A conexão entre mãos, olhos e mente no desenho é natural e fluida, como se o lápis fosse uma ponte que mediasse as duas realidades, e o foco pode oscilar constantemente entre o desenho físico e o objeto não existente do espaço mental representado pelo desenho.

E

Eco emocional

→ *amplificadores de emoções; imagens libertadoras* versus *imagens embotantes; novidade; paisagem física e mental; tempo e eternidade*

Identidade, memória e imaginação: paisagens de recordação e sonho (2007)

Existem imagens fabricadas na arquitetura e na arte de hoje que são monótonas e sem eco emocional, mas também existem imagens novas que ressoam com a lembrança. Estas últimas são misteriosas e familiares, obscuras e claras ao mesmo tempo. Elas nos movem por meio das lembranças e associações, emoções e empatias que despertam em nós. A novidade artística só pode nos mover se tocar algo que já possuímos em nossa própria essência. Cada obra de arte de profundidade com certeza cresce da memória, não da invenção intelectual sem raízes. As obras de arte aspiram a nos trazer de volta a um mundo oceânico indiviso e indiferenciado. Este é o *Omega* que Teilhard de Chardin escreve sobre "o ponto do qual o mundo parece completo e correto".[1]

Educação

→ *memória; modos de pensamento; museus do tempo; tempo e eternidade; tradição; visão desfocada*

Experiência corporificada e pensamento sensorial: espaço vivenciado na arte e na arquitetura (2006)

O dever da educação é cultivar e apoiar as habilidades humanas de imaginação e empatia, mas os valores prevalecentes da cultura tendem a desencorajar a fantasia, suprimir os sentidos e petrificar a fronteira entre o mundo e o indi-

---

[1] Como citado em Timo Valjakka, editor, *Juhana Blomstedt: muodon arvo*, Helsinki: Painatuskeskus, 1995.

víduo. A educação em qualquer campo criativo hoje tem de começar com o questionamento da incondicionalidade do mundo e com a expansão dos limites do indivíduo. O objetivo principal da educação artística não está diretamente nos princípios da produção da arte, mas na personalidade do estudante e na sua autoimagem em relação ao mundo e às tradições das artes, dos ofícios e do mundo vivenciado em geral.

Sabedoria corporificada e existencial na arquitetura (2009)

Infelizmente, as filosofias educacionais prevalecentes continuam a valorizar e destacar o conhecimento conceitual, intelectual e verbal em vez da sabedoria tácita e não conceitual de nossos processos corporificados. Aqui estou pensando na filosofia da educação em geral, e não no ensino de arquitetura. Essa atitude persiste apesar de todas as fortíssimas evidências desse preconceito catastrófico, hoje fornecidas por argumentos filosóficos, avanços recentes e descobertas da neurociência e ciência cognitiva.

É claro que uma mudança na educação quanto à importância da esfera sensorial é urgente para que possamos nos redescobrir como seres físicos e mentais completos, para que possamos utilizar por completo nossas capacidades, e para que nos tornemos menos vulneráveis à manipulação e exploração. Nas palavras do filósofo Michel Serres, "Se é para vir uma revolta, ela terá de vir dos cinco sentidos".[2] A inteligência, o pensamento e as habilidades da mão também precisam ser redescobertas. Ainda mais importante, a compreensão imparcial e completa da existência corporificada humana é pré-requisito para uma vida digna.

"*Se o corpo fosse mais fácil de entender, ninguém pensaria que temos uma mente.*"[3]

Emoções

→ *amplificadores de emoções; arquitetura é espaço mental construído; cinema e arquitetura; eco emocional; emoções e pensamento criativo; generosidade; paisagem física e mental*

Experiência corporificada e pensamento sensorial: espaço vivenciado na arte e na arquitetura (2006)

A forma de arte da arquitetura medeia e evoca sentimentos e sensações existenciais. A arquitetura de nossa época, no entanto, normaliza emoções e ge-

---

[2] Michel Serres, *Angels: A Modern Myth*, New York, Flammarion, 1996, p. 71.

[3] Richard Rorty, *Philosophy and the Mirror of Nature*, Evanston, IL, Princeton University Press, 1979, p. 239.

ralmente elimina por total extremos da escala de emoções como tristeza e felicidade, melancolia e êxtase. Já os prédios de Michelangelo representam uma arquitetura de melancolia e tristeza. No entanto, esses prédios não são símbolos de melancolia; eles, de fato, estão de luto. São prédios que caíram na melancolia, ou, sendo mais preciso, prestamos nossa própria sensação de melancolia metafísica a essas edificações.

Da mesma forma, os edifícios de Louis Kahn não são símbolos metafísicos; eles são uma forma de meditação metafísica por meio da arquitetura, que nos levam a reconhecer os limites da nossa existência e a refletir sobre a essência da vida. Eles nos direcionam a vivenciar a nossa própria existência com uma intensidade única. De maneira semelhante, as obras-primas do início da modernidade não representam otimismo e amor pela vida por meio do simbolismo na arquitetura. Mesmo décadas após estes edifícios terem sido concebidos, eles evocam e mantêm essas sensações positivas; eles despertam e trazem a esperança brotando em nossa alma. O Sanatório de Paimio, de Alvar Aalto, do início do modernismo, não é apenas uma metáfora de cura; mesmo hoje, ele oferece a promessa reconfortante de um futuro melhor.

Os lugares e as ruas concebidos pela literatura, pintura e cinema são tão cheios de emoções e tão reais quanto as casas e cidades construídas em pedra. *As cidades invisíveis* de Ítalo Calvino enriquecem a geografia urbana do mundo da mesma forma que o fazem as cidades materiais construídas pelo trabalho de milhares de mãos. Os recintos comuns e desolados de Edward Hopper, ou o cômodo miserável em Arles pintado por Vincent van Gogh, estão tão cheios de vida e afeto quanto os cômodos "reais" nos quais vivemos. A "Zona", no filme *Stalker*, de Andrei Tarkovsky, que exala uma atmosfera de ameaça e desastre inexplicáveis, é, sem dúvida, mais real em nossa experiência do que a área industrial anônima na Estônia onde o filme foi realmente filmado, porque a paisagem retratada pelo habilidoso diretor de cinema contém mais significados humanos importantes do que seu original físico. O recinto misterioso procurado pelo "Escritor" e pelo "Cientista", sob a orientação de Stalker, é, enfim, revelado como um cômodo muito comum, mas a imaginação dos viajantes, bem como a do espectador do filme, o transformou em uma metáfora e no ponto central de significado metafísico e ameaça.

Espaço vivenciado na arquitetura e no cinema (2008)

Além disso, a arquitetura real é uma troca de sentimentos e significados entre o espaço construído de matéria e o espaço mental do sujeito. É evidente que a arte do cinema pode sensibilizar o próprio ofício do arquiteto para as sutilezas desta interação. A arquitetura do cinema utiliza toda a gama de emoções, e a tocante arquitetura dos filmes de Tarkovsky, por exemplo, pode incentivar os arquitetos a expandirem os conteúdos emocionais de seus espaços projetados para serem habitados e vivenciados. A construção, em nossa época, vem normalizando as emoções a serviço das situações sociais da vida, e a arquitetura tem censurado os extremos da escala de emoções humanas: escuridão e medo, sonho e devaneio, euforia e êxtase. No entanto, as emoções reprimidas buscam seu objeto e exposição. A ansiedade, a alienação e a morte da compaixão, mal disfarçadas pela racionalização superficial, frequentemente são os verdadeiros conteúdos emocionais dos ambientes cotidianos de hoje. A racionalidade e a estetização superficiais muitas vezes escondem uma ideia clara de necrofilia. A dimensão do *heimlich* esconde seu oposto, o *unheimlich*, sempre pronto, no entanto, a entrar na cena da vida como ensinam os mestres da cinematografia.

Emoções e pensamento criativo

→ *imaginação criativa*

Espaço, lugar e atmosfera: percepção periférica e emoção na experiência arquitetônica (2012)

Ao contrário do entendimento comum, a busca pela criação artística também se baseia em formas de percepção e pensamento vagas, polifônicas e, na maioria das vezes, inconscientes, em vez de atenção focada e inequívoca.[4] Além disso, o escaneamento criativo inconsciente e sem foco capta entidades e processos complexos, sem compreender conscientemente nenhum dos elementos, assim como compreendemos as entidades das atmosferas.

Gostaria de destacar o fato de que temos capacidades sintetizadoras inesperadas, das quais geralmente não estamos cientes e que, além disso, não consideramos como áreas de inteligência ou valor especial. O foco tendencioso na lógica racional e sua importância na vida mental humana é um dos principais motivos desta infeliz rejeição. De fato, é surpreendente que mais de um século depois dos descobrimentos revolucionários de Sigmund Freud, as filosofias e

---

[4] Juhani Pallasmaa, "In praise of vagueness: diffuse perception and uncertain thought", manuscrito de um ensaio para um livro de psicanálise e arquitetura, Elizabeth Danze, Stephen Sonnenberg, editors, *Space and Time*, Texas, Center for American Architecture and Design, University of Texas at Austin, 2012, p. 255–269. Em seus livros seminais *The Psychoanalysis of Artistic Vision and Hearing: An Introduction to a Theory of Unconscious Perception* e *The Hidden Order of Art: A Study in the Psychology of Artistic Preception*, Anton Ehrenzweig propõe que, para que possamos entender a entidade inarticulada e inconsciente das obras de arte, devemos adotar a postura mental da atenção difusa. Ele escreve sobre a estrutura "polifônica" das obras de arte de profundidade, que somente pode ser apreciada por meio de uma "atenção multidimensional". Paul Klee in *Thinking Eye* (1964) também usa a palavra "polifônica" ao se referir à essência da estrutura artística. A percepção da atmosfera também exige uma atenção difusa similar a esse fenômeno polifônico.

práticas pedagógicas prevalecentes continuem a subestimar gravemente todo o universo de processos inconscientes e corporificados. Além disso, a formação em arquitetura continua a enfatizar a intencionalidade consciente junto com o imaginário focado em prejuízo do fundamento pré-reflexivo da arquitetura e de sua experiência.

Tradicionalmente, subestimamos os papéis e capacidades cognitivas das emoções em nossa compreensão conceitual, intelectual e verbal. No entanto, muitas vezes, as reações emocionais são as avaliações mais amplas e sintéticas que podemos produzir, embora raramente possamos identificar os elementos dessas análises. Quando temos medo ou amamos alguma coisa, não há muita necessidade de racionalização ou mesmo margem para ela.

Mark Johnson atribui às emoções um papel crucial na reflexão: "Não há cognição sem emoção, apesar de muitas vezes desconhecermos os aspectos emocionais do nosso pensamento".[5] Para ele, as emoções são a fonte de significado primordial: "As emoções não são cognições de segunda categoria; em vez disso, são padrões afetivos de nossos encontros com o mundo, pelos quais percebemos o significado das coisas em um nível primordial".[6] Ele aponta que "As emoções são processos de interação organismo-ambiente",[7] e chega a sugerir que as situações são o lócus das emoções, não nossas mentes ou cérebros.[8] "As emoções são uma parte fundamental do significado humano", conclui Johnson.[9]

Além disso, nosso entendimento comum da inteligência é extremamente limitado. Estudos psicológicos recentes revelaram entre sete e dez categorias diferentes de inteligência além da estreita esfera da inteligência medida pelo teste padrão de QI. O psicólogo norte-americano Howard Gardner lista sete categorias de inteligência: *inteligência linguística, lógico-matemática, musical, corporal-cinestésica, espacial, interpessoal e intrapessoal*.[10] Mais adiante, em seu livro, ele sugere três categorias adicionais: *inteligência naturalista, inteligência espiritual e inteligência existencial*.[11] Certamente eu adicionaria as categorias de inteligência emocional, estética e ética a essa lista de capacidades cognitivas humanas, e sugiro ainda a inteligência atmosférica como um reino específico da inteligência humana.

---

[5] Mark Johnson, *The Meaning of the Body: Aesthetics of Human Understanding*, Chicago and London, The University of Chicago Press, 2007, p. 9.

[6] *Ibid.*, p. 18.

[7] *Ibid.*, p. 66.

[8] *Ibid.*, p. 67.

[9] *Ivi*.

[10] Howard Gardner, *Intelligence Reframed: Multiple Intelligences for the 21st Century*, New York, Basic Books, 1999, p. 41–43.

[11] *Ibid.*, 47.

Empatia

→ *cinema; emoções; generosidade; coração; cliente ideal; ideais*

Arquitetura como experiência: significado existencial na arquitetura (2018)

A ideia de empatia foi introduzida nas teorias da estética do final do século XIX, porém foi ignorada durante toda a era moderna. No entanto, junto com o atual interesse pela experiência, o interesse pela empatia também está surgindo, e, na minha opinião, deveria ser ensinado nas escolas de arquitetura. Não basta imaginar seus próprios sentimentos – você precisa imaginar a experiência e o sentimento dos outros.

Generosidade artística, humildade e expressão: senso de realidade e de idealização na arquitetura (2007)

Gostaria de propor que um verdadeiro arquiteto não projeta para um cliente como um "outro" externo. Ele internaliza o seu cliente, bem como todos os parâmetros físicos e logísticos, e projeta para si mesmo em seu papel internalizado de cliente. As experiências e emoções verdadeiras da arquitetura não podem ser analisadas, deduzidas ou projetadas, elas precisam ser vividas por meio da imaginação corporificada e do corpo. Não consigo adivinhar como outra pessoa se sente, apenas posso sensibilizar minha própria capacidade de compaixão. No final do processo projetual, o arquiteto doa a casa ao cliente externo real. Assim como o amor, a arquitetura é sempre um presente e um milagre. Ela alcança e abarca mais do que foi proposto, e mais do que qualquer um poderia ter imaginado. A arquitetura significativa sempre constrói um mundo novo e imprevisto, ao mesmo tempo que reforça a tradição e a continuidade cultural.

Sarah Robinson e Juhani Pallasmaa, editores, *Mind in Architecture: Neuroscience, Embodiment, and the Future of Design*, Cambridge, MA e Londres: The MIT Press, 2007, 60

Como as pesquisas recentemente vem revelando, temos uma capacidade surpreendente de espelhar o comportamento dos outros e, até mesmo, de animar inconscientemente construções materiais e objetos inanimados. Segundo Joseph Brodsky, o clamor de um grande poema é "Seja como eu".[12] Um prédio que contém profundidade faz uma sugestão semelhante: "Seja um pouco mais sensível, perceptivo e responsável, experimente o mundo por meio de mim".

---

[12] Joseph Brodsky, "An Immodest Proposal", in id., *On Grief and Reason*, New York, Farrar, Straus and Giroux, 1997, p. 206.

O mundo da arte e da arquitetura é fundamentalmente um mundo animista despertado à vida pela projeção de nossas próprias intuições e sentimentos. Paul Valéry considera os edifícios como entidades com vozes distintas: "Diga-me (já que você é tão sensível aos efeitos da arquitetura), você não notou, andando por esta cidade, que entre os edifícios pelos quais ela é habitada, alguns deles são mudos; outros falam; e outros, por fim – e estes são os mais raros – cantam?".[13] Nesse sentido de busca por um mundo animado e vivenciado, a intenção artística entra em conflito direto com o a objetificação almejada pela ciência.

Temos uma capacidade incrível de compreender entidades ambientais complexas por meio da sensação multissensorial simultânea de atmosferas, sentimentos e humores. Essa capacidade de compreender instantaneamente as essências existenciais de vastas entidades, como espaços, lugares, paisagens e cidades inteiras, sugere que intuímos entidades antes de identificarmos suas partes e detalhes.

Ao discutir os papéis dos hemisférios do cérebro, Iain McGilchrist aponta: "O hemisfério direito entende o todo não simplesmente como resultado da montagem de uma série de fragmentos, e sim como uma entidade anterior à existência dos fragmentos. Há uma hierarquia natural de atenção, a atenção global vem primeiro. (...)Você tem que vê-la [uma imagem] primeiramente como um todo".[14]

Encontrando a arquitetura

→ *arquitetura como experiência; arquitetura como disciplina impura; arquitetura é espaço mental construído; arquitetura, realidade e individualidade (self); fenomenologia da arquitetura*

Arquitetura como experiência: significado existencial na arquitetura (2018)

A abordagem experiencial foca no encontro corporificado e emotivo da realidade arquitetônica e da pessoa e da mente que a experimenta, e de acordo com a opinião de Dewey, isso atualiza a dimensão arquitetônica. O método fenomenológico tenta se aproximar dos fenômenos sem preconceitos e identificar com sensibilidade e abertura o surgimento de emoção e significado neste encontro pessoal único. Esse significado experiencial não é uma "compreen-

---

[13] Paul Valéry, "Eupalinos, or the Architect", *in id.*, *Dialogues*, New York, Pantheon Books, 1956, p. 83; original emphasis.

[14] Iain McGilchrist, "Tending to the World", *in* Sarah Robinson, Juhani Pallasmaa, editors, *Mind in Architecture: Neuroscience, Embodiment, and the Future of Design*, Cambridge, MA, and London, The MIT Press, 2007, p. 99–122.

são" cerebral, pois emerge do encontro, direta e espontaneamente. Colin Saint John Wilson dá uma descrição convincente deste surgimento de significado. "É como se eu estivesse sendo manipulado por algum código subliminar que não deve ser traduzido em palavras, que atua diretamente no sistema nervoso e imaginação, tudo ao mesmo tempo, como se fosse uma coisa só. Acredito que o código atua tão direta e vivamente sobre nós porque ele nos é estranhamente familiar; ele é, na verdade, a primeira língua que aprendemos, muito antes das palavras, e que agora nos é lembrado por meio da linguagem – a única que tem a chave para revivê-lo".[15]

Além de sua constituição na experiência, a arquitetura medeia o mundo externo e a esfera interior do eu, projetando quadros de percepção e "entendimento". Esse intercâmbio é necessariamente uma troca: quando entro em um espaço, o espaço entra em mim e modifica a mim mesmo, a minha experiência e a compreensão que tenho de mim. De fato, a neurociência de hoje defende que nossas experiências realmente mudam nosso cérebro e sistema neural. A mediação é essencial em todas as artes, e Maurice Merleau-Ponty afirma com assertividade: "Nós vemos não a obra de arte, mas o mundo de acordo com a obra".[16] A visão do filósofo rejeita a compreensão infelizmente comum da arte e da arquitetura como expressões artísticas de si mesmas. Um dos maiores pintores realistas do século passado, Balthus (o conde Balthasar Klossowski de Rola) faz um comentário forte contra as expressões artísticas do próprio artista: "Os artistas geralmente falam sobre se expressar em seu trabalho – nunca me ocorreu algo assim. (...) Se uma obra só expressa a pessoa que a criou, não valeu a pena fazê-la. (...) Expressar o mundo, entendê-lo, é isso que me parece interessante. (...) Uma grande pintura tem que ter significado universal. Infelizmente, hoje isso não é mais assim, e é por isso que quero devolver à pintura a universalidade e o anonimato perdidos, porque quanto mais anônima for a pintura, mais real ela é".[17] Esta é uma questão essencial: o significado da arte e da arquitetura está fora da obra em si, e sempre vai além dela. Um ponto de partida fundamental na abordagem experiencial à arte e à arquitetura é a fusão ou continuidade do físico e do mental, dos reinos externos e internos, sem fronteiras categóricas. Rainer Maria Rilke usou a bela noção de *Weltinnenraum*.[18] No infinito do universo, a arquitetura delimita nosso *Weltinnenraum*,

---

[15] Colin St John Wilson, "Architecture – Public Good and Private Necessity", *in RIBA Journal*, March 1979.

[16] Maurice Merleau-Ponty como citado em Iain McGilchrist, *The Master and HIs Emissary: The Divided Brain and the Making of the Western World*, New Haven, Yale University Press, 2009, p. 409.

[17] Claude Roy, *Balthus*, Boston, New York, Toronto, Little, Brown and Company, 1996, p. 18.

[18] "Lukijalle"[To the reader], em Liisa Enwald, editor, *Rainer Maria Rilke, Hiljainen taiteen sisin: kirjeitä vuosilta 1900–1926* [The silent innermost core of art: letters 1900–1926], Helsinki, TAI-teos, 1997, p. 8.

nosso lugar, interior e domicílio, tanto no espaço quanto no tempo, no infinito e na eternidade. Merleau-Ponty nos diz enigmaticamente: "O mundo está inteiramente dentro, e eu estou inteiramente fora de mim mesmo".[19] Isso parece apontar para a o entrelaçamento quiasmático das esferas externa e interna, do material e do mental, uma espécie de fita de Möbius, que tem duas faces, mas apenas uma superfície.

Entendimento corporificado

→ *conhecimento e pensamento corporificados; olhos; esquecimento; mãos inteligentes*

Tocando o mundo: espaço vivenciado, visão e tatilidade (2007)

Em *The Sculptor speaks*, o mestre escultor Henry Moore[20] enfatiza a natureza corporificada do trabalho criativo e a interação essencial entre corpo e mente, concreto e abstrato, material e imaginário. Todos os nossos órgãos e sentidos "pensam" a fim de identificar, qualificar e processar informações e de facilitar reações e escolhas inconscientes. Não é de admirar que Martin Heidegger escreva sobre a mão inteligente: "A mão é infinitamente diferente de todos os órgãos de pegada. (...) Cada movimento da mão em cada um de seus trabalhos se desenvolve por meio do elemento do pensamento, todo o suporte da mão se apoia nesse elemento. Todo o trabalho da mão está enraizado no pensamento".[21] Charles Tomlinson, um poeta, destaca a base corporal mesmo na prática da pintura e da poesia: "A pintura acorda a mão, atrai seu senso de coordenação muscular, seu senso de corpo, digamos. A poesia também – na medida em que gira em suas tensões, conforme avança sobre os fins de verso ou chega a descansar nas pausas do verso – põe o homem inteiro em jogo e seu senso corporal de si mesmo".[22] Merleau-Ponty estende os processos de pensamento para incluir todo o corpo ao afirmar: "O pintor 'leva seu corpo consigo' [diz Paul Valéry]. De fato, não podemos imaginar como uma mente poderia pintar".[23] Sem dúvida, também é inconcebível que uma mente possa conceber arquitetura devido ao

---

[19] Maurice Merleau-Ponty, *The Phenomenology of Perception*, London: Routledge and Kegan Paul, 1962, p. 407.

[20] Henry Moore, "The sculptor speaks", *in* Philip James, editor, *Henry Moore on Sculpture*, London, MacDonald, 1966, p. 62, p. 64.

[21] David Farrell Krell, editor, *Martin Heidegger: Basic Writings*, New York, Hagerstown, San Francisco and London, Harper & Row, 1977, p. 357.

[22] Charles Tomlinson, "The Poet as Painter", *in* JD McClatchy, *Poets on Painters*, Berkeley, Los Angeles, London, University of California Press, 1990, p. 280.

[23] Maurice Merleau-Ponty, *The Primacy of Perception*, Evanston, IL, Northwestern University Press, 1964, p. 162.

papel essencial e insubstituível do corpo na própria constituição da arquitetura; prédios são extensões de nossos corpos, memórias, identidades e mentes. Até mesmo a tarefa mais abstrata seria vazia de sentido se desvinculada de sua base na corporificação humana. Essa é a essência da famosa confissão de Albert Einstein a Jacques Hadamard, um matemático francês, de que seus pensamentos em matemática e física avançam por meio de imagens corporificadas e musculares, em vez de palavras ou conceitos matemáticos.[24]

O filósofo Edward S. Casey chega a argumentar que "A memória corporal é (...) o centro natural de qualquer relato sensível da lembrança. (...) Não há memória sem memória corporal".[25] Há estudos filosóficos recentes, como *The Body in the Mind*, de Mark Johnson, e *Philosophy in the Flesh*, de Mark Johnson e George Lakoff, que defendem veementemente a natureza corporificada do próprio pensamento.[26]

É claro que precisamos repensar algumas das próprias fundações da experiência e da produção da arquitetura. Um arquiteto sábio trabalha com todo o seu corpo e senso de identidade; ao trabalhar em um edifício ou objeto, o arquiteto está simultaneamente envolvido em uma perspectiva reversa, sua imagem de si em relação ao mundo e sua condição existencial.

Na obra criativa, há uma poderosa identificação e projeção; toda a constituição corporal e mental do criador torna-se o local da obra. Mesmo Ludwig Wittgenstein, cuja filosofia é bastante desvinculada de imagens corporais, reconhece a interação entre a obra de filosofia e a de arquitetura e a imagem da individualidade (*self*): "O trabalho na filosofia, assim como o trabalho na arquitetura em muitos sentidos, é realmente mais trabalho sobre si próprio. Sobre sua própria concepção. Sobre como vemos as coisas".[27]

O trabalho criativo sempre tem dois focos simultâneos, o mundo e o indivíduo, e toda obra de profundidade é essencialmente um microcosmo e um autorretrato. Jorge Luis Borges dá uma expressão memorável exatamente a esta dupla perspectiva: "Um homem se propõe a retratar o mundo. Ao longo dos anos, ele preenche uma superfície com imagens de províncias e reinos, montanhas, dias, navios, ilhas, peixes, recintos, instrumentos, corpos celestes, cavalos

---

[24] Jacques Hadamard, *The Psychology of Invention in the Mathematical Field*, Princeton, Princeton University Press, 1945.

[25] Casey, *op. cit.*, 172.

[26] Mark Johnson, *The Body in the Mind: The Bodily Basis of Meaning, Imagination and Reason*, Chicago and London, The University of Chicago Press, 1987, e George Lakoff, Mark Johnson, *Philosophy in the Flesh: The Embodied Mind and Its Challenge to Western Thought*, New York, Basic Books, 1999.

[27] Ludwig Wittgenstein, *Culture and Value*, Malden, MA, Blackwell Publishing, 1998, p. 24e.

e pessoas. Pouco antes de morrer, ele descobre que este labirinto paciente de linhas é um desenho de sua própria face".[28]

Em nosso entendimento atual de arquitetura, tendemos a nos isolar do mundo. No entanto, é exatamente esta linha de fronteira da individualidade que é aberta e articulada em uma experiência artística. Como afirma Salman Rushdie: "A literatura é feita na fronteira entre o indivíduo e o mundo, e, durante o ato de criação, essa fronteira enfraquece, se torna penetrável e permite que o mundo flua para o artista e o artista flua para o mundo".[29] Na minha opinião, a arquitetura também é feita na mesma linha de fronteira existencial.

Em trabalhos de criação, o cientista e o artista estão diretamente envolvidos com seus corpos e suas experiências existenciais, em vez de se concentrarem em um problema externo e objetivado. Um grande músico toca si próprio, e não o instrumento, e um jogador de futebol habilidoso joga com a entidade contida em si e com o campo internalizado e corporificado, em vez de apenas chutar a bola. "O jogador entende onde, de certa maneira, está o gol, que é vivenciado, em vez de conhecido. A mente não habita o campo de futebol – é o campo que é habitado por um 'corpo que sabe'", escreve Richard Lang ao comentar as visões de Merleau-Ponty sobre a habilidade de jogar futebol.[30]

Um arquiteto ou artista que tenha internalizado sua profissão trabalha de maneira corporificada semelhante; um senso de sucesso ou fracasso é uma sensação do corpo, e não o produto do conhecimento cognitivo. A sensação de desequilíbrio corporal, deformação, irritação e dor me informam que o trabalho em minha mesa de desenho ainda não chegou a uma resolução satisfatória. Isso também se aplica à escrita. Não posso analisar intelectualmente o que está errado, mas meu corpo sabe. Meu corpo também sabe quando a obra chegou a uma entidade unificada, e reconhece essa condição por meio de uma sensação de satisfação relaxada e prazer corporal.

Escadarias do cinema

→ *cinema e arquitetura*

---

[28] Jorge Luis Borges, 'Epilogue for "The Maker"', *in* Alexander Coleman, editor, *Jorge Luis Borges, Selected Poems*, New York, London, Penguin, 2000, p. 143.

[29] Salman Rushdie, "Eikö mikään ole pyhää?' [Isn't anything sacred?], in *Parnasso*, 1996, Helsinki, p. 8.

[30] Richard Lang, "The dwelling door: Towards a phenomenology of transition", em David Seamon, Robert Mugerauer, *Dwelling, Place & Environment*, New York, Columbia University Press, 1989, p. 202. As ideias de Merleau-Ponty sobre a interação entre o campo, a bola e o jogador de futebol são expressas em Maurice Merleau-Ponty, *The Structure of Behaviour*, Boston, Beacon Press, 1963, p. 168.

Espaço vivenciado na arquitetura e no cinema (2008)

O imaginário da arquitetura e a articulação do espaço criam o ritmo dramático e coreográfico básico de qualquer filme. Os mestres do cinema identificam claramente os encontros mais potentes da arquitetura: a imagem da casa na paisagem, o aspecto de máscara da fachada, o papel das portas e janelas como mediadores entre dois mundos e como dispositivos de enquadramento, a intimidade e domesticidade planejadas nos arredores da lareira, o papel de focalização e ritualização da mesa, a privacidade e os segredos da cama, a sensualidade do banho etc. Escadas externas e internas têm um papel especialmente importante na dramaturgia cinematográfica. "A escada interna é a espinha simbólica da casa",[31] na opinião de Peter Wollen. As escadas têm a mesma significância para a organização vertical da casa que a espinha dorsal tem para a estrutura do corpo. Além da porta, a escada é o elemento da arquitetura que é encontrado mais concreta e diretamente pelo corpo. Para ser mais exato, uma escada não é um "elemento arquitetônico", e sim uma das imagens e confrontos arquitetônicos primários. As obras de arte em geral não são compostas por "elementos visuais", elas constituem imagens vividas, metáforas existenciais e fantasias inconscientes subjacentes às nossas lembranças, e as partes sempre adquirem seu significado pelo todo, não o contrário.

As escadarias do cinema revelam a assimetria inata da escada, raramente pensada pelos arquitetos. Escadas que sobem terminam no céu, enquanto escadas que descem, em certo momento, levam ao submundo. A imagem de uma escada também se assemelha à imagem do labirinto; uma escada é um labirinto vertical.

Subir uma escada implica sair do palco social e se retirar para a privacidade, mas também pode sinalizar a passagem para uma esfera inteiramente privada e proibida, ou a jornada final para revelar um segredo. Descer uma escada expressa a autoapresentação, juntar-se à companhia e entrar na esfera pública. As escadas são mais frequentemente fotografadas de baixo para cima e, portanto, uma pessoa ascendente é vista de trás, e um personagem descendente, de frente. Escadas fotografadas de cima expressam vertigem, queda ou fuga em pânico. A preferência por mostrar escadas por baixo tem suas razões técnicas naturais – uma escadaria fotografada de cima parece cair da imagem –, mas esse fato em si revela a diferença psicológica entre os movimentos ascendente e descendente. A escada é o órgão mais importante da casa. As escadas são responsáveis pela circulação vertical da casa da mesma maneira que o coração mantém o bombeamento do sangue para cima e para baixo no corpo. O ritmo regular das escadas ecoa a batida do coração e o ritmo da respiração. Por que as

---

[31] Peter Wollen, "Arkkitehtuuri ja elokuva: paikat ja epäpaikat" (Architecture and Cinema: Places and Non-Places), in *Rakennustaiteen seura, jäsentiedote* 4:1996. Helsinki, 1996, p. 15.

escadarias de Hitchcock estão invariavelmente à direita da entrada na tela do observador? Será porque a escada representa o coração da casa?

O ritmo regular das escadas também aborda nosso imaginário de sonhos por meio de sua essência como metáfora sexual. O conteúdo sexual dos sonhos de escadas foi revelado por Sigmund Freud já no início do século passado.[32] Sua posterior formulação dessas observações torna explícito o simbolismo sexual de subir escadas: "Começamos a prestar atenção à aparência de degraus, escadarias e escadas em sonhos, e logo estivemos em condições de mostrar que escadas (e coisas análogas) eram inquestionavelmente símbolos de cópula. Não é difícil descobrir a base da comparação: chegamos ao topo em uma série de movimentos rítmicos e com respiração cada vez mais ofegante, e, então, com alguns saltos rápidos, podemos chegar ao fundo novamente. Assim, o padrão rítmico da cópula é reproduzido ao subir escadas".[33]

Os degraus largos de Odessa em *Encouraçado Potemkin* (1925), de Sergei Eisenstein, as escadas caracol de angústia e as escadas da cela de prisão e julgamento em *M, o vampiro de Düsseldorf* (1931), de Fritz Lang, bem como as escadarias que levam ao sótão da igreja em *Um corpo que cai* (1958), de Alfred Hitchcock, são exemplos memoráveis da dramaturgia cinematográfica das escadas.

Espaço e imaginação

→ *arquitetura como experiência; imagens libertadoras* versus *imagens decadentes*

Tocando o mundo: a integração dos sentidos e a experiência da realidade (2018)

Nossa capacidade inata de compreender atmosferas e estados de espírito abrangentes é semelhante à nossa capacidade de projetar, com a imaginação, os espaços emotivamente sugestivos de um romance inteiro enquanto o lemos. Ao ler um romance excepcional, vamos construindo todos os ambientes e situações da história conforme sugerem as palavras do autor, e nos movemos sem esforço e sem interrupções de um espaço para o próximo, como se eles existissem como realidades físicas anteriores ao nosso ato de leitura. Na verdade, os ambientes parecem estar lá, prontos para que entremos, enquanto nos movemos de uma cena do texto para a próxima. Curiosamente, não experimentamos esses espaços imaginários como imagens, mas em sua plenitude espacial e atmosférica.

---

[32] Sigmund Freud, *The Interpretation of Dreams*, New York: The Modern Library, 1994.

[33] Sigmund Freud, "The Dream-Work: Representations by Symbols in Dreams", *in Id.*, *Complete Psychological Works*, Vol. 5., London: Hogarth Press, 1948, como citado em John Templer, *The Staircase*. Cambridge, MA, and London: The MIT Press, 1994, p. 10.

A mesma plenitude aplica-se aos nossos sonhos; os sonhos não são imagens, pois são espaços, ou quase espaços, e experiências vividas imaginativamente. No entanto, são produtos de nossa imaginação, inteiramente. O imaginário sensorial evocado pela literatura parece ser uma espécie de atmosfera imaginativa sensorial.

Experienciar, memorizar e imaginar contextos, situações e eventos espaciais, tudo isso envolve nossas habilidades imaginativas; até mesmo os atos de experienciar e memorizar são atos corporificados em que o imaginário vivido e corporificado evoca uma realidade imaginativa percebida como uma experiência real. Estudos recentes revelaram que os atos de percepção e imaginação ocorrem nas mesmas áreas do cérebro e, consequentemente, esses atos estão intimamente relacionados.[34] Até mesmo a percepção exige imaginação, já que os perceptos não são produtos automáticos de nossos mecanismos sensoriais; as percepções são essencialmente criações e produtos da intencionalidade e da imaginação.

Sugiro que possamos nos interessar mais em atmosferas do que em formas visuais individualmente expressivas. Entender atmosferas provavelmente nos ensinará sobre o poder secreto da arquitetura e como ela pode influenciar sociedades inteiras, mas, ao mesmo tempo, nos permitirá definir nosso próprio ponto de apoio existencial individual.

Nossa capacidade de compreender entidades atmosféricas qualitativas em situações ambientais complexas, sem um registro detalhado e a avaliação de suas partes e ingredientes, poderia muito bem ser chamada de nosso sexto sentido, e é provavelmente o nosso sentido mais importante em termos de existência, sobrevivência e vida emocional.

Espaço existencial I

→ *realidade* versus *símbolo*

Identidade, memória e imaginação: paisagens de recordação e sonho (2007)

A importância de objetos em nossos processos de lembrança é a principal razão pela qual gostamos de colecionar objetos familiares ou peculiares ao nosso redor; eles ampliam e reforçam a esfera das memórias e, em última análise, do nosso próprio senso de individualidade. Poucos dos objetos que possuímos são, de fato, estritamente necessários para fins utilitários; sua função é social

---

[34] R. Murray Schafer, "I Have Never Seen a Sound", in *Environmental and Architectural Phenomenology*, Vol. 17, n. 2, Spring 2006, p. 15.

e mental. "Eu sou o que está ao meu redor", argumenta Wallace Stevens,[35] enquanto Nöel Arnaud, outro poeta, afirma: "Eu sou o espaço onde estou".[36] Essas formulações condensadas por dois poetas enfatizam o entrelaçamento entre mundo e individualidade, bem como entre o solo externalizado das lembranças e da identidade.

Espaço existencial II

→ *universo digital; paisagem física e mental; realidade e imaginação*

Experiência corporificada e pensamento sensorial: espaço vivenciado na arte e na arquitetura (2006)

Não vivemos em um mundo objetivo de matéria e fatos, como supõe o realismo comum e ingênuo. O modo de existência caracteristicamente humano acontece nos mundos das possibilidades, moldados por nossa capacidade de fantasia e imaginação. Vivemos em mundos mentais, nos quais o material e o mental, o experienciado, o lembrado e o imaginado se fundem completamente um no outro. Como resultado, a realidade vivida não segue as regras de espaço e tempo como definidas pela ciência da física. Poderíamos dizer que o mundo vivenciado é fundamentalmente "não científico", se medido pelos critérios da ciência ocidental empírica. Em seu caráter difuso, o mundo vivenciado está mais próximo da esfera dos sonhos do que de uma descrição científica. Para distinguir o espaço vivenciado do espaço físico e geométrico, o vicenciado pode ser chamado de espaço existencial. O espaço existencial é estruturado com base nos significados e valores refletidos sobre ele por um indivíduo ou grupo, consciente ou inconscientemente; o espaço existencial é uma experiência única interpretada por meio da memória e experiência do indivíduo único. Por outro lado, grupos, ou até mesmo nações, compartilham certas características de espaço existencial que constituem suas identidades coletivas e senso de pertencimento. O espaço vivenciado experiencial é o objeto e o contexto tanto da criação quanto da experiência da arte e da arquitetura. A tarefa da arquitetura é "tornar visível como o mundo nos toca", como escreveu Maurice Merleau-Ponty sobre as pinturas de Paul Cézanne. De acordo com o filósofo, vivemos na "carne do mundo", e a arquitetura estrutura e articula essa carne existencial, dando-lhe significados específicos. A arquitetura doma e domestica o espaço e o tempo da "carne do mundo" para a habitação humana. A arquitetura delimita a existência humana de maneiras específicas e define um horizonte básico de

---

[35] Wallace Stevens, "Theory", in id., *The Collected Poems*, New York, Vintage Books, 1990, p. 86.

[36] Nöel Arnaud como citado em Bachelard, *The Poetics of Space*, op. cit., p. 137.

compreensão. Conhecemos e lembramos quem somos e a que lugar pertencemos fundamentalmente por meio de nossas cidades e edificações.

Espaço vivenciado

→ *cinema e arquitetura*

Espaço vivenciado na arquitetura e no cinema (2008)

A tarefa mental de edifícios e cidades reais é estruturar nossa existência no mundo e articular o encontro entre o eu experienciante e o mundo. Mas o diretor de cinema não faz exatamente a mesma coisa com suas imagens projetadas? O cinema projeta cidades, edifícios e recintos onde ocorrem situações e interações humanas. Mais importante ainda, o cinema constrói espaços na mente do espectador e projeta uma arquitetura de imaginário e memória mental que reflete a arquitetura arquetípica inerente à mente humana, ao pensamento e à emoção.

As obras de arquitetura são construídas no mundo da matéria e da geometria euclidiana, mas o espaço vivido sempre transcende as regras da física e da geometria. A arquitetura estrutura e domestica o espaço físico sem sentido para a habitação humana, projetando nele significados existenciais. O espaço vivido se assemelha às estruturas efêmeras do sonho e do inconsciente, organizadas independentemente dos limites do espaço físico e do tempo. O espaço vivido é sempre uma combinação dialética de espaço externo e espaço mental interno, passado e presente, realidade e projeção mental. Ao experienciarmos o espaço vivido, a memória e o sonho, o medo e o desejo, o valor e o significado, tudo isso se funde com os perceptos reais. O espaço vivido é um espaço inseparavelmente integrado à situação de vida concorrente do sujeito.

Não vivemos em mundos materiais e mentais separados; essas dimensões experienciais são inevitavelmente entrelaçadas. Também não vivemos em um mundo objetivo. Vivemos em mundos mentais, onde o experienciado, lembrado e imaginado, bem como o passado, presente e futuro, estão interligados. "Quem somos, quem é cada um de nós, se não uma combinação de experiências, informações, livros que já lemos, coisas imaginadas?", pergunta Ítalo Calvino: "Cada vida é uma enciclopédia, uma biblioteca, um inventário de objetos, uma série de estilos, e tudo pode ser constantemente embaralhado e reorganizado de todas as maneiras concebíveis".[37]

Os modos de vivenciar arquitetura e cinema tornam-se praticamente idênticos neste espaço mental que vagueia sem limites fixos. Mesmo na arte da arquitetura, uma imagem mental é transferida da esfera experiencial do arquiteto

---

[37] Calvino, *op. cit.*, p. 124.

para o mundo mental do observador, e o edifício material é apenas um objeto mediador, um objeto de imagem.[38] A diferença óbvia é que as imagens de arquitetura são eternizadas na matéria, ao passo que as imagens cinemáticas são apenas uma ilusão passageira projetada na tela. Ambas as formas de arte criam enquadramentos de vida, situações de interação humana e horizontes de compreensão de eventos humanos e do mundo.

Em seu ensaio seminal "The Work of Art in the Age of Mechanical Reproduction",[39] Walter Benjamin reflete sobre a conexão entre arquitetura e cinema. De maneira surpreendente, ele sugere que, independentemente de sua aparente visualidade, as duas formas de arte são, na verdade, artes táteis.[40] Na visão de Benjamin, a arquitetura e o cinema são comunicados principalmente pela esfera tátil, em oposição à pura visualidade da pintura.[41] Esta ideia sugere que, embora a situação normal de ver um filme transforme o espectador em um observador sem corpo, o espaço cinematográfico ilusório devolve ao espectador seu corpo, já que o espaço tátil e motor vivenciado evoca experiências cinestésicas poderosas. Um filme é visto tanto com os músculos e a pele quanto com os olhos. Tanto a arquitetura quanto o cinema sugerem uma maneira cinestésica de vivenciar o espaço. A primeira acontece por meio de movimento corporificado real, a segunda, por meio de ação ideada, em oposição à compreensão visual da memória. O filósofo Edward S. Casey explicita isso ao afirmar: "Para apri-

---

[38] "Quando o poeta une vários desses microcosmos é como se fosse um pintor lançando as cores na tela. Poderíamos pensar que ele está compondo uma sentença, mas é apenas o que parece ser. *Ele está criando um objeto. (...) Já não é uma significação, mas uma substância. (...) A emoção se tornou uma coisa.*" (itálico de Juhani Pallasmaa), in Jean-Paul Sartre, *What is Literature?*, Gloucester, MA, Peter Smith, 1978, p. 10, 12, 13.

[39] Walter Benjamin, "The Work of Art in the Age of Mechanical Reproduction", in id., *Illuminations*, New York, Schocken Books, 1968, p. 217–251.

[40] Gilles Deleuze faz uma observação similar à de Benjamin sobre a tatilidade oculta da visão – "A visão descobre em si própria uma função de tato que pertence a ela e somente a ela, e que independe de sua função óptica" – em Gilles Deleuze, *Logique de la Sensation*, Paris, Éditions de la Différence, 1981, p. 79, in David B Clarke, "Introduction: Previewing the Cinematic City", in id., *The Cinematic City*, London and New York, Routledge, 1997, p. 9.

[41] Ao contrário da visão de Benjamin, a qualidade da pintura também se baseia na evocação da experiência tátil. Bernard Berenson sugere que, quando olhamos para uma pintura ou escultura, estamos, de fato, experienciando sentimentos físicos genuínos. Ele chama esses sentimentos de *ideated sensations* ("sensações evocadas"): "sempre que uma representação visual é reconhecida como uma obra de arte, e não como um mero artefato – não importa o quanto elaborada, inteligente e surpreendente ela é –, ela tem valores táteis", em Bernard Berenson, *Aesthetics and History*, New York, Pantheon, 1948, p. 66–70. Conforme Merleau-Ponty: "vemos a profundidade, lisura, maciez e dureza dos objetos; Cézanne chegava a dizer que vemos seu odor. Se um pintor quiser expressar o mundo, o arranjo das cores que usar deve ter esse todo indivisível, senão seu quadro apenas tocará de leve as coisas, sem lhes atribuir, em sua unidade imperiosa, a presença, a plenitude insuperável que para nós é a definição daquilo que é real", em Maurice Merleau-Ponty, "Cézanne's Doubt", *Sense and Non-Sense*, Evanston, IL, Northwestern University Press, 1964, p. 15.

morar a questão (da essência do ato de lembrar), (...) deixe-me afirmar claramente que não há memória sem memória corporal. Ao afirmar isso, não quero dizer que sempre que lembramos, na verdade, estamos diretamente envolvidos na memória corporal. (...) Quero dizer que não poderíamos lembrar (...) sem ter a capacidade da memória corporal".[42]

Sugiro que as imagens armazenadas na nossa memória são imagens corporificadas e táteis, e não imagens retinianas. Lembramos o mundo como espaços e situações vividas, não como meras imagens.

Espaço-tempo

→ *velocidade; velocidade e tempo*

O espaço do tempo: tempo mental na arquitetura (2007)

Espaço e tempo, assim como o *continuum* espaço-tempo, têm sido questões fundamentais nas teorias da arte e da arquitetura desde o início do último século. O novo conceito espaço-tempo é o foco em, por exemplo, o livro seminal de Sigfried Giedion, *Space, Time and Architecture*, originalmente publicado em 1941. "O espaço na física moderna é concebido como relativo a um ponto de referência móvel, não como a entidade absoluta e estática do sistema barroco de Newton. E, na arte moderna, pela primeira vez desde a Renascença, uma nova concepção de espaço leva a uma ampliação autoconsciente das maneiras de perceber o espaço. No Cubismo, isso foi alcançado mais plenamente", argumenta Giedion.[43] As obras-primas do Cubismo exemplificam a nova integração entre espaço e tempo por meio do movimento e fragmentação de imagens. Na visão de Giedion, essa nova concepção foi formulada pela primeira vez pelo matemático Hermann Minkowski, que afirmou em 1908: "Daqui em diante, o espaço sozinho ou o tempo sozinho está condenado a desaparecer ou a se tornar uma mera sombra: somente uma espécie de união de ambos preservará sua existência".[44] De fato, o Cubismo surgiu historicamente logo após essa proclamação do matemático e lançou as bases da consciência artística moderna.

Nos primeiros anos do século XIX, escritores, poetas, pintores, escultores e arquitetos progressistas abandonaram a ideia de um mundo externo objetivado e estático, como exemplificado pela representação em perspectiva, e entraram

---

[42] Edward S Casey, *Remembering: A Phenomenological Study*, Bloomington, IN, Indiana University Press, 2000, p. 172.

[43] Sigfried Giedion, Space, *Time and Architecture: The Growth of a New Tradition*, Cambridge, MA: Harvard University Press, 1952, p. 368.

[44] *Ibid.*, p. 376.

na realidade experiencial dinâmica da percepção e consciência humana, que funde realidade com sonho, atualidade com memória.

No entanto, minha intenção não é escrever aqui a respeito das especulações físicas ou filosóficas sobre a essência do tempo, ou a dimensão do tempo entendida em termos do observador móvel que sintetiza seu mosaico dinâmico de observações. Em vez disso, farei algumas observações sobre a importância do tempo como uma dimensão mental em fenômenos artísticos e na arquitetura. Eu poderia caracterizar meu tema como a "psique e poética do tempo". Marcel Proust afirma: "Assim como há uma geometria no espaço, há uma psicologia no tempo".[45]

A falta de abrigo existencial: desterritorialização e nostalgia na era da mobilidade (2006)

Filósofos da pós-modernidade, como David Harvey, Fredric Jameson e Daniel Bell[46] identificaram mudanças distintas que têm ocorrido em nossa percepção e compreensão do espaço e do tempo. "O espaço tornou-se o principal problema estético da cultura de meados do século XX, assim como o problema do tempo (em Bergson, Proust e Joyce) foi o problema estético primário das primeiras décadas deste século", escreve Fredric Jameson.[47] Esses escritores apontaram, por exemplo, para uma curiosa inversão ou troca das duas dimensões físicas fundamentais: a espacialização do tempo. Na minha opinião, a outra inversão também ocorreu: a temporalização do espaço. Essas inversões são exemplificadas pelo fato de que comumente medimos o espaço por meio de unidades de tempo e vice-versa. A era pós-moderna de velocidade e mobilidade também trouxe um novo fenômeno curioso: o colapso ou a implosão do horizonte temporal na tela plana do presente. Hoje, podemos falar adequadamente sobre uma simultaneidade do mundo; tudo está, ao mesmo tempo, presente em nossa consciência. David Harvey escreve em 1989 sobre a "compressão tempo-espaço" e propõe: "Quero sugerir que temos vivenciado, nas últimas duas décadas, uma intensa fase de compressão tempo-espaço que teve um impacto desorientador e disruptivo sobre a prática político-econômica e o equilíbrio da luta de classes, bem como sobre a vida cultural e social".[48] Esse processo de compressão certamente

---

[45] Marcel Proust, *In Search of Lost Time: The Captive, the Fugitive*. London: Random House, 1996, p. 637.

[46] Veja, por exemplo, David Harvey. *The Condition of Postmodernity*. Cambridge, MA, e Oxford: Blackwell Publishers, 1992; Fredric Jameson, "Postmodernism, or the Cultural Logic of Late Capitalism", *in* New Left Review n. 146, p. 53–92; e Daniel Bell, *The Cultural Contradictions of Capitalism*. New York: Basic Books, 1978.

[47] Daniel Bell, como citado em Harvey. *Op. cit.*, p. 201.

[48] Harvey. *Op. cit.*, p. 284.

continuou intenso e acelerou ao longo das duas décadas desde que Harvey expôs suas ideias.

Fazendo o mundo – espaço, lugar e tempo na arquitetura: desterritorialização e nostalgia na era da mobilidade (2012)

Nesse processo de compressão tempo-espaço, o tempo tem perdido sua profundidade experiencial, sua plasticidade, poderíamos dizer. Esse colapso é resultado de uma aceleração incrível do tempo no mundo contemporâneo. A velocidade é o produto mais seminal da atual fase da cultura industrial; o mundo industrial não está produzindo principalmente produtos e serviços, e sim acelerando o consumo e o esquecimento.

Esquecimento

→ *a obra de arte é...; conhecimento e pensamento corporificados; memória corporificada; mãos inteligentes*

Juhani Pallasmaa, *As mãos inteligentes: a sabedoria existencial e corporalizada na arquitetura*, **Porto Alegre: Bookman Editora, 2013, 147–149**

Talvez ainda mais interessante do que a correlação entre teoria e arquitetura sejam a distância, a tensão e a interação dialética entre um ponto de partida teórico e uma exploração criativa. Surpreendentemente, Tadao Ando expressou o desejo de uma oposição semelhante entre funcionalidade e inutilidade: "Acredito em retirar a arquitetura da função após garantir a observação da base funcional. Em outras palavras, gosto de ver até onde a arquitetura pode ir atrás da função e, depois de ter sido feita a busca, ver até onde a arquitetura pode ser removida da função. O significado da arquitetura encontra-se na distância entre ela e a função".[49]

Em qualquer campo de criação, o processo de desaprendizado é tão importante quanto o aprendizado, o esquecimento é tão importante quanto a lembrança, a incerteza é tão importante quanto a certeza. Gaston Bachelard, por exemplo, escreve sobre o valor de esquecer o conhecimento: "O conhecimento deve (...) ser acompanhado por uma capacidade igual de esquecer o conhecimento. O não saber não é uma forma de ignorância, e sim uma difícil transcendência do conhecimento. Esse é o preço a ser pago para que uma obra sempre

---

[49] Tadao Ando, "The emotionally made architectural spaces of Tadao Ando", como citado em Kenneth Frampton, "The work of Tadao Ando", in *GA Architects 8: Tadao Ando*, Tokyo, ADA Edita, 1987, p. 11.

seja uma espécie de começo puro, o que faz de sua criação um exercício de liberdade".⁵⁰ O conhecimento torna-se útil para um esforço de criação quando é esquecido após se tornar um ingrediente do corpo e da personalidade de alguém. O momento de olhar para o mundo ou para uma tarefa específica como se não tivessem sido encontrados antes, é o instante criativo e o estado de espírito.

No ato de criação artística, é necessário suprimir ou esquecer completamente a consciência teórica ou intelectual. Sendo mais preciso, apenas o conhecimento corporificado desvinculado da atenção consciente parece ser útil na obra de criação artística. Jorge Luis Borges faz um comentário provocativo sobre sua própria prática profissional: "Quando escrevo alguma coisa, tento não a entender. Não acho que a inteligência tenha muito a ver com a obra de um escritor. Acho que um dos pecados da literatura moderna é ser muito preocupada consigo própria".⁵¹ Até mesmo na simples ação de andar de bicicleta, o conhecimento teórico de como o veículo é mantido em pé é suprimido quando a ação é realizada inconscientemente por meio da memória corporal; se você tentar pensar o que realmente acontece teórica e factualmente no equilíbrio dinâmico e complexo de andar de bicicleta, você correrá imediatamente o risco de cair. Moshé Feldenkrais conclui: "A execução de uma ação não prova que sabemos, mesmo superficialmente, o que estamos fazendo ou como o estamos fazendo. Se tentarmos realizar uma ação com consciência – isto é, segui-la detalhadamente – logo descobrimos que mesmo as ações mais simples e comuns, como levantar-se de uma cadeira, são um mistério e não temos ideia alguma de como elas são feitas".⁵²

O poeta, escultor ou arquiteto trabalha por meio de todo o seu ser físico e mental, e não principalmente por meio do intelecto, da teoria ou de habilidades profissionais adquiridas. Na verdade, o que foi aprendido precisa ser esquecido para ser útil. "Em meu trabalho, nunca me serviram para nada as coisas que eu sabia antes de começar um novo projeto de arte", me disse certa vez em uma conversa o grande escultor basco Eduardo Chillida.⁵³

Estetização

→ *fundamentalismo; olhos; experiência tem uma essência multissensorial; novidade*

---

[50] Gaston Bachelard, "Introduction", in Id., *The Poetics of Space*, Boston, MA, Beacon Press, 1969, p. XXIX.

[51] Jorge Luis Borges, This Craft of Verse, Cambridge, MA, Harvard University Press, 2000, p. 118.

[52] Moshé Feldenkrais, *Awareness Through Movement*, New York, Harper & Row 1977, p. 46, como citado em Frank R Wilson, *The Hand: How Its Use Shape the Brain, Language, and Human Culture*, New York, Pantheon Books, 1998, p. 242.

[53] Conversa privada em um jantar entre Chillida e o autor, em Helsinque, em 1987.

A sabedoria existencial: fusão do espaço arquitetônico e mental (2008)

Em nossa era materialista e digital, os edifícios são considerados objetos esteticizados e julgados principalmente por suas características visuais. De fato, a dominância da visão nunca foi tão forte quanto na atual era do olho tecnologicamente expandido e do imaginário visual produzido em massa pela indústria, a "chuva interminável de imagens",[54] como Ítalo Calvino descreve apropriadamente a condição cultural contemporânea. Na cultura da mídia atual, a arquitetura foi transformada em uma forma de arte de imagem e satisfação instantânea. O rápido triunfo dos métodos de desenho e projeto computadorizados sobre o desenho à mão e o envolvimento total do corpo no processo de projeto trouxeram mais um nível de distanciamento da corporificação e do contato sensorial imediato.

A cultura consumista de hoje tem uma atitude claramente dualista em relação aos sentidos e à existência humana corporificada em geral. Por um lado, o fato fundamental de que, experiencialmente, existimos no mundo por meio dos sentidos e dos processos cognitivos é negligenciado nas visões consagradas da condição humana. Esta atitude também é refletida diretamente nas filosofias da educação, bem como nas práticas da vida cotidiana; em nosso culto à beleza física, força e virilidade, vivemos vidas cada vez mais desprovidas de corpo. Por outro lado, nossa cultura desenvolveu um culto obsessivamente estetizado e erotizado do corpo, e somos cada vez mais manipulados e explorados por meio de nossos sentidos. O corpo é visto como o meio de identidade e autoapresentação, e também como um instrumento de atração social e sexual. O capitalismo consumista atual desenvolveu uma "nova tecnocracia da sensualidade" e estratégias astutas de "*marketing* multissensorial" com o objetivo de sedução sensorial e diferenciação de produtos. Esta manipulação comercial dos sentidos visa criar um estado de "hiperestesia" no consumidor.[55] Aromatizantes artificiais são adicionados a todos os tipos de produtos e espaços, enquanto a música ambiente condiciona o humor do comprador. Sem dúvida, entramos em uma era de sensações manipuladas e marcadas. A arquitetura de assinatura, visando criar imagens visuais atraentes, reconhecíveis e memoráveis, ou marcas registradas de arquitetura, também é um exemplo de exploração sensorial, a tentativa de "colonizar canalizando o 'espaço mental' do consumidor".[56]

Estamos vivendo em uma era de estetização sem que tenhamos consciência disso. Hoje tudo é estetizado: produtos de consumo, personalidade e comporta-

---

[54] Italo Calvino, *Six Memos for the Next Millennium*, New York, Vintage Books, 1988, p. 57.

[55] Veja David Howes, "Hyperesthesia, or The Sensual Logic of Late Capitalism", *in Id.* editor, *Empire of the Senses*, Oxford and New York, Berg Publishers, 2005, p. 281–303.

[56] *Ibid.*, 288.

mento, política e, no fim das contas, até mesmo a guerra. As características formais e estéticas na arquitetura também substituíram critérios funcionais, culturais e existenciais. A aparência das coisas é mais importante que sua essência. Um apelo superficial estetizado tem deslocado o significado e a importância social. O idealismo social e a compaixão que deram ao modernismo seu senso de otimismo e empatia frequentemente foram substituídos por uma retórica formalista da retina. A falta de ideais, visões e compaixão é igualmente clara na política pragmática e egoísta de hoje.

Evocatividade

→ *amplificadores de emoções; eco emocional; emoções; fenomenologia da arquitetura*

Espaço vivenciado na arquitetura e no cinema (2008)

Uma poderosa experiência de arquitetura também clama nossa atenção para fora de si mesma. O valor artístico de grandes obras de arquitetura não está em sua existência material ou essência estética, e sim nas imagens e emoções que evocam no observador. Uma grande edificação nos faz experienciar a gravidade, o tempo e, em última análise, nós mesmos, de uma maneira reforçada e significativa. Uma experiência de arquitetura positiva é basicamente uma experiência reforçada da individualidade que nos coloca convincente e confortavelmente no *continuum* da cultura, e nos permite entender o passado e acreditar no futuro.

Existência corporificada

→ *conhecimento e pensamento corporificado; experiência tem uma essência multissensorial; compreensão corporificada*

Sabedoria corporificada e existencial na arquitetura (2009)

A cultura de consumo ocidental continua a projetar uma atitude dualista em relação ao corpo humano. Por um lado, temos um culto do corpo obsessivamente estetizado e erotizado, mas, por outro, a inteligência e a capacidade de criação são igualmente celebradas como totalmente separadas, ou até mesmo como características individuais exclusivas. Em ambos os casos, o corpo e a mente são entendidos como entidades desvinculadas, ou mesmo conflitantes e excludentes, que não constituem uma unidade integrada. Essa separação é refletida na divisão rígida das atividades humanas e do trabalho em categorias físicas e intelectuais. O corpo é considerado como o meio de identidade e apresentação de si, bem como instrumento de apelo social e sexual, mas sua importância é vista apenas em sua essência física e fisiológica, e é completamente subvalorizada e negligenciada como a própria base da existência e conhecimento corporificados e da compreensão completa da condição humana.

O psicólogo Howard Gardner promoveu a ideia de inteligências múltiplas e sugere que existem sete categorias de inteligência humana: *inteligência linguística, lógico-matemática, musical, corporal-cinestésica, espacial, interpessoal* e *intrapessoal*. Em seus textos posteriores, ele considerou três categorias adicionais de inteligência: *naturalista, espiritual* e *existencial*, e ele até discute a possibilidade da categoria de *inteligência moral*.[57] Além disso, outros escritores defenderam enfaticamente a existência de uma *inteligência emocional*. Portanto, a inteligência em si não é tão simples e uniforme como tendemos a pensar.

A divisão categórica de corpo e mente tem, é claro, sua base sólida na história da filosofia ocidental. Infelizmente, as pedagogias e práticas educacionais também continuam a separar as capacidades mentais, intelectuais e emocionais dos sentidos e das muitas dimensões da corporificação humana. As práticas educacionais geralmente oferecem algum grau de treinamento físico para o corpo, mas não reconhecem nossa essência fundamentalmente corporificada e holística. O corpo é abordado nos esportes e na dança, por exemplo, e os sentidos são reconhecidos diretamente em conexão com o ensino da arte e da música, mas nossa existência corporificada raramente é identificada como a própria base da nossa interação e integração com o mundo, ou da nossa consciência e compreensão de nós mesmos. O treinamento das mãos é oferecido em cursos que ensinam habilidades elementares nas artes manuais, mas o papel integral da mão na evolução e nas diferentes manifestações da inteligência humana não é reconhecido.

Experiência tem uma essência multissensorial (A)

→ *fusão do eu com o mundo; tatilidade; cheiros; som; sinestesia; tatilidade e materialidade da luz; toque; visão não focada*

A sensualidade da matéria: imaginação material, tatilidade e tempo (2012)

Embora a arquitetura tenha sido, e continue sendo, vista principalmente como uma disciplina visual, espaços, lugares e edifícios são abordados como experiências multissensoriais.

---

[57] Howard Gardner, *Intelligence Reframed: Multiple Intelligences for the 21st Century*, New York, Basic Books, 1999, p. 41–43, p. 47, 66.

Tocando o mundo: espaço vivenciado, visão e tatilidade (2007)

Uma obra de arquitetura não é experienciada como uma série de imagens da retina isoladas; ela é vivida em toda a sua essência material, corporificada e espiritual integradas. Ela oferece formas e superfícies prazerosas moldadas para o toque do olho, mas também corporifica e integra estruturas físicas e mentais, dando à nossa experiência existencial de ser coerência e significado reforçados. Um edifício excepcional aprimora e articula nossa compreensão de gravidade, horizontalidade e verticalidade, dimensões de acima e abaixo, materialidade e enigma da luz e do silêncio.

A sensualidade da matéria: imaginação material, tatilidade e tempo (2012)

Em vez de ver um edifício apenas como uma imagem da retina, o confrontamos com todos os nossos sentidos ao mesmo tempo, e o vivenciamos como parte do nosso mundo existencial, e não como um objeto de contemplação fora de nós mesmos. Merleau-Ponty destaca a integração essencial dos reinos sensoriais: "Minha percepção não é uma soma de dados visuais, táteis e auditivos: percebo de forma total com o meu ser inteiro: compreendo uma única estrutura da coisa, uma única forma de ser, que fala a todos os meus sentidos ao mesmo tempo".[58] Gaston Bachelard chama essa interação sensorial fundida de "polifonia dos sentidos".[59] Nossos edifícios compartilham a "carne do mundo" com nós mesmos. Cada edifício tem suas características auditivas, táteis, olfativas e até gustativas que dão à percepção visual seu senso de plenitude e vida da mesma maneira que uma grande obra de pintura projeta sensações de uma completa vida sensual. Basta pensar nas sensações de uma brisa quente e úmida, de sons alegres e cheiros de plantas e algas transmitidos magistralmente pela pintura de Henri Matisse de uma janela aberta em Nice.

Bernard Berenson, ao desenvolver a noção de "potencializadora de vida" de Goethe, sugeriu que, ao vivenciar uma obra de arte, imaginamos um encontro físico genuíno por meio de "sensações ideadas". A mais importante dessas, Berenson chamou de "valores táteis". Para ele, a obra de arte autêntica estimula nossas sensações ideadas de tato, e esse estímulo intensifica a vida.[60] Obras de arquitetura genuínas, em minha opinião, também evocam sensações multissensoriais semelhantes que melhoram nossa experiência do mundo e de nós mesmos. Embora eu atualmente acredite que as sensações de tato, temperatura,

---

[58] Maurice Merleau-Ponty, "The Film and the New Psychology", in id., *Sense and Non-Sense*, op. cit., p. 48.

[59] Gaston Bachelard, *The Poetics of Rêverie*, Boston, MA, Beacon Press, 1971, p. 6.

[60] Bernard Berenson, como citado em Ashley Montagu, *Touching: The Human Significance of the Skin*, New York, Harper & Row, 1986, p. 308–309.

peso, umidade, cheiro e movimento em imagens visuais são tão reais quanto o próprio percepto visual, entendo que a essência multissensorial da experiência artística, sugerida por Berenson, é absolutamente essencial, porém negligenciada na análise de obras de arte e arquitetura e em seu ensino.

Experiências relacionais

→ *condensando; reconciliando*

Arquitetura como experiência: significado existencial na arquitetura (2018)

Sugiro que a experiência da arte é como um fenômeno relacional entre o objeto poético e a mente experiencial. A experiência atmosférica é um fenômeno "difícil", porque é uma experiência relacional, e não um objeto ou "coisa" definível, nomeável ou mensurável. É um "quase coisa" como sugere Tonino Griffero em seu recente livro *Quasi-Things: The Paradigm of Atmospheres*.[61] Ela também surge das relações e interações de inúmeros fatores irreconciliáveis, como escala, materialidade, tato, iluminação, temperatura, umidade, som, cor, cheiro etc., que juntos constituem a "atmosfera", ou, na verdade, nossa experiência dela. Devemos aqui confessar que todas as experiências de arte e poesia são similarmente experiências relacionais, e que suas essências, significados e características emocionais surgem de uma interação dinâmica de inúmeros fatores e características com o sistema neural humano e a consciência, para constituir uma experiência. Além disso, a experiência poética e artística sempre ativa nossas memórias coletivas e biológicas mais profundas. Nossas experiências ecoam com nossas histórias pessoais e humanas.

Está surgindo um interesse nos fenômenos de atmosferas, ambientes, sentimentos, estados de espírito e sintonias, bem como na compreensão da natureza multissensorial e simultânea da percepção. Esse novo interesse por experiências está mudando as pesquisas, de formato e de estruturas formais para experiências emotivas e dinâmicas e para processos mentais, e de formato para processos de transformação. É evidente que, quando o foco muda da realidade física e da forma para a realidade mental e emoção, a metodologia do estudo também está destinada a mudar. No estudo da essência experiencial da arte e da arquitetura, são necessárias abordagens filosóficas relevantes, bem como a compreensão e intuição dos fenômenos perceptuais e mentais, memória, imaginação e emoção. Para compreender a experiência humana, devemos nos deslocar dos processos quase científicos de medição para a coragem e o desejo de viver e confrontar diretamente a arquitetura por meio de nosso próprio ato de viver.

---

[61] Tonino Griffero. *Quasi-Things: the Paradigm of Atmospheres*. New York: Suny Press, 2017.

F

Falta de profundidade

→ *museu dos tempos; agora; paisagem física e mental*

A falta de abrigo existencial: desterritorialização e nostalgia na era da mobilidade (2006)

Os filósofos pós-modernos apontam uma "falta de profundidade" distinta como uma característica da arte de hoje, e não temos como discordar com a descrição triste de Charles Newman sobre o romance norte-americano atual: "O problema é que um senso de diminuição de controle, a perda de autonomia individual e a impotência generalizada, nunca foi tão instantaneamente reconhecido em nossa literatura – os personagens mais monótonos possíveis, nas paisagens mais monótonas possíveis apresentados na mais monótona dicção possível. A premissa parece ser que os Estados Unidos são um vasto deserto fibroso no qual algumas necessidades lacônicas conseguem brotar nas rachaduras".[1] Em minha opinião, a mesma monotonia e falta de profundidade épica caracteriza as principais correntes das outras formas de arte, incluindo a arquitetura.

Fenomenologia da arquitetura

→ *encontro com a arquitetura; evocatividade; experiência tem uma essência multissensorial*

Juhani Pallasmaa, *Encounters*, Helsinki: Rakennustieto Oy, 2005, 90–92

Como arquitetos, não projetamos edifícios principalmente como objetos físicos; projetamos com relação às imagens e emoções das pessoas que vivem neles. "Mas todos esses dispositivos delicados para a permanência do edifício eram nada perto daqueles que ele empregou quando elaborou as emoções e vibrações

---

[1] David Harvey, *The Condition of Postmodernity*, Cambridge, Blackwell, 1992, p. 58.

da alma do futuro contemplador de sua obra", escreve Paul Valéry em seu magnífico diálogo *Eupalinos, or the Architect*.[2] Assim, o efeito da arquitetura surge de imagens e emoções básicas, mais ou menos compartilhadas, conectadas com o edifício.

A análise fenomenológica examina respostas básicas e, nos últimos anos, seu método se tornou uma forma comum de examinar a arquitetura. Uma abordagem filosófica inicialmente ligada aos nomes dos filósofos Edmund Husserl e Martin Heidegger, a fenomenologia é introspectiva por natureza, em contraste com o desejo de objetividade do ponto de vista positivista. A fenomenologia busca retratar fenômenos que atraem diretamente a consciência, sem teorias e categorias retiradas das ciências naturais ou da psicologia. Isso significa examinar um fenômeno da consciência em sua própria dimensão de consciência. Isso, usando o conceito de Husserl, significa "um olhar puro" para o fenômeno ou "visualizar sua essência".[3] A fenomenologia é uma abordagem teórica pura para a pesquisa, no sentido original da palavra grega *theoria*, que significa exatamente "um olhar".

A fenomenologia da arquitetura é, portanto, "olhar" para a arquitetura dentro da consciência, experimentando-a por meio do sentimento arquitetônico, em contraste com a análise das proporções e propriedades físicas do edifício ou um referencial estilístico. O fenômeno da arquitetura busca a linguagem interna da edificação.

Há, em geral, grande suspeita sobre uma abordagem introspectiva à arte, pois acredita-se que ela carece de objetividade. Mas as pessoas parecem não exigir o mesmo tipo de objetividade no trabalho de criação do artista. Uma obra de arte só é uma realidade quando é vivenciada, e vivenciar uma obra de arte significa recriar sua dimensão de sentimento.

Uma das mais importantes matérias-primas da fenomenologia da arquitetura são nossas memórias de infância. Temos o costume de pensar nas memórias de infância como um produto da capacidade de memória exata e consciência ingênua da criança, algo com grande apelo emocional, mas pouco valor real, assim como nossos sonhos. Essas duas ideias pré-concebidas estão erradas. Sem dúvida, o fato de certas memórias primitivas manterem sua identificação pessoal e força emocional ao longo das nossas vidas é prova convincente da importância e autenticidade dessas experiências, assim como nossos sonhos e devaneios revelam os conteúdos mais reais e espontâneos de nossas mentes.

---

[2] Paul Valéry, *Dialogues*, New York: Harper & Row, 1965, p. 74.
[3] Edmund Husserl, *The Crisis of European Science and Transcendental Phenomenology*. Evanston, IL: Northwestern University Press, 1970; *Id.*, *Phenomenology and the Crisis Philosophy*, New York: Pantheon Books, 1956, p. 74.

Em um ensaio sem título e inacabado, provavelmente escrito em 1925, Alvar Aalto descreve meninos escolhendo seus doces pela cor e pelo formato da embalagem, enquanto os adultos escolhiam "doces de tipo turístico", com imagens de castelos e vilarejos. Ele argumenta que os meninos agiram por um instinto de beleza, enquanto as escolhas dos adultos eram intencionais. "Quase ninguém discordaria de que a alegria instintiva é a resposta a uma experiência estética. Está relacionada a toda atividade intuitiva, alegria da criação e alegria do trabalho. Infelizmente, o homem moderno, em especial o homem ocidental, está tão profundamente influenciado pela análise metódica que sua visão natural e receptividade imediata foram muito enfraquecidas".[4]

A tarefa da fenomenologia da arquitetura é investigar a consciência natural e inocente observada por Aalto.

Espaço vivenciado na arquitetura e no cinema (2008)

"Todos os poetas e pintores são fenomenologistas natos", afirma J. H. van den Berg.[5] A abordagem fenomenológica do artista implica um olhar puro para a essência das coisas, livre de convenções ou explicações intelectualizadas. Todos os artistas, incluindo diretores de cinema, são fenomenologistas, no sentido de que apresentam as coisas como se fossem objetos de observação humana pela primeira vez. A poesia leva o leitor de volta a uma realidade oral em que as palavras ainda buscam seus significados. A arquitetura remitologiza o espaço e devolve sua essência panteísta e animista. A arte articula a superfície limiar entre a mente humana e o mundo. "Como o pintor ou poeta expressaria algo além de seu encontro com o mundo?",[6] escreve Maurice Merleau-Ponty. Como o arquiteto ou diretor de cinema fariam de outra maneira? – podemos nos perguntar.

Temos que reconhecer que todos os artistas – escritores, pintores, fotógrafos, dançarinos – adentram, sem saber, o território da arquitetura enquanto criam os contextos dos eventos que estão retratando e definem a sua ambientação. No excelente livro *Dwelling in the Text*, Marilyn R. Chandler investiga as maneiras como os escritores norte-americanos evocam imagens de arquitetura e as utilizam como

---

[4] Alvar Aalto, manuscrito sem data, *in* Göran Schildt, *Alvar Aalto: The Early Years*. New York: Rizzoli International Publications, 1984, p. 193.

[5] Gaston Bachelard, *The Poetics of Space*, Boston: Beacon Press, 1969, p. XXIV. A sentença original é de J. H. van den Berg. *The Phenomenological Approach in Psychology*, Springfield, IL: Charles C. Thomas, 1955, p. 61.

[6] Maurice Merleau-Ponty, "Signs", como citado em Richard Kearney, "Maurice Merleau-Ponty", *in id. Modern Movements in European Philosophy: Phenomenology, Critical Theory, Structuralism*. Manchester and New York: Manchester University Press, 1994, p. 82.

metáforas para o caráter humano em seus textos.[7] Essas cenas urbanas, prédios e recintos projetados pelos artistas são experiencialmente reais. "Ele [o pintor] as faz [casas], ou seja, ele cria uma casa imaginária na tela, e não um símbolo de uma casa. E a casa que assim aparece preserva toda a ambiguidade das casas reais",[8] como afirma Jean-Paul Sartre com perspicácia. Esse realismo experiencial também é verdadeiro em relação as casas e espaços cinematográficos.

Um grande escritor transforma em arquiteto seu leitor, que se mantém construindo recintos, prédios e cidades inteiras em sua imaginação à medida que a história progride. *Crime and Punishment* (Crime e castigo), de Fiódor Dostoiévski, faz o leitor construir o sombrio cômodo do aterrorizante assassinato duplo de Raskolnikov e, por fim, as intermináveis ampliações de São Petersburgo. O leitor constrói os espaços e edificações da obra-prima literária de Dostoiévski nas cavidades de sua própria mente. Essas imagens de lugares, criadas pelo leitor, não são imagens fotográficas e desacopladas, são experiências de espaços existenciais e vivenciados. São imagens mentais e corporificadas, metáforas vividas, não imagens retinianas. Esses recintos têm sua temperatura e seu odor específicos, podemos sentir a textura e o eco destes pisos e paredes. Esses espaços têm sua iluminação e sombras únicas. O mesmo se aplica aos espaços cinematográficos.

A cidade é um fenômeno que ultrapassa toda a nossa capacidade de descrição, representação e registro, e, consequentemente, é sempre infinita em experiências. Uma rua em um filme não termina na borda da tela; ela se expande ao redor do observador como uma rede de ruas, edifícios e situações de vida. Esta ativação da imaginação é a função inestimável da literatura e de todas as artes, oposta às imagens produzidas pela indústria da consciência de hoje, que são experienciadas passiva e externamente como imagens fixas. As imagens poéticas projetam uma força aberta e emancipatória que reforça nosso senso individual. No final de *Além das nuvens* (1994), o último filme de Michelangelo Antonioni, o protagonista, um fotógrafo, comenta sobre a riqueza interminável das imagens poéticas: "Mas sabemos que, por trás de cada imagem revelada, há outra imagem mais fiel à realidade, e atrás daquela imagem há outra, e ainda outra atrás da última, e assim por diante, até a imagem verdadeira da realidade absoluta e misteriosa que ninguém jamais verá".

---

[7] Marilyn R. Chandler explora "as maneiras pelas quais (...) os escritores têm se apropriado das casas como metáforas estruturais, psicológicas, metafísicas e literárias, construindo analogias complexas entre a casa e a psique, a casa e a estrutura familiar, a casa e o meio social, a casa e o texto. (...) Os escritores norte-americanos, em geral, têm retratado as edificações que um indivíduo habita como tendo uma relação direta ou similitude com a estrutura de sua psique e vida interior, constituindo-se em uma manifestação concreta de valores específicos", em Marilyn R Chandler, *Dwelling in the Text: Houses in American Fiction*: Berkeley-Los Angeles-Oxford: University of California Press, 1991, p. 3–10.

[8] Jean-Paul Sartre. *What is Literature?*, Gloucester, MA: Peter Smith, 1978, p. 4.

Filosofia na carne

→ *existência corporificada; conhecimento corporificado e pensamento; memória corporificada; fusão da individualidade com o mundo; microcosmos*

Sabedoria corporificada e existencial na arquitetura (2009)

Em seu instigante livro *Philosophy in the Flesh*, George Lakoff e Mark Johnson destacam que até mesmo atos e escolhas cotidianas exigem compreensão filosófica; precisamos ser capazes de compreender nossas próprias vidas em todas as incontáveis situações que enfrentamos constantemente na vida. Dizem os filósofos: "Viver uma vida humana é um esforço filosófico. Todo pensamento que temos, toda decisão que tomamos e todo ato que realizamos baseia-se em suposições filosóficas tão numerosas que não seríamos capazes de listar todas. (...) Embora tenhamos consciência disso apenas ocasionalmente, somos todos metafísicos – não no sentido de uma torre de marfim, e sim como parte da nossa capacidade cotidiana de dar sentido à nossa experiência. É por meio de nossos sistemas conceituais que somos capazes de dar sentido à vida cotidiana, e nossa metafísica cotidiana está corporificada nesses sistemas conceituais".[9]

Aprender uma habilidade se baseia, principalmente, não em um ensino verbal, e sim na transferência da habilidade muscular do professor de forma direta para os músculos do aprendiz mediante o ato da percepção sensorial e da mimese corporal. Aqui, gostaria de lembrar das origens da escultura grega. Esta capacidade de aprendizado mimético é atualmente atribuída aos neurônios-espelho humanos.[10] Esses neurônios nos fazem imitar o que sentimos ao nosso redor; é por isso que bocejar é contagioso socialmente, por exemplo. O mesmo princípio de corporificar – ou introjetar, usando uma noção da teoria psicanalítica – conhecimento e habilidade continua sendo o núcleo do aprendizado artístico. Na minha opinião, a principal habilidade do arquiteto é, da mesma maneira, transformar a essência multidimensional da tarefa de projetar em sensações e imagens vividas e corporificadas; em última análise, a personalidade e o corpo inteiros do projetista tornam-se o local da tarefa de projetar, e a tarefa é vivida em vez de compreendida. Ideias de arquitetura surgem "biologicamente" a partir do conhecimento existencial não conceitualizado e vivenciado, em vez de puramente a partir de análises e intelecto. Se minhas suposições que gradualmente surgiram ao longo de quase metade de um século de prática de projeto pessoal e quatro décadas de ensino estiverem corretas, é óbvio que o enfoque intelectualizado do ensino da arquitetura de hoje é equivocado.

---

[9] George Lakoff, Mark Johnson. *Philosophy in the Flesh: the Embodied Mind and its Challenge to Western Thought*. New York: Basic Books, 1999, p. 9, 10.

[10] Gordy Slack. "Found the Source of human empathy", *in New Scientist*, vol. 196, n. 2692, 10.11.2007, p. 12.

Os problemas da arquitetura são, de fato, demasiado complexos e profundamente existenciais para serem tratados de maneira meramente conceitual e racional. Ideias profundas ou respostas na arquitetura também não são invenções individuais *ex nihilo*; elas estão inseridas na realidade vivida da tarefa em si e nas tradições antigas do ofício. Milan Kundera escreve sobre "a sabedoria do romance" e argumenta que todos os escritores talentosos colaboram com essa sabedoria historicamente acumulada.[11] Há, sem dúvida, uma "sabedoria da arquitetura" semelhante, com a qual precisamos nos reconhecer e colaborar. A significância da tradição é apontada de forma instigante pelo filósofo catalão Eugeni d'Ors em sua afirmação paradoxal: "Tudo que está fora da tradição é plágio".[12] O papel desta compreensão fundamental, inconsciente, situacional e tácita do corpo na criação da arquitetura é subestimado na atual cultura de quase racionalidade e arrogante autoconsciência.

Generosidade, humildade e expressão artística: senso de realidade e idealização na arquitetura (2007)

Durante as últimas décadas, raramente dei palestras sobre qualquer tema sem exibir uma imagem das naturezas-mortas de Giorgio Morandi. Esse pintor nunca ultrapassou as fronteiras de sua cidade natal, Bolonha, mas conseguiu condensar todo o nosso mistério existencial nessas obras metafísicas. Suas pinturas minuciosas de algumas garrafas e copos em uma mesa são profundas meditações sobre as questões fundamentais de ser. Elas são, na verdade, semelhantes ao *Being and Time*, de Martin Heidegger; mas a filosofia da pintura, da poesia e da arquitetura são fundamentalmente intraduzíveis em conceitos e construções verbais. Elas são "uma filosofia na carne", para parafrasear o título do instigante livro de Mark Johnson e George Lakoff.[13]

Forma presente da arte

→ *a obra de arte é...; beleza; ideais; tarefas da arquitetura; tarefas da arte*

O espaço do tempo: tempo mental na arquitetura (2007)

"Quando se escreve poesia, o público mais imediato não são os contemporâneos, muito menos a posteridade, e sim os antecessores", confessa Brodsky.[14]

---

[11] Milan Kundera. *Romaanin taide* (The Art of the Novel). Helsinki, Werner Söderström Oy, 1986, 165.

[12] Igor Stravinsky cita a afirmação de d'Ors em *Musiikin poetiikka* (Poétique musicale), Helsinki, Otava, 1968, p. 59, sem dar os créditos ao filósofo catalão. Luis Buñuel também cita a sentença em *Viimeinen henkäykseni* (Mon dernier soupir). Helsinki, Otava, 1983, p. 86–87, oferece, contudo, a fonte apropriada.

[13] Johnson, Lakoff, *op. cit.*

[14] Joseph Brodsky, *On Grief and Reason*, New York: Farrar, Strauss and Giroux, 1995, p. 439.

Nenhuma obra criativa autêntica ocorre em um ponto zero cultural ou mental ou no vácuo: a obra criativa ocorre no *continuum* e nas tradições da cultura, em constante diálogo com os grandes antecessores do indivíduo. O artista sábio busca conselhos e aprovação entre os mortos, não entre os contemporâneos; também não procura agradar ao leitor, observador ou habitante futuro. Consequentemente, o passado, a profundidade do tempo é a dimensão mental real do trabalho artístico. "Em seu desejo de perfeição, cada obra de arte deve, desde o momento de sua finalização, descer a escada dos milênios com extrema paciência e cautela e encontrar, se possível, a noite imemorial dos mortos, para que os mortos se reconheçam na obra", escreveu Jean Genet.[15] Em vez de aspirar por fantasias futuristas, o artista busca recapturar a consciência indiferenciada da criança e a singularidade da existência humana. O artista defende a historicidade do ser humano e deseja se fundir novamente com o mundo.

A mágica da arte é exatamente sua desconsideração do elemento do tempo progressivo, causal ou linear. Todas as obras de arte excepcionais superam o abismo do tempo e nos falam no presente. "Um artista vale mil séculos", como escreve Valéry.[16] Uma pintura rupestre da era da pedra enfrenta nossos olhos e mente com a mesma intensidade de vida e atualidade de qualquer obra de nosso tempo. Isso acontece exatamente porque o tempo como cronologia ou causalidade é sem sentido na arte. A arte é fundamentalmente uma expressão existencial que faz com que o observador confronte sua própria existência com seus sentidos sensibilizados e sua coragem aumentada.

Em vez de estar interessada na contemporaneidade, a arte é guiada por uma aspiração a um ideal, um modo ideal de consciência e de ser. Esse desejo pelo ideal não é uma saudade sentimental; é uma busca por um mundo experiencialmente singular, onde a oposição de objeto e sujeito desaparece, e esta é a esfera da beleza. Esta busca do artista é a fonte de profunda humildade e incerteza. Como escreve sabiamente Brodsky: "A incerteza, você sabe, é a mãe da beleza, aquela que tem como definição ser algo que não é seu".[17] A beleza não pode ser possuída; só pode ser encontrada. Da mesma maneira, o significado na arte não pode ser inventado; só pode ser redescoberto, reidentificado e rearticulado.

Fragmentos

→ *memória; microcosmos; ruínas*

---

[15] Jean Genet, *Giacomettin ateljeessa* [In Giacometti's Atelier], Helsinki: Kustannusosakeyhtiö Taide, 1987, p. 15. Tradução de Juhani Pallasmaa.

[16] Valéry, *op. cit.*, XIII.

[17] Joseph Brodsky, *Less Than One*, New York: Farrar, Straus & Giroux, 1997, p. 339.

Identidade, memória e imaginação: paisagens de recordação e sonho (2007)

Em seu romance *The Notebooks of Malte Laurids Brigge*, Rainer Maria Rilke faz um registro emocionante de uma memória distante de casa e identidade, que surge a partir de fragmentos da casa do avô na memória do protagonista: "Quando a resgato, ao lembrar de minhas memórias forjadas quando criança, ela não é um edifício completo: está toda despedaçada dentro de mim; aqui um recinto, lá outro, e aqui um corredor que não conecta esses dois cômodos, mas é preservado como fragmento por si só. Dessa maneira, está tudo disperso dentro de mim (...) tudo o que ainda está em mim e nunca deixará de estar em mim. É como se a imagem desta casa tivesse caído em mim de uma altura infinita e tivesse se espatifado contra o meu próprio solo".[18] A imagem lembrada surge aos poucos, peça por peça, a partir de fragmentos de memória, como uma pintura cubista emerge de motivos visuais desvinculados.

Já escrevi sobre minhas próprias memórias da humilde casa na fazenda de meu avô e destaquei que a casa da memória da minha infância é uma colagem de fragmentos, cheiros, condições de luz, sentimentos específicos de recinto e intimidade, mas raramente é uma lembrança visual precisa e completa. Meus olhos esqueceram o que uma vez viram, mas meu corpo ainda lembra.

Edifícios e seus vestígios sugerem histórias do destino humano, tanto reais quanto imaginárias. As ruínas nos estimulam a pensar nas vidas que já desapareceram e a imaginar o destino de seus usuários falecidos. Ruínas e espaços erodidos possuem um poder evocativo e emocional especial; eles nos forçam em direção à nostalgia e à imaginação. Incompletude e fragmentação possuem um poder evocativo especial. Em ilustrações medievais e pinturas renascentistas, espaços arquitetônicos são frequentemente retratados como apenas uma quina de uma parede ou uma abertura de janela, mas o fragmento isolado é suficiente para evocar a experiência de um ambiente construído completo. Este é o segredo da arte da colagem, mas também alguns arquitetos, como John Soane e Alvar Aalto, aproveitaram esse poder emocional do fragmento arquitetônico. A descrição de Rilke da imagem da vida que se teve em uma casa demolida, desencadeada pelos restos e manchas deixadas na parede compartilhada com a casa vizinha, é um registro impressionante do funcionamento da memória humana: "Mas o mais esquecível de tudo eram as paredes em si. A vida obstinada desses cômodos não se deixou pisotear. Ainda estava lá; ela se agarrava aos pregos que haviam sido deixados, estava na madeira do piso instalado à mão que ainda restava, estava agachada nas juntas de canto onde ainda havia um pouco

---

[18] Rilke, *op. cit.*, p. 30–31.

do interior. Via-se que estava na tinta que, ano após ano, havia lentamente mudado: de azul para verde mofado, de verde para cinza, e de amarelo para um branco velho e apodrecido".[19]

Espaço vivenciado na arquitetura e no cinema (2008)

O grande mistério do impacto da arte é que um fragmento é capaz de representar o todo. Uma simples dica ou pressentimento reivindica a autoridade e o poder experiencial da realidade, e fragmentos desconectados compõem uma história que possui um sentido de progressão lógica. O leitor constrói um edifício ou uma cidade a partir das sugestões do escritor, e o espectador de um filme cria uma época inteira a partir das imagens fragmentadas fornecidas pelo diretor.

Fundamentalismo

→ *arquitetura animal; experiência tem uma essência multissensorial; olhos; fenomenologia da arquitetura; brincar com formas; visão sem foco*

Juhani Pallasmaa, *Encounters*, Helsinque: Rakennustieto Oy, 2005, 88–89

A evolução da ciência moderna tem sido dominada pelos princípios do fundamentalismo e do reducionismo. Todo fenômeno assim considerado é dividido em seus elementos básicos e relações e é visto como a soma desses elementos. Os estágios pioneiros dessa linha de pensamento são representados pela classificação botânica de Carl von Linné, a classificação dos fenômenos químicos de Antoine-Laurent de Lavoisier e o sistema de arquitetura racionalizada de J. N. L. Durand.

A visão fundamentalista também tem sido dominante na teoria, ensino e prática de arte e de arquitetura. Ao mesmo tempo, essas artes foram reduzidas apenas a artes de uma sensibilidade visual. Na pedagogia de projeto e *design* da Bauhaus, a arquitetura é ensinada e analisada como um jogo com a forma, combinando vários elementos visuais de forma e espaço. Essa forma adquire um caráter, um que estimula nossos sentidos visuais por meio da dinâmica da percepção visual (como estudada pela psicologia perceptiva). Um edifício é considerado uma composição concreta composta por uma seleção de elementos básicos fornecidos. No entanto, tal composição já não está em contato com a realidade de qualquer experiência fora de si mesma, sem mencionar qualquer intenção de retratar e articular a esfera de nossa consciência.

---

[19] *Ibid.*, p. 47–48.

Pérez-Gómez escreve a esse respeito: "O conteúdo poético da realidade, o *a priori* do mundo, que é o marco final de referência para qualquer arquitetura verdadeiramente significativa, está oculto sob uma grossa camada de explicações formais".[20]

Mas uma obra de arte não é, na verdade, o oposto de toda a ideia fundamentalista? Sem dúvida, os significados de uma obra de arte nascem do todo, da imagem poética que integra as partes, e de forma alguma são simplesmente a soma dos elementos.

A análise da estrutura formal de uma obra de arquitetura não revela necessariamente a qualidade artística do edifício ou como ele produz seu efeito. Uma análise formal não consegue revelar a essência artística do prédio ou como é seu impacto. O Convento de La Tourette, de Le Corbusier, por exemplo, pode, é claro, ser analisado como uma edificação formal – e é esse tipo de análise que até agora vem sendo feita –, mas essa análise não revela as metáforas da tragédia básica da vida, o desejo simultâneo do homem de viver e morrer, alcançar o voo e permanecer conectado à terra, que são muito bem mediados pelo encontro com uma edificação. O edifício é, simultaneamente, uma caverna e uma aeronave. Uma análise formal também revela muito pouco do drama oculto, "a melancolia de um titã" – para usar a expressão de Kyösti Ålander sobre a força emocional de Michelangelo gravada nas paredes da Capela dos Médici.[21] No centro desse poder mitológico, a gravidade é mais densa do que no mundo cotidiano, e as estruturas metafóricas das paredes lutam contra a pressão do mundo externo em vez de contra as cargas estruturais normais. Somente as imagens mentais, associações, lembranças e sensações corporais disparadas pela obra conseguem mediar a mensagem artística da arquitetura. Uma obra de arte autêntica sempre força nossa consciência para fora de sua rota banal e a concentra na estrutura mais profunda da realidade.

Fusão do eu com o mundo

→ *arquitetura, realidade e individualidade;*
conhecimento corporificado e pensamento; empatia

Generosidade artística, humildade e expressão: senso de realidade e idealização na arquitetura (2007)

No texto que escreveu em memória de Herbert Read, em 1990, Salman Rushdie descreve o enfraquecimento da fronteira entre o eu e o mundo que acontece

---

[20] Alberto Pérez-Gómez, *Architecture and the Crisis of Modern Science*, Cambridge, MA, and London, The MIT Press, 1990, p. 6.

[21] Kyösti Ålander, *Rakennustaide renessanssista funktionalismiin* [Architecture from Renaissance to Functionalism], Porvoo-Helsinki, WSYO, 1954, p. 169.

nos fenômenos artísticos tanto nos processos de concepção quanto na experiência da obra: "a literatura é feita na fronteira entre o eu e o mundo, e, durante o ato de criação, essa fronteira se amacia, torna-se penetrável e permite que o mundo flua para o artista e o artista flua para o mundo".[22] A descrição do escritor aplica-se precisamente à produção da arquitetura: o arquiteto internaliza sua experiência existencial e seu senso de ser, corporifica os incontáveis parâmetros da tarefa de projeto, e essa fusão gradualmente dá origem a uma analogia arquitetônica da condição totalmente comprimida. "Escrever é literalmente um processo existencial", argumenta o poeta Joseph Brodsky,[23] e o mesmo deve ser dito tanto da concepção quanto da experiência da arquitetura. As obras de arquitetura vão além da estética visual em direção ao enigma da própria existência humana. As obras de arte e arquitetura surgem e existem em um estado mental de conscientização dividida ou, como escreve Sartre, em uma "consciência imaginária".[24] Uma conscientização existencial dá origem a uma imagem artística que não é simplesmente um produto de dedução intelectual, elaboração estética ou expressão emocional. Devemos dizer, em vez disso, que tudo é fundido em um imaginário mental corporificado, e, ao mesmo tempo, difuso, comprimido e fértil.

À medida que nos acomodamos em um espaço, permitimos que a fronteira entre nós mesmos e o espaço se suavize e fique sensibilizada. O espaço externo e o espaço interno, o físico e o mental, o real e o imaginário compõem um *continuum* indivisível, uma singularidade. "Eu sou o espaço onde eu estou", confessa o poeta Noël Arnaud.[25] Depois de 30 anos, ainda consigo lembrar vivamente a perda completa de minha individualidade isolada quando me identifiquei com o espaço, a matéria e o tempo do gigantesco e surpreendentemente silencioso peristilo do Templo de Karnak, em Luxor. Aquele espaço permanece em mim para sempre, e uma parte de mim ficou eternamente naquele espaço.

---

[22] Salman Rushdie, "Eikö mikään ole pyhää? [Isn't Anything Sacred?]", *in Parnasso* n. 1, 1996, p. 8.

[23] Joseph Brodsky, *Less Than One*, New York, Farrar Straus Giroux, 1986, p. 124.

[24] Como citado em Jean-Paul Sartre, *Basic Writings*, London and New York, Routledge, 2001, p. 291.

[25] Como citado em Bachelard, *op. cit.*, p. 137.

G

Generosidade

→ *amplificadores de emoções; emoções; empatia; fenomenologia da arquitetura*

Generosidade artística, humildade e expressão: senso de realidade e idealização na arquitetura (2007)

Nas últimas duas décadas, a abordagem fenomenológica tem sido aceita como uma das formas significativas de investigação da experiência da arquitetura, mas as ideias do filósofo existencialista e escritor Jean-Paul Sartre não são frequentemente discutidas no contexto da arquitetura. No entanto, descobri que os livros e ensaios de Sartre são muito estimulantes e surpreendentemente gentis e otimistas, considerando a reputação geral de seu pensamento existencialista. Livros como *Sketch for a Theory of the Emotions* (1939), *What is Literature?* (1948) e sua palestra improvisada *Existencialism & Humanism* (1945) são leituras instigantes para um arquiteto. Eles ajudam a destruir a visão realista e ingênua da arquitetura como uma habilidade profissional que serve apenas a fins práticos e econômicos por meio das técnicas de construção.

Sartre escreve sobre generosidade e confiança como relacionamentos necessários entre o escritor e seu leitor: "Ler é um exercício de generosidade, e o que o escritor requer do leitor não é a aplicação de uma liberdade abstrata, mas o dom de sua pessoa inteira, com suas paixões, pré-disposições, simpatias, temperamento sexual e escala de valores. Somente essa pessoa se dará com generosidade. (...) Ler é um pacto de generosidade entre autor e leitor. Cada um confia no outro; conta com as demandas do outro tanto quanto exige de si mesmo. Pois essa confiança, em si mesma, é generosidade".[1] Permita-me projetar a ideia de Sartre sobre a generosidade do escritor e a confiança mútua entre escritor e leitor para o campo da arquitetura. A relação entre o cliente, ou melhor, o usuário, e o arquiteto geralmente não é pensada em termos tão pessoais e íntimos. No entanto, o impacto arquitetônico também é uma questão

---

[1] Jean-Paul Sartre, "What is literature?", *in id.*, *Basic Writings*, London and New York, Routledge, 2001, p. 268, p. 271.

de generosidade e confiança. Podemos muito bem pensar na interação entre o cliente e o arquiteto durante o processo de projeto, mas geralmente consideramos os prédios como objetos autossuficientes lançados no mundo para serem encontrados anonimamente sem qualquer relacionamento íntimo entre o criador e o observador. Quando um prédio é finalizado, espera-se que ele navegue independentemente pelo tempo e pelo destino humano.

No entanto, ao nos depararmos com um edifício, como por exemplo, o Hospital dos Inocentes, de Brunelleschi, ou a Biblioteca Mediciea Laurenziana, de Michelangelo, nossa própria sensibilidade e intencionalidade encontram a sensibilidade existencial do arquiteto atravessando o abismo de meio milênio. Não estou sugerindo que os dois mestres da Renascença deixariam seus túmulos para se comunicar conosco; mas há um encontro, uma forma de tocar, no próprio sentido que Merleau-Ponty fala do encontro do pintor ou do poeta com o mundo. Encontramos a metáfora do mundo existencial do arquiteto, e esse imaginário inspira, delimita e fortalece nosso próprio encontro existencial com o nosso próprio mundo. Na generosidade da arquitetura, o projetista doa sua sensibilidade existencial, sua experiência de vida e sua sabedoria existencial ao usuário. O arquiteto segura a mão do usuário, digamos assim, e narra a situação existencial específica. Experienciar uma obra de arte é sempre fazer uma troca: a obra me empresta sua aura mágica, e eu empresto à obra meus sentimentos e emoções pessoais. A emancipação e a alegria que encontro no hospital de Brunelleschi e a melancolia curativa que confronto na biblioteca de Michelangelo são, ambas, reflexos de minha própria condição emocional. As obras de arquitetura criam estruturas e horizontes de percepção, experiência e significado, e, em última análise, confronto-me por meio da obra do outro. Isso é confiança e generosidade na arquitetura.

A reorientação mental causada por uma obra de arquitetura pode ser de fato surpreendente. Em 1995, tive a oportunidade de visitar a Casa Curutchet (1948–1955), de Le Corbusier, em La Plata, Argentina. Considerei a espacialidade corporificada da casa excepcionalmente comovente e poderosa. Ela está simultaneamente abaixo e acima do visitante, na frente e atrás dele, à sua esquerda e à sua direita. Abraça o usuário como um "berço",[2] para usar a metáfora de Gaston Bachelard para o abraço protetor da arquitetura. A casa de Le Corbusier marca o limite da cidade com vigor e estende a própria consciência com a do usuário em direção à vista aberta do parque adjacente e, por fim, ao mundo todo. Depois de ter retornado ao meu próprio país do outro lado do globo, notei que meus sentidos de gravidade e horizonte, de cima e de baixo, e das orientações cardeais haviam sido todos recalibrados por esta casa; uma obra de arquitetura moderna havia se tornado literalmente "um instrumento para con-

---

[2] Gaston Bachelard, *The Poetics of Space*, Boston, MA, Beacon Press, 1969, p. 7.

frontar o cosmo",³ como a famosa descrição de Bachelard do poder metafísico da arquitetura.

Portanto, a generosidade do escritor e do arquiteto reside no fato de que eles oferecem sua liberdade de imaginação, identidade e associação ao leitor e ao usuário. Sempre que entro na Villa Mairea (1938–1939), de Alvar Aalto, sou tocado e bem recebido pela edificação; ela promete cuidar de mim. Uma obra de arte é sempre uma promessa e um apelo.

---

³ *Ivi*, 46.

H

Homem

→ *cooperação; memórias coletivas; ideais; tradição*

Arquitetura e a natureza humana: em busca de uma metáfora sustentável (2011)

Acredito que a visão que temos de nós mesmos e que prevalece no Ocidente, nas práticas diárias e na educação precisa ser fundamentalmente reavaliada. Edward Wilson postula que "todos os problemas do homem podem muito bem surgir (como sugeriu Vercors [Jean Bruller] em *You Shall Know Them*) do fato de que não sabemos o que somos e não concordamos sobre o que queremos ser".[1] Primeiramente, precisamos abdicar da arrogância de nos considerarmos o centro do Universo e o sábio *Homo sapiens*, que sabe de tudo. Também não devemos nos ver como a imagem de Deus. Não somos a imagem de Deus – os Grandes Sistemas do Universo e da Natureza é que são.

Sem nos aprofundarmos demais na área que resulta de julgamentos filosóficos e éticos, bem como de pensamentos científicos recentes, quero mencionar algumas das áreas de nossa humanidade que precisam ser reconsideradas. Estas sugestões têm implicações diretas na arquitetura.

Primeiramente, precisamos aceitar a essência fundamentalmente corpórea da existência humana, da experiência, da cognição e da memória. Como escreve Merleau-Ponty, "'O pintor leva seu corpo com ele', diz [Paul] Valéry. De fato, não podemos imaginar como uma mente poderia pintar."[2] Podemos dizer o mesmo sobre os arquitetos; a arquitetura é constituída na nossa existência corporificada no mundo e articula esse mesmo modo de ser. Além disso, os edifícios representam inconscientemente o corpo.

---

[1] Edward O. Wilson, *Biophilia: The human bond with other species*. Cambridge, MA, and London, Harvard University Press, 1984, p. 37.

[2] Maurice Merleau-Ponty. *The Primacy of Perception*. Evanston, IL, Northwestern University Press, 1964, p. 162.

Em segundo lugar, somos seres fundamentalmente sensoriais e sensuais. A arquitetura possivelmente se envolve com uma dúzia de sistemas sensoriais integrados, não apenas os cinco sentidos aristotélicos. A filosofia de Steiner, de fato, identifica 12 sentidos.[3] Os sentidos especialmente centrais para a arquitetura são o senso existencial, o senso de si e o senso de *continuum* temporal e de causalidade.

Em terceiro lugar, percepção, pensamento e memorização são atividades complexas fundamentalmente baseadas em processos corporificados e imagens mentais ou neurais, e não em palavras ou linguagem. A linguagem é uma articulação secundária desses padrões neurais. A linguagem da arquitetura é acima de tudo um diálogo corporificado e existencial não consciente. É aqui que as teorias logocêntricas da arquitetura se perdem. Colin Saint John Wilson escreveu sobre esta linguagem arcaica e existencial: "É como se eu estivesse sendo manipulado por algum código subliminar, que não pode ser traduzido em palavras, que atua diretamente no sistema nervoso e na imaginação, ao mesmo tempo, despertando intuições de significado com uma vívida experiência espacial, como se fossem uma coisa. Acredito que o código aja tão direta e vividamente em nós porque nos é estranhamente familiar – na verdade, é a primeira língua que aprendemos, muito antes das palavras, e da qual agora nos lembramos por meio da arte, que, sozinha, detém a chave para revivê-la".[4]

E, por fim, a inteligência humana é frequentemente descrita pelo teste de QI, mas esse é um olhar muito rudimentar e mal embasado sobre a inteligência. De acordo com as pesquisas atuais do psicólogo Howard Gardner, existem 10 categorias de inteligência humana. Ele lista inicialmente sete categorias de inteligência: *inteligência linguística, inteligência lógico-matemática, inteligência musical, inteligência corporal-cinestésica, inteligência espacial, inteligência interpessoal, inteligência intrapessoal*. Mais tarde, ele sugere três categorias adicionais: *inteligência naturalista, inteligência espiritual e inteligência existencial*.[5] Eu adicionaria, sem dúvida, as categorias de inteligência emocional, estética e ética na lista de capacidades cognitivas humanas. A inteligência emocional, na verdade, pode ser o sistema mais rápido, sintético, holístico, integrado e confiável de nossos sistemas para reagir a complexas situações sociais e relativas ao meio. Por emoções, julgamos situações complexas da vida, como o ambiente, o humor ou a atmosfera de um espaço ou lugar, enquanto o escopo da inteligência em termos de QI é limitado. O humor pode muito bem ser a mais sintética das características da arquitetura, mas quase nunca foi analisada ou teorizada

---

[3] Albert Soesman. *Our Twelve Senses: Wellsprings of the Soul*. Stroud, Hawthorn Press, 1998.

[4] Colin St John Wilson, "Architecture: Public Good and Private Necessity", *in RIBA Journal*, 1979, março.

[5] Howard Gardner. *Intelligence Reframed: Multiple Intelligences for the 21st Century*. New York, Basic Books, 1999.

conscientemente. Na verdade, como arquitetos, precisamos aprimorar pelo menos 12 categorias de sensibilidade, e o mesmo número de modos de inteligência para fazermos bem nosso trabalho.

Horizontes de significado

→ *ideais; imagens libertadoras* versus *imagens decadentes; sublime; verbos* versus *substantivos*

Experiência corporificada e pensamento sensorial: espaço vivenciado na arte e na arquitetura (2006)

A unicidade da condição humana é esta: vivemos nos muitos mundos de possibilidades criados e sustentados por nossas experiências, lembranças e sonhos. A capacidade de imaginar e sonhar acordado deve ser considerada a mais humana e essencial de nossas capacidades. Mas a enxurrada de imagens excessivas, não hierárquicas e sem sentido de nossa cultura, "a chuva interminável de imagens",[6] nas palavras de Ítalo Calvino, achata nosso mundo de imaginação. A inundação de imagens na televisão externaliza e torna passivas as imagens em comparação com o imaginário interior evocado pela leitura de um livro. Há uma diferença dramática entre um olhar passivo às imagens, de um lado, e as imagens criadas pela nossa imaginação, de outro; as imagens sem esforço do entretenimento imaginam por nós. O fluxo de imagens da indústria da consciência desconecta as imagens de seu contexto histórico, cultural e humano e, assim, "libera" o espectador de investir suas emoções e atitudes éticas naquilo que é experienciado. Entorpecidos pela comunicação em massa, já estamos preparados para assistir às crueldades mais escandalosas sem o menor envolvimento emocional. A enxurrada de imagens que cresce avassaladoramente para os sentidos e emoções tem suprimido a imaginação, a empatia e a compaixão.

Na minha visão, a falta de horizonte, ideais e alternativas no pensamento político atual é uma consequência de uma atrofia da imaginação política. À medida que nossa imaginação enfraquece, ficamos à mercê de um futuro incompreensível. Os ideais são projeções de uma imaginação otimista, e parece que a perda da imaginação está destinada a arruinar o idealismo. O pragmatismo e a falta de visões estimulantes hoje provavelmente seriam consequências de uma imaginação debilitada. Uma cultura que perdeu sua imaginação só pode produzir visões apocalípticas de ameaças como projeções do inconsciente reprimido. Um mundo destituído de alternativas, devido à ausência de imaginação, é o mundo dos indivíduos manipulados de Aldous Huxley e George Orwell.

---

[6] Italo Calvino, *Six Memos for the Next Millennium*, New York, Vintage Books, 1993, p. 57.

Tocando o mundo: espaço vivenciado, visão e tatilidade (2007)

Paradoxalmente, o senso de identidade própria, fortalecido pela arte e pela arquitetura, permite-nos um pleno engajamento nas dimensões mentais de sonho, imaginação e desejo. De fato, só conseguimos nos concentrar completamente em nossa imaginação e sonhos dentro do espaço fechado de um recinto, e não ao ar livre. Cômodos, moradias e cidades constituem a maior externalização da memória humana; sabemos e lembramos quem somos, acima de tudo, por meio da historicidade de nosso ambiente. Os edifícios e as cidades nos permitem sonhar e imaginar com segurança, mas também fornecem um horizonte para a compreensão e experiência da condição humana. Em vez de apenas criar objetos de sedução visual, a arquitetura profunda relaciona, medeia e projeta significados. Ela define horizontes para percepção, sentimento e significado; nossas percepções e experiências do mundo são significativamente condicionadas e alteradas pela arquitetura. Um fenômeno natural, como uma tempestade, é uma condição quando experienciada por meio do dispositivo de uma construção humana e outra totalmente diferente quando se está no confronto com a natureza indomada. Assim, a arquitetura consiste em atos, como habitar, ocupar, entrar, partir, enfrentar etc., em vez de elementos visuais. A forma visual de uma janela ou uma porta, por exemplo, não é arquitetura; mas os atos de olhar pela janela e passar pela porta são encontros arquitetônicos genuínos. Assim, as experiências de arquitetura fundamentais são verbos, e não substantivos. O significado final de qualquer edifício significativo está além da própria arquitetura; edifícios excepcionais direcionam nossa consciência de volta ao mundo e a nós mesmos. A arquitetura sábia nos permite ver a majestade de uma montanha, a persistência e paciência de uma árvore e o sorriso no rosto de um estranho. Ela direciona nossa conscientização ao nosso senso de individualidade e de existência. Ela nos faz vivenciar a nós mesmos como seres completamente corporificados e espirituais integrados à "carne do mundo". Esta é a grande função mental de toda arte.

Humildade

→ *anonimato; arquitetura animal; empatia; matéria e tempo, ruínas*

Generosidade artística, humildade e expressão: senso de realidade e idealização na arquitetura (2007)

Minha visão de arquitetura como colaboração certamente tira parte da glória da invenção individual única que o culto do criador de hoje tende a atribuir a ela. De fato, ouso sugerir que nossa profissão deve reaprender a arte da humildade e da modéstia para substituir o ar de arrogância e egocentrismo que frequentemente prevalece no mundo da arquitetura atual. "A poesia é uma tremenda escola de insegurança e incerteza", escreve poeticamente Joseph Brodsky, uma das maiores mentes poéticas de nossa época, e continua: "Escrever poesia, assim como lê-la, vai lhe ensinar humildade, e isso acontecerá bem rápido. Especialmente se você estiver escrevendo e lendo poesia."[7] O mesmo fará a arquitetura. A arte da arquitetura não simplifica o mundo em verdades singulares. Pelo contrário, edifícios ímpares revelam os mistérios, complexidades e imprevisibilidades do mundo e da vida humana, porém, ao fazê-lo, fornecem o verdadeiro fundamento para a dignidade e liberdade humana.

Juhani Pallasmaa, *Encounters*, Helsinki: Rakennustieto Oy, 2005, 333

Os ambientes de arquitetura tradicionais raramente são lidos como objetos estéticos notáveis; eles apresentam variações nos temas naturais da tradição. Mesmo elementos esteticamente estranhos compõem ambientes atraentes. A experiência agradável de espaços vernaculares surge de um senso descontraído de adequação, causalidade e contextualidade, em vez de qualquer aspiração deliberada por beleza preconcebida.

Em nossa cultura de fartura material, perdida em um deserto espiritual, a arquitetura tornou-se uma forma de arte ameaçada. A disciplina é constrangida por uma instrumentalização semirracional e tecno-econômica, por um lado, e pelos processos de mercantilização e estetização por outro. Paradoxalmente, as obras de arquitetura são, ao mesmo tempo, transformadas em objetos de utilidade vulgar e objetos de astuta sedução visual.

A arquitetura da modernidade – e, em particular, de nossa era consumista – tem se tornado muito consciente das características e efeitos estéticos. Nossa cultura vem estetizando a política, assim como a guerra, e a estetização agora também ameaça a arte da arquitetura. Erik Bryggman sabiamente já havia alertado sobre isso na década de 1920: "Devemos entender que a beleza não é um véu misterioso jogado sobre um prédio, mas um resultado lógico de ter tudo no lugar certo".[8]

Centrada no imaginário visual e desconectada das considerações sociais e contextuais, a arquitetura celebrada de nossa época – e a publicidade que tenta nos convencer de sua genialidade – muitas vezes tem um ar de autossatisfação e onipotência. Os edifícios tentam conquistar o primeiro plano em vez de criar um pano de fundo propício para as atividades e percepções humanas. Os projetos de arquitetura contemporâneos são frequentemente despudorados e

---

[7] Joseph Brodsky, "In Memory of Stephen Spender", em *id.*, *On Grief and Reason*, New York, Farrar, Straus and Giroux, 1997, p. 473 e 475.

[8] Erik Bryggman, "Rural Architecture", em Riitta Nikula, editor, *Erik Bryggman 1981–1995, Architekt*, Helsinki, *The Museum of Finnish Architecture*, 1991, p. 279.

arrogantes; parece que perdemos as virtudes da neutralidade, da moderação e da humildade na arquitetura. No entanto, as obras de arte autênticas sempre permanecem suspensas entre certeza e incerteza, fé e dúvida. A tarefa dos arquitetos responsáveis é resistir à erosão cultural atual e reimplantar edifícios e cidades em um solo existencial e experiencial autêntico. No início do novo milênio, a cultura da arquitetura faria bem em nutrir tensões produtivas entre realismo cultural e idealismo da arte, determinação e discrição, ambição e humildade.

I

Ideais

→ *culto à personalidade; generosidade; lar; horizontes de significado; mito; realismo e idealização*

Generosidade artística, humildade e expressão: senso de realidade e idealização na arquitetura (2007)

Ludwig Wittgenstein sugere em uma de suas anotações: "A arquitetura imortaliza e glorifica algo. Portanto, não pode haver arquitetura onde não há nada a glorificar".[1] O pensamento arquitetônico surge de condições dadas, mas sempre aspira a um ideal. Portanto, a perda da dimensão ideal da vida implica o desaparecimento da arquitetura.

Experiência corporificada e pensamento sensorial: espaço vivenciado na arte e na arquitetura (2006)

"A arte é realista quando tenta expressar um ideal ético",[2] escreve Tarkovsky, dando um novo e surpreendente significado à noção de realismo. Junto com sua obra, um artista autêntico sempre cria seu leitor ideal, ouvinte e espectador. No posfácio de seu romance *O nome da rosa*, Umberto Eco[3] divide os escritores em duas categorias: o primeiro escritor escreve o que ele espera que os leitores queiram ler, enquanto o segundo cria seu leitor ideal enquanto escreve. Para Eco, o primeiro escritor é capaz de escrever apenas literatura de banca de revistas, enquanto o segundo pode escrever literatura que toca a alma humana por séculos que virão.

---

[1] Ludwig Wittgenstein, *Culture and Value*, Oxford: Blackwell, 1998, p. 74e.
[2] Entrevista de Paola Volkova por Mikael Fränti *in Helsingin Sanomat*, 9.12.1992, D 10.
[3] Umberto Eco, *Matka arkipäivän epätodellisuuteen* (Semiologia quotidiana), Helsinki, WSOY, 1985, p. 350.

Acredito que a arquitetura autêntica também só pode nascer por meio de um processo de idealização similar.

O papel dos ideais e da idealização é igualmente importante na arquitetura. Um arquiteto autêntico pensa em uma sociedade ou habitante ideal enquanto projeta. Somente uma edificação que constrói algo ideal pode se tornar arquitetura significativa. Sem futurismo deliberado, a arquitetura de alta qualidade sempre é um prenúncio de um futuro mais humano.

"Somente se poetas e escritores propuserem a si próprios tarefas que ninguém mais ouse imaginar, a literatura continuará a ter uma função", afirma Calvino. "O grande desafio da literatura é ser capaz de entrelaçar as várias ramificações do conhecimento, os vários 'códigos', em uma visão múltipla e multifacetada do mundo."[4]

Acredito que a confiança no futuro da arquitetura pode se basear no mesmo conhecimento; os significados existenciais de habitar o espaço podem ser criados pela arte da arquitetura por si só. A arquitetura continua a ter uma grande tarefa humana ao fazer a mediação entre o mundo e nós mesmos e ao fornecer um horizonte de compreensão da condição existencial humana.

Identidade

→ *artistas como fenomenólogos e neurocientistas; cinema, emoções, imagens mentais; empatia*

Novidade, tradição e identidade: conteúdo existencial e significado na arquitetura (2012)

A identidade cultural, o senso de ter raízes e pertencimento é uma base insubstituível da nossa própria humanidade. Nossas identidades não estão apenas em diálogo com nossos ambientes físicos e arquitetônicos, na medida em que nos tornamos membros de incontáveis contextos e identidades culturais, sociais, linguísticas, geográficas, bem como estéticas. Nossas identidades não estão conectadas a coisas isoladas, mas ao *continuum* da cultura e da vida; nossas verdadeiras identidades não são momentâneas, pois têm sua historicidade e continuidade. Em vez de serem simples aspectos ocasionais do pano de fundo, todas essas dimensões, e com certeza dezenas de outras características, são constituintes de nossa própria personalidade. A identidade não é um fato dado ou uma entidade fechada. É uma troca; à medida que me estabeleço em um lugar, o lugar se estabelece em mim. Espaços e lugares não são simples palcos para nossas vidas, pois estão "quiasmaticamente" entrelaçados, para usar uma

---
[4] *Ibid.*, p. 112.

noção de Maurice Merleau-Ponty. Como este filósofo propunha: "O mundo está totalmente dentro, e eu estou totalmente fora de mim".[5] Ou, como Ludwig Wittgenstein conclui: "Eu sou meu mundo".[6]

A importância que dou à tradição, não apenas como um senso geral de história cultural, mas também como a necessidade de compreender a especificidade e a localidade da cultura, levanta questões críticas da prática negligente de projetar em culturas estrangeiras apenas por interesses comerciais. Os antropólogos, como Edward T. Hall, têm mostrado convincentemente que os códigos das culturas estão tão profundamente enraizados no inconsciente humano e no comportamento pré-reflexivo que as essências da cultura levam uma vida inteira para serem aprendidas. Será que realmente temos o direito de executar nossos projetos em culturas muito diferentes da nossa, apenas por nossos próprios interesses econômicos? Isso não seria mais uma forma de colonização?

A tarefa existencial da arquitetura (2009)

Eu não apoio a nostalgia ou o conservadorismo arquitetônico. Defendo uma arquitetura que surja da conscientização de sua terra histórica, cultural, social e mental. Visitei duas vezes a Casa do Parlamento Nacional em Daca, Bangladesh, de Louis Kahn (1962–1974), e fiquei profundamente impressionado com o poder arquitetônico extraordinário da Casa do Parlamento em criar um senso de centro, exalando significados metafísicos e culturais e elevando o espírito humano e a dignidade. Essa arquitetura pertence incondicionalmente à nossa época e ao futuro, mas ecoa e revitaliza profundas camadas de história e cultura e consegue evocar o orgulho e a esperança da sociedade. Essa arquitetura evoca imagens históricas que nos remetem ao Templo de Karnak, no Egito Antigo, a *gravitas* da arquitetura romana, às geometrias renascentistas e às características da arquitetura autóctone mogol, mas é, ao mesmo tempo, uma promessa de cura para reconciliação e justiça no futuro.

Nurur Rahman Khan, um arquiteto bengalês, descreve carinhosamente a aceitação local desta epifania da arquitetura: "Nosso edifício do corpo legislativo se tornou tão enraizado em nossa consciência nacional nas últimas décadas que parece não ter começo, não ter um ponto de partida real. Ao contrário, parece que ele sempre esteve ali (...) que sempre esteve na nossa mente, sempre foi parte de nós. Nosso complexo legislativo está tão próximo de nossos cora-

---

[5] Maurice Merleau-Ponty, *The Phenomenology of Perception*, London, Routledge and Keagan Paul, 1962, p. 407.

[6] Ludwig Wittgenstein, *Tractatus Logico Philosophicus, eli Loogis-filosofinen tutkielma*, proposition 5.63, Porvoo, Helsinki, Juva, Werner Söderström, 1972, p. 68.

ções e memórias que parece ter adquirido aquela característica de atemporalidade e eternidade que anda de mãos dadas com a identidade e nossa percepção de ser um bengalese".[7]

Imagens libertadoras *versus* imagens decadentes

→ *olhos; horizontes de significado*

Tocando o mundo: espaço vivenciado, visão e tatilidade (2007)

A dominância do olho no mundo excessivo de imagens visuais de hoje, "a chuva interminável de imagens", como Ítalo Calvino apropriadamente descreve nossa situação atual,[8] é inquestionável. No entanto, prefiro usar a metáfora de um "Mar de Sargasso de imagens" devido ao senso distinto de eutrofização e sufocamento causado pela abundância opressora de imagens na realidade em que vivemos. Nossa obsessão atual com imagens visuais sedutoras em todas as áreas da vida contemporânea promove uma arquitetura da retina, que é deliberadamente concebida para ser circulada e apreciada como imagens instantâneas e impactantes, em vez de ser experienciada lentamente de uma maneira corporificada por meio de um encontro físico e espacial completo. Na verdade, hoje, podemos fazer uma distinção entre duas aspirações na arquitetura: uma arquitetura de imagem, por um lado, que está sempre condenada a entregar menos no encontro real do que na sua imagem fotografada, e uma arquitetura de essência, por outro, que é sempre infinitamente mais rica quando experienciada de uma maneira corporificada do que por meio de uma representação visual ou reprodução. A primeira oferece apenas imagens de forma, enquanto a segunda projeta narrativas épicas de cultura, história, tradição e existência humana. A primeira nos deixa como espectadores; a segunda nos torna participantes com plena responsabilidade ética.

A imagem é um tema seminal em todas as experiências e expressões artísticas.[9] No fim do último filme de Michelangelo Antonioni, *Beyond the Clouds* (Par Delà des Nuages, 1994), o protagonista, um fotógrafo, faz um comentário significativo sobre a essência múltipla e misteriosa da imagem: "Mas sabemos que por trás de cada imagem revelada, há outra imagem mais fiel à realidade, e atrás dessa imagem há outra, e mais outra atrás da última, e assim por diante, até a verdadeira imagem da realidade absoluta e misteriosa que ninguém

---

[7] Nurur Rahman Khan, *The Assembly Building*, Dhaka, Department of Architecture, The University of Asia Pacific, 2001, p. 2.

[8] Italo Calvino, *Six Memos for the Next Millennium*, New York, Vintage International, 1993, p. 57.

[9] Para uma discussão sobre a imagem, veja Juhani Pallasmaa, *The Architecture of Image: Existential Space in Cinema*, Helsinki, Rakennustieto, 2001.

jamais verá".¹⁰ Ezra Pound, o poeta modernista, define a imagem artística da seguinte maneira: "Uma imagem é aquela que apresenta um complexo intelectual e emocional em um instante de tempo. Só uma imagem assim, só essa poesia, poderia nos dar esse sentimento de libertação repentina: esse sentimento de liberdade dos limites do tempo e do espaço; esse sentimento de crescimento repentino que experienciamos na presença das maiores obras de arte".¹¹ Eu gostaria de sugerir uma distinção entre o uso manipulativo da imagem para fins de fechamento da imaginação (p. ex., propaganda do governo e publicidade), de um lado, e a imagem poética, que tem um impacto libertador e aberto, de outro. Aqui, estou preocupado com a imagem poética, ou "química poética"¹² para usar a noção de Bachelard, e seu potencial emancipatório, curativo e integrador, bem como ético, nas artes e na arquitetura.

Imaginação criativa

→ *conhecimento corporificado e pensamento; emoções e pensamento criativo*

Imaginação empática: simulação corporificada e emotiva na arquitetura (2016)

Henry Moore, o mestre escultor, dá uma descrição vívida do poder simultâneo de internalização corporificada e de externalização imaginativa da imaginação artística: "É isso que o escultor deve fazer. Ele deve esforçar-se constantemente para pensar e usar a forma em sua plenitude espacial. Ele obtém a forma sólida, digamos, dentro de sua cabeça – ele pensa nela, independentemente de seu tamanho, como se a segurasse completamente fechada dentro de suas mãos. Ele visualiza mentalmente uma forma complexa de todos os lados; ele sabe, enquanto olha para um lado, como é o outro; ele se identifica com o centro de gravidade da forma, sua massa, seu peso; ele entende seu volume e o espaço que a forma ocupa no ar".¹³ Este relato de um grande artista sugere que o ato de imaginar espaços e objetos não é apenas um esforço projetivo visual, pois é essencialmente um processo de corporificação, identificação e percepção da entidade como uma extensão imaginária de si mesmo por meio de uma simula-

---

¹⁰ A fala do fotógrafo (representado por John Malkovich) no filme *Par Delà des Nuages* [Além das Nuvens], de Michelangelo Antonioni, 1994.

¹¹ Como citado em J.D. McClatchy, "Introduction", em *id.*, editor, *Poets on Painters*, Berkeley, Los Angeles, London, University of California Press, 1990, p. XI.

¹² Gaston Bachelard, *Water and Dreams, An Essay on the Imagination and Matter*, Dallas, TX, The Pegasus Foundation, 1983.

¹³ Henry Moore, "The Sculptor Speaks", *in* Philip James, editor, *Henry Moore on Sculpture*, London, MacDonald, 1966, p. 62–64.

ção corporificada. O corpo do artista ou do *designer* se torna a obra e, simultaneamente, a obra se torna uma extensão de seu corpo. Isso vale de modo mais geral também para o pensamento: "O trabalho na filosofia – como, em muitos aspectos, na arquitetura – é realmente um trabalho no próprio indivíduo – em sua própria concepção. Em como você vê as coisas. E o que você espera delas", observa Ludwig Wittgenstein, o filósofo.[14] Cada pessoa criativa trabalha inconscientemente em si mesma, tanto quanto nos materiais, formas, sons, palavras ou números. A famosa confissão de Albert Einstein sobre seu pensamento visual e muscular ao trabalhar com problemas matemáticos e físicos é uma sugestão magistral de que todo o pensamento tem um componente de corporificação; nossos músculos, intestinos e glândulas participam dos processos de "pensamento" tanto quanto as células cerebrais.[15] Estudos recentes no universo bacteriano desafiadoramente complexo dentro de nossos corpos revelaram que uma quantidade surpreendente de informações biológicas e processos são gerenciados pelo nosso mundo bacteriano interno, que é tão imenso que temos um quilo e meio de bactérias em nossos corpos, além de 100 vezes mais DNA bacteriano do que nosso próprio DNA "humano". Este universo bacteriano funciona como nosso "segundo cérebro", porém, em termos de curso da evolução, na verdade ele pode ser considerado o nosso primeiro cérebro.

A imaginação não é uma projeção quase visual; imaginamos por meio de toda a nossa existência corporificada e, por meio da imaginação, ampliamos nosso domínio de existência. A imaginação não é uma categoria isolada de sonho, pois até as percepções têm um componente imaginativo distinto. Pensar é, na verdade, uma maneira de moldar o mundo como se fosse argila para escultura. Martin Heidegger comparou pensar com trabalhar em marcenaria. No entanto, Henry Moore adiciona um comentário crucial sobre o papel da inteligência consciente: "O artista trabalha com a concentração de toda a sua personalidade, e a parte consciente resolve conflitos, organiza memórias e evita que ele tente andar em duas direções ao mesmo tempo".[16] A inteligência fornece a base e o controle para o processo, mas a imagem poética não pode surgir da razão.

Imaginação sincrética

→ *processo de projeto; sinestesia*

---

[14] Ludwig Wittgenstein, *Culture and Value*, Oxford, Blackwell Publishing, 1998, p. 24e.

[15] Carta de Albert Einstein em Jacques Hadamard, "The Psychology of Invention in the Mathematical Field", *in Id.*, *Education in Vision Series*, Princeton, NJ, Princeton University Press, 1943.

[16] Moore, *op. cit.*, p. 62.

Imaginação empática: simulação corporificada e emotiva na arquitetura (2016)

Uma capacidade imaginativa extraordinária é revelada por Mozart ao descrever a sensação de desintegração gradual da sucessão temporal em seu processo de criação: "Eu a espalho (a composição) de modo mais amplo e claro, e, por fim, ela quase se completa na minha cabeça, mesmo quando é uma composição longa, de modo que eu possa vê-la inteira, de uma só vez, em minha mente, como se fosse uma bela pintura ou um belo ser humano; de modo que não a ouço em minha imaginação como uma sucessão – ela deve vir desta forma mais tarde – mas tudo de uma vez, digamos (...) o melhor de tudo é ouvi-la de uma só vez".[17] Sem dúvida, um edifício também pode ser sentido da mesma maneira, de uma só vez, como uma sensação singular, uma espécie de "substância universal", por um gênio da imaginação espacial. Não é surpreendente que a inteligência musical e a espacial tenham sido sugeridas entre as dezenas de categorias de inteligência humana além da inteligência medida pelo teste de QI padrão.[18]

Imaginário

→ *memórias coletivas; existência corporificada; paisagem física e mental*

Juhani Pallasmaa, *Encounters*, Helsinki: Rakennustieto Oy, 2005, 89–90

A dimensão artística de uma obra de arte não está na coisa física em si; ela existe somente na consciência da pessoa que está experienciando o objeto. A análise de uma obra de arte, em seu nível mais genuíno, é uma introspecção da consciência submetida a ela. O significado da obra de arte não está em suas formas, mas nas imagens transmitidas pelas formas e na força emocional que elas carregam. A forma somente afeta nossos sentimentos por meio do que ela representa.

Enquanto o ensino e a crítica não se esforçarem para esclarecer as dimensões experiencial e mental da arquitetura, eles terão pouco a ver com a essência artística da arquitetura. Os esforços atuais para restaurar a riqueza da linguagem arquitetônica por meio de uma diversidade maior de formas se baseiam em uma falta de compreensão da essência da arte. A riqueza de uma obra de

---

[17] Wolfgang Amadeus Mozart, como citado em Anton Ehrenzweig, *The Psychonalysis of Artistic Vision and Hearing: An Introduction to a Theory of Unconscious Perception*, London: Sheldon Press 1975, p. 107–108.

[18] Howard Gardner, *Intelligence Reframed: Multiple Intelligences for the 21st Century*, New York: Basic Books, 1999.

arte está na vitalidade das imagens que ela suscita, e – paradoxalmente – as formas mais simples e mais arquetípicas suscitam imagens abertas ao máximo de interpretações. O retorno (superficial) do pós-modernismo a temas antigos carece de poder emotivo precisamente porque essas colagens de motivos arquitetônicos não estão mais ligadas a sentimentos fenomenologicamente autênticos que ocorrem na arquitetura.

Em seu *ABC of Reading*, Ezra Pound escreveu uma "advertência" ao leitor: "A música começa a atrofiar quando se afasta demais da dança; (...) a poesia começa a atrofiar quando se afasta demais da música".[19]

Da mesma forma, a arquitetura tem suas próprias origens e, se se afastar demais delas, perde sua eficácia. A renovação de uma arte significa redescobrir sua essência mais profunda.

A linguagem da arte é o idioma de metáforas que podem ser identificadas com a nossa existência. Se a arte carece de contato com as memórias sensoriais que vivem em nosso subconsciente e conectam nossos vários sentidos, ela só poderia ser reduzida à pura ornamentação sem sentido. A experiência da arte é uma interação entre nossas memórias corporificadas e nosso mundo. Como observa Adrian Stokes, "De certa forma, toda arte tem origem no corpo".[20]

Se quisermos vivenciar o significado e o sentido da arquitetura, é vital que o efeito da construção deve encontrar um contraponto no mundo da experiência do espectador.

Imperfeição

→ *linguagem da matéria; matéria e tempo; ruínas*

Paisagens e horizontes da arquitetura: arquitetura e pensamento artístico (2007)

Minha resposta à questão sobre a arquitetura ser ou não uma forma de arte está definida: a arquitetura é uma expressão artística e não é uma arte, simultaneamente. Em sua essência, a arquitetura é uma arte como uma metáfora espacial e material da existência humana, mas não é uma forma de arte, em sua segunda natureza, como um artefato instrumental de utilidade e racionalidade. Essa dualidade é a própria essência da arte da arquitetura. Essa existência dupla ocorre em dois níveis separados de consciência ou aspiração, da mesma maneira que qualquer obra de arte existe simultaneamente como uma execução material, disciplinar e concreta, por um lado, e como uma imagem concebida e percebida espiritualmente, inconscientemente, que nos leva ao mundo dos

---

[19] Ezra Pound, *ABC of Reading*, New York, New Directions Publishing Corporation, 1987, p. 14.

[20] Adrian Stokes, *The Image in Form*, New York, Harper & Row, 1972, p. 122.

sonhos, desejos e medos, por outro. De fato, a arquitetura só pode ser entendida por essa dualidade. "Um pintor pode pintar rodas quadradas em um canhão para expressar a futilidade da guerra. Um escultor pode esculpir as mesmas rodas quadradas. Mas um arquiteto deve usar rodas redondas", como Louis Kahn uma vez disse.[21]

Incerteza

→ *mãos informatizadas; desenho à mão livre; humildade; visão periférica*

Juhani Pallasmaa, *As mãos inteligentes: a sabedoria existencial e corporalizada na arquitetura,* **Porto Alegre: Bookman Editora, 2013, 111–114**

O pensamento criativo é *trabalho*, labuta, no sentido próprio da palavra, e não um mero *insight* inesperado e sem esforço. Milagres como esse podem acontecer apenas para um verdadeiro gênio, porém, mesmo assim, o gênio trabalhou laboriosamente em direção à concretização da obra. O trabalho geralmente é um processo suado e bagunçado. Eu, pessoalmente, quero ver os traços, manchas e sujeira do meu trabalho, a camada de linhas apagadas, erros e falhas, as repetidas alterações no desenho e a colagem de correções, acréscimos e eliminações na página em que estou escrevendo, enquanto desenvolvo uma ideia. Esses traços me ajudam a sentir a continuidade e a finalidade do trabalho, a insistir no trabalho e a compreender a multiplicidade, a plasticidade – digamos –, da tarefa. Isso também me ajuda a manter o estado mental de incerteza, hesitação e indecisão necessários no processo por tempo suficiente. Um senso de certeza, satisfação e finalidade que surge cedo demais pode ser catastrófico. A hesitação do próprio desenho expressa e mantém minha própria incerteza interna. Ainda mais importante, o senso de incerteza mantém e estimula a curiosidade. Desde que não se transforme em desespero e depressão, a incerteza é uma força impulsionadora e fonte de motivação no processo de criação. O projeto é sempre uma busca por algo que é de antemão desconhecido, ou uma exploração de um território desconhecido, e o próprio processo de projeto, as ações das mãos que buscam, precisam expressar a essência dessa jornada mental.

Joseph Brodsky destaca o valor da insegurança e da incerteza para o empenho criativo. Suas visões perspicazes e eticamente inflexíveis sobre a tarefa do poeta me ensinaram muito sobre a missão do arquiteto. "Na atividade da escri-

---

[21] Louis Kahn, "Form and Design", conforme publicado em Louis I Kahn, *Writings, Lectures, Interviews,* New York, Rizzoli, 1991, p. 116.

ta, o que se acumula não é a *expertise*, mas as incertezas",[22] confessa o poeta, e sinto que um arquiteto sincero também acaba acumulando incertezas. Brodsky associa a incerteza a um senso de humildade: "A poesia é uma tremenda escola de insegurança e incertezas. (...) A poesia – tanto sua escrita como sua leitura –ensinará a você humildade, e bem rápido. Especialmente se você estiver escrevendo e lendo poesia ao mesmo tempo".[23] Esta observação, sem dúvida, também se aplica à arquitetura, pois pode ser particularmente humilhante se você estiver tanto criando quanto teorizando sobre ela. Mas o poeta sugere que esses estados mentais, geralmente considerados prejudiciais, podem realmente ser transformados em uma vantagem criativa: "Se isso [a incerteza ou a insegurança] não o destruir, a insegurança e a incerteza acabam se tornando seus amigos íntimos, e você quase lhes atribui uma inteligência própria", aconselha o poeta.[24]

Billy Collins, outro poeta, explica por que insiste em escrever com caneta ou lápis em vez de teclado: "Sempre componho com caneta ou lápis, apenas porque o teclado, para mim, faz com que tudo pareça pronto, congelado, e escrever em uma página me dá uma sensação de fluidez, de que aquilo que estou escrevendo é provisório por enquanto. E também, como não sei para onde o poema está indo e não quero saber até chegar lá, sempre sinto como se o poema, enquanto escrevo, estivesse trabalhando em direção a algum tipo de compreensão de si mesmo".[25]

Pessoalmente, compartilho as visões dos poetas. Tanto na escrita quanto no desenho, o texto e a imagem precisam ser emancipados de um senso preconcebido de propósito, objetivo e caminho. Quando se é jovem e se tem a mente limitada, deseja-se que o texto e o desenho concretizem uma ideia preconcebida, para dar à ideia uma forma instantânea e precisa. Por meio de uma crescente capacidade de tolerar incerteza, imprecisão, falta de definição, ilogicidade momentânea e abertura, gradualmente se aprende a habilidade de cooperar com o próprio trabalho, permitindo que ele faça suas sugestões e tome seus próprios caminhos e movimentos inesperados. Em vez de ditar um pensamento, o processo mental se transforma em um ato de espera, escuta, colaboração e diálogo. A obra se torna uma jornada que pode nos levar a lugares e continentes nunca antes visitados, ou cuja existência era desconhecida antes de ser orientada pelo

---

[22] Joseph Brodsky, "Less than one", in *Id.*, *Less than one*. New York, Farrar, Straus & Giroux, 1997, p. 17.

[23] Joseph Brodsky, "In memory of Stephen Spender", in *Id.*, *On Grief and Reason*. New York: Farrar, Straus & Giroux, 1997, p. 473–474.

[24] *Ibid.*, p. 473.

[25] Entrevista de Billy Collins, comunicado do festival "Jazzmouth", Portsmouth, 2008. A entrevista foi-me apresentada pelo arquiteto Glenn Murcutt, que compartilha minha opinião sobre a importância das mãos.

trabalho de nossas próprias mãos e nossa imaginação, e pela postura combinada que temos de hesitação e curiosidade.

Existe uma oposição inerente entre o definido e o indefinido na arte. Um fenômeno artístico deseja escapar de uma definição até que ele tenha atingido uma existência autossuficiente – e mesmo além desse ponto, acredito. Expressando de forma simples, a verdadeira fusão criativa sempre alcança mais do que pode ser projetado por qualquer teoria, e um projeto sábio sempre alcança mais do que o programa de necessidades ou qualquer pessoa envolvida no processo poderia prever.

Tenho que confessar pessoalmente que desde os dias de autoconfiança ingênua de minha juventude (que, é claro, disfarçavam a genuína incerteza, estreiteza de compreensão e falta de visão), meu senso de incerteza cresceu constantemente, ao ponto de se tornar quase insuportável. Cada problema, cada questão, cada detalhe, está tão profundamente inserido nos mistérios da existência humana que muitas vezes não parece haver uma resposta satisfatória, ou mesmo qualquer resposta. Em um sentido fundamental, posso dizer que, pela idade e experiência, alguém se torna cada vez mais um amador, em vez de se tornar um profissional que possui respostas imediatas e seguras. Um profissional bem-sucedido e consolidado no mercado dificilmente pararia para refletir sobre perguntas como o que é o chão, a janela ou a porta? Mas alguém pode realmente me dizer quais são as essências metafísicas fundamentais desses eventos arquitetônicos e seu significado humano, fora e antes de uma tarefa de projeto específica?

Inteligência atmosférica

→ *atmosferas na arquitetura; atmosferas nas artes; senso atmosférico*

Tocando o mundo: a integração dos sentidos e a experiência da realidade (2018)

Estudos recentes sobre a diferenciação dos hemisférios do cérebro humano concluíram que, independentemente de sua interação essencial, os hemisférios têm funções diferentes: o hemisfério esquerdo está orientado para o processamento de observações e informações detalhadas, enquanto o hemisfério direito está predominantemente envolvido com experiências periféricas e percepção de entidades. Além disso, o hemisfério direito também está orientado para os processos emocionais, enquanto o esquerdo lida com conceitos, abstrações e linguagem.

Parece que o reconhecimento de entidades atmosféricas acontece de maneira periférica e subconsciente, principalmente por meio do hemisfério direito. Em seu livro desafiador e muito detalhado *Master and His Emissary: The Divided*

Brain and the Making of the Western World, Iain McGilchrist atribui a tarefa de percepção periférica e integração dos múltiplos aspectos da experiência ao hemisfério direito: "O hemisfério direito é o único que presta atenção ao campo periférico de visão, de onde a nova experiência tende a vir; somente o hemisfério direito pode direcionar a atenção para o que chega a nós nos limites de nossa consciência, *independentemente do lado*. (...) Então, não é surpresa que, do ponto de vista fenomenológico, é o hemisfério direito que está sintonizado com a compreensão de qualquer coisa nova".[26] O hemisfério direito, com sua maior capacidade de integração, está constantemente buscando padrões nas coisas. Na verdade, sua compreensão se baseia no reconhecimento de padrões complexos.[27]

Interpretação reversa

→ *arquitetura como disciplina impura; artistas* versus *arquitetos*

Paisagens da arquitetura: a arquitetura e a influência de outros campos de investigação (2003/2010)

A tradição da arte não é um depósito, no entanto, a partir do qual se pode tomar emprestado, citar ou roubar sem permissão. É uma comunidade independente e valorizada, uma comunidade de conversação, troca e avaliação mútua e respeito. Não usamos apenas a sabedoria acumulada da arquitetura – Milan Kundera fala da "sabedoria do romance" e argumenta que todos os bons escritores consultam essa sabedoria[28] –, também alteramos a leitura de obras anteriores. Este processo reverso de influência histórica é muitas vezes esquecido, mas exige sensibilidade e responsabilidade especiais. Aldo van Eyck, um dos arquitetos fundamentais da segunda metade do século XX, que nos ensinou o significado humano da geometria e mostrou a importância dos estudos antropológicos para a arquitetura, foi, em certa ocasião, convidado a dar uma palestra sobre a influência de Giotto em Cézanne.[29] Em vez do tópico sugerido, no entanto, ele escolheu dar uma palestra sobre a influência de Cézanne em Giotto. Ele percebeu que o pensamento e a pintura de Paul Cézanne nos fizeram ver a obra de Giotto em um contexto totalmente novo. Estou mencionando essa interação reversa para enfatizar a natureza multidirecional e multidimen-

---

[26] Ibid., 47.

[27] Ilpo Kojo, "Mielikuvat ovat todellisia aivoille (Images are real for the brain)", em Helsingin Sanomat, Helsinki 16.3.1996. O artigo faz referência a uma pesquisa feita na Universidade de Harvard em meados dos anos 1990 sob a supervisão de Stephen Kosslyn.

[28] Milan Kundera, *Romaanin taide* (The Art of the Novel), Helsinki, WSOY, 1986, p. 165.

[29] Aldo van Eyck relatou o incidente ao autor em uma conversa, no início da década de 1980.

sional do trabalho de criação. Obras criativas tiram inspiração e se expandem para todas as direções possíveis simultaneamente, e novas obras seguem alterando constantemente e revisando nossa leitura da história; a história não é escrita como um projeto linear progressivo, e sim retrocede como um processo cíclico repetido.

J

Jogando com formas

→ *fundamentalismo; generosidade; matéria e tempo; metáfora*

Juhani Pallasmaa, *Encounters*, Helsinki: Rakennustieto Oy, 2005, 87–88

Ao se tornar uma profissão especializada, a arquitetura gradualmente se afastou de seu contexto intencional, evoluindo para uma disciplina cada vez mais determinada por suas próprias regras e sistemas de valores. A arquitetura agora é um campo da tecnologia que ainda acredita ser uma forma de expressão artística livre.

Em *Architecture and the Crisis of Modern Science*, o arquiteto e acadêmico mexicano Alberto Pérez-Gómez, um dos livros teóricos mais significantes sobre arquitetura nos últimos anos, identifica o beco sem saída intelectual no qual a arquitetura entrou: "A suposição de que a arquitetura pode derivar seu significado do funcionalismo, de jogos formais de combinações, da coerência ou racionalidade de estilo compreendido como uma linguagem ornamental ou o uso de tipo como estrutura geradora de projeto marca a evolução da arquitetura ocidental durante as últimas duas centenas de anos. A teoria, então, foi reduzida a um sistema autorreferencial, cujos elementos devem ser combinados por meio da lógica matemática, e deve fingir que seus valores e, portanto, seu significado, são derivados do próprio sistema".[1]

Não é fácil argumentar contra a linha de pensamento de Pérez-Gómez, que é reforçada de forma convincente por evidências históricas. Existe, também, prova adicional para demonstrar o afastamento da arquitetura de seu contexto e propósito adequados. Considero aqui um ponto de vista: a relação entre a forma de arquitetura e a forma como a arquitetura é vivenciada. O projeto tornou-se tão intensamente um tipo de jogo com a forma que a realidade da experiência de um edifício vem sendo ignorada. Cometemos o erro de pensar

---

[1] Alberto Pérez-Gómez, *Architecture and the Crisis of Modern Science*, Cambridge, MA, and London: The MIT Press, 1990, p. 4.

e avaliar um edifício como uma composição formal, não mais entendendo-o como uma metáfora, e muito menos vivenciando a outra realidade que está por trás da metáfora.

Devemos considerar, então, se as formas ou a geometria em geral podem dar origem à experiência e à emoção gerada pela arquitetura. Seriam as formas os verdadeiros e autênticos elementos da arquitetura? São mesmo esses elementos da arquitetura, como paredes, janelas ou portas, as unidades reais do verdadeiro efeito arquitetônico?

L

Limites

→ *humildade; tradição*

Juhani Pallasmaa, *As mãos inteligentes: a sabedoria existencial e corporalizada na arquitetura,* **Porto Alegre: Bookman Editora, 2013, 114–116**

Uma palavra que se ouve com frequência nos ateliês das escolas de arquitetura e em júris de concursos de arquitetura é "liberdade". A palavra parece descrever uma independência artística do projeto. A independência da tradição e dos precedentes, dos condicionantes estruturais ou materiais ou da razão pura é geralmente vista como uma dimensão da liberdade artística. No entanto, já Leonardo da Vinci nos ensinava que "a força nasce dos limites e morre com a liberdade".[1]

É instigante, de fato, que os grandes artistas de qualquer época raramente falem da dimensão da liberdade em sua obra. Eles enfatizam o papel das restrições e dos condicionantes em seus materiais e meio artístico, sua situação cultural e social e a formação de sua personalidade e estilo. A grandeza de um artista surge da identificação de seu próprio território e limites pessoais, e não de um desejo indeterminado pela liberdade. Em vez de ansiar pela liberdade, eles enfatizam o caráter disciplinado e condicionado pela tradição de sua forma de arte. Em suas memórias, *My Life and My Films*, Jean Renoir escreve sobre a "resistência da técnica"[2] ao se fazer cinema, enquanto Igor Stravinsky fala da "resistência do material e da técnica"[3] como importantes forças opostas em sua obra como compositor. Stravinsky despreza qualquer anseio pela liberdade: "Aqueles que tentam evitar a subordinação apoiam, de forma unânime, a visão oposta à tradição. Eles rejeitam os condicionantes e nutrem a esperança – sempre condenada

---

[1] Como citado em Igor Stravinsky, *Musiikin poetiikka* [The Poetics of Music], Helsinki, Octava Publishing Company, 1968, p. 75 (traduzido por Juhani Pallasmaa).

[2] Jean Renoir, *Elämäni ja elokuvani* [My Life and My Films], Helsinki, Love-Kirjat, 1974 (traduzido por Juhani Pallasmaa).

[3] Stravinsky, *op. cit.*, p. 66–67.

ao fracasso – de encontrar o segredo da força na liberdade. Eles não encontram nada além da arbitrariedade de excêntricos e desordem, perdem todo o controle, se desviam",[4] Stravinsky, o arquimodernista da música, enfatizando que a força e o significado da arte só podem derivar da tradição. Para ele, um artista que busca deliberadamente a novidade está preso em sua própria aspiração: "Sua arte torna-se única, de fato, no sentido de que seu mundo é totalmente fechado e não contém qualquer possibilidade de comunicação".[5] O compositor considera o conceito de tradição tão essencial à arte que conclui com a enigmática afirmação do filósofo catalão Eugeni d'Ors: "Tudo o que fica fora da tradição é plágio".[6]

Limites e restrições são igualmente importantes em todas as artes. Paul Valéry, o poeta, afirma de forma inequívoca: "a maior liberdade nasce do maior rigor".[7] Em seu livro *The Power of Limits* – que estuda a harmonia proporcional na natureza, arte e arquitetura, e, especialmente, a ocorrência repetida da proporção áurea nesses fenômenos – György Dóczi observa: "Em nossa fascinação por nossos poderes de invenção e conquista, perdemos de vista o poder dos limites".[8] Esta é uma sabedoria seminal para os nossos tempos – uma época que parece estar negligenciando a importância dos limites.

Ao rejeitar a sabedoria e a resistência da tradição, por um lado, a arquitetura também se desvia para uma uniformidade enfadonha, e, por outro, para uma anarquia de expressão sem raízes. Toda forma de arte tem sua ontologia, bem como seu campo característico de expressão, e limites são impostos por sua própria essência, estruturas internas e materiais. Gerar expressão de arquitetura a partir das realidades incontestáveis da construção é a longa tradição da arte da arquitetura. A linguagem tectônica da arquitetura, a lógica interna da construção em si, expressa gravidade e estrutura, a linguagem dos materiais, bem como os processos de construção e detalhes de conexão de materiais uns com os outros. Em minha opinião, a arquitetura surge da identificação e articulação das realidades da tarefa em questão, e não da fantasia individual. Aulis Blomstedt costumava aconselhar com sabedoria seus alunos na Universidade de Tecnologia de Helsinque: "A capacidade de imaginar situações da vida é um talento mais importante para um arquiteto do que o dom de fantasiar o espaço".[9]

---

[4] *Ibid.*, 75.

[5] *Ibid.*, 72.

[6] *Ibid.*, 59. A frase deriva do filósofo catalão Eugeni d'Ors, mas Stravinsky não menciona sua fonte. Luis Buñuel também cita esta frase em suas memórias, *My Last Sigh*, [New York, Vintage Book, 1973, p. 69–70], referindo-se à fonte apropriada.

[7] Valéry, *op. cit.*, p. 131.

[8] György Dóczi, "Preface", *in id.*, *The Power of Limits*, Boulder, Colorado and London, Shambhala Publications, 1981, página sem número.

[9] Blomstedt apresentou esta ideia de diferentes maneiras em suas aulas na Universidade de Tecnologia de Helsinque por volta de 1964–1966.

Limites e imensidade

→ *limites; microcosmos*

Infinito e limites: infinitude, eternidade e imaginação artística (2017)

Da mesma forma que flutuamos no *continuum* do espaço e do tempo, também estamos suspensos entre liberdade e limites, entre escolha e inevitabilidade. Nas artes, e, especialmente, na arquitetura, os limites são sempre mais essenciais do que a liberdade – os limites são reais, a liberdade é uma abstração, ideal, sonho e desejo. Ansiamos e sonhamos com a liberdade, mas só podemos pensar e agir dentro de limites. Também ansiamos pela juventude eterna e atemporalidade, mas somos apavorados pela ideia de uma vida interminável e uma petrificação final na atemporalidade. Tanto a infinitude do tempo quanto o fim do tempo implicam finitude e morte.

"A força nasce dos limites e morre com a liberdade", nos informou Leonardo.[10] De fato, na realidade existencial da arte, os limites são mais reais do que a imensidão. Como sugere o próprio título do livro de Erich Fromm, *Escape From Freedom*, sonhamos com a liberdade, mas estamos inevitavelmente destinados a fugir dela.[11] Além disso, no mundo utilitário e concreto da arquitetura, a materialidade, a gravidade e a presença são mais importantes do que a ideia utópica da liberdade ilimitada. Na verdade, a arquitetura só pode criar experiências de infinitude criando limites significativos. A arquitetura poderia até ser nomeada como a forma de arte que cria limites significativos e poéticos para a existência humana, tanto física quanto mental.

Linguagem da matéria

→ *tatilidade; matéria e tempo; filosofia na carne; tato*

A sensualidade da matéria: imaginação material, tatilidade e tempo (2012)

Os materiais e as superfícies têm suas próprias linguagens. A pedra fala de suas distantes origens geológicas, sua durabilidade e permanência inerentes. O tijolo nos faz pensar em terra e fogo, gravidade e nas antiquíssimas tradições da construção. O bronze evoca o extremo calor de sua fabricação, os antigos processos de fundição e o passar do tempo medido por sua pátina. A madeira fala de suas duas existências e escalas de tempo; sua primeira vida como uma árvo-

---

[10] Leonardo, como citado em Stravinsky, *op. cit.*, p. 72.
[11] Erich Fromm, *Escape from Freedom*, New York, Farrar & Rinehart, Inc., 1941.

re crescendo, e a segunda como um artefato humano feito pela mão cuidadosa do marceneiro ou carpinteiro. São todos materiais e superfícies que expressam de modo agradável o tempo em camadas, em vez dos materiais industrializados de hoje, que geralmente são planos, não envelhecem nem têm voz.

Como reação à perda de materialidade e experiência temporal em nossos ambientes, a arte e a arquitetura parecem estar se sensibilizando de novo às mensagens da matéria, bem como a cenas de erosão e decadência. Ao mesmo tempo, outros modos sensoriais além da visão estão se tornando cada vez mais canais de expressão artística. Como escreve Michel Serres: "Se uma revolução vier, ela terá que vir dos cinco sentidos".[12] Ashley Montagu, o antropólogo, expressa uma visão semelhante: "Nós, no mundo ocidental, estamos começando a descobrir nossos sentidos negligenciados. Essa crescente conscientização representa o que seria uma insurgência atrasada contra a dolorosa privação da experiência sensorial que temos sofrido em nosso mundo tecnologizado".[13]

A materialidade, erosão e destruição têm sido temas da arte contemporânea desde a Arte Povera, de Gordon Matta-Clark e de Anselm Kiefer, assim como os filmes de Andrei Tarkovsky e os inúmeros trabalhos atuais baseados em imagens de matéria. "Destruir e construir são igualmente importantes, e precisamos ter almas para um e outro", sugeriu Paul Valéry, e cenas de destruição e decadência são, de fato, populares na arte de hoje.[14] As instalações de arte de Jannis Kounellis expressam sonhos e memórias em aço enferrujado, carvão e aniagem, enquanto as massas autoritárias de ferro forjado ou laminado de Richard Serra e Eduardo Chillida despertam experiências corporais de peso e gravidade. Essas obras se dirigem diretamente aos nossos sistemas esquelético e muscular; eles são comunicações dos músculos do escultor para os do espectador. As obras de cera de abelhas, pólen e leite de Wolfgang Leib evocam imagens de espiritualidade, rituais e preocupações ecológicas, enquanto Andy Goldsworthy e Nils-Udo fundem a natureza e a arte por meio do uso de materiais, elementos e contextos da natureza em suas obras "biofílicas".

É evidente que a arte contemporânea e a arquitetura estão novamente reconhecendo a sensualidade e o erotismo da matéria. A popularidade da terra como tema e meio de expressão artística revela outra dimensão desse crescente interesse por imagens da matéria. O ressurgimento da imagem da Mãe Terra sugere que, depois da jornada utópica em direção à autonomia, imaterialidade, leveza e abstração, a arte e a arquitetura estão se movendo novamente em direção às imagens primordiais femininas de interioridade, intimidade e per-

---

[12] Michel Serres, *Angels: A Modern Myth*, New York, Flammarion, 1995, p. 71.

[13] Ashley Montagu, *Touching: The Human Significance of the Skin*, New York, Harper & Row, 1986, p. XIII.

[14] Paul Valéry, "Eupalinos or the Architect", in id., *Dialogues*, New York, Pantheon Books, 1956, p. 70.

tencimento. A modernidade esteve obcecada por imagens de partida e jornada, mas parece que imagens de retorno estão ganhando terreno novamente. Como lembra a famosa frase de Aldo van Eyck: "A arquitetura não precisa fazer mais, nem deveria fazer menos do que ajudar o retorno do homem ao lar".[15]

Livros (e arquitetura)

→ *teorizando a arquitetura*

Paisagens da arquitetura: a arquitetura e a influência de outros campos de investigação (2003/2010)

Quando jovem e arquiteto ambicioso, eu organizava meus livros em duas categorias: livros de arquitetura e outros livros. Mais tarde, eu percebi que todos os bons livros são livros sobre arquitetura no sentido essencial de que retratam a interação de indivíduos com seus ambientes, histórias de vida, instituições e costumes, bem como com outros indivíduos, e este é exatamente o mundo da vida em que a arquitetura acontece. Eu percebi que a essência da arquitetura não está nos edifícios como objetos físicos, e sim em seu papel como molduras por meio das quais o mundo é visto e como horizontes para se vivenciar e entender a condição humana. Os edifícios são instrumentos mentais, não simplesmente abrigos esteticamente refinados. A essência da arquitetura é essencialmente além da arquitetura. "Vamos supor uma parede: o que acontece atrás dela?", pergunta o poeta Jean Tardieu,[16] mas nós, arquitetos, raramente nos preocupamos em imaginar o que acontece por trás das paredes que erguemos. No entanto, imaginar a vida é mais importante do que fantasiar espaços, como meu mentor Aulis Blomstedt me ensinou há 40 anos.

Um pouco mais tarde, cheguei a uma nova compreensão: os livros que eu havia categorizado como não arquitetura pareciam revelar aspectos mais importantes da significância humana da arquitetura do que os livros escritos especificamente sobre a arte de construir e arquitetos. Há uma razão óbvia para isso; os livros de arquitetura lidam com seu tema como uma disciplina fechada, formalizada e, geralmente, convencional, enquanto poemas, romances e peças teatrais estão envolvidos com a própria base mental da qual a arquitetura surge. Essa observação se aplica a todas as formas de arte: pintura, escultura, fotografia, teatro, dança, música e cinema. Todos eles revelam a essência da aspiração artística e da expressão e valorizam a condição existencial por trás da expressão

---

[15] Hermann Hertzberger, Addie van Roijen-Wortmann, Francis Strauven, editors, *Aldo van Eyck*, Amsterdam, Stichting Wonen, 1982, p. 65.

[16] Como citado em Georges Perec, *Tiloja, avaruuksia* / [Espéces d'espaces], Helsinki, Loki-Kirjat, 1992, p. 50.

artística. Todas as artes são expressões do enigma existencial humano atemporal, e isso dá à arte egípcia, por exemplo, a voz pela qual ela se aproxima de nós e tem um impacto tão forte por meio do abismo de quatro milênios e meio.

As lições de arquitetura mais valiosas que já li se encontram na correspondência de Anton Tchekhov, que grava na consciência do leitor a essência do caráter humano e os aspectos trágicos e cômicos da vida. Ele também ensina as virtudes supremas da condensação e simplicidade na expressão artística; a poesia de Rainer Maria Rilke e seu romance *The Notebooks of Malte Laurids Brigge*, bem como suas cartas, revelam a natureza da sensibilidade poética e a interação osmótica entre o espaço externo do mundo e o espaço interno da mente. Rilke nos ensina o valor insubstituível da solidão e do silêncio como condições *sine qua non* para o trabalho criativo; os ensaios de Joseph Brodsky, nos quais ele analisa em detalhes poemas de Robert Frost, Anna Akhmatova e Osip Mandelstam, por exemplo, expõem a incrível arqueologia das imagens poéticas. Ele também nos ensina como o trágico, o vulgar e o banal são enobrecidos à medida que se condensam nas imagens espirituais da poesia. Além disso, ele convence o leitor da importância da incerteza e da insegurança para a mentalidade criativa. "A poesia é uma tremenda escola de insegurança e incerteza. (...) Escrever poesia, assim como lê-la, vai lhe ensinar humildade, e isso acontecerá bem rápido. Especialmente se você estiver escrevendo e lendo poesia".[17] A observação do poeta se aplica à arquitetura; ela certamente lhe torna humilde, especialmente se você estiver projetando e teorizando sobre ela. No meu caso pessoal, a esfera da incerteza se expande a cada dia, e desenvolvi uma grande suspeita de indivíduos que são seguros de si mesmos e do que estão falando. Na minha visão, um arquiteto arrogante e autoconfiante não entendeu o significado e a profundidade de sua profissão, ou mesmo de si próprio.

Devo adicionar à minha lista pessoal de livros mais significativos de arquitetura, pelo menos, os romances de Franz Kafka, Fiódor Dostoiévski, Thomas Mann, Hermann Hesse e Ítalo Calvino. *As cidades invisíveis*, de Calvino, é, sem dúvida, pura arquitetura em forma literária, arquitetura escrita, digamos. O mesmo vale para os contos de Jorge Luis Borges e a hilariante *Espéces d'espaces*, de Georges Perec. Gostaria de dizer que toda boa literatura é sobre a condição da arquitetura.

Algum tempo atrás, li o livro de Jorge Luis Borges intitulado *On Writing*,[18] no qual ele explica as origens e significados de sua imagem literária, por exemplo, do assustador conto "The End of the Duel", onde dois *gauchos* que se odiaram ao longo de suas vidas são capturados em uma guerra civil e forçados a realizar seu último ato de rivalidade em uma corrida em que estão com as gar-

---

[17] Joseph Brodsky, "In Memory of Stephen Spender", *in Id.*, *On Grief and Reason*, op. cit., p. 473 e 475.

[18] Jorge Luis Borges, *On Writing*, Hopewell, NJ, The Ecco Press, 1994.

gantas cortadas. Borges inverte nosso entendimento herdado da relação entre realidade e imaginação: "A realidade nem sempre é provável ou uma tendência. Mas se você estiver escrevendo uma história, tem que torná-la tão plausível quanto puder, caso contrário, a imaginação do leitor a rejeitará".[19] Na arquitetura, da mesma maneira, não é necessário fantasiar espaços e formas, e sim compreender genuinamente o comportamento humano, a experiência e a imaginação. Borges também adverte com sabedoria sobre a obsessão com a contemporaneidade: "Nenhum escritor de verdade tentou ser contemporâneo".[20] O desejo explícito de ser novo e contemporâneo é igualmente desastroso em nossa arte. A aspiração a ser sincero e autêntico só produz novidade significativa.

Já falei bastante sobre o valor da literatura para nossa compreensão da arquitetura. Permita-me fazer mais uma observação. Quando lemos um poema, o internalizamos e nos tornamos o poema. Quando leio um livro e o devolvo ao seu lugar na estante, o livro, na verdade, permanece em mim; se é uma ótima obra, ele se tornou parte de minha alma e meu corpo para sempre. O escritor checo Bohumil Hrabal dá uma descrição vívida da ação de ler: "Quando leio, na verdade, não leio; eu coloco uma frase bonita na minha boca e a chupo como uma bala dura de fruta ou a bebo como um licor até que o pensamento se dissolva em mim como álcool, infundindo meu cérebro e coração e percorrendo minhas veias até a raiz de cada vaso sanguíneo".[21] Da mesma maneira, as pinturas, filmes e edifícios se tornam parte de nós. As obras artísticas originam-se no corpo do criador e retornam ao corpo humano enquanto são vivenciadas.

Luz

→ *sacralidade*

O toque da luz: materialidade e tatilidade da iluminação (2011)

Cada espaço e lugar distinto tem sua luz típica, e a luz é frequentemente a característica que mais diretamente condiciona nosso humor. A luz é o mais forte condicionador da atmosfera de um lugar, o critério mais abrangente do caráter do espaço, lugar e ambiente. Pense na alegria e na energia revitalizante da luz da manhã, ou na luz romântica, mas cansada, da noite, na luz fresca de uma noite de luar, e na luz colorida emotiva do nascer e do pôr do sol. Nossos sentidos e ritmos corporais estão sintonizados e calibrados com os ciclos diários e sazonais de luz, assim como toda a vida neste planeta. A luz pode até mesmo caracterizar regiões geográficas inteiras, como as diferenças radicais entre a luz

---

[19] *Ibid.*, 45.

[20] *Ibid.*, 53.

[21] Bohumil Hrabal, *Too Loud a Solitude*, San Diego, New York, London: Harcourt, Inc., 1990, 1.

vertical inclemente das áreas equatoriais e a luz horizontal melancólica das regiões polares. A luz do verão nórdico sem noites é mágica e embriagante, enquanto a luz escassa na escuridão contínua da noite de inverno polar parece emanar de baixo, quando a neve reflete a mínima luz do firmamento e a torna misteriosamente visível. Uma das experiências mais sublimes de luz que podemos ter em qualquer lugar é vivenciar a aurora boreal, cujas cortinas eletrônicas fluorescentes ou coloridas podem subir a uma altura vertiginosa de cerca de 320 quilômetros.

A luz controla os processos de vida, e até mesmo certas atividades hormonais essenciais dependem da luz. Ela tem um profundo efeito sobre nosso humor, atividade e nível de energia. Nos países nórdicos, hoje, às vezes são usadas luzes artificiais brilhantes durante os meses mais escuros de inverno, tanto em lares quanto em cafeterias, para compensar a falta de luz natural e estimular nossas atividades hormonais cruciais.

Luz e sombra

A luz e a sombra que a acompanha conferem caráter e poder expressivo a volumes, espaços e superfícies, e revelam formatos, peso, dureza, textura, umidade, suavidade e temperatura dos materiais. O jogo de luz e sombra também conecta os espaços arquitetônicos com a dinâmica dos mundos físico e natural, estações e horas do dia. "O que há de mais misterioso do que a clareza? (...) O que há de mais caprichoso do que a forma como luz e sombra são distribuídas ao longo das horas e dos homens?" pergunta Paul Valéry.[22] A luz natural traz vida à arquitetura e conecta o mundo material com dimensões cósmicas. A luz é a respiração cósmica do espaço e do universo.

A luz tem suas próprias atmosferas, ambientes e expressões; é, sem dúvida, o meio mais sutil e emotivo de expressão da arquitetura. Nenhum outro meio na arte de edificar – configuração espacial, forma, geometria, proporção, cor ou detalhe – pode expressar emoções opostas tão profundas e sutis, da melancolia à alegria, da dor ao êxtase, da tristeza à felicidade. A mistura ocasional e feliz da luz fria da metade Norte do céu e da luz quente do hemisfério Sul no mesmo espaço pode dar origem a uma experiência de felicidade extática. Quando jovem arquiteto, entendia a luz apenas como um fenômeno quantitativo, porém, com o tempo, aprendi a compreender que, na verdade, ela expressa as características mais sutis, metafísicas e emotivas. Hoje, tento trazer luz natural para as áreas mais escuras de meus edifícios, onde ela é experienciada como um presente especial e um indicador da generosidade do arquiteto.

A luz e a sombra articulam o espaço em subespaços e lugares, e sua interação dá ao espaço seu ritmo, senso de escala e intimidade. Como disse Brancusi: "A arte deve dar de repente, tudo de uma vez, o choque da vida, a sensação de

---

[22] Valéry, *op. cit.*, p.107.

respiração";[23] na arquitetura, esta sensação de respiração é mediada pela luz. A luz direciona movimento e atenção criando hierarquias e pontos de importância e focos. As pinturas de Rembrandt e Caravaggio demonstram o poder da luz para definir hierarquia e um ponto de domínio. Nessas pinturas, figuras humanas e objetos são envoltos em um abraço acolhedor de luz suave e sombra misericordiosa. Nas pinturas de Georges de la Tour e Louis Le Nain, a luz de uma única vela é suficiente para criar um espaço acolhedor íntimo e um forte senso de foco. Devido a seu caráter frágil, a luz de vela é especialmente tátil; parece tocar objetos e superfícies como uma massagem suave. A luz de uma vela cria todo um universo de intimidade. Não é à toa que Gaston Bachelard escreveu um livro inteiro sobre a luz da vela.[24]

Alguns meses atrás, experienciei uma das obras de arte mais belas que já vi. Era a *Mulher segurando uma balança*, de Johannes Vermeer (1664), na Alte Pinakothek, em Munique. Já havia visto a pintura há cerca de 20 anos na National Gallery of Art, em Washington DC, mas na época ela não tocou minha alma tão forte e nobremente quanto agora. A luz entra atrás da cortina do canto superior esquerdo, abraça suavemente o recinto, ilumina as partes brancas do vestido da mulher com um brilho sagrado e apanha os objetos e pérolas da mesa como se colhesse frutas em um campo. Esta não é apenas luz para os olhos; esta luz acalentadora penetra diretamente em nosso coração.

Luz na arquitetura

Em contextos de arquitetura, a luz tem características que variam de forma dramática, como é o caso do disco de luz metafísico que desliza pelas paredes adornadas do Panteon; a folhagem imaterial da forma, ornamentação e luz das igrejas barrocas bávaras; o conjunto sinfônico das perfurações coloridas na grossa parede sul da Capela de Ronchamp, de Le Corbusier; a luz suavemente acolhedora e terapêutica da Igreja das Três Cruzes, de Alvar Aalto. A luz vibrante e musical das igrejas de Juha Leiviskä na Finlândia faz parecer que Mozart está tocando essas luzes. O uso de cor refletida por Leiviskä confere mais uma dimensão de sensualidade vibrante. Os melhores exemplos de luz na arquitetura transformam as edificações em instrumentos delicados para tocar a música da luz.

Luz contida, luz líquida

A luz tende a ser experiencial e emocionalmente ausente – vemos o objeto em vez da luz –, a luz é contida pelo espaço ou concretizada pela superfície que ilumina. "O sol nunca sabe quão grande ele é até atingir o lado de um edifício ou brilhar dentro de um recinto", sugere Louis Kahn, ecoando Wallace Stevens,

---

[23] Como citado em Eric Shanes, *Constantin Brancusi*, New York, Abbeville Press, 1989, p. 57.
[24] Gaston Bachelard, *The Flame of a Candle*, Dallas, TX, The Dallas Institute Publications, 1984.

o poeta norte-americano.[25] Por meio de uma matéria mediadora, como neblina, nevoeiro, fumaça, chuva, neve ou geada, a luz se transforma em uma substância iluminadora virtual. O impacto emotivo da luz é intensificado de maneira surpreendente quando ela é percebida como uma substância; a luz líquida parece um véu úmido na pele e parece até mesmo penetrar nos poros da nossa pele.

As pinturas de J. M. W. Turner e Claude Monet exemplificam esta envolvente luz atmosférica que se faz tangível pela umidade do ar. Os arranjos de luz natural de Alvar Aalto refletem frequentemente a luz por meio de uma superfície branca curva. O *chiaroscuro* criado pelas superfícies arredondadas de Aalto confere à luz uma materialidade, plasticidade e presença intensificada. Essa luz tem peso, temperatura, toque e sensação específicos. É uma luz moldada que parece matéria.

Além disso, instalações agradáveis para luz artificial, como as projetadas por Poul Henningsen e Alvar Aalto, articulam e moldam a luz, como se diminuíssem sua velocidade e fizessem reflexões brincalhonas para frente e para trás entre as superfícies e bordas do dispositivo de iluminação. As estreitas fendas nas coberturas dos edifícios de Tadao Ando e Peter Zumthor forçam a luz em finas folhas direcionais que cortam a escuridão do espaço como véus imateriais ou lâminas. Nos edifícios de Luis Barragán, como a Capela das Capuchinhas Sacramentárias, na Cidade do México, a luz se transforma em um líquido colorido e quente que até sugere características sonoras evocando um som imaginário de zumbido – o próprio arquiteto escreve sobre "o murmúrio plácido do silêncio interior".[26] As luzes, cores e reflexos na Casa Gilardi, de Barragán, criam um verdadeiro milagre visual, uma abstração de arquitetura que parece não fazer parte de nossa realidade terrena. Essa luz é uma Anunciação.

As instalações atmosféricas do artista islandês-dinamarquês Olafur Eliasson, como o seu *Projeto Tempo*, na Tate Modern, em Londres, em 2003, e as esculturas de Eduardo Chillida em alabastro branco translúcido são exemplos adicionais da magia da luz na arte contemporânea que inspiram a arquitetura.

A luz também pode mediar sensações de peso ou ausência de peso. Na Igreja e Mosteiro de São Hallvard, de Kjell Lund, em Oslo, a escuridão e o peso do espaço, sob o teto de concreto esférico e pendurado, são intensificados pelas escassas fontes de iluminação, e sentimos o peso ameaçador de um dilúvio. O ar do Menil Museum, de Renzo Piano, em Houston, Texas, é banhado por uma luz sem direção que parece eliminar completamente a força da gravidade.

---

[25] Louis Kahn, parafraseando Wallace Stevens em "Harmony Between Man and Architecture", *in* Louis I Kahn, *Writings, Lectures, Interviews*, New York, Rizzoli International Publications, 1991, p. 343.

[26] Comunicado oficial, Prêmio Pritzker de Arquitetura de 1980. Reimpresso em Raul Rispa, editor, *Barragán: The Complete Works*, London, Thames and Hudson, 1995, p. 205.

Luz e cor

Contudo, transformações, materializações e milagres de luz ainda mais inesperados ocorrem em obras de arte. As janelas coloridas da Capela Matisse, em Veneza, e muitas das obras de luz de James Turrell transformam a luz em ar colorido, invocando sensações delicadas de contato com a pele, temperatura e oscilação; esses espaços fazem com que nos sintamos mergulhados em uma substância transparente e colorida que transforma luz e cor em uma sensação tátil. Podemos flutuar na cor da mesma forma que flutuamos na água. Nossos olhos são uma especialização local do tecido da pele, e, de fato, podemos todos facilmente aprender a distinguir meia dúzia de cores pela pele de nossas costas. O uso que Steven Holl faz da luz e cor refletidas cria a sensação de uma mistura pulsante de cor e luz, uma condição que paradoxalmente realça tanto a imaterialidade quanto a concretude da luz. É uma luz carinhosa, respirante e curadora que nos conecta com a constante mudança da luz diurna e projeta uma atmosfera cósmica.

Luz negra

Os artistas criaram mais um paradoxo de iluminação: a luz negra. Algumas pinturas de Ad Reinhardt parecem retângulos negros até que nosso olhar prolongado reconhece uma tonalidade minúscula de luz na escuridão da pintura, e uma imagem muito sutil aparece. No entanto, não conseguimos decidir com segurança se o formato da cruz, que nossos olhos mal conseguem identificar, realmente existe na pintura ou se é apenas uma ilusão de óptica em nossa retina. Da mesma forma, as pinturas quase negras de Mark Rothko na Capela Rothko, em Houston, nos convidam a um fenômeno limite de experiência; desta vez sentimos que estamos testemunhando a linha de fronteira entre vida e morte, existência e não existência. Não seria essa luz escura o mesmo mensageiro do outro mundo que vemos na escuridão da pintura *A ilha dos mortos*, de Arnold Böcklin? "Vejo luz escura" foram as últimas palavras de Victor Hugo, escritor francês.

Além de pinturas, o cinema oferece exemplos inspiradores de luz atmosférica que cria uma ambiência específica, bem como de ameaça de sombra e escuridão. Por exemplo, a sequência em *Nostalgia* (1983) de Andrei Tarkovsky, na qual o protagonista, o poeta russo Andrei Gorchakov, entra em seu quarto de hotel em Bagno Vignoni e, distraído e sem intenção, cria uma extraordinária música de câmara ao simplesmente ligar e desligar diversas fontes de luz. É inútil perguntar qual "o significado" dessa sequência cinematográfica; ela é simplesmente deslumbrantemente bela e metafísica, como se estivéssemos vendo as luzes do universo sendo ligadas e desligadas. Pode-se ler ecos da nostalgia do poeta por sua casa na Rússia, sua alienação do mundo e de si mesmo, e de sua saúde debilitada, mas tudo isso tem pouco valor em relação à pura atmosfera existencial e a aura dessa música de luz.

Luz alienante

Na prática comum e atual da arquitetura, infelizmente, a luz costuma ser tratada apenas como um fenômeno quantitativo; os regulamentos e as normas de projeto geralmente especificam níveis mínimos exigidos de iluminação e tamanhos de janelas, mas não definem níveis máximos de luminância ou características desejadas da luz, como sua orientação, temperatura, cor ou reflexão. Além disso, nossos edifícios tendem a permitir luz demais e a distribuí-la de maneira muito uniforme, enfraquecendo, portanto, o senso de lugar, intimidade e sigilo. Um espaço uniformemente iluminado, sem sombras, tem um efeito nauseante e alienante. Não é de admirar que um meio poderoso de quebrar as defesas de um indivíduo em um interrogatório político ou uma sessão de tortura seja o uso de uma luz forte e impiedosa. Ao longo de milhões de anos, nosso sistema de visão foi ajustado à luz vindo de cima, não de baixo. Na seção final de *2001: Uma odisseia no espaço*, de Stanley Kubrick (1968), o recinto decorado em estilo quase rococó e iluminado de baixo através do piso de vidro é realmente perturbador, pois ele inverte a direção natural da luz – parece a luz da morte e do fim do mundo.

Desde meados do século XIX, a modernidade tem estado obcecada por grandes superfícies de vidro e, consequentemente, níveis excessivamente altos de iluminação. Não é de admirar que Luis Barragán, o alquimista da arquitetura moderna, argumentasse que a maioria dos edifícios modernos seria mais agradável com apenas metade de sua superfície de janela. "O uso de enormes janelas com vidros fixos (...) priva nossos edifícios da intimidade, do efeito de sombra e atmosfera. Os arquitetos de todo o mundo têm se enganado nas proporções que atribuem às grandes janelas sem caixilhos móveis ou nos espaços abertos para o exterior. (...) Perdemos o senso de vida íntima, e fomos forçados a viver vidas públicas, essencialmente longe de casa".[27]

---

[27] Alejandro Ramirez Ugarte, "Interview with Luis Barragán", *in* Enrique X de Anda Alanis, *Luis Barragán: Clásico del Silencio*, Bogota, Collección Somosur, 1989, p. 242.

M

Mãos informatizadas

→ *computador e imaginação; desenho; desenho à mão livre; visão periférica; perfeição e erro*

Juhani Pallasmaa, *As mãos inteligentes: a sabedoria existencial e corporalizada na arquitetura*, Porto Alegre: Bookman Editora, 2013, 97

Sem dúvida, seria uma visão ludita ignorante e preconceituosa negar os benefícios do computador. Em um período de tempo muito curto, a informática modificou completamente inúmeros aspectos da pesquisa, produção e vida cotidiana. Ela também mudou a prática da arquitetura de maneira irreversível. Contudo, ao mesmo tempo em que reconhecemos os benefícios do computador e das tecnologias digitais associadas, precisamos identificar os modos pelos quais eles se diferenciam dos instrumentos anteriores de projeto. Devemos considerar as limitações e os problemas que eles podem impor, por exemplo, nos aspectos mentais e sensoriais do trabalho do arquiteto.

Não há dúvida de que o computador facilita a maior parte dos aspectos da prática da arquitetura de maneira decisiva e, além de ser uma ferramenta de desenho rápido e preciso, tem sido bem aproveitado para análise, testagem e prototipagem virtual anterior à execução dos prédios. Além disso, o computador é utilizado para gerar diretamente formas artísticas, arquitetônicas e urbanas. Os problemas do projeto totalmente gerado por computador são evidentes particularmente nas fases mais sensíveis e nas etapas preliminares e vulneráveis do processo de projeto, quando a essência da arquitetura de uma edificação está sendo concebida e determinada. A mão com um pedaço de carvão, um lápis ou uma caneta cria uma conexão tátil direta entre o objeto, sua representação e a mente do projetista; o croqui, o desenho ou a maquete feito à mão é moldado na mesma espécie de materialidade física que o objeto que está sendo projetado e que o próprio arquiteto corporifica, enquanto as operações e o imaginário gerados por computador ocorrem em um mundo matemático, imaterial e abstrato.

Minha suspeita particular está na falsa precisão e aparente finitude da imagem computadorizada quando comparada à imprecisão natural e hesitação inata do desenho à mão livre, no qual somente por meio de repetição, tentativa e erro, e de uma certeza e precisão gradualmente alcançadas, culmina em uma resolução satisfatória. Essa é a estrutura inata de todo esforço criativo, descrito de maneira convincente quase meio século atrás por Anton Ehrenzweig em seus dois estudos pioneiros sobre o processo criativo, *The Psycho-Analysis of Artistic Vision and Hearing* (1953)[1] e *The Hidden Order of Art* (1967).[2] A frase de William James que Ehrenzweig cita na folha de rosto de seu primeiro livro deixa sua intenção muito clara: "Em suma, é para a restauração da imprecisão a seu lugar adequado na vida mental que eu estou tão ansioso para chamar atenção".[3] Ehrenzweig menciona a interessante sugestão de Jacques Hadamard "de que a geometria grega perdeu seu ímpeto criativo durante o helenismo devido a uma visualização precisa demais. Ela produziu gerações de calculistas e agrimensores, mas não verdadeiros geômetras. O desenvolvimento da teoria geométrica parou completamente".[4]

A precisão do pensamento e do desempenho, assim como da emoção, é crucial, mas apenas em contraponto e diálogo com o gigantesco imaginário da criação, universal, vago e totalmente abrangente. O papel fundamental da imprecisão é completamente ignorado nas filosofias e nos métodos pedagógicos de hoje.

Ehrenzweig afirma: "A criatividade está sempre relacionada com o momento feliz no qual todo controle consciente pode ser esquecido. O que não é suficientemente percebido é o conflito genuíno entre dois tipos de sensibilidade: o intelecto consciente e a intuição inconsciente (...) Não é uma vantagem se o pensador criativo tem de lidar com elementos que são precisos em si, como diagramas geométricos ou arquitetônicos".[5]

Sua relutância certamente deve se aplicar à falsa precisão da computação como meio de desenvolvimento de uma ideia, embora essa ferramenta inovadora não existisse na época de Ehrenzweig. A mão informatizada permite "o momento feliz no qual todo controle consciente pode ser esquecido"? Ela permite um imaginário multissensorial e uma identificação corporificada?

Ehrenzweig define ainda melhor a razão de sua suspeita sobre a excessiva precisão no projeto de arquitetura: "Os motivos preservam sua fertilidade somente se sua conexão com o resultado final permanecer obscura. Caso contrário, eles se transformam em dispositivos de montagem mecânica. Já mencionei como o projeto de arquitetura é prejudicado por sua tendência a visualizar com

---

[1] Anton Ehrenzweig, *The Psycho-Analysis of Artistic Vision and Hearing: An Introduction to a Theory of Unconscious Perception*, London, Sheldon Press, 1975.

[2] Ehrenzweig, *The Hidden Order of Art*, St. Albans Hertfordshire, Paladin, 1973.

[3] Ehrenzweig, *The Psycho-Analysis*, op. cit., folha de rosto III.

[4] Ehrenzweig, *The Hidden Order of Art*, op. cit., p. 58.

[5] *Ibid.*, 57.

precisão exagerada e pelo abuso de recursos diagramáticos (planta baixa, elevação, etc.). Esses recursos visuais parecem permitir uma apresentação exata do problema da arquitetura, porém, na verdade, o obscurecem. É vital para um bom projeto dividir o processo projetual em estágios que não tenham conexão óbvia com o resultado final".[6]

Em geral, o computador é apresentado com entusiasmo como uma invenção apenas benéfica que libera a fantasia humana. Penso, contudo, que a criação de imagens por computador tende a arrasar nossa magnífica capacidade de imaginação multissensorial e sincrônica ao tornar o processo de projeto uma manipulação visual passiva, uma avaliação da retina. O computador cria uma distância entre o artista e o objeto, ao passo que o desenho à mão ou a elaboração de uma maquete convencional põe o projetista em contato tátil com o objeto ou espaço. Em nossa imaginação, é como se tocássemos o objeto ou espaço projetado de dentro para fora. De forma mais direta, podemos dizer que na imaginação o objeto é simultaneamente segurado na palma da mão e dentro do cérebro: estamos ao mesmo tempo dentro e fora do objeto. Enfim, o objeto se torna uma extensão e parte do corpo do projetista.

Quando desenhamos à mão e com lápis ou caneta, a mão segue os contornos, as formas e os padrões do objeto, enquanto quando usamos um mouse e um computador, a mão geralmente seleciona as linhas de um conjunto de símbolos que não tem relação analógica – e, consequentemente, tátil ou emocional – com o objeto sendo representado. Se o desenho à mão é uma modelagem mimética de linhas, sombras e tons, o desenho no computador é uma construção mediada.

Outra ressalva que tenho é quanto ao relacionamento entre o todo e as partes que criam uma relação de duas vias e um *continuum* dialético nos processos de desenho manual e construção de maquetes, enquanto o processo computadorizado, em sua perfeição absoluta, tende a criar uma sensação de fragmentação e descontinuidade. As entidades só podem ser compreendidas quando suprimimos ou turvamos os detalhes e a exatidão.

As propriedades visuais e as proporções podem ser percebidas por meio de desenhos em qualquer escala, enquanto uma imaginação tátil geralmente exige o uso do desenho em escala real. Embora o desenho no computador efetivamente aconteça em uma realidade de um para um, a conexão tátil com a imaginação por meio da mão tende a enfraquecer o sentido tátil da entidade projetada no desenho gerado pelo computador. Os projetos de arquitetura totalmente gerados por meio de computador realmente podem ter um apelo sedutor superficial, mas, na verdade, eles ocorrem em um mundo no qual o observador não tem pele, mãos ou corpo. O projetista em si se mantém um estranho em relação a seu próprio projeto e corpo. Os desenhos gerados por computador são instrumentos para um observador sem corpo.

---

[6] *Ibid.*, 66.

Pessoalmente, recomendo muito o desenho à mão e o trabalho com maquetes convencionais nas fases iniciais dos projetos realizados tanto nas faculdades de arquitetura como nos escritórios profissionais. Em muitas discussões sobre as relações entre o trabalho manual e o projeto gerado por computador em várias escolas ao redor do mundo, tenho sugerido que todos os estudantes de projeto e arquitetura deveriam primeiramente aprender a trabalhar com seus imaginários mentais internalizados e suas mãos, antes de poder usar o computador. Em minha opinião, o computador não irá atrapalhar muito depois que o aluno tiver aprendido a usar sua imaginação e tiver internalizado o processo crucial de corporificar uma tarefa de projeto. Sem esta internalização mental, todavia, o processo de projeto por computador tende a se transformar em uma jornada apenas da retina na qual o aluno permanece um observador alheio que não construiu um modelo mental forte da realidade imaginada. Acredito que todo aluno deveria ser submetido a um teste que comprove sua capacidade de imaginação mental antes que lhe seja permitido o uso do computador.

O projeto auxiliado por computador geralmente recebe apoio com o argumento de que ele permite a representação gráfica de situações espaciais, topológicas e formais complexas que de outra forma seriam impossíveis de conceber e executar. A Igreja das Três Cruzes, que Alvar Aalto projetou em Imatra (1955–1958), talvez seja tão complexa em sua espacialidade totalmente moldada em três dimensões quanto qualquer um dos prédios projetados por computador nos dias de hoje. No entanto, a igreja é um prédio extraordinariamente plástico e sensual, com um poderoso senso de realidade material e estrutural. Ela é poderosamente real, e devido ao seu forte senso de materialidade e construção, toca e desperta nosso corpo e nossa imaginação de maneira tão graciosa. Essa obra de arquitetura existe de maneira plena e confortável na mesma realidade de vida que nossos corpos ocupam – ela não é um espaço matemático sem peso ou escala. Ainda assim, o prédio foi projetado antes da era do computador, e para preparar seu escritório para esta tarefa de projeto excepcionalmente complexa, Alvar Aalto enviou à Universidade de Helsinque seu principal assistente para o trabalho – Kaarlo Leppänen, um talentoso arquiteto finlandês – para renovar seus conhecimentos de trigonometria durante alguns meses.

Sinto que devo reenfatizar meu propósito: não estou discursando contra o computador. Estou meramente afirmando que o computador é uma ferramenta fundamentalmente diferente dos instrumentos tradicionais de desenho e dos métodos de construir maquetes de arquitetura convencionais. A linha feita com carvão, lápis ou caneta é uma linha expressiva e cheia de emoções, assim como uma maquete construída pelas mãos humanas. Ela consegue expressar hesitação e certeza, julgamento e paixão, tédio e animação, afeição e repulsão. Cada movimento, peso, tom, espessura e velocidade da linha traçada à mão possui um significado particular. A linha feita à mão é uma linha espacial: ela está inserida em um espaço perceptivo ou imaginado distinto. Em comparação com a riqueza expressiva e a vida emocional da linha feita à mão, a linha do computador é uma conexão lacônica e uniforme entre dois pontos (a linha gerada por computador pode, é claro, ser articulada de modo a simular a linha feita à mão, mas sua essência é a realidade sem emoção do espaço matemático).

Mãos inteligentes

→ *mãos informatizadas; desenho à mão livre; corpo pensante; conhecimento e pensamento corporificados*

Juhani Pallasmaa, *As mãos inteligentes: a sabedoria existencial e corporalizada na arquitetura*, Porto Alegre: Bookman Editora, 2013, 93–97

Ao esboçar um espaço imaginado ou um objeto, a mão está em uma colaboração e interação direta e delicada com a imagem mental. A imagem surge simultaneamente com uma imagem mental interna e o esboço mediado pela mão. É impossível saber qual surgiu primeiro: a linha no papel, o pensamento ou a consciência de uma intenção. De certa maneira, a imagem parece se desenhar por meio da mão humana.

John Berger destaca essa interação dialética da realidade externa e interna: "Cada linha que desenho reforma a figura no papel e, ao mesmo tempo, redesenha a imagem em minha mente. E, além disso, a linha desenhada redesenha o modelo, porque muda minha capacidade de percepção".[7] Henri Matisse faz uma observação semelhante: "Quando pinto um retrato, volto repetidas vezes para meu esboço, e cada vez é um novo retrato que estou pintando: não um que estou melhorando, mas um completamente diferente que estou iniciando; e cada vez eu extraio de uma mesma pessoa um ser diferente".[8] É evidente que o ato de desenhar mistura percepção, memória e um senso de si e da vida: um desenho sempre representa mais do que seu tema real. Cada desenho é um testemunho. "Um desenho de uma árvore mostra, não uma árvore, mas uma árvore-sendo-observada. (...) Dentro do instante da visão de uma árvore, uma experiência de vida é estabelecida".[9] Um desenho não reproduz a árvore tal como se manifesta na realidade objetiva; o desenho registra a forma como a árvore é vista ou experienciada.

A imagem mental inicial pode surgir como uma entidade visual, mas também pode ser uma impressão tátil, muscular ou corporal, ou uma sensação amorfa que a mão concretiza em um conjunto de linhas projetando um for-

---

[7] John Berger, *Berger on Drawing*. Aghabullogue, Co. Cork, Ireland: Occasional Press, 2007, p. 112.

[8] Henri Matisse, "Looking at life with the eyes of a child", in Jack D Flam, editor, *Matisse on Art*, New York: EP Dutton, 1978, p. 149.

[9] Berger, *Op. cit.*, p. 71.

mato ou estrutura. Não se consegue saber se a imagem surgiu primeiro em sua mente e foi registrada pela mão, ou se a imagem foi produzida pela mão de forma independente, ou se ela surgiu como resultado de uma colaboração perfeita da mão e do espaço mental do desenhista. Muitas vezes, é o próprio ato de desenhar, o profundo envolvimento no ato de pensar inconscientemente por meio da criação, que dá origem a uma imagem ou ideia. O segundo significado da palavra inglesa *drawing* – puxar – aponta para esse significado essencial do desenho como um meio de retirar, revelar e concretizar imagens e sentimentos internos, tanto quanto de registrar um mundo externo. A mão sente o estímulo invisível e amorfo, puxa-o para o mundo do espaço e da matéria e dá-lhe uma forma. "Tudo o que seus olhos veem, ele toca: John Berger comenta sobre a tangibilidade de um desenho de Vincent van Gogh."[10] Esse ato de tocar os objetos da observação ou dos sonhos, íntimos ou remotos, é o que dá origem ao processo criativo.

Da mesma maneira, no ato de escrever, muitas vezes – talvez até mesmo na maioria das vezes – é o processo da escrita em si que dá origem a ideias inesperadas e a um fluxo mental especialmente fluido e inspirado. Não há dúvida de que a mão tem um papel crucial também na escrita. Mas não apenas a mão, pois até mesmo escrever poesia ou música é um ato corporificado e existencial. Charles Tomlinson, o poeta, destaca a base corporal na prática da pintura e da poesia: "A pintura desperta a mão, traz para dentro de si seu senso de coordenação muscular, seu senso do corpo, digamos. A poesia também, na medida em que gira em torno de suas tensões, avança sobre os fins de verso, ou descansa nas pausas de verso, também faz com que todo o homem e seu senso de identidade corporal entrem em jogo".[11]

John Berger propõe uma descrição poética dos atos corporificados, internalizações e projeções que ele imagina ocorrerem no processo de desenho de van Gogh: "Os gestos vêm de sua mão, seu pulso, seu braço, ombro, talvez até dos músculos do pescoço; ainda assim, os traços que ele risca no papel estão seguindo correntes de energia que não são fisicamente dele e que só se tornam visíveis quando ele os desenha. Correntes de energia? A energia do crescimento de uma árvore, da busca de uma planta por luz, da necessidade de acomodação de um galho com seus galhos vizinhos, das raízes de cardos e arbustos, do peso de rochas acomodadas em uma encosta, da luz do sol, da atração da sombra para tudo o que é vivo e sofre com o calor, do Mistral do Norte, que moldou os estratos de rocha".[12]

---

[10] *Ibid.*, p. 16.

[11] Charles Tomlinson, "The poet as a painter", *in* JD McClatchy, editor, *Poets on Painters*, Berkeley, Los Angeles and London: University of California Press, 1990, p. 280.

[12] Berger. *Op. cit.*, p. 14.

Na descrição de Berger, os músculos de todo o corpo do artista parecem participar do ato físico de desenhar, mas o ato retira sua energia do próprio objeto. É evidente que a compreensão comum do desenho e da pintura como esforços puramente visuais é completamente equivocada. Devido à espacialidade inata e concreta da arquitetura e à sua essência corporificada e existencial irrefutável, uma compreensão visual desta forma de arte também é grosseiramente enganosa.

A modernidade, em grande parte, tem estado obcecada pela visão e suprimido o tato, porém, muitos artistas visuais têm se preocupado com o sentido tátil. Por exemplo, Brancusi exibiu sua *Sculpture for the Blind* (1916), em 1917, em Nova York, oculta por um saco de tecido, de modo que só pudesse ser experienciada por meio do tato.[13]

Ecoando a ideia de Brancusi, Sanda Iliescu, da Universidade da Virginia, ensina desenho para estudantes de arquitetura por meio do sentido do tato. Os objetos que os alunos desenham são colocados dentro de um volume cúbico feito de pano preto e provido de mangas pelas quais se pode estudá-los tocando-os com a mão. É notável que os alunos prestam atenção a características e qualidades completamente diferentes dos objetos, em seus desenhos, quando os observam por meio das mãos em vez dos olhos. Desenhos do tato são também distintamente diferentes dos desenhos de observação visual em sua atmosfera geral.

A união olho-mão-mente é normalmente o modo de fazer artístico, mas também houve sérias tentativas de enfraquecer ou eliminar este circuito fechado.

Meu professor e mentor Aulis Blomstedt gostava de desenhar com os olhos fechados para eliminar a coordenação íntima entre olhos e mãos. Alguns artistas de hoje, como Brice Marden, desenham com longas varas para emancipar a linha do rígido controle da mão. Os expressionistas abstratos, como Jackson Pollock e Morris Louis, espalhavam suas cores na tela por meio da força da gravidade e de vários processos de derramamento e lançamento de tinta, em vez de usar a orientação visual do olho e o controle muscular da mão. Cy Twombly experimentou esboçar no escuro e, durante algum tempo, ele também se forçou a desenhar com a mão esquerda.[14]

Matéria e tempo

→ *fundamentalismo; brincando com as formas; ruínas; tempo; a água e o tempo*

---

[13] O amigo do escultor, Henri-Pierre Roché, relata: "Foi exposta (...) dentro de um saco dotado de mangas por meio das quais as mãos podiam entrar", *in* Eric Shanes, *Constantin Brancusi*, New York: Abbeville Press, 1989, p. 74.

[14] Richard Lacayo, "Radically retro", *in Time*, Vol. 172, n. 6, 2008, p. 47.

Juhani Pallasmaa, "Matter and Time. Notes on Fragile Architecture", in Id., Encounters, Helsinki: Rakennustieto Oy, 2005, 323–324

"A arquitetura não trata apenas de domesticar o espaço", escreve Karsten Harries, "ela também é uma profunda defesa contra o terror do tempo. A linguagem da beleza é essencialmente a linguagem da realidade atemporal".[15] A tarefa da arquitetura de nos fornecer um lar no espaço é reconhecida por muitos arquitetos, mas sua segunda tarefa – a de mediar a nossa relação com a assustadora dimensão efêmera do tempo – geralmente é desconsiderada.

Em sua busca pelo artefato autônomo perfeitamente articulado, a principal vertente da arquitetura moderna prefere materiais e superfícies que produzem aplanamento, abstração imaterial e atemporalidade. A brancura, nas palavras de Le Corbusier, serve "ao olho da verdade", mediando, assim, valores morais e objetivos.[16] A superfície moderna é tratada como uma fronteira abstrata de volume e tem uma essência conceitual, em vez de sensorial. Essas superfícies tendem a permanecer mudas, enquanto forma e volume são priorizadas; a forma é vocal, enquanto a matéria permanece muda. A aspiração à pureza geométrica e à estética reducionista enfraquece ainda mais a presença da matéria, da mesma maneira que uma leitura forte de figura e contorno diminui a interação de cor na arte da pintura; todos os verdadeiros coloristas na pintura usam uma *gestalt* fraca para maximizar a interação de cor. A abstração e perfeição nos transportam para o mundo das ideias, enquanto matéria, envelhecimento e decadência fortalecem a experiência de tempo, causalidade e realidade.

Como consequência de seus próprios ideais formais, a arquitetura contemporânea geralmente cria para o olho ambientes que parecem se originar em um único momento do tempo e evocam a experiência de uma temporalidade achatada. A visão nos coloca no presente, enquanto a experiência tátil evoca a experiência de um *continuum* temporal. Os processos inevitáveis de envelhecimento, deterioração e desgaste geralmente não são considerados como elementos conscientes e positivos no projeto; o artefato arquitetônico frequentemente existe em um espaço atemporal, uma condição artificial separada da realidade do tempo.[17] A arquitetura da era moderna aspira a uma juventude eterna e a um presente perpétuo. Os ideais de perfeição e completude afastam ainda mais o objeto arquitetônico da realidade do tempo e das marcas de uso. Consequentemente, nossos edifícios têm se tornado vulneráveis ao efeito do

---

[15] Karsten Harries. "Building and the Terror of Time", *in Perspecta*, The Yale University Journal, issue 19, Cambridge, MA, and London, The MIT Press, 1982, como citado em David Harvey. *The Condition of Postmodernity*. Cambridge, Blackwell, 1992, p. 206.

[16] Le Corbusier, como citado em Mohsen Mostafavi e David Leatherbarrow. *On Weathering*. Cambridge, MA, and London. The MIT Press, 1993, p. 206.

[17] Mostafavi, Leatherbarrow. *op. cit.*, 76.

tempo – literalmente, uma vingança do tempo. Em vez de oferecer características positivas de profundidade e autoridade, o tempo e o uso atacam nossos edifícios destrutivamente.

Um exemplo particularmente instigante sobre a necessidade humana de vivenciar e ler o tempo por meio da arquitetura é a tradição de ruínas projetadas e construídas, uma moda que se tornou mania na Inglaterra e na Alemanha do século XVIII. Enquanto construía sua própria casa em Lincoln's Inn Fields – que, por sinal, incluía imagens de ruínas – Sir John Soane imaginou o prédio como uma ruína ao escrever um estudo fictício de um futuro antiquário.[18]

No entanto, há arquitetos da nossa época que evocam experiências curativas sobre o tempo. A arquitetura de Sigurd Lewerentz, por exemplo, conecta-nos com o tempo profundo; seus trabalhos obtêm seu poder emotivo único por meio de imagens de matéria que falam de mistério e profundidade opacos, escuridão e sombra, enigmas metafísicos e morte. A morte se transforma em uma imagem espelhada da vida; Lewerentz nos permite ver nossa morte sem medo, e no *continuum* de duração atemporal, o "útero do tempo", para usar a expressão de Shakespeare, de *Otelo*. As igrejas de São Pedro e São Marcos, de Lewerentz, são sonhos de tijolos de adobe da mesma maneira que as esculturas e os prédios de Michelangelo são sonhos de mármore; o observador tem permissão para entrar na inconsciência do dia e da pedra.

A linguagem da matéria

Materiais e superfícies possuem uma linguagem própria. A pedra fala de suas antiquíssimas origens geológicas, sua durabilidade e simbolismo inerente de permanência; o tijolo nos faz pensar em terra e fogo, na gravidade e nas longas tradições de construção; o bronze evoca o calor extremo de sua fabricação, os processos de fundição e o passar do tempo medido em sua pátina. A madeira fala de suas duas existências e escalas de tempo: sua primeira vida como árvore crescendo, e a segunda, como artefato humano feito com cuidado pela mão de um carpinteiro ou marceneiro. Todos esses são materiais e superfícies que falam prazerosamente do tempo.

Em reação à perda da materialidade e da experiência temporal, parece que estamos novamente ficando sensíveis às mensagens da matéria, bem como às cenas de erosão e decadência. A materialidade, a erosão e as ruínas são temas recorrentes na arte contemporânea, desde a Arte Povera e Gordon Matta-Clark até Anselm Kiefer e os filmes de Andrei Tarkovsky. A arte de Jannis Kounellis expressa sonhos e memórias da matéria, enquanto massas únicas e autoritárias de ferro forjado e aço de Richard Serra e Eduardo Chillida despertam experiências corporais de peso e gravidade. Essas obras se dirigem diretamente ao nosso

---

[18] John Soane, "Crude hints", *in Visions of Ruin: Architectural Fantasies & Design for Garden Follies*. London, John Soane Museum, 1999.

sistema esquelético e muscular; elas se comunicam dos músculos do escultor para os do observador. A arte e a arquitetura contemporâneas estão reconhecendo novamente a sensualidade e o erotismo da matéria. A popularidade da terra como tema e meio de expressão artística é outro exemplo desse crescente interesse em imagens de matéria. A imagem da Mãe Terra sugere que, após a jornada utópica em direção à autonomia, imaterialidade, leveza e abstração, a arte e a arquitetura estão retornando às imagens arcaicas femininas de interioridade, intimidade e pertencimento.

A colagem e a montagem são técnicas populares na representação artística contemporânea; esses meios permitem uma densidade arqueológica e uma narrativa não linear por meio da justaposição de imagens fragmentadas derivadas de origens irreconciliáveis. A colagem revigora a experiência da tatilidade e do tempo. A colagem e o cinema são as formas de arte mais características do nosso século, e essas formas de produção de imagens têm penetrado em todas as outras formas de arte, incluindo a arquitetura.

Imaginação material

Em sua investigação fenomenológica da imagem poética, Gaston Bachelard faz uma distinção entre "imaginação formal" e "imaginação material".[19] Ele sugere que imagens resultantes da matéria projetam experiências mais profundas e significativas do que imagens resultantes da forma. A matéria evoca imagens e emoções inconscientes, mas a modernidade, em geral, tem se preocupado principalmente com a forma. No entanto, um envolvimento com a imaginação material parece caracterizar toda a "outra tradição do Modernismo", usando o título do livro de Colin Saint John Wilson.[20]

Alvar Aalto, ao se afastar da retinalidade do Movimento Moderno em direção a um engajamento multissensorial, deu um passo distinto em direção a "imagens da matéria". É significativo que, ao mesmo tempo, ele tenha rejeitado o ideal universalista do Movimento Moderno em favor de aspirações regionalistas, orgânicas, históricas e românticas. A arquitetura episódica de Aalto suprime o predomínio de uma imagem visual singular. Sua arquitetura não é ditada por uma ideia conceitual dominante até o último detalhe; em vez disso, o trabalho de Aalto cresce por meio de cenas de arquitetura separadas, episódios e elaborações de detalhes. Em vez de um conceito intelectual opressivo, o todo é mantido coeso pela constância de uma atmosfera emocional, uma chave de arquitetura, digamos.

---

[19] Gaston Bachelard, "Introduction". in id., *Water and Dreams: An Essay on the Imagination of Matter*. Dallas, TX, Dallas Institute, 1983, p. 1.

[20] Colin St John Wilson. *The Other Tradition of Modern Architecture*. London, Academy Editions, 1995.

Em meados dos anos 1930, Erik Gunnar Asplund, Erik Bryggman e Alvar Aalto fizeram movimentos surpreendentemente paralelos e muito diferentes das estéticas reducionistas do Funcionalismo em direção a uma arquitetura de camadas e multissensorial. Asplund descreveu essa mudança de ideais em uma palestra em 1936: "A ideia de que somente o projeto que é compreendido visualmente pode ser arte é uma concepção limitada. Não, tudo compreendido por nossos outros sentidos por meio de toda a nossa consciência humana e que tem a capacidade de comunicar desejo, prazer ou emoções também pode ser arte".[21]

Essa transição sinaliza uma partida da arquitetura moderna predominantemente visual e masculina para uma sensibilidade tátil e feminina. O sentimento de controle externo e efeito visual é substituído por um aumento da interioridade e intimidade tátil. A materialidade sensual e o senso de tradição evocam uma experiência benéfica de duração natural e *continuum* temporal. Enquanto a arquitetura da geometria tenta construir barragens para interromper o fluxo do tempo, a arquitetura tátil e multissensorial torna a experiência do tempo curativa e prazerosa. Essa arquitetura não luta contra o tempo; ela reifica o curso do tempo e o torna aceitável. Essa arquitetura busca acomodar em vez de impressionar, evocar domesticidade e conforto em vez de admiração e espanto.

Memória

→ *matéria e tempo; realidade e imaginação; raízes e biologia; velocidade; velocidade e tempo*

Identidade, memória e imaginação: paisagens de recordação e de sonho (2007)

As construções humanas também têm a tarefa de preservar o passado e nos permitir vivenciar e compreender o *continuum* da cultura e da tradição. Não existimos apenas em uma realidade espacial e material, mas também habitamos realidades culturais, mentais e temporais. Nossa realidade existencial e vivida é uma condição densa, com camadas e constantemente oscilante. A arquitetura é essencialmente uma forma de arte de reconciliação e mediação, e, além de nos estabelecer no espaço e lugar, as paisagens e os edifícios articulam nossas experiências de duração e tempo entre as polaridades do passado e do futuro. De fato, juntamente com todo o *corpus* da literatura e das artes, as paisagens e os edifícios constituem a maior externalização da memória humana. Compreendemos e nos lembramos de quem somos por meio de nossas construções, tanto materiais quanto mentais. Também julgamos culturas estrangeiras e

---

[21] Erik Gunnar Asplund, "Konst och Teknik [Art and technology]", *in* Stuart Wrede, *The Architecture of Erik Gunnar Asplund*. Cambridge, MA, and London, The MIT Press, 1980, p. 153.

passadas por meio das evidências fornecidas pelas edificações que produziram. Os edifícios projetam narrativas épicas.

Todos lembramos da forma como as imagens de arquitetura foram utilizadas como dispositivos mnemônicos pelos oradores da antiguidade. Edificações reais, bem como simples lembranças de imagens e metáforas de arquitetura, servem como dispositivos de memória significativos de três maneiras diferentes: em primeiro lugar, materializam e preservam o curso do tempo e o tornam visível; em segundo lugar, concretizam lembranças ao conter e projetar memórias; em terceiro lugar, nos estimulam e nos inspiram a lembrar e imaginar. Memória e fantasia, lembranças e imaginação, ambas estão relacionadas e sempre têm um conteúdo situacional e específico. Alguém que não consegue se lembrar dificilmente pode imaginar, pois a memória é a base da imaginação. A memória também é o fundamento da identidade pessoal; somos o que lembramos.

As estruturas arquitetônicas facilitam a memória; nosso entendimento da profundidade do tempo seria decisivamente pior, por exemplo, sem a imagem das pirâmides em nossas mentes. A mera imagem de uma pirâmide marca e concretiza o tempo. Também nos lembramos da nossa infância em grande parte por meio das casas e lugares em que vivemos. Projetamos e escondemos partes de nossas vidas em paisagens e casas habitadas, exatamente como os oradores colocavam temas de suas falas no contexto de edifícios imaginados. A recordação de lugares e ambientes provoca a recordação de eventos e pessoas. " Eu era um filho daquela casa, preenchido por memórias de seus cheiros, pelo frescor de seus corredores, pelas vozes que lhe deram vida. Havia até a canção dos sapos nas poças d'água; eles vieram ficar comigo aqui", relembra Antoine de Saint-Exupéry, o lendário piloto e escritor, após ter caído com seu avião em um deserto de areia no norte da África.[22]

Existem, é claro, tipos específicos de edifícios, como monumentos, túmulos e museus, que são deliberadamente concebidos e construídos com o propósito de preservar e evocar memórias e emoções específicas; os prédios podem manter sentimentos de tristeza e êxtase, melancolia e alegria, bem como de medo e esperança. Todos os edifícios mantêm nossa percepção de duração e profundidade temporais e registram e sugerem narrativas culturais e humanas. Não podemos conceber ou lembrar o tempo como uma mera dimensão física; só podemos compreender o tempo por meio de suas concretizações; as trilhas, lugares e eventos da ocorrência temporal. Joseph Brodsky aponta outra deficiência da memória humana ao escrever sobre as imagens compostas de cidades na memória humana e encontra essas cidades sempre vazias: "A cidade da memória está vazia porque para a imaginação é mais fácil evocar arquitetura

---

[22] Antoine de Saint-Exupéry. *Wind, Sand and Stars*. London, Penguin Books, 1991, p. 39.

do que seres humanos".²³ Seria esta a razão inerente pela qual nós, arquitetos, tendemos a pensar mais na existência material da arquitetura do que na vida e nas situações humanas que ocorrem nos espaços que projetamos?

Memória corporificada

→ *conhecimento e pensamento corporificados; sentidos I; compreensão corporificada; mãos inteligentes*

Identidade, memória e imaginação: paisagens de recordação e sonho (2007)

Lembrar não é apenas um evento mental; também é uma ação de corporificação e projeção. As memórias não estão ocultas apenas nos secretos processos eletroquímicos do cérebro; elas também estão armazenadas em nossos esqueletos, músculos e pele. Todos os nossos sentidos e órgãos pensam e lembram.

Posso lembrar centenas de quartos de hotel ao redor do mundo, que habitei temporariamente durante minhas cinco décadas de viagens, com seus móveis, esquemas de cores e iluminação, porque investi e deixei partes do meu corpo e da minha mente nesses quartos anônimos e insignificantes. O protagonista de *In Search of Lost Time* (Em busca do tempo perdido) de Marcel Proust reconstrói sua própria identidade e localização por meio de sua memória corporificada: "Meu corpo, ainda muito pesado de sono para se mover, tentava construir, com base no padrão de sua fadiga, a posição de seus diversos membros, para, então, deduzir a direção da parede, a localização dos móveis, para montar e dar um nome à casa em que ele estava. Sua memória, *a memória composta de suas costelas, joelhos, escápulas, oferecia-lhe uma série inteira de quartos em que tinha dormido em um momento ou outro*, enquanto as paredes invisíveis, mudando e se adaptando à forma de cada quarto sucessivo que ele recordava, o giravam na escuridão (...) meu corpo lembraria de cada quarto, sucessivamente, o estilo da cama, a posição das portas, o ângulo de incidência da luz do sol entrando pelas janelas, se havia um corredor fora, o que eu tinha em mente quando dormi e o que ali encontrei ao acordar".²⁴ Novamente, estamos encontrando uma experiência que lembra uma composição cubista fragmentada. Ensinam-nos a pensar na memória como uma capacidade cerebral, mas o ato de recordar envolve todo o nosso corpo.

"A memória corporal é (...) o centro natural de qualquer relato sensível da lembrança", argumenta o filósofo Edward S. Casey em seu livro seminal

---

²³ Joseph Brodsky. "A Place as Good as Any", *in Id.*, *On Grief and Reason*. New York: Farrar, Straus and Giroux, 1997, p. 43.

²⁴ Marcel Proust, *In Search of Lost Time: Swann's Way*, London, The Random House, 1992, p. 4–5.

Remembering: a Phenomenological Study, e conclui: "Não há memória sem memória corporal".[25] Em minha opinião, podemos dizer ainda mais: o corpo não é apenas o local da lembrança, é também o local e meio de todo o trabalho criativo, incluindo o trabalho do arquiteto.

Memórias coletivas

→ *museus do tempo; tradição; velocidade; velocidade e tempo*

Identidade, memória e imaginação: paisagens de recordação e sonho (2007)

Grupos coletivos e até mesmo nações compartilham certas experiências de espaço existencial que constituem suas identidades coletivas e senso de união. Talvez sejamos mantidos juntos por nossas memórias compartilhadas mais do que por um senso inato de solidariedade. Gostaria de recordar aqui o famoso estudo sociológico de Maurice Halbwachs que revelou que a facilidade de comunicação mútua entre os antigos moradores de um bairro de Paris se baseava em suas ricas e coletivas memórias compartilhadas.

Memórias espacializadas

→ *amplificadores de emoções; fragmentos*

Identidade, memória e imaginação: paisagens de recordação e sonho (2007)

Nossas recordações são memórias situacionais e especializadas, elas são memórias vinculadas a lugares e eventos. É difícil recordar, por exemplo, uma fotografia familiar ou icônica como uma imagem bidimensional em papel fotográfico; tendemos a lembrar o objeto, pessoa ou evento retratado em sua plena realidade espacial. É óbvio que nosso espaço existencial nunca é um espaço pictórico bidimensional, ele é um espaço vivenciado e multissensorial saturado e estruturado por memórias e intenções. Continuamos projetando significados e significações para tudo que encontramos. Raramente discordo das opiniões de Joseph Brodsky, um dos meus deuses do tema, mas quando ele afirma que depois de ter visto edifícios turísticos, como a Abadia de Westminster, a Torre Eiffel, a Catedral de São Basílio, o Taj Mahal ou a Acrópole de Atenas, "nós não retemos sua imagem tridimensional, mas sua versão impressa", e conclui que,

---

[25] Edward S Casey, *Remembering: A Phenomenological Study*, Bloomington and Indianapolis, Indiana University Press, 2000, p. 148, p. 172.

"estritamente falando, lembramos não de um lugar, mas de nosso cartão-postal dele",[26] tenho que discordar do poeta. Não lembramos do cartão-postal, e sim do lugar real retratado nele. Uma imagem recordada é sempre mais do que a imagem em si uma vez vista. Na minha opinião, Brodsky falou sem refletir neste caso, talvez levado ao equívoco pelas ideias do poder da imagem fotografada de Susan Sontag em seu livro seminal *On Photography*.[27]

Fotografias, objetos, fragmentos, coisas insignificantes, todos servem como centros de condensação para nossas memórias. Jarkko Laine, um poeta finlandês, escreve sobre o papel dos objetos em sua memória: "Gosto de olhar para essas coisas. Não procuro prazer estético nelas (...) nem me lembro de suas origens: isso não é importante. Mas, mesmo assim, todas elas despertam lembranças reais e imaginárias. Um poema é uma coisa que desperta lembranças de coisas reais e imaginárias. (...) As coisas na janela agem como um poema. São imagens que não refletem nada. (...) Canto sobre as coisas na janela".[28]

Metáfora

→ *beleza biofílica; filosofia na carne*

Arquitetura e a natureza humana: em busca de uma metáfora sustentável (2011)

Nós, os arquitetos, estamos acostumados a pensar em termos de espaço e forma material; pensamos em objetos, e não em sistemas; em estética, e não em processos; em características visuais, e não em questões existenciais; e no presente, e não no *continuum* temporal. Como George Lakoff e Mark Johnson, dois filósofos, mostraram de forma convincente em seu livro *The Metaphors We Live by* (1980), linguagem, pensamento e ação são metafóricos: "A metáfora é onipresente na vida cotidiana, não apenas na linguagem, mas no pensamento e na ação. Nossos sistemas conceituais ordinários, no que diz respeito aos quais usamos para pensar e agir, são fundamentalmente metafóricos por natureza", declaram os autores.[29] Arnold H. Modell, um psiquiatra, afirma de modo semelhante que não temos consciência das metáforas que guiam nossos pensamentos: "A metáfora é principalmente uma forma de cognição, e não uma figura ou tropo de linguagem. Além disso, a metáfora como ferramenta

---

[26] Joseph Brodsky. "A Place as Good as any", *in Id.*, *On Grief and Reason*, New York, Farrar Straus Giroux, 1997, p. 37.

[27] Susan Sontag. *On Photography*. Harmondsworth, England: Penguin Books, 1986.

[28] Jarkko Laine, "Tikusta asiaa", *in Parnasso* 6:1982, Helsinki, p. 323–324.

[29] George Lakoff, Mark Johnson. *Metaphors We Live By*. Chicago and London: The University of Chicago Press, 1980, p. 3.

cognitiva pode operar inconscientemente, de modo que um processo metafórico é um aspecto da mente inconsciente".[30] Esse psiquiatra-filósofo sugere que tanto somos guiados por nossas próprias metáforas quanto as moldamos conscientemente. De fato, Aristóteles já se referiu a esse tema em sua obra *Poetics* (Poética): "Sem dúvida, a coisa mais importante é ser mestre da metáfora, [que é] a única coisa que não pode ser aprendida com os outros, e também é um sinal de genialidade".[31] Junto com a metáfora, a analogia e a sinédoque são nossas ferramentas essenciais de pensamento. Assim como o pensamento verbal e poético, o pensamento arquitetônico está envolvido em metáforas e analogias. De fato, podemos pensar em edifícios como metáforas materiais, corporificadas e vividas.

Arquitetura e imagem da individualidade (*self*)

Vivemos em metáforas – prédios, edificações e cidades são construções materiais de nossa visão de mundo, de nossos sistemas de crenças e medos, assim como de nós mesmos, tanto quanto são dispositivos práticos. A interação, ou melhor, a fusão total das dimensões mentais e materiais da vida costuma ser desconsiderada quando se pensa em arquitetura. Tendemos a esquecer que todas as construções humanas, belas ou feias, razoáveis ou absurdas, sempre se originam na mente humana. Uma de minhas missões pessoais como escritor de arquitetura tem sido enfatizar a interpenetração total desses dois mundos. Como Robert Pogue Harrison afirma: "Na fusão de lugar e alma, a alma é tanto um recipiente de lugar quanto o lugar é um recipiente da alma, e ambos são suscetíveis às mesmas forças de destruição".[32] Ao construir estruturas de concreto e aço, também construímos estruturas imateriais e imaginárias de ideias, percepções e ideais. A tarefa essencial da arquitetura é melhorar o mundo em que vivemos, torná-lo um lugar melhor para nós mesmos. Como Rainer Maria Rilke escreve com beleza: "A arte não é uma pequena amostra seletiva do mundo – é uma transformação do mundo, uma transformação interminável em direção ao bem".[33] Joseph Brodsky, o poeta laureado com o prêmio Nobel, em seu livro inspirador sobre Veneza, intitulado *Watermark*, afirma: "No final, como o próprio Todo-Poderoso, fazemos tudo à nossa imagem por falta de um modelo

---

[30] Arnold H Modell. *Imagination and the Meaningful Brain*, Cambridge, MA, and London, The MIT Press, 2006, p. XII.

[31] Aristóteles, *Poetics*, 59a 8–10, como citado em Arthur C. Danto, *Beyond the Brillo Box: The Visual Arts in Post-Historical Perspective*. New York: Farrar, Straus, Giroux, 1992, p. 73.

[32] Robert Pogue Harrison. "Sympathetic miracles", *in* Id., *Gardens: an essay on the human condition*. The Chicago and London: University of Chicago Press, 2008, p. 130.

[33] Rainer Maria Rilke, carta a Jacob Baron Uexkull, Paris 19/08/1909, "Lukijalle" (Ao leitor), em Liisa Enwald, editor, Rainer Maria Rilke, *Hiljainen taiteen sisin: kirjeitä vuosilta 1900–1926* (*The silent innermost core of art; letters* 1900–1926), Helsinki, TAI-teos, 1997, p. 8.

mais confiável; nossos artefatos dizem mais sobre nós mesmos do que nossas confissões".[34]

A metáfora em transformação

As metáforas-guia da edificação têm mudado, historicamente, de imagens de abrigo para imagens mecanistas e, posteriormente, para os atuais modelos elétricos, eletrônicos e digitais de desempenho invisível. No entanto, em dado momento, precisamos nos referir à complexidade e precisão esmagadoras dos fenômenos biológicos. O biólogo Edward O. Wilson define a nova postura da *biofilia* como "a tendência inata de se concentrar na vida e nos processos semelhantes à vida".[35] A atual arquitetura globalizada de imagens atraentes e memoráveis geralmente achata a arquitetura em imagens tridimensionais, anúncios espaciais, poderíamos dizer. É evidente que o novo *Admirável Mundo Digital*, para parafrasear o título do sombrio livro de Aldous Huxley,[36] até agora tem mais facilitado processos questionáveis de globalização do que ajudado na causa da arquitetura. Arrisco-me a dizer que o computador tem sido largamente mal utilizado do ponto de vista ético para promover o comércio instantâneo e dominar o mundo.

É muito provável que os futuros modelos e metáforas do pensamento e do projeto, desde a tecnologia básica até a ciência da computação e dos materiais, da economia e medicina à arquitetura, cada vez mais serão embasados em imagens biológicas – não em formas biomórficas, e sim na sutileza e complexidade incríveis dos sistemas biológicos de interação, equilíbrio dinâmico e emergência. Esse enfoque, inspirado em modelos de desempenho biológico, já surgiu em áreas de investigação como a *Biônica* e o *Biomimetismo*. O mero argumento de Edward O. Wilson, o maior mirmecologista do mundo e porta-voz da ética biofílica, acerca de que o "superorganismo" de um ninho de formigas-cortadeiras é um sistema mais complexo em seu funcionamento do que qualquer invenção humana, além de ser incrivelmente antigo, deveria convencer qualquer pessoa de que o mundo biológico oferece modelos animadores para o aperfeiçoamento de artefatos e sistemas humanos.[37] De fato, sistemas de tráfego complexos são concebidos, hoje, com base nos sistemas de trânsito de formigas, e o vidro autolimpante e inúmeras outras invenções foram feitas estudando precedentes biológicos. Novos e revolucionários computadores de carbono também estão sendo desenvolvidos com base nos princípios de computação de nossas próprias redes neurais.

---

[34] Joseph Brodsky. *Watermark*, Penguin Books, New York, London, 1992, p. 61.

[35] Wilson. *Op. cit.*, p. 1.

[36] Aldous Huxley. *The Brave New World*, New York, Harper Perennial Modern Classics, 2006.

[37] Wilson. *Op. cit.*, p. 20.

Microcosmos

→ *amplificadores de emoções; matéria e tempo; filosofia na carne*

Paisagens e horizontes da arquitetura: arquitetura e pensamento artístico (2007)

Em um dos seus primeiros ensaios, Alvar Aalto elogia a imagem de uma cidade italiana no fundo da pintura de Andrea Mantegna, *Christ in the Garden* (1460), e a descreve como uma "paisagem sintética" ou "a visão de um arquiteto da paisagem".[38] A ideia de uma paisagem sintética feita pelo homem, um microcosmo arquitetônico, na verdade, foi a ideia guia durante toda a vida de Aalto, e todos os seus edifícios podem ser vistos como microcosmos artificiais mergulhados em seus cenários.

A profissão da arquitetura, como um todo, poderia se sair melhor se tivéssemos começado a pensar em nossos edifícios como microcosmos e paisagens sintéticas, em vez de vê-los como objetos estetizados. A arquitetura, em nossa época, tem se preocupado com a paisagem apenas como contraponto formal e visual, ou como palco para formas de arquitetura. No entanto, hoje, os edifícios estão cada vez mais começando a ser compreendidos como processos que inevitavelmente passam por fases de mudança funcional, técnica e cultural, bem como por processos de desgaste e deterioração. A natureza do paisagismo aberto, fundamentalmente limitada pela dinâmica do tempo, pode oferecer lições significativas para uma arquitetura "fraca" ou "frágil", que reconheça a vulnerabilidade, em vez de lutar obsessivamente contra o tempo e a mudança, como a arquitetura tradicionalmente tem feito.[39]

Mito

→ *ideais; culto da personalidade; realismo e idealização*

A falta de abrigo existencial: desterritorialização e nostalgia na era da mobilidade (2006)

A exploração sem fim dos segredos do mundo tem a tendência a eliminar as dimensões míticas, mágicas e atraentes da realidade; a esfera do mito e da

---

[38] Alvar Aalto, provavelmente um manuscrito para um livro que ele planejava escrever acerca da arte do planejamento urbano. Publicado em Göran Schildt, editor, *Alvar Aalto in His Own Words*. Helsinki, Otava Publishing Company, 1997, p. 174.

[39] Para uma discussão sobre a ideia de uma "arquitetura frágil", veja Juhani Pallasmaa, "Hapticity and time", in Id., *Encounters: architectural essays*. Helsinki, Rakennustieto Oy, 2005, p. 320–333.

crença se transforma em conhecimento científico e racionalidade, a magia se transforma em utilidade, e os símbolos, em uma realidade cotidiana. O mundo primordial dos sonhos, imagens e projeções mentais é esvaziado de significado. Esta é a base para a pobreza existencial e o tédio de nosso mundo científico. A Lua costumava ser simbolizada por prata e era o símbolo do amor romântico, além de ser a projeção de inúmeros aspectos do "outro". A primeira jornada do homem à Lua transformou esse magnífico corpo celeste em mera massa morta de matéria e poeira. O avanço de nossa mobilidade e racionalização tornou realidade o credo dos futuristas "Acabem com a Lua".

As vitórias do progresso também, infelizmente, implicam a perda da dimensão utópica; não há mais nenhuma utopia na Terra, apenas o progresso e sua reversão, a distopia.

A mobilidade também causa outras consequências mentais, com sua tendência a cancelar a dimensão vertical em nossa experiência do mundo. Até um século atrás, a tensão vertical entre o Céu e o Inferno, o acima e o abaixo, divindades e mortais, dominava o mundo de experiência humana. O mundo da quase racionalidade, mobilidade física e redes digitais de hoje é um mundo meramente horizontal. Não olhamos mais para o céu, nossa visão está fixada no horizonte; não olhamos para nosso futuro definitivo nos céus, mas além do horizonte. As dimensões míticas e cósmicas foram perdidas. Gaston Bachelard aponta que até mesmo a habitação perdeu sua dimensão vertical e se transformou em horizontalidade. Ele cita Joë Bousque, o poeta francês, que escreve sobre um "homem de uma só história que tem sua adega no sótão".[40] Temos nosso Céu no Inferno e vice-versa; esta perda da "segunda dimensão", ou "o outro" de nossas vidas já havia sido sugerida por Herbert Marcuse em seu *One-Dimensional Man* (1964).[41]

Modos de pensamento

→ *arquitetura como experiência; arquitetura como disciplina impura*

Experiência corporificada e pensamento sensorial: espaço vivenciado na arte e na arquitetura (2006)

Formas de arte como a escultura, a pintura, a música, o cinema e a arquitetura são todas áreas e modos de pensamento. Elas representam modos de pensamento sensoriais e corporificados que são característicos de seu meio artístico

---

[40] Como citado em Gaston Bachelard. *The Poetics of Space*. Boston, MA, Beacon Press, 1969, p. 26.

[41] Herbert Marcuse. *One-Dimensional Man: Studies in the Ideology of Advanced Industrial Society*. Boston, MA: Beacon Press, 1991.

específico. A arquitetura também é um modo de filosofia existencial e metafísica por meio do espaço, matéria, gravidade, escala e luz.

Movimento

→ *amplificadores de emoções; arquitetura e ser; empatia; sentidos I; sentidos II. quantos sentidos temos?; sinestesia*

A qualidade da arquitetura não deriva de um jogo formal ou estético; ela surge de experiências de um sentido autêntico de vida. A arquitetura só pode nos comover se for capaz de tocar algo profundamente enterrado em nossas memórias corporificadas.

Museus do tempo

→ *silêncio, tempo e solidão; velocidade; velocidade e tempo; tempo e eternidade*

O espaço do tempo: tempo mental na arquitetura (2007)

Da mesma maneira que podemos encontrar uma presença incrível do tempo, quase como um líquido pesado e parado, ao ler o conto (na verdade, se aproxima mais de um romance, devido ao seu tamanho) *The Steppe*, de Anton Tchekhov, experienciamos um tempo lento e denso ao entrar em um mosteiro romanesco ou em uma catedral medieval, ou ao caminhar nas ruas de uma cidade antiga. Em seu lendário romance, Marcel Proust descreve a dimensão do tempo liberada gradualmente pela igreja de Combray: "tudo isso fez da igreja, para mim, algo completamente diferente do resto da cidade – um edifício ocupando, digamos, um espaço de quatro dimensões, sendo 'Tempo' o nome da quarta, estendendo por meio dos séculos sua antiga nave central, que, intercolúnio após intercolúnio, capela após capela, parecia se esticar e conquistar não apenas alguns metros de solo, mas cada época sucessiva da qual surgiu".[42]

Podemos sentir uma aceleração gradual do tempo nas obras-primas modernistas, e uma aceleração ainda maior na velocidade de edifícios desconstrutivistas de hoje. Os famosos edifícios de nossa época parecem correr como se o tempo estivesse prestes a desaparecer completamente. Cada época e cada edifício tem sua velocidade, senso de tempo e silêncio característicos. Há espaços e edifícios lentos e pacientes, assim como há espaços e edifícios rápidos e apressados. Também há espaços e edifícios mudos, silenciosos e falantes.

Toda experiência que realmente é emocionante na arte – antiga, moderna ou contemporânea – parece suspender o tempo e abrir as cortinas da experiência

---

[42] Marcel Proust. *In Search of Lost Time*. Swann's Way. London, The Random House, 1992, p. 71.

para um momento calmo e tranquilo. Gostaria de sugerir que uma lentidão e um silenciamento ímpares da experiência pertencem à grandeza e profundidade artística em geral. Ao visitar o grande peristilo do Templo de Carnaque, em Luxor, senti que toda a minha personalidade e o meu senso de individualidade autônomo evaporaram quando me fundi com o espaço, o tempo e a matéria da época dos faraós. Como Paul Valéry faz Sócrates observar em um de seus diálogos: "Não lhe pareceu que... o próprio tempo o cercava por todos os lados?".[43] Vivenciei um esquecimento semelhante da realidade temporal, as categorias separadas de passado, presente e futuro, ao ficar diante das magníficas pinturas monocromáticas e escuras de Mark Rothko, na Capela Rothko, em Houston, Texas. Esses salões pintados convidam o observador a um espaço profundo e atemporal, na fronteira entre a existência e a não existência. Eles levam o observador à margem final do tempo.

A artista e professora norte-americana Sanda Iliescu descreve com perspicácia a essência peculiar da percepção e da mente do tempo poetizado: "Nas experiências estéticas, o tempo parece desacelerar, permitindo que nossas memórias e percepções se misturem. Ao contrário do tempo cronológico, que se preocupa com ações e consequências, o tempo estético é uma camada superficial na qual o presente (o que é visto, tocado, cheirado, saboreado, ouvido) e o passado (o que é lembrado ou reconsiderado) estão embutidos. O passado e o presente se sobrepõem de maneiras fluidas, sem que um sirva para ser convocado em prol do outro. O tempo torna-se menos uma jornada singular que percorremos do que uma superfície marcada e texturizada que tocamos.".[44]

---

[43] Paul Valéry. "Eupalinos or the Architect", in Id., *Dialogues*. New York, Pantheon Books, 1956, p. 94.

[44] Sanda Iliescu. "Eight Aesthetic Propositions", manuscrito não publicado, 2006, p. 23. *Sculpture for the Blind*, de Constantin Brancusi, 1920, foi exibida inicialmente dentro de um saco de pano opaco com mangas, por meio das quais os visitantes podiam tocar o formato de ovo primordial da escultura. *In Iliescu, Op. cit.*, p. 11.

N

Niilismo

→ *falta de profundidade*

A falta de abrigo existencial: desterritorialização e nostalgia na era da mobilidade (2006)

Coop Himmelb(l)au, um dos escritórios vanguardistas de arquitetura das últimas duas décadas, declara uma "arquitetura da desolação", uma estética arquitetônica de velocidade, compressão, fragmentação e morte: "A estética da arquitetura da morte em lençóis brancos. A morte em quartos de hospital revestidos de azulejo. A arquitetura da morte súbita na calçada. A morte por uma caixa torácica perfurada por um eixo de direção. A trajetória da bala atravessando a cabeça de um traficante na Rua 42. A estética da arquitetura do bisturi afiado dos cirurgiões. A estética do sexo dos *peep shows* em caixas plásticas laváveis. Das línguas fissuradas e dos olhos secos".[1]

Este niilismo cultural agressivo ou terrorismo cultural inspirado no determinismo tecnológico e na velocidade tem seus antecessores no Movimento Futurista quase um século atrás: "Pegue suas picaretas, suas machadinhas e martelos e destruam, destruam as cidades veneráveis, sem piedade! Vamos lá! Ponham fogo nas prateleiras da biblioteca! Desviem os canais para inundar os museus!",[2] comanda o Manifesto dos Pintores Futuristas, em 1910. "Buscamos a criação de um tipo não humano, em quem o sofrimento moral, a bondade de coração, afeto e amor – aqueles venenos corrosivos da energia vital, interruptores da poderosa eletricidade corporal – sejam abolidos",[3] profetizara Filippo Tommaso Marinetti um ano antes. Esta é, de fato, uma realidade no mundo do entretenimento de hoje e, cada vez mais, na vida real. A estetização e ritu-

---

[1] Coop Himmelblau. "Die Fascination der Stadt", como citado em Anthony Vidler, *The Architectural Uncanny*. Cambridge, MA, and London, The MIT Press, 1999, p. 76.

[2] Como citado em Marshall Berman, *All That is Solid Melts into Air: The Experience of Modernity*. New York, Verso, 1990, p. 25.

[3] *Ivi*.

alização da crueldade, loucura e morte da empatia estão claramente surgindo também na vida real.

Nomadismo e mobilidade

→ *universo digital; desalojamento; nostalgia; raízes e biologia; velocidade*

A falta de abrigo existencial: desterritorialização e nostalgia na era da mobilidade (2006)

Em algum lugar da literatura, encontrei a noção de "nômade urbano". Esta ideia se refere à cada vez mais frequente mudança de domicílio de uma pessoa (o período médio de moradia em um local nos Estados Unidos mal chega a quatro anos, pelo que me lembro), ou, talvez, mais especificamente, a um novo estilo de vida nômade metropolitano, uma vida sem casa, sem um ponto de referência e retorno fixo. A mobilidade da vida de hoje, no entanto, vai muito além do nomadismo urbano; ela está se tornando cada vez mais um nomadismo existencial, uma experiência de vida em constante transição, sem raízes ou domicílio. As capacidades humanas de sonhar e imaginar nos oferecem meios de trânsito imaterial, mas as tecnologias de hoje, desde máquinas de mobilidade física até o trânsito eletrônico e a mobilidade fictícia e virtual, ultrapassam nossas capacidades de imaginação mental. Podemos dizer que a realidade está substituindo a imaginação e que os fatos superam a ficção. No entanto, Jorge Luis Borges faz um comentário significativo sobre a interação entre o real e o imaginário: "A realidade nem sempre é provável ou plausível. Mas se você estiver escrevendo uma história, tem que torná-la tão plausível quanto possível, porque, caso contrário, a imaginação do leitor vai rejeitá-la".[4]

A vida biológica está vinculada ao espaço e ao lugar, assim como a cultura humana. A territorialidade é uma força significativa em toda a vida animal. Além disso, nós, seres humanos, somos fundamentalmente seres biológicos, culturais e históricos, e o desenvolvimento para aumentar a mobilidade, o desapego e a velocidade deve ter consequências profundas em nossa consciência, senso de pertencimento e responsabilidade, bem como em nossas respostas éticas. E também para a imaginação humana em si, acredito eu.

Em seu livro seminal *Place and Placelessness* (1976), Edward Relph apresenta a noção de *existencial outsideness* ("exterioridade existencial"): "A exterioridade existencial envolve uma desenvoltura consciente e reflexiva, uma alienação de pessoas e lugares, uma sensação de desabrigo, de irrealidade do mundo e de não pertencimento".[5] Relph explica seu conceito ao citar Max Scheler: "Para

---

[4] Borges. *Op. cit.*, p. 45.

[5] Edward Relph. *Place and Placelessness*. London, Pion Limited, 1986, p. 51.

encontrar seu lugar no mundo, o mundo deve ser um cosmo. Em um caos, não há lugar".[6] Na minha opinião, da mesma forma, dificilmente há algum senso de individualidade no caos. O mundo e o indivíduo definem-se mutuamente de acordo com a noção de entrelaçamento quiasmático de Merleau-Ponty.

O argumento de Scheler evoca a pergunta: que tipo de conceito de cosmo estamos projetando hoje para estruturar nosso bravo novo mundo? Não perdemos completamente nosso senso de cosmo e centro?

Gostaria de usar o exemplo antropológico da tribo nômade Rendile, que vive no Quênia, para destacar a importância da imagem do cosmo como imagem organizadora da vida humana. Os Rendille são um povo em constante movimento. Todas as manhãs, as mulheres da tribo desmontam as cabanas construídas com arcos de madeira e superfícies de couro e as carregam em camelos para seguir para o próximo destino em sua jornada interminável. À noite, as mulheres descarregam as cabanas e as reconstroem, formando um círculo com um espaço mais amplo voltado para o sol nascente, no Leste. A cabana do chefe da tribo é sempre erguida do outro lado do círculo, com a porta voltada para o sol nascente. Esses nômades tradicionalistas carregam a estrutura de seu cosmo na memória e reconstroem a imagem de seu mundo, seu *imago mundi*, o ciclo temporal do dia, bem como sua ordem social todos os dias. Eles concretizam seu espaço e tempo, bem como sua hierarquia social, por meio da própria estrutura de seus assentamentos. Narrativas cosmológicas, ritos e rituais de outras culturas servem o mesmo propósito. Por exemplo, o povo Dogon, que vive no Mali, sul do Saara, reencena sua cosmologia complexa todos os dias em cada uma de suas tarefas diárias. Permanência e mudança estão ligadas a um circuito fechado e significativo.

Cosmopolitanismo, viagem e crescente distanciamento de laços culturais e sociais foram vistos desde cedo como características desejáveis da vida moderna. O herói moderno era o *flaneur*, o viajante e o explorador. Com a recente expansão explosiva de economias e negócios globalizados, as tendências e modas mundiais e a aceleração constante de mudanças, a cultura está se tornando cada vez mais independente da localidade e historicidade, e se transformando em um fluxo interminável e inquieto; materiais e produtos, pessoas e capital, ideias e desejos giram ao redor do globo a um ritmo cada vez maior.

O universo digital é a mais nova expansão deste fluxo. A quantidade de informações digitais sem lugar já é realmente desorientadora: hoje há um bilhão de computadores que usam internet, 600 bilhões de páginas na Internet, dois bilhões de pesquisas no Google por mês e um milhão de e-mails enviados a cada segundo.[7] Além do fato de que bens materiais e pessoas estão desvinculados de suas origens, a informação, o conhecimento e o entretenimento também

---

[6] *Ibid.*, p. 43.

[7] Palestra de Anssi Vanjoki, vice-presidente executiva do Nokia Group, em um seminário sobre tecnologia e cultura, Espoo, 12 de maio de 2006.

estão cada vez mais desterritorializados. Isso implica a perda de origens, ou a verdade da origem. O ideal de mobilidade é acompanhado pelo apelo sedutor da velocidade e da imaterialidade. "Tudo o que é sólido se desmancha no ar", como previu Karl Marx, em 1856,[8] e esta evaporação e desaparecimento hoje é, sem dúvida, verdadeira. Estamos perdidos no mundo simultâneo e sem lugar da mobilidade interminável. Caracteristicamente, a frase de início de qualquer conversa telefônica móvel hoje é: "Onde você está?". "O aqui já não existe; tudo é agora", como afirma Paul Virilio.[9]

"Ser moderno é encontrar-nos em um ambiente que nos promete aventura, poder, alegria, crescimento, transformação de nós mesmos e do mundo, e, ao mesmo tempo, isso ameaça destruir tudo o que temos, tudo o que conhecemos, tudo o que somos. (...) Como resultado de tudo isso, hoje nos encontramos no meio de uma era moderna que perdeu o contato com as raízes de sua modernidade", escreve Marshall Berman em seu livro que usa a profecia de Karl Marx como seu próprio título.[10]

Berman aponta as consequências catastróficas do próprio dinamismo da modernidade: "O (...) dinamismo da economia moderna e da cultura que nasce dela aniquila tudo o que cria – ambientes físicos, instituições sociais, ideias metafísicas, visões artísticas, valores morais – para criar mais, para continuar criando o mundo interminavelmente. Este impulso atrai todos os homens e mulheres modernos para sua órbita."[11]

Nostalgia

→ *cinema e arquitetura; desabrigo; nomadismo e mobilidade*

A falta de abrigo existencial: desterritorialização e nostalgia na era da mobilidade (2006)

Como argumenta Joseph Brodsky em seu lema "Quanto mais viajamos, mais complexo se torna o nosso sentimento de nostalgia",[12] a mobilidade complica

---

[8] "Todos os relacionamentos fixos e rapidamente congelados, com suas sucessões de antiquíssimos e veneráveis preconceitos e opiniões são descartados, todos os relacionamentos recém-forjados tornam-se antiquados antes que possam se calcificar. Tudo o que é sólido se desmancha no ar, tudo que é sagrado é profanado, e os homens, no fim, são forçados a encontrar (...) as verdadeiras condições de suas vidas e de seus relacionamentos com seus companheiros", em Karl Marx, "Speech at the Anniversary of the Peoples Paper", como citado em Berman, *op. cit.*, p. 21.

[9] Paul Virilio. *The Information Bomb*. London, New York, Verso, 2000, p. 125.

[10] Berman, *op. cit.*, p. 15, 17.

[11] Berman, *op. cit.*, p. 288.

[12] Joseph Brodsky. *On Grief and Reason*. New York, Farrar, Straus and Giroux, 1997, p. 35.

nosso senso de nostalgia. A palavra "nostalgia" foi introduzida em 1678 por um estudante de medicina suíço, Johannes Hofer, que descreveu uma doença caracterizada por sintomas como insônia, anorexia, palpitações, estupor, febre e, especialmente, pensamento persistente sobre seu lar. Hofer e médicos posteriores dos séculos XVII e XVIII acreditavam que essa doença, o anseio pelo lar, ou as saudades dele, poderia resultar em morte se o paciente não pudesse retornar ao lar.[13]

Uma das expressões mais tocantes da nostalgia, o reverso da mobilidade, em nossos dias, é o filme *Nostalgia* de Andrei Tarkovsky (1983), no qual o protagonista, o poeta russo Andrei Gorchakov, por fim morre de ataque cardíaco, e seu estranho amigo, o matemático louco Domenico, comete suicídio por autoimolação. Ambos estão afastados, o primeiro, da realidade do lugar, e o segundo, da realidade do julgamento saudável.

Nostalgia é um filme sobre saudades, o pesar por um lar ausente: "Queria fazer um filme sobre a nostalgia russa – sobre esse estado de espírito peculiar à nossa nação que afeta os russos que estão longe de sua terra natal. (...) Na Itália, eu fiz um filme que era profundamente russo em todos os aspectos: moral, emocional e politicamente".[14] O filme atinge sua intensidade única porque expressa a saudade de Tarkovsky pelo lar: "O protagonista se torna virtualmente meu *alter ego*, corporificando todas as minhas emoções, psicologia e natureza. Ele é uma imagem espelhada de mim. Nunca fiz um filme que refletisse meus próprios estados de espírito com tanta violência e liberasse meu mundo interior com tanta profundidade. Quando vi o produto final, senti-me desconfortável, como quando alguém se vê em um espelho".[15] A natureza muito pessoal dos sentimentos expressados no filme é uma pista para sua ternura excepcionalmente dolorosa. "Nunca me ocorreu, quando comecei a filmar, que minha nostalgia pessoal, muito específica, iria se apoderar de minha alma para sempre."[16] Em seu diário, Tarkovsky ecoa a dor e a alienação de Gorchakov: "Sinto tantas saudades de casa, tantas saudades".[17]

Tarkovsky e o protagonista de seu filme sofrem a mesma saudade de casa que incontáveis escritores, músicos e artistas russos têm sofrido e documentado, tanto em sua correspondência quanto em suas obras de arte.[18] Mais de um século antes de Tarkovsky, Fiódor Dostoiévski, que havia escapado da ira de seus credo-

---

[13] Relph, *op. cit.*, 41.
[14] Andrey Tarkovsky. *Sculpting in Time*. London, The Bodley Head, 1986, p. 110.
[15] Tony Mitchell. "Andrey Tarkovsky and *Nostalghia*", in *Film Criticism 8*, N. 3, 1984, p. 5.
[16] Andrey Tarkovsky, *Sculpting in Time*. *Op. cit.*, p. 216.
[17] Andrey Tarkovsky. *Martyrologia: Päiväkirjat 1970-1981* (Martyrology: Diaries 1970–1981). Joensuu, Kustannus Oy Mabuse, 1989, p. 342.
[18] Algumas das maiores obras-primas da literatura russa foram escritas no exterior. Por exemplo, a obra *O idiota*, de Fiódor Dostoiévski, e *Almas mortas*, de Nikolai Gogol, foram criadas na Itália.

res fugindo para Milão com sua esposa, em 1868, havia relatado sentimentos semelhantes em uma carta: "Meu coração está muito pesado; estou com saudades de casa e incerto quanto à minha situação; minhas dívidas (...) me deprimem muito. Além disso, afastei-me tanto da vida russa que encontro dificuldade em escrever alguma coisa, já que sinto falta de impressões russas frescas. Veja só: em seis meses eu não vi um único jornal russo".[19] Dostoiévski queria voltar para a Rússia, independentemente da ameaça de ser deportado para Sibéria.

Em uma entrevista, Tarkovsky definiu ainda mais essa doença russa: "Não é apenas um sentimento de saudades de casa. É uma doença porque rouba força mental, tira a habilidade de trabalhar e até mesmo o desejo de viver. É como uma deficiência, a ausência de algo, uma parte de si mesmo. Tenho certeza de que é uma doença real do caráter russo".[20] Por fim, ele define essa nostalgia como a perda da fé e da esperança. A saudade trágica do protagonista é ecoada em uma história no filme. Eugênia, a guia do poeta, recorda ler um artigo de jornal sobre uma trabalhadora doméstica calabresa que, trabalhando para uma família no norte da Itália, incendeia a casa de seus empregadores devido às suas saudades desesperadas de sua Calábria natal. O incidente também introduz o tema final do filme, a violência do fogo.

Todos os filmes de Tarkovsky tratam da busca permanente pelo lar, a casa perdida da infância. A tensão entre as ideias de "casa" e "lar" é um tema essencial na obra de vida de Andrei Tarkovsky, assim como nos poemas de seu pai. No estado comunista, lar também significava estar sob controle – o lar passou a significar um campo de concentração. É por isso que o lar se tornou um sonho místico em seu trabalho artístico.

O conflito e a dialética entre as ideias de "arquitetura" e "lar" também deveria ser uma preocupação essencial para os arquitetos. A separação das ideias de casa e lar é a raiz da modernidade. A dialética da alienação e pertencimento e a dificuldade ou impossibilidade do retorno ao lar são temas fundamentais da existência moderna. O retorno ao lar está necessariamente embasado na lembrança e implica o conservadorismo de retornar, enquanto a essência da modernidade implica esquecimento e uma corajosa jornada sem retorno rumo a um futuro emancipado. Consequentemente, a posição moderna nega as dimensões convencionais da moradia; as ideias de lar e desalojamento, especificidade e generalidade se fundem tragicamente entre si no projeto moderno. O ideal da casa perfeitamente funcional, a moderna "máquina de morar"[21], visa eliminar incômodos e atrito, mas o encontro do indivíduo no mundo implica um con-

---

[19] Anders Olofsson, *"Nostalghia"*. Tanken på en hemkomst, Stockholm: Alfa Beta Bokförlag, 1986, p. 150.

[20] *Ibid.*, p. 152.

[21] Le Corbusier, *Towards a New Architecture*. London and Bradford, Percy, Lund, Humphries & Co, 1959.

fronto. Como consequência, as dialéticas de intimidade e distância, convite e rejeição são necessariamente características de obras de arquitetura capazes de evocar uma experiência existencialmente significativa.

Para Aldo van Eyck, um dos mestres arquitetos modernos que questionaram a essência da modernidade e buscaram reinserir a arquitetura em seus fundamentos antropológicos autênticos, "A arquitetura não precisaria mais, nem deveria fazer menos, do que auxiliar no retorno do homem ao lar".[22] A alienação e o isolamento causados pelo projeto moderno exigem o reconhecimento da nossa historicidade e da nossa necessidade essencial de um retorno espiritual ao lar. Este retorno só pode estar embasado no reencantamento, remitificação e reerotização de nossa própria esfera existencial.

Antoine de Saint-Exupéry, um dos primeiros heróis aviadores da mobilidade moderna, oferece-nos um relato surpreendentemente sensual e poético de seu senso de retorno ao lar: "Eu era um filho daquela casa, preenchido por memórias de seus cheiros, pelo frescor de seus corredores, pelas vozes que lhe deram vida. Havia até a canção dos sapos nas poças d'água; eles vieram ficar aqui comigo"[23].

"A filosofia é realmente saudade de casa, um desejo de estar em casa em todos os lugares. Para onde vamos então? Sempre para nosso lar."[24]

Novidade

→ *eco emocional; condicionantes; culto da personalidade; tempo; tempo e eternidade; tradição*

Identidade, memória e imaginação: paisagens de recordação e sonho (2007)

A arquitetura é geralmente vista em termos futuristas; edifícios novos são compreendidos como a sondagem e projeção de uma realidade imprevista, e a qualidade da arquitetura é diretamente associada a seu grau de novidade e unicidade. A modernidade em geral tem sido dominada por essa tendência futurista. No entanto, a apreciação da novidade provavelmente nunca foi tão obsessiva como no atual culto de imagens de arquitetura espetaculares. Em nosso mundo globalizado, o novo não é apenas um valor estético e artístico, é uma necessidade estratégica da cultura de consumo e, consequentemente, um ingrediente inseparável de nossa surreal cultura materialista.

---

[22] Hermann Hertzberger, Addie van Roijen-Wortmann, Francis Strauven, editores. *Aldo van Eyck*, Amsterdam, Stichting Wonen, 1982, p. 65.

[23] Antoine de Saint-Exupéry. *Wind, Sand and Stars*. London, Penguin Books, 1991, p. 39.

[24] Novalis, *Fragments*, Como citado em Berman, *op. cit.*, p. 329.

Novidade, tradição e identidade: conteúdo existencial e significado na arquitetura (2012)

A perda do senso de historicidade e de identidade evolutiva tem se tornado claramente uma grande preocupação em diversos países que se desenvolvem no ritmo acelerado das agressivas estratégias de investimento atuais, dos métodos de construção rápida e das modas universais de arquitetura. Mas será que a novidade é uma aspiração e um critério de qualidade relevante para a arte e a arquitetura? Seria mesmo concebível um futuro sem seu passado constitutivo?

Nossa cultura do consumo, hedonista e ultramaterialista parece estar perdendo sua capacidade de identificar essências da vida e da experiência, além de estar sendo profundamente afetada por elas. Características, nuanças e sutilezas expressivas são substituídas por aspectos quantificáveis como tamanho, volume, valor de impacto e estranhamento. O interesse pela unicidade e novidade faz com que o encontro com a arte deixe de ser uma experiência genuína e autônoma e se torne um julgamento semirracional de comparações. A especulação intelectual substitui a sinceridade emocional e a característica experiencial é substituída sem ser notada por nenhuma avaliação quantitativa.

Espera-se a novidade para evocar interesse e emoção, enquanto qualquer referência às tradições da forma de arte em questão, sem falar em tentar fortalecer o *continuum* da tradição, é vista como reacionarismo e fonte de tédio. Já na década de 1980, Germano Celant, um dos críticos pós-modernos, usou conceitos como "contemporaneidade", "hipercontemporâneo", "terror do contemporâneo" e "vertigem da atualidade", referindo-se a "uma ansiedade patológica e conformista (...) que transforma o presente em uma referência absoluta, uma verdade indiscutível".[25] Hoje, sem dúvida, podemos falar de "uma vertigem da novidade" ao pensarmos no estado da arte e da arquitetura na primeira década do terceiro milênio. Novas imagens artísticas continuam surgindo como "uma chuva interminável de imagens", para usar uma expressão de Ítalo Calvino.[26]

A busca constante e obcecada por novidade já se transformou em repetição e monotonia; inesperadamente, a busca por unicidade parece resultar em igualdade, repetição e tédio. A novidade é uma característica superficial formal sem um eco mental mais profundo que energizaria a obra e sua experiência repetida. O filósofo norueguês Lars F. H. Svendsen aponta para este fenômeno paradoxal em seu livro *The Philosophy of Boredom*: "Nesse sentido sempre há a busca por algo novo para evitar o tédio com o antigo. Mas como o novo é buscado apenas por sua novidade, tudo se torna idêntico, porque carece de todas

---

[25] Germano Celant, *Unexpressionism – Art Beyond the Contemporary*. New York, Rizzoli International Publications, 1988, p. 5, 6, 10.

[26] Italo Calvino. *Six Memos for the Next Millennium*. New York, Vintage Books, 1988, p. 57.

as outras propriedades além da novidade".²⁷ "Tédio com o antigo" é substituído por tédio com o novo.

A novidade na arte geralmente é associada ao radicalismo – espera-se que o novo supere as ideias anteriores em qualidade e efeito e destrone a tradição dominante. Mas há realmente algum progresso identificável na arte e arquitetura, ou estamos apenas testemunhando mudanças nas abordagens aos motivos existenciais fundamentais? Qual é a qualidade que nos faz vivenciar uma pintura rupestre de 25 mil anos com o mesmo afeto e impacto de qualquer obra de nosso tempo? A arte não esteve sempre envolvida na expressão da condição existencial humana? A arte não deveria ser orientada para as questões eternas da existência, em vez de apelar ao momentâneo e ao que está na moda? Não deveriam a arte e a arquitetura buscar essências profundas e permanentes da existência humana, em vez de tentar obcecadamente gerar uma experiência passageira de novidade? Eu não acredito que qualquer artista sábio esteja diretamente interessado em novidade ou expressão pessoal, uma vez que a arte está imensamente envolvida com questões existenciais profundas para se preocupar com tais aspirações passageiras. "Nenhum escritor de verdade jamais tentou ser contemporâneo", afirma categoricamente Jorge Luis Borges.²⁸

A novidade costuma estar relacionada à individualidade extrema e à autoexpressão, porém, a autoexpressão é outro objetivo questionável na arte. Na verdade, desde a chegada da Era Moderna, a arte e a arquitetura têm sido cada vez mais vistas como áreas de autoexpressão. No entanto, Balthus (conde Balthasar Klossowski de Rola), um dos melhores pintores figurativos do século XX, expressa uma opinião oposta: " Se uma obra só expressa a pessoa que a criou, não valeu a pena fazê-la. (...) Expressar o mundo, compreendê-lo, é o que parece interessante para mim".²⁹ Mais tarde, o pintor reformulou seu argumento: "A grande pintura tem que ter um significado universal. Isso realmente não acontece mais hoje, e por isso eu quero dar à pintura sua universalidade e anonimato perdidos, porque quanto mais anônima a pintura é, mais real ela é".³⁰ Ecoando a visão do pintor, podemos dizer que precisamos também devolver à arquitetura sua universalidade e anonimato perdidos, porque quanto menos subjetiva é a arquitetura, mais real ela é e mais ela tem a capacidade de apoiar nossas identidades individuais. Quanto mais subjetiva uma obra, mais ela se concentra na individualidade do autor, enquanto obras abertas ao mundo fornecem uma base de identificação para os outros. Basta pensar no sentido tran-

---

²⁷ Lars F. H. Svendsen. *Ikävystymisen filosofia* (The Philosophy of Boredom). Helsinki, Kustannusosakeyhtiö Tammi, 2005, p. 75.

²⁸ Jorge Luis Borges, *On Writing*. New Jersey, The Ecco Press, Hopewell, 1994, p. 53.

²⁹ Claude Roy, *Balthus*. Boston, New York, Toronto, Little, Brown and Company, 1996, p. 18.

³⁰ Balthus, *Balthus in His Own Words*. New York, Assouline, 2001, p. 6.

quilizador de realidade evocado pelas tradições de construção vernacular ao redor do mundo.

Balthus também despreza a autoexpressão como objetivo da arte: A "modernidade", que começou efetivamente com a Renascença, determinou a tragédia da arte. O artista surgiu como indivíduo, e a forma tradicional de pintura desapareceu. A partir daí, o artista buscou expressar seu mundo interior, que é um universo limitado: ele tentou colocar sua personalidade no poder e usou seus quadros como meio de autoexpressão. A preocupação do pintor também se aplica claramente à arquitetura, embora os arquitetos raramente escrevam sobre as dimensões mentais de seu trabalho.

O espaço do tempo: tempo mental na arquitetura (2007)

Não consigo pensar em um único artista sábio, no entanto, que tenha escrito sobre esse tipo de interesse futurista, excluindo os futuristas para os quais o interesse pelo futuro era por um motivo semirreligioso. "Nenhum escritor de verdade jamais tentou ser contemporâneo", argumenta apropriadamente Borges.[31] Nenhum artista ou arquiteto está interessado em ideias tão superficiais e sem sentido como contemporaneidade e liberdade.

---
[31] Borges, op. *cit.*

O

O agora e a eternidade

→ *museus do tempo; forma presente da arte*

Infinito e limites: infinitude, eternidade e imaginação artística (2017)

Nossas experiências temporais com a arte se estendem desde a nobre momentaneidade de uma nota de Mozart ou Arvo Pärt até a idade cósmica da luz no Projeto Roden Crater, de James Turrell, onde a luz, que viajou pelo Universo, de um planeta distante a milhares de anos-luz é direcionada para atingir nossa retina em um momento de imediatismo – aqui, a eternidade toca o presente. A atração pelo infinito pode ser experimentada no insondável universo azul de Yves Klein (o pintor chamou sua cor escolhida de *International Klein Blue*), bem como nas pinturas por gotejamento aparentemente arbitrárias e sem formas de Jackson Pollock, que inesperadamente demonstram o potencial de crescimento interminável da autossemelhança de fractais; a estrutura fractal oculta é tão única nas obras deste artista que pode ser usada como verificação de sua autenticidade.

Emoções, sonhos e imaginações ampliam nossa realidade experiencial para além dos limites dos sentidos. A melancolia existencial de *Melancolia*, de Albrecht Dürer, o sonho silencioso da arquitetura na Biblioteca Mediceia Laurenziana, de Michelangelo, e os insondáveis espaços de escuridão nas telas de Mark Rothko evocam uma eternidade de melancolia. Trata-se da tristeza metafísica coletiva da existência humana diante do mundo ilimitado, em vez de uma tristeza concreta de um indivíduo. "Um artista vale mais que mil séculos", argumenta Paul Valéry,[1] e, de fato, as pinturas rupestres com 50 mil anos na África e Austrália (duas vezes a idade das pinturas rupestres da Idade da Pedra na Europa) já atingiram a marca de metade da previsão impressionante do poeta. E de forma ainda mais surpreendente, essas obras de arte ocultam sua idade atemporal e projetam a mesma vivacidade e atualidade que sentimos nas

---
[1] Paul Valéry, *Dialogues*, New York, Pantheon Books, 1956, p. XIII.

obras dos mestres de nossa época, como Pablo Picasso e Cy Twombly. Por meio da fé, arte e beleza, desafiamos a entropia, o declínio e o esquecimento.

Enquanto a matemática e a física se relacionam com o conceito e a realidade do infinito, a arte se estende em direção à eternidade por meio da memória, da emoção, do sonho e da imaginação. O poeta e o pintor têm o dom de realmente tocar o infinito. Louis Kahn fez o mesmo por meio dos pátios do Instituto Jonas Salk, em La Jolla, Califórnia. O símbolo matemático do infinito (*lemniscata*) é um símbolo abstrato e arbitrário do conceito, que curiosamente se assemelha à figura misteriosa da fita de Möbius, um laço tridimensional com dois lados, mas apenas uma superfície. A fita de Möbius é um objeto espacial e tátil real, como demonstram as pinturas do pintor finlandês Juhana Blomstedt, neto do compositor Jean Sibelius, e as peças escultóricas do artista minimalista suíço Max Bill. Os dois laços do símbolo matemático do infinito, nos dois lados opostos do nó central, retratam sem querer os dois infinitos do espaço e tempo, acima e abaixo da escala da existência, percepção e compreensão cerebral humana, um terminando no infinito, o outro na não existência. Essas representações pictóricas e escultóricas da fita de Möbius exemplificam o tema do infinito ou da eternidade na arte, enquanto a infinitude dos vazios das esculturas de Anish Kapoor sugere buracos negros e a atração da gravidade infinita. Ao mesmo tempo, as minúsculas pirâmides de pólen de Laib sugerem o infinito por meio do crescimento interminável, enquanto os vazios de Kapoor caem na minimização e não existência crescentes.

Odores na arquitetura

→ *tatilidade; sentidos I; sentidos II. quantos sentidos temos?; cheiros*

A veracidade da experiência: orquestrando a experiência com nossos sentidos negligenciados (2019)

Todos nós conhecemos os cheiros característicos e não intencionais de hospitais, estações de trem, arenas esportivas e academias, farmácias, feiras e escolas. A maioria dos arquitetos não tem interesse em usar o olfato consciente e deliberadamente em seus projetos, no entanto, o condicionamento olfativo é usado astutamente em lojas e restaurantes. Sabe-se que os odores condicionam nosso comportamento, desejos, memórias e escolhas, e, de fato, o projeto olfativo e o condicionamento são bastante avançados no mundo comercial.

A arquitetura é uma arte normalmente vista como eliminadora de odores, pois os edifícios são vistos como uma forma de arte espacial, geométrica e abstrata, que não exibe odores. Na arquitetura, os odores geralmente são considerados "impurezas" socialmente inaceitáveis, com a exceção dos odores de flores, madeira queimada e materiais de construção. No entanto, quando consideramos que a arquitetura é vivenciada por meio de nossos sentidos existenciais reais e completos, não apenas a visão, os cheiros se tornam uma parte inevitável e desejável da realidade vivenciada. Os materiais de construção têm seus próprios cheiros, que são os odores de madeira, pedra, gesso, aço, tijolos, azulejos, tintas e tecidos. Os cheiros de várias espécies de madeira são especialmente atraentes devido às suas resinas orgânicas, pois temos uma sensibilidade associativa aumentada para substâncias de origem orgânica.

Olhos

→ *arquitetura como experiência; memória corporificada; essência multissensorial da experiência; tatilidade; visão periférica; cheiros; som; compreensão corporificada; toque*

Tocando o mundo: espaço vivenciado, visão e tatilidade (2007)

Até os primórdios da modernidade, a arquitetura aspirava a expressar a ordem do mundo por meio da proporcionalidade como uma analogia da harmonia cósmica. As edificações eram vistas como instrumentos de mediação entre o cosmo e os homens, divindades e mortais, passado e futuro. Desde o final do século XVIII, no entanto, a disciplina da arquitetura vem sendo predominantemente ensinada, teorizada, praticada e criticada como a forma de arte estetizada dos olhos, enfatizando forma, geometria e *Gestalt* focada. Em nossa era tecnológica e globalizada, os edifícios perderam completamente seus ecos metafísicos e cósmicos e tornaram-se meras utilidades e estéticas visuais.

A hegemonia da esfera visual foi fortalecida gradualmente na percepção, pensamento e ação ocidental; essa predileção, na verdade, tem suas origens já com os antigos gregos. "Os olhos são testemunhas mais precisas do que os ouvidos", escreveu Heráclito em um de seus fragmentos, iniciando assim a visão que tem prevalecido e aumentado na filosofia e nas artes bem como na vida prática até o nosso tempo.[2] A visão clara tem sido a metáfora de compreensão por meio da história do pensamento ocidental. Já Platão conectava a visão à compreensão e à filosofia ao propor que "o benefício supremo pelo qual a vista é responsável é que, por meio das revelações cósmicas da visão, o homem adquiriu filosofia, o maior presente que os deuses já deram ou darão aos mortais".[3] Em resumo, historicamente, podemos discernir uma "hostilidade traiçoeira e cega dos filósofos em relação aos sentidos", como argumenta

---

[2] Heraclitus, Fragment 101a, como citado em David Michael Levin, *Modernity and the Hegemony of Vision*, Berkeley and Los Angeles, California, University of California Press, 1993, p. 1.

[3] Plato, *Timaeus and Critias*, London, Penguin Books, 1977, p. 65.

Nietzsche.⁴ Max Scheler chama essa atitude diretamente de "ódio ao corpo".⁵ Lamentavelmente, essa postura depreciativa em relação ao corpo e aos sentidos também dominou as teorias e práticas educacionais ocidentais. A Finlândia é atualmente vista como o modelo europeu para a educação, mas me sinto envergonhado de confessar que a essência de nossa existência e conscientização corporificadas está sendo cada vez mais perdida em nossas estratégias e práticas educacionais.

Na modernidade, a hegemonia da visão tem sido fortalecida por inúmeras invenções técnicas, que nos permitem ver dentro da matéria, bem como no espaço sideral. O mundo inteiro tem se tornado visível e simultaneamente presente por meio da tecnologia. Esse avanço tem tido um impacto enorme em nossa compreensão do tempo. A obsessão crescente com a visão e a visibilidade também vem criando a sociedade sombria da vigilância, que teve seus inícios filosóficos no *panóptico* de Jeremy Bentham.⁶ No início do terceiro milênio, parece que estamos condenados a viver em um panóptico mundial. A crescente privatização da propriedade e da vida, bem como o recente surgimento do terrorismo, apenas acelerou a tendência do controle tecnológico implícito na nossa cultura. De fato, os instrumentos de visão atuais promovem o estranho dualismo de vigilância e espetáculo; somos, ao mesmo tempo, espectadores voyeurísticos e objetos de controle visual.

Este desenvolvimento em direção à retinalidade hegemônica também é evidente na arquitetura, ao ponto de hoje ser possível identificarmos claramente uma arquitetura do olho, um modo de construção que suprime as outras esferas sensoriais. Essa é uma arquitetura da imagem visual que visa à sedução estética e à gratificação instantâneas. É instigante que os edifícios tecnologicamente mais avançados, como sedes de indústrias de alta tecnologia, aeroportos internacionais e hospitais refinados, tendam a exemplificar esta atitude reducionista e tendenciosa. No meio da riqueza inesperada e da abundância material, a cultura tecnológica parece estar rumando ao distanciamento sensorial, ao isolamento e à solidão crescentes. Edward Relph usa a expressão "exterioridade existencial",⁷ sugerindo que estamos nos tornando estranhos em nossas próprias vidas. A cultura tecnológica enfraquece o papel de outras esferas sensoriais, frequentemente por meio da supressão cultural ou da reação defensiva causada pela sobrecarga sensorial, como os ruídos excessivos e os cheiros desagradáveis. Nossa cultura suprime especialmente a tatilidade, o sen-

---

⁴ Friedrich Nietzsche, *The Will to Power*, Book II, New York, Random House, note 461, p. 253.

⁵ Max Scheler, Vom Umsturz der Werte: Abhandlungen und Aufsätze, 87-88, como citado em David Michael Levin, *The Body's Recollection of Being*, London, Boston, Melbourne and Henley, Routledge & Kegan Paul, 1985, p. 57.

⁶ Veja Michel Foucault, *Discipline and Punish: The Birth of the Prison*, New York, Vintage, p. 1979.

⁷ Edward Relph, *Place and Placelessness*, London, Pion Limited, 1976, p. 51.

so de proximidade, intimidade e afeto. Nas últimas décadas, essa tendência tem sido reforçada pela ênfase cerebral e conceitual em todos os campos das artes e da arquitetura.

Hoje, no entanto, há uma preocupação crescente de que essa hegemonia visual incontestada e repressão de outras modalidades sensoriais estejam dando origem a uma condição cultural que gera mais alienação, abstração e distanciamento, em vez de promover as experiências positivas de pertencimento, enraizamento e intimidade. É paradoxal, de fato, que nossa época de comunicação, globalização e interação esteja se transformando na era do isolamento e da solidão.

Otimismo

→ *ideais; realismo e idealização*

Generosidade, humildade e expressão artística: senso de realidade e idealização na arquitetura (2007)

Sem otimismo, a arquitetura está destinada a produzir um *kitsch* arquitetônico, ou imagens cínicas e apocalípticas.

P

Paisagem física e mental

→ *arquitetura é espaço mental construído; eco emocional; emoções; espaço existencial I; espaço existencial II; imaginário; realidade e imaginação*

Paisagens e horizontes da arquitetura: arquitetura e pensamento artístico (2007)

Costumamos ver nossa paisagem física externa de vida e nossa paisagem interna da mente como duas categorias distintas e separadas. Como projetistas, concentramos nossos desejos e valores nas características visuais de nossa paisagem de arquitetura. No entanto, as configurações físicas que construímos constituem um contínuo ininterrupto com nosso mundo interno. Como escreve o geógrafo cultural Peirce F. Lewis em sua introdução em *The Interpretation of Ordinary Landscapes*: "Nossa paisagem humana é nossa autobiografia involuntária, refletindo nossos gostos, nossos valores, nossas aspirações e até mesmo nossos medos em forma tangível e visível. Raramente pensamos na paisagem dessa maneira, e, por isso, o registro cultural que escrevemos na paisagem é mais verdadeiro do que a maioria das autobiografias, porque somos menos conscientes de como nos descrevemos".[1]

O poeta laureado com o prêmio Nobel, Joseph Brodsky, nos oferece uma fórmula surpreendentemente semelhante sobre a interdependência da nossa mente e dos ambientes que construímos para nós mesmos. "Como o Todo-Poderoso, também fazemos tudo à nossa imagem, porque carecemos de um modelo mais confiável; os objetos que fazemos revelam mais sobre nós do que a confissão de fé."[2]

Precisamos, com urgência, entender que não vivemos separadamente em mundos físicos e mentais; essas duas projeções estão completamente fundidas em uma realidade existencial única. Ao projetarmos e construirmos

---

[1] Peirce F. Lewis, 'Axioms for Reading the Landscape', in DW Meinig, editor, *The Interpretation of Ordinary Landscapes: Geographical Essays*, New York: Oxford University Press, 1979.

[2] Joseph Brodsky, *Watermark*, London: Penguin Books, 1992, p. 61.

estruturas físicas, estamos simultânea e essencialmente criando estruturas mentais e realidades. Infelizmente, não temos desenvolvido muito nossa compreensão e sensibilidade para a interação de nossas paisagens externas e internas.

Perfeição e erro

→ *culto da personalidade; fundamentalismo; ruínas*

Juhani Pallasmaa, *Encounters*, Helsinki: Rakennustieto Oy, 2005, 332-333

A imagem forte na arte aspira ao objeto perfeitamente articulado e final. Este é o ideal estético albertiano de uma obra de arte "a qual nada pode ser adicionado ou subtraído".[3] Por definição, uma imagem forte tem tolerância mínima para mudanças e, consequentemente, possui uma vulnerabilidade estética inerente em relação às forças do tempo. Uma *gestalt* fraca, por outro lado, permite adições e alterações; uma forma frágil possui tolerância estética, uma margem para mudanças. Os critérios de tolerância também ocorrem em um nível psicológico; os projetos contemporâneos são frequentemente tão restritos em sua estética exclusiva que criam um senso hermenêutico e arrogante de isolamento e autismo, enquanto uma estrutura frágil projeta uma abertura acolhedora e um senso de relaxamento estético.

A imagem forte é obrigada a simplificar e reduzir a multiplicidade de problemas e praticidades para condensar a diversidade sem forma da tarefa em uma imagem poderosa e singular. Muitas vezes, tal imagem forte é alcançada por meio de censura severa e supressão; a clareza da imagem frequentemente contém repressão oculta.

Aqui, gostaria de enfatizar que não estou condenando essa arquitetura com tal força formal; apenas critico a arquitetura visualmente formalista. Sugiro uma alternativa à estética reducionista prevalente no pensamento arquitetônico ocidental. Hoje, há arquitetos que combinam força conceitual com sutileza sensual, como Tadao Ando, Peter Zumthor, Steven Holl, Rick Joy e Kengo Kuma. Na obra de Luis Barragán, uma imagem aparentemente forte desliza para o mundo elusivo dos sonhos.

John Ruskin acreditava que "A imperfeição é de alguma forma essencial a tudo que conhecemos da vida. É o sinal de vida em um corpo mortal, ou seja, de um estado de processo e mudança. Nada que vive é ou pode ser rigidamente perfeito; parte está se deteriorando, parte está nascendo. (...) E em todas as

---

[3] Leon Battista Alberti, *The Ten Books on architecture*, London: A. Tiranti, 1955.

coisas que vivem, há certas irregularidades e deficiências, que não são apenas sinais de vida, mas fontes de beleza".[4]

Aalto aprofundou a ideia de Ruskin ao falar do "fator humano" e criticar a busca pela verdade e perfeição absolutas: "Podemos dizer que o fator humano (ou "erro humano" na versão original finlandesa) sempre fez parte da arquitetura. Em um sentido mais profundo, ele tem sido indispensável para permitir que os edifícios expressem plenamente a riqueza e os valores positivos da vida".[5] O projeto de arquitetura geralmente busca uma continuidade de ideias e articulação, enquanto a arquitetura frágil procura descontinuidades deliberadas. Por exemplo, o processo de projeto de Aalto produz diferenças e descontinuidades em vez de uma lógica unificadora. Elaborando a crítica de Michel Foucault à sensibilidade modernista, Demetri Porphyrios identifica o pensamento de Aalto como heterotópico, em oposição ao uso da maneira normalmente homotópica do pensamento modernista.[6] O próprio Aalto usa a expressão "erro benigno", referindo-se às descontinuidades na lógica de projeto.[7] Ele era um mestre em transformar modificações de projeto de última hora ou erros no local em brilhantes improvisações de detalhes.

A sensualidade da matéria: imaginação material, tatilidade e tempo (2012)

Como consequência de seus ideais predominantemente conceituais e formais, a arquitetura de nosso tempo tende a criar cenários para o olho que parecem se originar em um único momento do tempo e evocar a experiência de uma temporalidade achatada. A visão e a imaterialidade reforçam a experiência do tempo presente, enquanto a opacidade, a profundidade material e as experiências táteis evocam uma consciência de profundidade temporal e um *continuum* de tempo. Os inevitáveis processos de envelhecimento, intemperismo e desgaste geralmente não são considerados como elementos conscientes e positivos no projeto, já que o artefato de arquitetura é entendido como existente em um espaço atemporal, uma condição idealizada e artificial separada das realidades experienciais do tempo e da vida.

---

[4] John Ruskin, *The Lamp of Beauty: Writings on Art by John Ruskin*, Ithaca, NY: Cornell University Press, 1980, 238, como citado em Gary J. Coates, *Erik Asmussen, Architect*, Stockholm: Byggförlaget, 1997, 230.

[5] Alvar Aalto, "The Human Factor", *in* Göran Schildt, editor, *Alvar Aalto in His Own Words*, Helsinki: Otava, 1997, 281.

[6] Demetri Porphyrios, *Sources of Modern Eclecticism: Studies on Alvar Aalto*, London: Academy Editions, 1982.

[7] Alvar Aalto, discurso na Celebração do Centenário da Helsinki University of Technology, dez. 5, 1972, *in* Schildt, *op. cit.*, 283.

A arquitetura da era moderna tem aspirado evocar uma sensação de atemporalidade e atualidade. Os ideais de perfeição e completude afastam ainda mais o objeto arquitetônico da realidade do tempo e dos vestígios de uso. Como consequência do ideal de perfeição atemporal, os edifícios tornam-se vulneráveis aos efeitos negativos do tempo – é como uma vingança do tempo, poderíamos dizer. Em vez de oferecer as qualidades positivas de autoridade e do vintage, o tempo e o uso atacam os edifícios de maneira negativa e destrutiva. Nas últimas décadas, novidade e ineditismo tornaram-se uma obsessão, um critério de um valor artístico autossuficiente.

A aspiração pela abstração e perfeição, em geral, direciona a atenção para o mundo das ideias imateriais, enquanto a matéria, o intemperismo e a decadência fortalecem a experiência da causalidade, do tempo e do mundo real. Há uma diferença fundamental entre uma existência humana idealizada e nossa condição existencial experiencialmente real. A vida real é sempre "impura" e "bagunçada", e a grande arquitetura sabiamente oferece uma margem para essa desordem e impureza da vida.

John Ruskin acreditava que "A imperfeição é de alguma forma essencial a tudo que conhecemos da vida. É o sinal de vida em um corpo mortal, ou seja, de um estado de processo e mudança. Nada que vive é ou pode ser rigidamente perfeito; parte está se deteriorando, parte está nascendo. (...) E em todas as coisas que vivem, há certas irregularidades e deficiências, que não são apenas sinais de vida, mas fontes de beleza".[8]

Alvar Aalto elaborou ainda mais a ideia de Ruskin quando falou do "erro humano" e criticou a busca pela verdade e perfeição absolutas: "Poderíamos dizer que o erro humano sempre foi parte da arquitetura. Em um sentido mais profundo, tem sido até indispensável para permitir que os edifícios expressem plenamente a riqueza e os valores positivos da vida".[9]

As poderosas indústrias químicas e a ciência dos materiais de hoje estão produzindo materiais e compostos imprevistos que em algum momento revolucionarão as edificações e os detalhes da arquitetura. Os novos materiais artificiais frequentemente combinam propriedades paradoxais, como durabilidade estrutural e translucidez ou transparência, resistência estrutural e isolamento térmico. Materiais autorreguláveis e ajustáveis, que reagem às condições ambientais, levam a arquitetura a um passo decisivo em direção a modelos biológicos. No entanto, a tarefa dos materiais é mediar e expressar "como o mundo nos toca".

Pintor, arquiteto e cirurgião

→ *arquitetura como disciplina impura; artistas versus arquitetos*

---

[8] Ruskin, *op. cit.*, p. 238.
[9] Alvar Aalto. "The Human Error", in Schildt, *op. cit.*, p. 281.

Espaço vivenciado na arquitetura e no cinema (2008)

Analisando a diferença entre pintura e cinema, Walter Benjamin nos oferece uma metáfora provocativa: ele compara o pintor ao mago, e o cineasta, ao cirurgião. O mago opera a uma distância distinta do paciente, enquanto o cirurgião penetra no interior do paciente. O mago/pintor cria uma entidade integrada completa, enquanto o trabalho do cirurgião/cineasta se envolve com fragmentos. A metáfora de Benjamin pode ser revertida para ilustrar a diferença entre o diretor de cinema e o arquiteto. O diretor de cinema é o mago que evoca uma situação vivida à distância por meio da realidade ilusória de imagens projetadas, enquanto o arquiteto opera com a realidade física em si, nas entranhas do edifício em que por acaso habitamos.

Sigmund Freud e Carl Gustav Jung viram uma forte associação metafórica entre o corpo humano e nossa constituição mental de um lado, e nosso imaginário inconsciente de paisagem e casa de outro. Na verdade, a casa, o corpo e o cosmo estão todos metaforicamente relacionados. Essa identidade fornece mais justificativas para ver o arquiteto no papel do cirurgião.[10] O diretor opera por meio da distância da sugestão mental, enquanto o arquiteto segura e toca nossa constituição corporal e condiciona nosso ser real no mundo.

Pintura e arquitetura

→ *arquitetura como disciplina impura; artistas* versus *arquitetos; forma presente da arte*

Paisagens e horizontes da arquitetura: arquitetura e pensamento artístico (2007)

Falando da evolução da arquitetura moderna, Alvar Aalto costumava dizer: "Porém, tudo começou na pintura". Em 1947, ele escreveu: "As formas de arte abstrata trouxeram impulsos para a arquitetura de nossa época, embora de forma indireta; porém, esse fato não pode ser negado. Por outro lado, a arquitetura

---

[10] Freud afirma que, nos sonhos, "a típica (...) representação da figura humana como um todo é uma casa (...) na qual janelas, portas e portões representam as aberturas do corpo, e que as fachadas das casas seriam lisas ou dotadas de sacadas e projeções nas quais poderíamos nos agarrar". Freud interpretava as casas com paredes lisas como sendo masculinas e, aquelas com sacadas e projeções, como femininas. Sigmund Freud, *Introductory Lectures on Psycho-Analysis*, New York, Norton, 1966, p. 196 e 188. C. G. Jung ampliou a associação à analogia da casa com a psique humana. Em sua interpretação de um sonho pessoal, Jung considera os vários pavimentos de uma casa conectados por uma escada como sendo símbolos das camadas de sua consciência. Veja o sonho de Carl Gustav Jung em Clare Cooper, "The House as a Symbol of Self", como citado em Jon Lang, Charles Burnette, Walter Moleski, David Lang Vachon, editores, *Designing for Human Behavior: Architecture and the Behavioral Sciences*, Stroudsburg, PA, Dowden, Stroudsburg, Hutchinson & Ross, 1974, p. 40–41.

forneceu fontes para a arte abstrata. Essas duas formas de arte influenciaram-se mutua e alternadamente. É isso: as artes realmente têm raízes comuns, mesmo em nosso tempo".[11]

A pintura está próxima do reino da arquitetura, especialmente porque questões de arquitetura são muito frequentemente – ou, devo dizer, inevitavelmente – parte do tema da pintura, seja olhando para a pintura figurativa, seja para a abstrata. De fato, essa distinção é muito questionável como um todo, porque toda arte significativa está destinada a ser figurativa no sentido existencial.

As pinturas da Baixa Idade Média e do Protorrenascimento são especialmente inspiradoras para um arquiteto devido à constante presença da arquitetura como tema. O interesse dos pintores protorrenascentistas pela arquitetura parece estar relacionado com o processo de diferenciação do mundo e da consciência individual, o nascimento do primeiro pronome pessoal "eu". Os mínimos detalhes bastam para criar a experiência de espaço arquitetônico: uma abertura com marco ou apenas a quina de uma parede fornece um cenário arquitetônico. A inocência e humanidade desta arquitetura pictórica, à semelhança da figura humana e arquitetônica, é a mais confortável, tocante e inspiradora; esta é uma verdadeira arquitetura terapêutica. As melhores lições em domesticidade e essência de lar são pinturas holandesas do século XVII. Nessas pinturas, os edifícios são apresentados quase como figuras humanas; as imagens espelhadas da casa e do corpo humano foram introduzidas no pensamento moderno pelo psicólogo e analista Carl Gustav Jung e foram expressas por inúmeros artistas.

Não consigo pensar em uma lição de arquitetura mais inspiradora e iluminadora do que a oferecida pelas primeiras pinturas renascentistas. Se pudesse um dia projetar um único edifício com a ternura das casas de Giotto, Fra Angelico ou Piero della Francesca, eu me sentiria como se tivesse alcançado meu verdadeiro propósito de vida.

As interações entre arte moderna e arquitetura moderna são bem conhecidas e reconhecidas, mas ainda não vi arquitetura inspirada em William Turner, Claude Monet, Pierre Bonnard ou Marc Rothko, por exemplo. A pintura e outras formas de arte têm pesquisado dimensões de emoção e espírito humanos desconhecidos para os arquitetos, cuja arte tende, convencionalmente, a responder à normalidade racionalizada. A obra de inúmeros artistas contemporâneos – Robert Smithson, Gordon Matta-Clark, Michael Heizer, Donald Judd, Robert Irwin, Jannis Kounellis, Wolfgang Leib, Ann Hamilton, James Turrell e James Carpenter, entre outros – está estreitamente relacionada a questões essenciais da arquitetura. São todos artistas cujas obras têm inspirado os arquitetos e continuarão a fazê-lo.

---

[11] Kirmo Mikkola, *Aalto*, Jyväskylä, Gummerus, 1985, p. 42–45. A origem da citação é uma tradução não identificada por Juhani Pallasmaa.

Também podemos estudar princípios de pensamento e criação artísticos nos textos de muitos desses artistas. Henry Moore, Richard Serra, Donald Judd, Agnes Martin, James Turrell, todos escrevem perceptivamente sobre sua própria obra e foram significativos para mim. Os artistas tendem a escrever de forma mais direta e sincera sobre sua obra do que os arquitetos, que frequentemente criam uma cortina de fumaça intelectualizada em seus textos.

Processo de projeto

→ *desenho à mão livre; conhecimento e pensamento corporificados; esquecimento; cliente ideal; ideais; tarefas da arquitetura*

Juhani Pallasmaa, *As mãos inteligentes: a sabedoria existencial e corporalizada na arquitetura***, Porto Alegre: Bookman Editora, 2013, 109–111**

Na arquitetura, um *insight* criativo raramente é uma descoberta intelectual instantânea que poderia revelar uma entidade complexa em sua resolução completa e definitiva em um único instante; ele também não é um processo linear de dedução lógica. Na maioria das vezes, o processo começa com uma ideia inicial que é desenvolvida durante algum tempo, mas logo o conceito se ramifica para novos caminhos, e este padrão de trajetórias cruzadas se torna cada vez mais denso por meio do próprio processo. O projeto é um processo de retroceder e avançar entre centenas de ideias, no qual soluções parciais e detalhes são testados várias vezes para gradualmente revelar e moldar uma representação completa das milhares de demandas e critérios, bem como os ideais pessoais do arquiteto de coordenação e harmonização, resultando em uma entidade de arquitetura ou arte completa. Um projeto de arquitetura não é apenas o resultado de um processo de resolução de problemas – ele também é uma proposta metafísica que expressa o mundo mental do artista e sua compreensão do mundo da vida humana. Simultaneamente, o processo de projeto varre os mundos interno e externo e entrelaça os dois universos.

Na maioria das vezes, a ideia inicial e a primeira elaboração do esquema precisam ser abandonadas, e todo o processo, recomeçado. Trata-se de uma busca na obscuridade e escuridão da incerteza, na qual a certeza subjetiva é gradualmente alcançada por meio do processo árduo da própria busca. Esta busca é tanto uma jornada corporificada e tátil, guiada pela mão e pelos sentimentos do corpo, quanto uma empreitada visual e intelectual. Uma tarefa de arquitetura não é um simples problema logístico ou racional a ser resolvido. No projeto de arquitetura, tanto o fim adequado quanto os meios precisam ser identificados e concretizados. Além de resolver problemas racionais e atender às demandas funcionais, técnicas e outras, sempre se espera que uma arquitetura sábia evoque valores humanos, experienciais e existenciais que não podem ser prescritos. Toda obra de arquitetura autêntica reposiciona o homem no mundo e lança nova luz sobre seu enigma existencial. Cada tarefa de arquitetura que é levada a sério também exige uma idealização distinta da situação, do cliente e do uso futuro do edifício. A arquitetura precisa construir um mundo melhor, e esta projeção de uma dimensão humana idealizada exige uma sabedoria existencial em vez de habilidade profissional, técnica e experiência. Na verdade, uma tarefa de projeto é uma exploração existencial na qual o conhecimento profissional do arquiteto, suas experiências de vida, suas sensibilidades ética e estética, sua mente e seu corpo, seus olhos e suas mãos, bem como toda sua personalidade e sabedoria existencial, por fim, fundem-se.

R

Racionalizando a arquitetura

→ *arquitetura como disciplina impura; arquitetura é espaço mental construído; encontrando a arquitetura; filosofia na carne; paisagem física e mental*

Entre arte e ciência: realidade e experiência na arquitetura e na arte (2018)

Desde a época da Renascença, houve esforços repetidos para transformar a arquitetura de um ofício artístico e cultural para uma prática científica e uma operação totalmente racionalizada, baseada em um fundamento teórico, fatos mensuráveis e métodos racionais. As teorias renascentistas acreditavam que, ao associar a arquitetura à teoria pitagórica da harmonia, dando-lhe um fundamento matemático, esse objetivo poderia ser alcançado. De fato, na época da Renascença, a arquitetura se tornou reconhecida no *quadrivium* das "artes matemáticas", juntamente com a aritmética (estudo dos números), geometria (estudo das relações espaciais), astronomia (estudo dos movimentos dos corpos celestes) e música (estudo dos movimentos compreendidos pelo ouvido).[1]

No período do Iluminismo, houve tentativas sistemáticas de transformar a arquitetura em uma racionalidade pura e previsível, o vocabulário e a sintaxe de uma linguagem pré-determinada de tipos de construção, como exemplificado pelo Sistema de Elementos de Arquitetura de Jacques-Nicolas-Louis Durand. Alberto Pérez-Gómez descreve a intenção de Durand em *Précis des Leçons d'Architecture* (1819) da seguinte maneira: "Como a arquitetura era a mais cara de todas as artes, ela não deveria ser caprichosa ou guiada por preconceito ou rotina. Para evitar despesas perdulárias, o projeto de arquitetura deveria seguir regras totalmente racionais e imutáveis".[2] Hoje, há uma linha de

---

[1] Rudolf Wittkower, *Architectural Principles in the Age of Humanism*, New York: Random House, 1965, p. 117.

[2] Alberto Pérez-Gómez: *Architecture and the Crisis of Modern Science*. Cambridge, MA, and London: The MIT Press, 1990, p. 298.

pensamento persistente que quer reduzir a arquitetura a desempenho, economia e imagem estetizada.

As primeiras teorias funcionalistas dos anos 1920 e 1930 já se esforçavam para tornar a arquitetura uma prática totalmente racional. A equação ultramaterialista de Hannes Meyer ARQUITETURA = FUNÇÃO × ECONOMIA demonstra a visão reducionista extrema, que é novamente vista como o objetivo hoje.[3] No entanto, o próprio pensamento criativo de Meyer deu origem a projetos de arquitetura tão carregados de paixão quanto sua Peterschule de 1926, na cidade da Basileia, sugerindo que seu trabalho como projetista era guiado por desejos e intuições de arte, e não por suas teorias. O mesmo pode ser dito sobre os edifícios incrivelmente humanos e otimistas da primeira fase do Funcionalismo. A arquitetura modernista foi completamente inspirada e guiada tanto por ideias da arte moderna quanto por teorias operacionais ou visões científicas. "Tudo começou na pintura", confessou Alvar Aalto quando revelou que sua lendária Villa Mairea (1938–1939) foi inspirada nas ideias espaciais e formais da pintura moderna.[4] O esforço para separar a arquitetura de suas conexões com a esfera das artes e os parâmetros mentais humanos é exemplificado novamente pelo atual fascínio com o projeto algorítmico, digital e baseado em evidências. Ao mesmo tempo que o interesse analítico é bem-vindo, esta atitude projeta uma desconfiança nas capacidades intuitivas, imaginativas e empáticas do homem.

De acordo com a filosofia fenomenológica, o exterior e o interior, os mundos material e mental, constituem um *continuum* e, por conseguinte, a arquitetura é inevitavelmente parte de nossa vida e realidade mental. As edificações fazem parte da própria humanidade e de sua historicidade. Elas não devem ser lidas como objetos externos e neutros, questões utilitárias e instrumentais fora de nós mesmos e das realidades da vida. Assim como a própria vida, a arquitetura é uma mistura complexa e "impura" de mundos diferentes e incompatíveis, como a racionalidade tecnológica e a expressão artística, o conhecimento e a crença, a intencionalidade consciente e a projeção inconsciente, e, consequentemente, não pode ser teorizada de forma inclusiva. Portanto, a arquitetura não pode ser resultado de uma operação totalmente racional, já que ela é sempre, também, uma expressão de intenções e desejos, crenças e sonhos. A arquitetura facilita requisitos concretos, mas também é sempre uma confissão. É uma confissão, desejo e visão tanto quanto é resultado de razão e dedução. Ela funde realidade e sonho, conhecimento e desejo. Não é apenas um veículo para fins utilitários específicos, pois também molda inevitavelmente a nós mesmos, a nossa autocompreensão e as interações com o curso autônomo da vida. No Ins-

---

[3] Hannes Meyer. "Building", *in* Claude Schnaidt, *Hannes Meyer Buildings, Projects and Writings*. Teufen AR / Schweitz, A. Niggli, 1965, p. 94.

[4] Aino e Alvar Aalto, "Mairea", descrição de projeto, em *Arkkitehti* n. 9, 1939.

tituto Salk, de Louis Kahn, não é a habilidade performática do arquiteto que nos move e dignifica, é a autoridade inexplicável do prédio e o vazio metafísico do pátio que nos conecta com dimensões cósmicas e envia arrepios ao nosso sistema nervoso.

Raízes e biologia

→ *arquitetura animal; memórias coletivas; desabrigo; memória; nomadismo e mobilidade; tradição*

A falta de abrigo existencial: desterritorialização e nostalgia na era da mobilidade (2006)

Permitam-me citar uma visão totalmente oposta sobre a importância crucial das raízes culturais e mentais. Essa visão é expressa por Simone Weil em seu livro *L'enracinement* (*The Need for Roots*), que tem um título poético em sua tradução sueca, *Att slå rot*: "Estar enraizado é talvez a necessidade mais importante e menos valorizada da alma humana. É uma das mais difíceis de definir. Uma pessoa tem raízes pela virtude de sua participação real, ativa e natural na vida da comunidade, que preserva em forma viva certas expectativas particulares para o futuro. (...) Todo ser humano precisa ter múltiplas raízes. É necessário que ele extraia quase toda a sua vida moral, intelectual e espiritual do meio ambiente do qual faz parte".[5]

Experiência corporificada e pensamento sensorial: espaço vivenciado na arte e na arquitetura (2006)

Nosso mundo é estruturado com base em mapas mentais, e as estruturas do ambiente desempenham um papel central na formação desses esquemas experienciais. O conhecimento existencialmente mais importante de nossa vida cotidiana – mesmo na cultura tecnológica de hoje – não reside em teorias e explicações desvinculadas, mas é um conhecimento silencioso, além do limiar da consciência, que está fundido com o ambiente cotidiano e as situações comportamentais. Porém, o poeta também fala de encontros no "limiar da existência",[6] como escreve Gaston Bachelard. A arte examina os reinos biológicos e inconscientes do nosso corpo e mente. Assim, a arte mantém conexões vitais com nosso passado biológico e cultural, com a base de conhecimentos silenciosos genéticos e mitológicos. A dimensão temporal essencial da arte aponta para o passado em vez do futuro, a arte mantém raízes e tradições em vez de desarraigar e inventar.

---

[5] Simone Weil, *The Need for Roots*, Boston, MA: Beacon Press, 1995.
[6] Gaston Bachelard, *The Poetics of Space*, Boston: Beacon Press, 1964, p. XII.

O espaço do tempo: tempo mental na arquitetura (2007)

Somos – acima de tudo – seres biológicos e históricos cuja programação genética se estende milhões de anos no passado da raça humana. Nossas reações instintivas às situações e características espaciais se baseiam nas condições de vida de inúmeras gerações passadas de nossos predecessores. Os sentidos humanos de orientação, para cima e para baixo, escuridão e luz, segurança e ameaça, prazer e desconforto, horizontalidade e verticalidade, perto e longe etc., estão todos baseados em nosso inconsciente compartilhado. Podemos viver em uma cidade e estar profundamente envolvidos nas realidades tecnológicas e digitais de hoje, mas nossas reações corporificadas continuam a estar baseadas em nosso passado longínquo; ainda há um caçador-coletor, pescador e agricultor oculto nos genes de cada um de nós, e a arquitetura precisa reconhecer essa profunda historicidade do ser humano. Essa historicidade biocultural coloca uma perspectiva crítica à preferência atual pela novidade e entusiasmo inconsequente por realidades digitais e virtuais. As pesquisas científicas na essência biológica e evolutiva da estética e da beleza mal começaram,[7] mas o poeta e artista já conhecem a profundidade desses fenômenos. "Acredite se quiser, mas o objetivo da evolução é a beleza", declara Joseph Brodsky com a certeza de um grande poeta.[8]

É provável que se descubra que a base histórica da arquitetura também seja mais profunda do que sugere nossa atual compreensão dos poucos milhares de anos de história da arquitetura. É evidente que as origens da arquitetura estão além da história e dos relatos verbais no passado antropológico profundo da humanidade. Na minha opinião, a tarefa ética da arquitetura é defender nossa essência biológica e historicidade para nos ancorar nas realidades mentais essenciais da vida. Acredito que esta seja a perspectiva de tempo mais importante para a arte da arquitetura.

Realidade e imaginação

→ *espaço existencial I; espaço existencial II; paisagem física e mental*

Generosidade, humildade e expressão artística: senso de realidade e idealização na arquitetura (2007)

Tendemos a ver a realidade como algo dado, objetivo e não problemático; esta visão é chamada de "realismo ingênuo". Mas não há nada axiomático ou re-

---

[7] Veja, por exemplo, Ingo Rentschler, Barbara Herzberger, David Epstein, *Beauty and the Brain: Biological Aspects of Aesthetics*, Basel, Boston, Berlin: Birkäuser Verlag, 1988.

[8] Brodsky. *Op. cit.*, p. 207.

velado sobre a "realidade". Como nos diz o terapeuta Viktor von Weizsäcker: "A realidade é o oposto do óbvio".[9] Sartre destaca que a experiência da arte sempre acontece na dimensão da irrealidade ou da imaginação. Sem dúvida, o desempenho de uma orquestra sinfônica, um livro de poesia ou um edifício são reais, mas a experiência da obra sinfônica, do poema e do edifício é irreal – tem apenas sua existência mental e experiencial.

É instigante que uma obra de arte exista simultaneamente em duas realidades: a realidade física de sua essência material, fabricação e desempenho, por um lado, e a realidade imaginária de sua imagem artística e estrutura expressiva, por outro. Uma pintura é tinta na tela, por um lado, e um retrato ou mundo imaginário, por outro. Da mesma maneira, uma escultura é uma peça de pedra e uma imagem; e um edifício é um objeto de utilidade, matéria e estrutura, bem como uma metáfora espaço-temporal imaginária que busca sua identificação corporificada. A tensão entre as duas existências confere a uma obra de arte um poder hipnotizante. Quando experienciamos uma obra de arte, estamos suspensos entre as duas realidades.

Realidade *versus* símbolo

→ *a obra de arte é...; museus do tempo; silêncio, tempo e solidão; símbolo*

O espaço do tempo: tempo mental na arquitetura (2007)

As duas ideias que deram origem a concepções equivocadas da essência dos fenômenos artísticos são: a arte entendida como símbolo e a arte vista como novidade.

As obras de arte e arquitetura não simbolizam apenas algo fora de si mesmas; elas criam uma realidade e *são* essa outra realidade. "Um poema (...) não é uma paráfrase ou uma metáfora da realidade, mas uma realidade em si", como afirma Brodsky.[10] Uma obra de arte ou arquitetura não é um símbolo que representa ou retrata indiretamente algo fora de si mesma. É uma *realidade da imagem* ou *realidade ideada* que se coloca diretamente em nossa esfera existencial e consciência. Torna-se parte de nós, e nos tornamos parte dela.

A arquitetura também cria sua própria realidade alterada, na qual as percepções e experiências de espaço, duração e gravidade são transformadas. A arquitetura projeta horizontes específicos de percepção e compreensão. Os edifícios condicionam nossa leitura do tempo; como as artes cinematográficas ou literárias, eles podem acelerar, desacelerar, interromper e reverter o tempo. Edifícios extraordinários não são símbolos ou metáforas temporais, são museus e

---

[9] Viktor von Weizsäcker, *Der gestaltkreis*, Stuttgart, Georg Thieme, 1968.

[10] Joseph Brodsky, *On Grief and Reason*, New York: Farrar Straus Giroux, 1997, p. 386.

armazéns de tempo. Quando entramos em um edifício espetacular, seu silêncio e modo de tempo específicos guiam nossas experiências e emoções. De fato, a profundidade de todo o tempo cultural é medida e expressa principalmente pelas edificações. Imagine como nossa sensação de história seria superficial e sem escala sem a imagem das pirâmides egípcias em nossas mentes. Isso é verdadeiro independentemente de termos visto uma pirâmide na realidade ou não. As edificações têm funções seminais como estruturas mentais exteriorizadas e como extensões de nossas memórias e consciências individuais e coletivas. Eles constituem instrumentos para compreender e sustentar a história e o tempo, bem como entender a realidade social e cultural e das instituições humanas.

Realismo e idealização

→ *ideais; mito; otimismo; tarefas da arquitetura; tarefas da arte*

Generosidade, humildade e expressão artística: senso de realidade e idealização na arquitetura (2007)

"O realismo geralmente proporciona o mais forte estímulo para minha imaginação", confessa Alvar Aalto.[11] Por outro lado, ele deixa claro que seu método de projeto é o de uma lógica poética: "Seja qual for nossa tarefa, seja ela grande, seja pequena; proveniente de uma feia banalidade ou do elemento emocional mais sensível; uma cidade ou sua parte; um edifício ou uma rede de transporte; uma pintura, uma escultura ou um objeto utilitário, há uma condição absoluta para sua criação antes que possa adquirir um valor que a qualifique como cultura (...) em cada caso, os opostos devem ser reconciliados. (...) Quase toda tarefa de projeto envolve dezenas, frequentemente centenas, às vezes milhares de elementos contraditórios e conflitantes, que são forçados a uma harmonia funcional apenas pela vontade do homem. Esta harmonia não pode ser alcançada por qualquer outro meio que não seja a arte".[12] Ao mesmo tempo, Aalto reconhece a importância da idealização na arquitetura: "A arquitetura tem um motivo ulterior, (...) a ideia de criar o paraíso. Esse é o único propósito de nossos edifícios. (...) Cada edifício, cada produto arquitetônico que é seu símbolo, destina-se a mostrar que desejamos construir um paraíso na terra para o homem".[13]

---

[11] Entrevista para a televisão finlandesa em Julho de 1972, *in* Göran Schildt, editor, *Alvar Aalto in His Own Words*, Helsinki: Otava Publishing Company, 1997, p. 174.

[12] Alvar Aalto. "Art and Technology", palestra inaugural como membro da Finnish Academy, 3 de outubro de 1955. *In* Schildt. *Op. cit.*, p. 174.

[13] Alvar Aalto, palestra conferida na reunião do jubileu da Southern Sweden Master Builders' Society, em Malmö, 1957, in Schildt. *Op. cit.*, p. 215.

Unir as polaridades do realismo e do paraíso é outro exemplo dos milagres alcançáveis por meio da arte. A ideia de Aalto pode facilmente ser descartada como uma metáfora literária ou como uma ingenuidade romântica, mas a dimensão da idealização também é essencial na poesia, na pintura e na arquitetura. Como observa Rilke em uma carta: "A arte não é uma pequena amostra seletiva do mundo, é uma transformação do mundo, uma transformação interminável em direção ao bem".[14] Toda obra de arte que contém profundidade aborda um mundo que apresenta uma realidade melhor, uma humanidade mais sensível, culta e compassiva do que a de hoje, "ainda que levemente",[15] usando a expressão com que T. S. Eliot descreve a maneira secreta como uma obra profundamente inovadora reestrutura toda a história da arte. Essa dimensão idealizadora da arte é verdadeira, independentemente do gênero ou do tom emocional da narrativa. Os romances e contos de Kafka apresentam situações de vida sombrias e sem esperança, mas o impacto mental é integrador e revigorante devido à força ética e literária única da obra. A desesperança da situação do protagonista promove magicamente a esperança na razão humana e na compaixão. A generosidade e liberdade da obra estão nas características da construção literária, independentemente da ansiedade e falta de liberdade na vida do protagonista retratado. "Assim, há apenas bons e maus romances. O mau romance tenta agradar elogiando, enquanto o bom é uma exigência e um ato de fé", explica Sartre.[16] Ele nos lembra novamente da realidade dupla da obra de arte: "A contemplação estética é um sonho induzido, e a passagem para o real é um despertar real".[17]

Reconciliação

→ *condensando; tarefas da arquitetura*

Paisagens e horizontes da arquitetura: arquitetura e pensamento artístico (2007)

A tarefa logicamente inconcebível da arquitetura de integrar opostos irreconciliáveis é fundamental e necessária. Para isso, os objetivos essenciais da arquitetura estão fadados a ser a mediação e a reconciliação: a essência de uma

---

[14] Rainer Maria Rilke, carta a Jacob Baron Uexkull, Paris, 19/08/1909. *"Lukijalle"* (Ao Leitor), *in* Liisa Enwald, editora, *Rainer Maria Rilke, Hiljainen taiteen sisin: kirjeitä vuosilta 1900–1926* (The silent innermost core of art; letters 1900–1926), Helsinki, TAI-teos, 1997, p. 41.

[15] Thomas Stearns Eliot. "Tradition and the Individual Talent", *in id. Selected essays.* New York, Harcourt, Brace World, 1964.

[16] Jean-Paul Sartre, *Basic writings*, London and New York, Routledge, 2001, p. 275.

[17] *Ibid.*, 298.

obra de arquitetura autêntica é a materialização da mediação e da reconciliação. A arquitetura negocia entre categorias e oposições diferentes. A arquitetura é concebível nessa tarefa contraditória somente por meio da compreensão de qualquer projeto como uma manifestação poética; o imaginário poético é capaz de superar as contradições da lógica por meio de sua imagem polivalente e sintética. Como escreveu Alvar Aalto uma vez: "Em todo caso [de trabalho criativo], deve-se alcançar a solução simultânea de opostos. (...) Quase toda tarefa de projeto envolve dezenas, frequentemente centenas, às vezes milhares de elementos contraditórios e conflitantes, que são forçados a uma harmonia funcional apenas pela vontade do homem. Esta harmonia não pode ser alcançada por qualquer outro meio que não seja a arte".[18]

Ruínas

→ *humildade; matéria e tempo; museus do tempo; novidade*

A sensualidade da matéria: imaginação material, tatilidade e tempo (2012)

Um exemplo particularmente instigante da necessidade humana de vivenciar e ler o tempo por meio da arquitetura é a tradição de ruínas projetadas e construídas, uma moda que se tornou mania na Inglaterra e na Alemanha durante os séculos XVIII e XIX. Enquanto trabalhava na construção de sua própria casa em Lincoln's Inn Fields, em Londres, que incluía imagens em camadas de ruínas, Sir John Soane imaginou sua edificação como uma verdadeira ruína e escreveu um estudo fictício de seu próprio edifício como se tivesse sido escrito por um futuro antiquário imaginário.[19]

Como alguns estudiosos observaram, Alvar Aalto também usou imagens subconscientes de ruínas e erosão, bem como imagens da antiguidade, para despertar um sentimento reconfortante de tempo em camadas e cultura profunda e dar uma expressão concreta e material à noção bergsoniana de "duração".

A arquitetura de Sigurd Lewerentz, para dar um exemplo da fase transformadora da modernidade, conecta-nos com o tempo profundo. Suas últimas obras obtêm seu poder emotivo único a partir de imagens de matéria que falam de profundidade opaca e mistério, escuridão e sombra, enigma metafísico e morte. Sua obra transforma a morte em uma imagem espelhada da vida;

---

[18] Alvar Aalto, "Taide ja tekniikka" (Art and Technology), palestra, Academy of Finland, 3 de outubro de 1955, *in* Göran Schildt, *Luonnoksia: Alvar Aalto*, Helsinki, 1972, p. 87–88. Tradução de Juhani Pallasmaa.

[19] *Sir* John Soane. "Crude Hints", republicado em *Visions of Ruin: Architectural Fantasies & Designs for Garden Follies*. London, John Soane Museum, 1999.

Lewerentz permite que nos imaginemos mortos, mas sem medo, existindo em um contínuo de duração atemporal, o "útero do tempo", para usar a expressão de Shakespeare em *Othelo*. As igrejas de Lewerentz são sonhos de tijolo de barro cozido da mesma maneira que as esculturas e edifícios de Michelangelo são sonhos de mármore e que muitos dos espaços de Aalto são sonhos de madeira; o observador é guiado suavemente para entrar na inconsciência do tijolo, da pedra e da madeira, respectivamente.

Apesar da tendência geral de eliminação da dimensão temporal, também existem arquitetos em nossos dias cujas obras evocam experiências curativas da realidade e do tempo. Um deles certamente é Peter Zumthor. Como um todo, há inúmeros arquitetos talentosos e profundamente perceptivos e pensativos em todo o mundo, independentemente do ar de superficialidade apoiado pela nova mídia visual que apresenta a arquitetura como uma tendência global única.

S

Sagrado

→ *luz; limites e imensidade; sublime*

Sacralidade existencial: luz, silêncio e espiritualidade na arquitetura (2012)

Tendemos a pensar na espiritualidade e no sagrado na arquitetura em termos de tipos específicos de edifícios, como edifícios religiosos e espaços construídos especialmente para fins de devoção. A arquitetura e os locais religiosos – igrejas, capelas, mausoléus e cemitérios – expressam intencionalmente seus conteúdos espirituais evocando deliberadamente experiências de admiração, devoção, piedade, autoridade, mistério, êxtase, atemporalidade ou vida após a morte. A experiência do sagrado implica uma sensação de transcendência além das condições das dimensões comuns e da normalidade dos significados. Um espaço sagrado projeta experiências nas quais as características físicas se transformam em sensações carregadas metafisicamente de realidade transcendental e significados espirituais.

Ainda assim, podemos nos questionar se a experiência do sagrado é somente uma consequência do uso de uma linguagem simbólica específica, de convenções distintas e tipologias ou de vocabulários arquitetônicos. Seria a "linguagem" simbólica distinta uma premissa para o surgimento da experiência da espiritualidade, do sagrado ou do numinoso? A dimensão sagrada na arquitetura é um sistema fechado e pré-codificado de convenções e referências ou é uma característica de experiência aberta advinda de visões artísticas situacionais, individuais e únicas? Qual são as condições e os componentes da experiência do sagrado, e qual é o papel do indivíduo que experimenta a si mesmo no encontro da espiritualidade na arquitetura?

Uma experiência de sagrado na arquitetura é evocada tanto pela imagem do templo grego como uma metáfora mundana de ordem cósmica na paisagem; pelo intenso senso de materialidade e gravidade, luz e sombra de um espaço abobadado romanesco; pela elevação do olhar às alturas na catedral gótica; pelo espaço ilusório e o movimento evocado pela estrutura, esculturas e pinturas de uma igreja barroca. A abertura do interior de uma capela ascética moderna para a paisagem nos faz vivenciar nossa conexão com a natureza e o cosmo e sentir a espiritualidade da existência. Todas essas são experiências arquitetônicas que guiam nossa atenção e pensamentos além da esfera utilitária da construção.

A experiência da espiritualidade evocada por uma obra de arte ou arquitetura não religiosa é essencialmente uma categoria diferente de experiência do sagrado religioso. Este último está associado a lugares, eventos, fenômenos ou objetos específicos que foram denominados sagrados na Palavra Sagrada ou foram santificados por uma ordem religiosa. Assim, o sagrado religioso implica o encontro de um espaço ou objeto que foi especificamente nomeado ou designado como sagrado, enquanto a espiritualidade invocada por uma obra de arte ou arquitetura secular é uma experiência existencial pessoal e individual que obtém seu impacto e aura por meio da natureza inerente da experiência humana em si, sem simbolismo, conotação ou designação religiosa específica. Tal experiência pode surgir, por exemplo, de um caráter atmosférico excepcional do local ou espaço, da expressividade da forma, de materialidade ou cor intensa ou de uma iluminação transcendental. Poderíamos falar de experiências do sagrado "designadas" e "ideadas". Na primeira experiência, o sujeito encontra ou confronta uma representação ou imagem religiosa ou espiritual explícita, enquanto, no segundo caso, a experiência de uma dimensão espiritual surge de forma intencional das características especiais da experiência individual em si. O sagrado ideado surge da natureza da experiência, e não de suas intenções prescritas.

A representação narrativa ou simbólica de eventos míticos e sagrados tem estado historicamente entre os temas mais importantes das obras de arte, porém, mesmo nestas representações de eventos religiosos explícitos, a experiência real do sacro geralmente surge de características artísticas, emoções e sugestões, independentemente de simbolizações deliberadas. A experiência espiritualizada da arte ou arquitetura, desvinculada de propósitos devocionais, parece surgir de uma origem mental sem nome e não intencional, uma experiência existencial individual, que é iniciada por um encontro sensibilizado entre o eu e o mundo. Essa experiência surge da santidade da vida em si e de um profundo reconhecimento existencial do ser. Mesmo cenas ou paisagens naturais podem evocar uma experiência sagrada por meio de sua escala excepcional, beleza ou iluminação. Essa experiência é frequentemente associada à noção do sublime, que foi uma noção essencial na pintura romântica do século XIX, bem como nas pinturas europeias e norte-americanas de paisagens daquele período. A experiência do sublime foi reintroduzida na arte por meio dos grandes painéis do expressionismo abstrato e do minimalismo, bem como de inúmeros exemplos de *land art* contemporânea.

A beleza evoca imagens de um mundo utópico e espiritualizado, uma "realidade atemporal", como sugere Karsten Harries. Os formatos puros das esculturas de Constantin Brancusi não possuem um conteúdo devocional explícito, porém, independentemente do seu tema real – uma figura humana, peixe, pássaro ou forma de ovo primordial – sua beleza radiante faz com que pareçam ser precursoras do outro mundo, um mundo mais perfeito e atemporal. Da mesma maneira, as obras contemporâneas de pólen, mel e leite de Wolfgang Laib exalam um ar de fragilidade e santidade por meio de sua pureza experiencial e associação com as origens da vida; essas obras também parecem como imagens da inocência humana.

Na forma de arte da arquitetura, até mesmo prédios construídos para fins mundanos podem dar origem a experiências de sacralidade, da mesma maneira que uma pintura extraordinariamente bela, mas destituída de tema religioso, pode evocar a sensação de santidade por meio da pureza de sua intenção. As pinturas de Johannes Vermeer retratam cenas da vida terrena, mas a precisão e perfeição dessas pinturas emanam uma sensação de transcendência e santidade. Essas são imagens de um mundo de beleza intocável. O pátio de mármore do Instituto Salk, de Louis Kahn, em La Jolla, Califórnia, visto contra a linha do horizonte do Oceano Pacífico, transforma todo o céu no teto celestial deste espaço externo ascético, mas metafísico; este espaço autoritário silencia o visitante para a reflexão cósmica. As edificações minuciosas de Luis Barragán, no México, projetadas para fins domésticos e outros propósitos mundanos, como estábulos e bebedouros para cavalos, criam microcosmos oníricos, imagens de transcendência e paraíso. Embora a arquitetura opere no mundo das realidades concretas, como clima, gravidade, materiais, meios técnicos e habilidades humanas, ela sempre aspira a ideais. Sem essa tendência interna para a idealização e sugestão de um mundo melhor, a arquitetura definha e resulta em uma construção banal.

Senso atmosférico

→ *atmosferas na arquitetura; inteligência atmosférica; atmosferas nas artes; odores na arquitetura; visão periférica; paisagem física e mental; visão desfocada*

Sarah Robinson, Juhani Pallasmaa, editores, *Mind in Architecture: Neuroscience, Embodiment, and the Future of Design*, Cambridge, MA e Londres: The MIT Press, 2007, 60–61

Fiquei tão impressionado com o poder do nosso julgamento atmosférico que gostaria de sugerir que esta capacidade poderia ser chamada de nosso sexto sentido. Pensar apenas nos cinco sentidos aristotélicos em arquitetura implica ignorar a verdadeira complexidade dos sistemas pelos quais estamos conectados ao mundo. Por exemplo, a filosofia de Steiner trata de 12 sentidos,[1] enquanto um livro recente, *The Sixth Sense Reader*, identifica mais de 30 categorias de sensação por meio das quais nos relacionamos e nos comunicamos com o mundo.[2] Esta ideia de um amplo *sensorium* humano ressalta o fato de que nossa existência no mundo é muito mais complexa e refinada do que tendemos a compreender. Por isso, entender a arquitetura apenas como uma forma de arte visual é drasticamente reducionista. Além disso, em vez de pensarmos nos sentidos como sistemas isolados, deveríamos nos tornar mais interessados e conhecedores de suas interações e intercâmbios essenciais. Merleau-Ponty enfatiza esta unidade e interação essenciais dos sentidos: "Minha percepção não é (...) uma soma de dados visuais, táteis e auditivos: eu percebo de uma maneira total com todo o meu ser. Eu compreendo uma única estrutura da coisa, uma única forma de ser, que fala a todos os meus sentidos de uma só vez".[3] Essa flexibilidade e dinamicidade de nossa interação com o mundo é uma das coisas importantes que a neurociência pode esclarecer para nós. O ofício da arquitetura está profundamente inserido nesta complexidade sensorial e mental humana. Esta crítica à redução do isolamento dos sentidos também se aplica ao entendimento comum da inteligência como capacidade intelectual única. Ao contrário do entendimento comum da inteligência como categoria cerebral definida, o psicólogo Howard Gardner sugere estas sete categorias de inteligência: linguística, lógico-matemática, musical, corporal-cinestésica, espacial, interpessoal e intrapessoal. Mais tarde, ele acrescenta três categorias de inteligência: naturalista, ética e espiritual.[4] Eu gostaria de acrescentar mais quatro categorias à lista de Gardner: inteligência emocional, estética, existencial e atmosférica. Portanto, é possível que tenhamos um espectro completo de uma dúzia de modos de inteligência, em vez da única característica alvo de testes de QI. O campo complexo da inteligência também sugere que o ensino da arquitetura, ou a educação em geral, enfrenta uma tarefa muito mais ampla e, ao mesmo tempo, possui um potencial bem maior do que a pedagogia padrão aceitou até agora. A educação em qualquer campo criativo deve começar principalmente com o senso de individualidade do aluno, pois somente um senso firme de identidade e autoconsciência pode servir como o núcleo em torno do qual a observação, o conhecimento e, por fim, a sabedoria podem evoluir e condensar-se.

---

[1] Albert Soesman, *Our Twelve Senses: Wellsprings of the Soul*, Stroud, Glos., Hawthorne, 1998.
[2] David Howes, editor, *The Sixth Sense Reader*, Oxford, Berg Pub Ltd, 2009.
[3] Maurice Merleau-Ponty, "The Film and the Psychology", in Id., *Sense and Non-Sense*, op. cit., p. 48.
[4] Howard Gardner, *Intelligence Reframed: Multiple Intelligences for the 21st Century*, New York, Basic Books, 1999, p.41–43.

Sentidos I

→ *tatilidade; odores na arquitetura; cheiros; tato; visão desfocada*

Tocando o mundo: a integração dos sentidos e a experiência da realidade (2018)

"Vemos a profundidade, velocidade, suavidade e dureza dos objetos – Cézanne diz que vemos até mesmo o seu odor. Se um pintor deseja expressar o mundo, seu sistema de cor deve gerar esse complexo indivisível de impressões, caso contrário sua pintura apenas sugerirá possibilidades sem produzir a unidade, presença e diversidade insuperável que governa a experiência e que é a definição da realidade para nós",[5] escreve Merleau-Ponty enfaticamente.

"Os sentidos se traduzem mutuamente sem qualquer necessidade de um intérprete e são naturalmente compreensíveis sem a intervenção de qualquer ideia", afirma Merleau-Ponty.[6] Além disso, cada grande obra de arquitetura tem suas características auditivas, táteis, olfativas e gustativas, e essas características até mesmo conferem ao percepto visual seu senso de plenitude e vida, da mesma maneira que uma pintura de Claude Monet, Pierre Bonnard ou Henry Matisse evoca uma sensação completa de realidade vivida.

Confirmando as suposições do filósofo, as pesquisas atuais das neurociências fornecem informações rapidamente crescentes sobre a extraordinária interconexão e interações das várias áreas sensoriais do cérebro. A flexibilidade inesperada do nosso sistema sensorial tornou-se especialmente evidente com estudos sobre as capacidades sensoriais dos cegos. "O mundo dos cegos, dos cegados, parece ser especialmente rico em tais estados intermediários – os estados interssensoriais, metamodais – para os quais não temos uma linguagem comum", argumenta Oliver Sachs. E ele continua: "E tudo isso (...) se funde em um único sentido fundamental, uma atenção profunda, uma atenção lenta, quase apreensível, um ser sensível e em harmonia com o mundo, do qual a visão, com sua característica rápida, vacilante e fácil, continuamente nos distrai".[7] Esse argumento de um conceituado médico sugerindo que a visão mais impede a nossa união íntima com o mundo do que possibilita a fusão é mais notável e provocativo para nós, arquitetos.

O verdadeiro milagre de nossa percepção do mundo é a sua própria completude, continuidade e constância, independentemente da natureza fragmentada

---

[5] Maurice Merleau-Ponty, fonte não identificada.

[6] Veja Sarah Robinson, Juhani Pallasmaa, editores. *Mind in Architecture: Neuroscience, Embodiment, and the Future of Design*. Cambridge, MA, and London: The MIT Press, 2015.

[7] Peter Zumthor, *Atmospheres: Architectural Environments – Surrounding Objects*, Boston, Berlin, Basel: Birkhäuser, 2006, p. 13.

e descontínua de nossas percepções, mediadas pelos diferentes canais sensoriais aparentemente incomensuráveis. Normalmente, conseguimos viver em um mundo unificado e contínuo, ao passo que em certas falhas sensoriais e mentais essa integração é perdida. Ainda mais importante, a fusão e a divisão em camadas dos sentidos fornecem nosso critério para a realidade; nossas verdadeiras experiências são sempre polifônicas.

Sentidos II. Quantos sentidos temos?

→ *visão desfocada*

A veracidade da experiência: orquestrando a experiência com nossos sentidos negligenciados (2019)

Nossos sentidos são direcionais ou onidirecionais e abrangentes. A visão é normalmente direcional e nos separa do objeto, espaço ou situação que estamos vendo, enquanto o som e o cheiro são sensações onidirecionais e abrangentes. Encaramos o objeto da visão, enquanto ocupamos o espaço do som e do cheiro. A modernidade tem estado obcecada com a clareza da forma e a visão focada, o que promove a exterioridade e o controle; separação do sujeito e do objeto. A visão periférica mal foi estudada, embora pareça ser o meio de nossa cognição espacial. Devido a sua fascinação pela forma focada, a modernidade desvalorizou os outros sentidos e deixou de reconhecer as atmosferas, os sentimentos e os humores como características de arquitetura reais e significativas.

O fato de possuirmos um órgão identificável e visível para cada um dos cinco sentidos aristotélicos tem-nos levado a pensar que o *sensorum* humano é constituído apenas dos cinco sentidos. No entanto, a filosofia steineriana categoriza 12 sentidos humanos – tato, senso de vida, senso de movimento próprio, equilíbrio, olfato, paladar, visão, senso de temperatura, audição, senso de linguagem, senso conceitual e senso do ego.[8] Um livro relativamente recente, *The Sixth Sense Reader*, lista nada menos que 34 sistemas por meio dos quais os humanos interagem com seus ambientes.[9] A crescente compreensão da importância do mundo bacteriano em nossos intestinos – todos nós temos cerca de 1,5 quilo de bactérias, e surpreendentemente, possuímos mais DNA bacteriano do que humano – expandiu ainda mais a rede de nossa relação com o mundo. Esse universo bacteriano intestinal até foi chamado de "nosso segundo cérebro", em referência à multiplicidade de tarefas cruciais que ele realiza.

Além das sensações dos cinco sentidos, nossa experiência da realidade inclui sensações de gravidade, orientação, temperatura, movimento do ar, localização

---

[8] Albert Soesman, *Our Twelve Senses: Wellsprings of the Soul*, Stroud, Glos: Hawthorn Press, 1998.

[9] David Howes, editor, *The Sixth Sense Reader*, Oxford: Berg Publishers, 2013.

e tempo, assim como intenções pessoais, sensações do próprio corpo e órgãos internos, memórias e sonhos momentâneos. A realidade é sempre uma mistura complexa e dinâmica de sensações – componentes físicos e mentais – que não formam uma figura, padrão ou organização definidos. O professor Tonino Griffero chama tais fenômenos de "quase coisas".[10] A experiência de atmosfera, sentimento ou humor é uma "quase coisa" complexa, que pode ter um impacto decisivo em nosso comportamento, humor e intenções, embora não possua materialidade, forma ou estrutura concebível. A experiência atmosférica é imediata e involuntária, pois temos uma sensação do nosso ambiente, clima ou situação social sem intenção específica. "Entro em um prédio, vejo um recinto e – em uma fração de segundo – tenho um certo sentimento sobre ele", confessa Peter Zumthor.[11]

O papel dos sentidos é culturalmente aprendido, condicionado e controlado, como revelaram os estudos pioneiros do antropólogo norte-americano Edward T. Hall nos anos 1960.[12] Os odores são extremamente regulados e suprimidos na cultura ocidental, mas têm papéis comunicativos significativos em muitas outras culturas. Da mesma maneira, uma iguaria de uma cultura pode ser insuportável em outra, devido às associações implícitas ou tabus explícitos.

Ser no mundo

→ *arquitetura e ser; arquitetura; beleza e ética; existência corporificada; conhecimento e pensamento corporificados; memória corporificada*

Experiência corporificada e pensamento sensorial: espaço vivenciado na arte e na arquitetura (2006)

"Como o pintor ou o poeta expressaria algo que não fosse seu encontro com o mundo?",[13] escreve Maurice Merleau-Ponty, cujos textos analisam o entrelaçamento dos sentidos, da mente e do mundo, fornecendo um terreno confiável para a compreensão da intenção e do impacto artísticos.

---

[10] Tonino Griffero, *Quasi-Things: The Paradigm of Atmospheres*, New York: Suny Press, 2017.

[11] Zumthor, *op. cit.*, p.13.

[12] Edward T Hall, The Hidden Dimension, New York-London-Toronto-Sydney-Auckland: Anchor Books, 1966; *Id.*, The Silent Language, New York: Anchor Books, 1973; *Id.*, *Beyond Culture*, New York: Anchor Books, 1976.

[13] Maurice Merleau-Ponty, *Signs*, como citado em Richard Kearney, "Maurice Merleau-Ponty", em *Id.*, *Modern Movements in European Philosophy: Phenomenology, critical theory, structuralism*, Manchester and New York, Manchester University Press, 1994, p. 82.

As estruturas da arte e a arquitetura articulam nossa presença no mundo, ou o espaço interior do mundo (*Weltinnenraum*),[14] para usar a noção de Rainer Maria Rilke, o poeta. Uma obra de arte não medeia o conhecimento estruturado conceitualmente do estado objetivo do mundo, mas torna possível um conhecimento intenso e existencial. Sem apresentar quaisquer proposições exatas sobre o mundo ou sua condição, a arte concentra nossa visão na superfície limite entre o senso de si e o mundo. "É intrigante que, enquanto agarra o que o cerca, o que ele está observando e dando forma a essas percepções, o artista, na verdade, não diz nada sobre o mundo ou sobre si mesmo, e sim que eles se tocam",[15] escreve o pintor finlandês Juhana Blomstedt ecoando o argumento de Merleau-Ponty. O artista toca na pele de seu mundo com o mesmo senso de admiração que uma criança toca a superfície de uma janela coberta de geada.

Uma obra de arte não é uma charada intelectual que exija uma interpretação ou explicação. É um complexo de imagens, experiências e emoções que entra diretamente em nossa consciência. Uma obra de arte tem um impacto em nossa mente antes de ser compreendida. O artista encontra a maneira por trás de palavras, conceitos e explicações racionais em sua busca repetida por um reencontro inocente com o mundo. Construções racionais pouco ajudam na busca artística, pois o artista tem que redescobrir o limite de sua própria existência, vez após vez.

A exploração do artista se concentra nas essências experienciais vividas, e esse objetivo define sua abordagem e método. Como afirma Jean-Paul Sartre: "Essências e fatos são incomensuráveis, e aquele que começa sua investigação com fatos nunca chegará às essências. (...) Compreender não é uma característica vinda da realidade humana externa; é a sua maneira característica de existir".[16]

"Como o pintor ou o poeta expressariam algo que não fosse seu encontro com o mundo?", exclama Maurice Merleau-Ponty.[17] Também devemos perguntar como o arquiteto poderia expressar algo mais por meio de sua arte. A arquitetura, assim como todas as artes, "torna visível como o mundo nos toca", como escreveu Merleau-Ponty sobre as pinturas de Paul Cézanne.[18] "Se o pintor nos apresenta um campo ou um vaso de flores, suas pinturas são janelas abertas

---

[14] Liisa Enwald, "Lukijalle", *Rainer Maria Rilke, Hiljainen taiteen sisin: kirjeitä vuosilta 1900–1926* (The silent innermost core of art; letters 1900–1926), Helsinki, TAI-teos, 1997, p. 8.

[15] Juhana Blomstedt, *Muodon arvo* (The significance of form), Helsinki, Painatuskeskus, 1995.

[16] Jean-Paul Sartre, *The Emotions: An Outline of a Theory*, New York, Carol Publishing Co., 1993, p. 9.

[17] Como citado em Richard Kearney, "Maurice Merleau-Ponty", em Kearney, *op. cit.*, p. 82.

[18] Maurice Merleau-Ponty, "Cézanne"s Doubt", *in Id.*, *Sense and Non-Sense*, Evanston, IL, Northwestern University Press, 1964, p. 48.

para todo o mundo", afirma Jean-Paul Sartre.[19] A arquitetura também medeia os mundos externo e interno por meio de suas metáforas sugestivas e mediadoras. Preciso ser mais exato para evitar mal-entendidos. As metáforas existenciais não têm relação simbolizante com a realidade; são a realidade vivida em si. Verdadeiras obras de arquitetura nos desviam da atenção do próprio prédio de volta ao mundo e à nossa própria existência. A arquitetura também está aberta ao mundo inteiro.

Significado

→ *a obra de arte é...; tarefas da arquitetura; tarefas da arte*

Generosidade, humildade e expressão artística: senso de realidade e idealização na arquitetura (2007)

Há seis anos, visitei a exposição memorial de Balthus, o pintor, no Palazzo Grassi em Veneza. O conde Balthasar Klossowski de Rola, para usar seu nome real, era um dos grandes pintores figurativos do século XX, e suas pinturas são caracterizadas por uma sensualidade e um erotismo extraordinários. Ao entrar na exposição, o visitante se deparava com uma afirmação impactante do artista: "Ouço artistas falarem sobre se expressarem em suas obras; nunca me ocorreu nada disso" (citação memorizada). Em outro contexto, o artista elabora ainda mais o seu posicionamento: "Se uma obra só expressa a pessoa que a criou, não valeu a pena fazê-la. (...) Expressar o mundo, compreendê-lo, é o que parece interessante para mim".[20] Esse posicionamento é surpreendente para um artista excêntrico, mas, de fato, nenhum artista ou arquiteto sábio de qualquer época seria egocêntrico o suficiente para ver sua arte como autoexpressão.

A ideia da autoexpressão artística dá continuidade à ideia romântica do século XIX de gênio perturbado, mas se baseia em uma compreensão superficial do fenômeno artístico. Em vez de buscar a expressão pessoal, as obras de arte, assim como a arquitetura, aspiram a criar analogias e metáforas artísticas que expressam o encontro do artista com o mundo por meio dos meios e materiais específicos da forma de arte. As analogias existenciais da arquitetura são construídas com espaço, matéria, gravidade e luz.

---

[19] Jean-Paul Sartre, *What is literature?*, reimpresso em *Id.*, *Basic Writings*, Stephen Priest, editor, London and New York, Routledge, 2001, p. 272.

[20] Claude Roy, *Balthus*. Boston, New York, Toronto, Little, Brown and Company, 1996, p. 18.

Silêncio, tempo e solidão

→ *museus do tempo; realidade* versus *símbolo; sacralidade; sublime*

Tocando o mundo: a integração dos sentidos e a experiência da realidade (2018)

A experiência auditiva mais essencial criada pela arquitetura é a tranquilidade. Em nosso mundo agitado e barulhento, perdemos a dádiva do silêncio; essa é a mensagem de Max Picard, o filósofo do silêncio, em seu livro poético *The World of Silence*.[21] Em última análise, a arquitetura é a arte do silêncio petrificado. Ela apresenta o drama da construção silenciada em matéria e espaço. Depois que o tumulto da construção acaba e os gritos dos trabalhadores morrem, o edifício torna-se um museu de um silêncio expectante e paciente. Nos templos egípcios, encontramos o silêncio que cercava os faraós; no silêncio de uma catedral gótica, somos lembrados da última nota decrescente de um canto gregoriano; e o eco dos passos romanos acabou de desaparecer nas paredes do Pantheon. As casas antigas nos levam de volta ao tempo lento e silencioso do passado. O silêncio da arquitetura é um silêncio responsivo e benevolente com uma memória.

Uma experiência de arquitetura poderosa silencia todo o ruído externo; ela foca a atenção em nossa existência. Como toda arte, a arquitetura nos torna cientes de nossa solidão fundamental. Edifícios e cidades são instrumentos e museus do tempo. Eles nos permitem ver e entender a passagem da história e participar de ciclos de tempo que ultrapassam o escopo da vida individual.

A arquitetura nos conecta com os mortos; por meio das construções somos capazes de imaginar o burburinho das ruas medievais e fantasiar uma solene procissão se aproximando da catedral. O tempo da arquitetura é um tempo detido; nas mais grandiosas edificações, o tempo permanece firmemente imóvel. No grande peristilo do Templo de Karnak, o tempo petrificou-se em um presente atemporal; tempo e espaço estão eternamente interligados entre essas imensas colunas.

Experienciar uma obra de arte é um diálogo privado entre a obra e o observador, e isso exclui outras interações. "A arte é feita pelo indivíduo para o indivíduo", como Cyril Connolly escreve em *The Unquiet Grave*.[22] A melancolia jaz sob as experiências emocionantes da arte; essa é a tristeza da imaterialidade

---

[21] Cyril Connolly, The Unquiet Grave, Penguin Press, Harmondsworth, 1967, como citado em Emilio Ambasz, *The Architecture of Luis Barragán*, New York: The Museum of Modern Art, 1976, p. 108.

[22] Karsten Harries, "Building and the Terror of Time", *in Perspecta*, The Yale University Journal, issue 19, Cambridge, MA, and London: The MIT Press, 1982, como citado em David Harvey, *The Condition of Postmodernity*, Cambridge: Blackwell, 1992, p. 206.

e da temporalidade da beleza. A arte projeta um ideal inatingível: o ideal de beleza que toca o eterno.

Símbolo

→ *realidade* versus *símbolo*

Experiência corporificada e pensamento sensorial: espaço vivenciado na arte e na arquitetura (2006)

A maneira como a arte afeta nossa mente é um dos grandes mistérios da cultura. A compreensão da essência e do funcionamento mental da arte tem sido confundida e obscurecida pelo uso superficial das ideias de simbolismo e abstração. Uma obra de arte ou arquitetura não é um símbolo que representa ou retrata indiretamente algo fora de si, é um objeto de imagem que se coloca diretamente em nossa experiência existencial.

A ideia de simbolismo deve ser vista de maneira crítica e com suspeita. Andrei Tarkovsky, por exemplo, cujos filmes parecem estar saturados de significação simbólica, nega veementemente qualquer simbolismo específico em suas películas. Os recintos são inundados com água em seus filmes, a água penetra nos tetos e chove constantemente. Ainda assim, ele escreve: "Quando chove em meus filmes, simplesmente chove".

"Tintoretto não escolheu aquele rasgo amarelo no céu acima do Calvário para *significar* a angústia ou *provocá-la*", escreve Sartre. "Não é um céu de angústia ou um céu angustiado; é uma angústia que se tornou coisa, uma angústia que se transformou em rasgo amarelo de céu. (...) Já não é *legível*."[23]

Uma obra de arte pode, é claro, ter conteúdos e intenções simbólicas conscientes, mas estas são insignificantes para o impacto artístico e a persistência temporal da obra. Mesmo a obra mais simples em termos de aparência não é desprovida de significados ou de conexões com nosso mundo existencial e experiencial. Uma obra impressionante é uma condensação de imagens capaz de mediar toda a experiência de ser-no-mundo por meio de uma imagem singular. Mas, como Anton Ehrenzweig escreve, "uma abstração significativa na arte difere de um ornamento sem sentido da mesma maneira que uma formulação matemática significativa difere de uma combinação sem sentido de letras e figuras". Nas palavras de Andrei Tarkovsky: "Uma imagem (de arte) não é um significado específico expresso pelo diretor; o mundo inteiro é refletido nela como em uma gota d'água".[24]

---

[23] Jean-Paul Sartre, *What is Literature?*, Gloucester, MA: Peter Smith, 1978, p. 3.

[24] Andrey Tarkovsky, *Sculpting in time*, Lontoo: Bodley Head, 1986, p. 100.

Sinestesia

→ *tatilidade; experiência tem uma essência multissensorial; filosofia na carne; visão desfocada*

A veracidade da experiência: orquestrando a experiência com nossos sentidos negligenciados (2019)

A sinestesia é uma capacidade um tanto excepcional dos indivíduos de fundir dois (ou mais) domínios sensoriais, por exemplo, ver sons musicais ou claves musicais inteiras como cores, ou vice-versa. Mas, desde que nossos sentidos e sistemas neurais funcionem normalmente, todos experimentamos o mundo como uma unidade sensorial de maneira sinfônica. Normalmente não distinguimos sentidos individuais, pois todos estão interagindo na experiência existencial, em nosso próprio senso de ser. Nosso senso de realidade é exatamente essa multiplicidade sensorial em camadas. Em oposição à dominância comumente aceita da visão na arquitetura, sugiro que o sentido mais importante na arte da edificação não é a visão em isolamento, mas o sentido existencial, nosso senso de ser em um espaço e lugar específicos, registrados e comunicados por todos os sentidos simultaneamente.

Tocando o mundo: espaço vivenciado, visão e tatilidade (2007)

Maurice Merleau-Ponty, cujos escritos estimulantes estabelecem um terreno fértil para a compreensão das complexidades e mistérios dos fenômenos artísticos, defende com vigor a integração dos sentidos: "Minha percepção não é, portanto, uma soma de dados visuais, táteis e auditivos: eu percebo de maneira total com o meu ser, eu compreendo uma estrutura única da coisa, um modo único de ser, que se comunica com todos os meus sentidos ao mesmo tempo".[25] A verdadeira maravilha da nossa percepção do mundo é a sua completude, continuidade e constância, independentemente da natureza totalmente fragmentária de nossas observações.

A veracidade da experiência: orquestrando a experiência com nossos sentidos negligenciados (2019)

Confrontamos o mundo, bem como as nossas edificações, com esse senso de existência, e não com nossos olhos, e compartilhamos a carne do mundo com fenômenos da natureza, espaços, lugares, artefatos e situações humanas da nossa existência. A arquitetura é uma parte inseparável dessa "carne do mun-

---

[25] Maurice Merleau-Ponty, 'The Film and the New Psychology', *in* Id., *Sense and Non-Sense*, Evanston, IL: Northwestern University Press, 1964, p. 48.

do". Além disso, há um componente tátil definitivo na visão, já que tocamos inconscientemente superfícies, materiais e temperaturas por meio da visão. Não surpreende que Walter Benjamin tenha considerado o cinema e a arquitetura como formas de arte predominantemente táteis.[26] Merleau-Ponty expande o toque visual para dimensões cósmicas: "Por meio da visão, tocamos as estrelas e o sol", sugere poeticamente.[27] O tato inconsciente oculto e mediado pela visão é crucial para a sensação e atmosfera de objetos, superfícies, materiais e espaços. Existem também componentes visuais e táteis na audição; um espaço pode parecer acusticamente "suave" ou "duro", "íntimo" ou "repulsivo", por exemplo. A visão medeia características acústicas, bem como experiências de cheiro e sabor, e vice-versa. Como se costuma considerar, a importância dos odores para o paladar é fundamental na arte culinária, mas o olfato é igualmente significativo para o senso de realidade em nossas experiências diárias. A plenitude sensorial e o prazer profundamente reconfortante de caminhar por uma floresta ou um campo natural surgem decisivamente da fusão complexa de experiências táteis, cheiros e sensações subliminares de sabor por meio de estímulos visuais. A riqueza multissensorial da experiência reforça seu senso de realidade e verdade. Até o clima frio de um dia de inverno abaixo de zero, no meio de um campo de neve totalmente branco, tem seu odor distintivo, uma espécie de ausência estimulada ou expectativa ativa e desejo de cheiro, que é sentido nas narinas amplamente abertas.[28] Na ausência de sensações, tendemos a imaginá-las, e esse domínio da imaginação é fundamental para uma mente saudável. Mesmo em nossos sonhos, não estamos olhando para imagens imaginárias, estamos bem no meio de nosso mundo dos sonhos; talvez pudéssemos até falar de "a carne do sonho", segundo a ideia de Merleau-Ponty.

O meio padrão para a apresentação de projetos de arquitetura são os desenhos, o que naturalmente enfatiza a essência visual dessa forma de arte. Em um projeto colaborativo para um *resort* de luxo no deserto de Utah, os arquitetos Rick Joy, Wendell Burnette e Marwan Al-Sayed, concentraram-se conscientemente nas características experienciais fundidas e verdadeiras da entidade por meio de uma descrição literária, em vez de mostrar as características do projeto visual por meio de desenhos. A descrição do projeto começa da seguinte forma: "Seu carro deixa a rodovia, o rugido da estrada de terra é sentido, e

---

[26] Walter Benjamin. "The work of art in the age of mechanical reproduction". *in Id. Illuminations*, New York, Schocken Books, 1968, p. 217–251.

[27] Maurice Merleau-Ponty, como citado em David Michael Levin, editor. *Modernity and the Hegemony of Vision*, Berkeley and Los Angeles: University of California Press, 1993, p. 14.

[28] Em 2017, fui convidado a colaborar com uma equipe de químicos de perfume da IFF International Flavours & Fragrances, Nova York, durante o processo de concepção e desenvolvimento de uma fragrância para uma exposição em Nova York no verão de 2018. Sugeri o conceito de um odor ausente, ou um não odor, que ecoasse a sensação nasal de uma paisagem coberta com neve à temperatura de −30°C. A fragrância exibida é intitulada *Twilight*.

a indicação de que você chegou ao *resort* é marcada por uma entrada simples, mas requintada, uma "porteira de fazenda" de metal e uma estrada curva o traz à alta e misteriosa formação rochosa semelhante a uma esfinge, sinalizando sua chegada a algum lugar especial. A própria verticalidade desta formação rochosa guarda e protege misteriosamente a vista. Passando por um estábulo de cavalos à sua direita, os hóspedes contornam este acesso rochoso e, de repente, uma visão distante de uma paisagem mais ampla se revela. A estrada então se endireita e segue em direção a uma bela formação rochosa. Uma ilha no meio do "jardim de pedras". Um fogo contínuo emana, flamejando reflexos do topo da rocha e seduzindo o viajante cansado a explorar mais além".[29] A descrição do projeto continua ao longo da sequência de espaços, mas mal menciona quaisquer ambientes de arquitetura; em vez disso, destaca vistas, sentimentos e sensações, revelados e articulados pela arquitetura. Registra experiências táteis, sons, cheiros e diferenças de temperatura com o mesmo peso das impressões visuais. O projeto é apresentado como uma narrativa sequencial, não como uma composição formal. Agora que as limitações da representação da arquitetura tradicional são compreendidas, há um interesse mais amplo no uso de meios literários para gerar e comunicar experiências e características na arquitetura.[30]

A mudança de atenção da forma para a experiência e da impressão visual para o encontro multissensorial e fundido também requer uma nova consciência e metodologia de projeto. É evidente que, como arquitetos e *designer*s, precisamos compreender a essência de toda a realidade sensorial humana e sensibilizar nossos sentidos negligenciados e quase perdidos.

Som

→ *linguagem da matéria*

Tocando o mundo: a integração dos sentidos e a experiência da realidade (2018)

A visão isola, enquanto o som incorpora; a visão é direcional, enquanto o som é onidirecional. Eu olho fixamente para um objeto, enquanto o som me alcança. O sentido da visão implica exterioridade, enquanto o som cria uma experiência de interioridade. "A ação centralizante do som afeta o senso de cosmo do homem", escreve Walter J. Ong. "Para as culturas orais, o cosmo é um evento contínuo, com o homem no seu centro. O homem é o *umbilicus mundi*, o umbigo

---

[29] Juhani Pallasmaa, "Introduction: Thought and Experience in Rick Joy's Desert Architecture", in *Rick Joy Desert Works*, New York: Princeton Architectural Press, 2002, p. 20.

[30] Um estudo pioneiro sobre o uso da literatura na arquitetura e no desenho urbano é Klaske Havik, *Urban Literacy: Reading and Writing Architecture*, Delft: nai010 publishers, 2014.

do mundo".³¹ Ao longo da era moderna, o mundo vem perdendo seu centro, e temos sido completamente empurrados para fora do centro. A tragédia de nossa vida contemporânea é que não habitamos no centro de nosso mundo existencial. "As coisas se desfazem: o centro não pode se manter", como William Butler Yeates afirmou.³²

A audição estrutura e articula o espaço tanto quanto a visão. No entanto, normalmente não estamos cientes da importância da audição na experiência espacial. Porém, quando o som de um filme é desligado, por exemplo, a cena perde sua plasticidade, significado e senso de vida. Quem acorda momentaneamente com o som de um trem distante durante a noite e, por meio do sono, vivencia o espaço da cidade com seus inúmeros habitantes espalhados em suas moradias, conhece o poder do som na imaginação; o apito noturno de um trem nos torna conscientes da cidade inteira adormecida. Qualquer pessoa que tenha ficado fascinada pelo som de gotas de água na escuridão de uma ruína pode atestar a extraordinária capacidade do ouvido de esculpir um volume no vazio da escuridão. O espaço traçado pelo ouvido torna-se uma cavidade esculpida no interior da mente.

Também podemos lembrar da aspereza acústica de uma casa desabitada e não mobiliada em comparação com a afabilidade de uma casa habitada, na qual o som é refratado e suavizado pelas superfícies de inúmeros objetos da vida pessoal. Cada edifício ou espaço tem suas qualidades acústicas características e sons de intimidade ou monumentalidade, convite ou rejeição, hospitalidade ou hostilidade. Um espaço é compreendido tanto por meio do seu eco quanto por meio de seu formato visual.

Experienciando a sacralidade existencial do espaço: luz, silêncio e espiritualidade na arquitetura (2012)

O som minúsculo do gotejamento lento da água na escuridão de uma caverna ou o cheiro de um campo florido dão origem a experiências espaciais sugestivas e acolhedoras. Essas experiências especiais enfatizam a natureza fundamentalmente corporificada da experiência do espaço; agarramos a "carne do mundo".³³ Sentimos a carne do espaço, poderíamos dizer, simultaneamente com todos os nossos sentidos, enquanto a visão se concentra em objetos materiais e ignora o espaço.

---

[31] Como citado em Hans Sedlmayr, *Art in Crisis: The Lost Center*, London: Hollis & Carter, 1957, p. III.

[32] Como citado em Max Picard, *The World of Silence*, Washington: Gateway Editors, 1988.

[33] Maurice Merleau-Ponty usa a expressão "a carne do mundo" em diversos contextos quando escreve sobre a inter-relação do mundo com a mente humana.

Tocando o mundo: a integração dos sentidos e a experiência da realidade (2018)

Podemos ouvir os formatos típicos de claustros românicos e catedrais góticas por meio de seus ecos emocionalmente poderosos e evocativos. Sons e odores dão origem a experiências atmosféricas especialmente fortes devido a sua natureza onidirecional e abrangente. As notas finais do canto gregoriano marcam a profundidade e a altura da catedral, e a ascensão de um tema de fuga do órgão intensifica a interconexão de abóbadas, pinturas e ornamentos na igreja barroca. Na escuridão silenciosa da noite, o eco de nossos passos nas ruas pavimentadas de uma cidade antiga, refletido pelas paredes envelhecidas, cria uma experiência espacial agradavelmente concreta e um profundo senso de pertencimento; o comum é elevado a significados metafísicos.

A visão nos torna solitários, enquanto a audição cria um senso de conexão e solidariedade; o olhar vagueia solitário nas profundezas escuras de uma catedral, mas o som do órgão nos faz perceber nossa afinidade com o espaço. O som dos sinos da igreja ecoando pelas ruas nos torna cientes de nossa urbanidade. O eco dos passos em uma rua pavimentada tem uma carga emocional porque o som refletido pelas paredes circundantes nos coloca em interação direta com o espaço; o som mede o espaço e torna sua escala compreensível. Acariciamos as fronteiras do espaço com nossos ouvidos. No entanto, nossa cidade contemporânea vem perdendo seu eco. Os espaços e as ruas amplas e abertas não devolvem o som, e os interiores dos edifícios de hoje absorvem e censuram o eco. Nossos ouvidos foram cegados.

Sublime

→ *limites e imensidade; comovente; sacralidade*

Infinito e limites: infinitude, eternidade e imaginação artística (2017)

O infinito nas artes é um motivo mental, um desejo e um anseio por algo desconhecido e inalcançável. A experiência sublime evoca o infinito como uma dimensão física, espacial ou temporal e um senso de alteridade. O sublime ultrapassa a realidade vivenciada, sua escala e atmosfera, bem como seu potencial experiente ou emotivo, e sugere os reinos do irreal, surreal e sonhado. A experiência sublime sugere falta de escala, falta de limites e admiração, uma realidade que está além do alcance, poder e compreensão humanos. Frequentemente, o sublime também sugere uma realidade de outro mundo, mítica e espiritual, algo que é divino ou semelhante a Deus e está além do alcance e compreensão humanos. A realidade humana pode ser experienciada por meio dos sentidos, captada pela intuição ou projetada pela imaginação e sonho. A intuição expande a esfera do sensorial no imaginário. Memória, experiência e imaginação, bem como atualidade e sonho constituem um *continuum*, o mundo mental humano.

As pinturas sublimes dos pintores paisagistas norte-americanos do século XIX, como Albert Bierstadt, Thomas Cole, Frederick Church, bem como os quadros de Caspar David Friedrich e William Turner, evocam um mundo que se estende além das medidas e características da realidade física vivenciada. Uma dimensão igualmente enigmática e muitas vezes assustadora do infinito também é sugerida pelo tamanho físico das pinturas do Expressionismo Abstrato, desde as telas imersivas de Barnett Newman até as pinturas de um limite existencial de Mark Rothko. As sublimes paisagens ou imagens do mar, tempestades, nevoeiros, iluminações e cores de outro mundo superam as características da realidade, enquanto as próprias pinturas do Expressionismo Abstrato assumem um domínio físico e corporal do observador. Elas nos convidam a entrar em seu próprio espaço e nos abordam por meio da nossa existência corporal e senso de identidade em vez da retina.

Os artistas de paisagens norte-americanas, como Michael Heizer e Walter de Maria, criam experiências sublimes por meio do tamanho absoluto de seu trabalho. *Lightning Field*, de Walter de Maria, no Novo México, dá origem a tal experiência tanto por meio de sua enormidade quanto de sua conexão com o poderoso fenômeno natural do trovão e do relâmpago, as forças sublimes e aterrorizantes da natureza. As obras de luz de James Turrell dão à luz uma presença mágica, tátil, tangível e material, enquanto seus espaços celestiais nos fazem ver a curvatura do firmamento ou achatam a profundidade infinita do céu em uma imagem plana.

Espiritualidade na arquitetura: arquitetura, arte e sacralidade existencial (2011)

Na experiência da arquitetura, a categoria do sublime está associada a uma escala além da medida humana ou com uma simplicidade e geometria severas. As pirâmides egípcias ou o peristilo do Templo de Carnaque criam um silêncio sublime e absoluto por meio de suas imensas edificações de pedra de escala super-humana. Estas são construções e espaços que parecem ter surgido antes da criação do tempo.

Infinito e limites: infinitude, eternidade e imaginação artística (2017)

A luz natural e a iluminação são os meios de expressão mais sutis e emotivos, desde o óculo circular de nove metros de diâmetro do Pantheon até as igrejas de luz de Le Corbusier, Alvar Aalto e Juha Leiviskä. A luz é capaz de projetar as emoções de reverência, adoração, êxtase, esperança e felicidade, todas ao mesmo tempo.

Espiritualidade na arquitetura: arquitetura, arte e sacralidade existencial (2011)

A geometria implacável das edificações de Louis Kahn, bem como a perfeição estética intransigente das edificações de Mies van de Rohe, evocam igualmente uma beleza sublime, sugerindo uma aura de sagrado. Em sua totalidade estética, esses edifícios parecem revelar a ordem metafísica e oculta da realidade.

Além disso, Le Corbusier se refere às características da arquitetura que não podem ser expressas em palavras: "Quando uma obra atinge o máximo de intensidade, quando tem as melhores proporções e foi feita com a qualidade máxima de execução, quando atingiu a perfeição, ocorre um fenômeno que podemos chamar de 'espaço inefável'. Quando isso acontece, esses lugares começam a irradiar. (...) Isso pertence ao domínio do inefável, daquilo de que não se pode falar".[34]

Sustentabilidade

→ *arquitetura animal; matéria e tempo; tradição*

A tarefa existencial da arquitetura (2009)

A visão da independência humana de laços com local e cultura é totalmente errônea e desconsidera seriamente a historicidade humana e a essência biológica fundamental. Edward T. Hall, que realizou estudos pioneiros sobre as inúmeras interdependências entre ambiente e comportamento, argumenta com franqueza: "A suposição mais onipresente e importante, o princípio fundamental do edifício do pensamento ocidental, é aquele que permanece oculto de nossa consciência e tem a ver com a relação de uma pessoa com seu ambiente. Simplificando, pela visão ocidental, os processos humanos, particularmente o comportamento, são independentes do controle e da influência ambiental".[35] No entanto, estudos confiáveis mostram que alguns atributos do comportamento variam menos de pessoa para pessoa em determinado ambiente do que de uma única pessoa em diferentes ambientes.[36] Não é de admirar que os psicólogos falem de "personalidade situacional". Há muito tempo que artistas, escritores e filósofos entendem que o mundo externo e o mundo mental interno criam um *continuum*.

---

[34] Le Corbusier, em uma entrevista registrada em La Tourette, em 1961, como citado em Andre Wozensky, *Le Corbusier's Hands*, Cambridge, MA, e London: MIT Press, 2006, p. 81.

[35] Mildred Reed Hall, Edward T Hall, *The fourth dimension in architecture: The impact of building on behaviour*. Santa Fe, NM: Sunstone Press, 1975, p. 8.

[36] *Ibid.*, p. 9.

Sustentabilidade e identidade

É claro que a necessidade inevitável e urgente de sustentabilidade mudará o pensamento arquitetônico ainda mais profundamente do que o surgimento da modernidade há mais de um século. O interesse pela arquitetura sustentável até agora tem se concentrado em abordagens técnicas e estéticas, em vez de considerar a sustentabilidade como uma questão ética e mental, decorrente de valores de vida e de uma nova solidariedade. Mesmo como uma questão técnica, uma cultura de edificação sustentável não pode se basear em uma arquitetura de estilo global ou universal. A verdadeira sustentabilidade deve reconhecer as condições locais, clima, microclima, topografia, vegetação, materiais, setores econômicos e habilidades práticas. A arquitetura sustentável deve necessariamente crescer a partir da especificidade do lugar, da mesma maneira que as culturas vernaculares históricas surgiram de suas bases como plantas de seu solo. Uma arquitetura profundamente sustentável deve depender da especificidade do contexto e regenerar identidades locais. No entanto, não acredito que a sustentabilidade global da cultura humana possa ser alcançada por meio da regressão a modos mais primitivos de construção. Acredito que a sustentabilidade só pode ser alcançada por meio de tecnologias mais refinadas, sutis e responsivas. A tecnologia sustentável será inspirada pelo novo conhecimento do mundo biológico. O biólogo Edward O. Wilson, que introduziu a noção de biofilia, afirma, por exemplo, que o "superorganismo" de uma colônia de formigas-cortadeiras é mais complexo em seu desempenho do que qualquer invenção humana.[37]

A identidade cultural, o senso de enraizamento e pertencimento, é um fundamento insubstituível de nossa humanidade. Crescemos para ser membros de inúmeros contextos e identidades culturais, sociais, linguísticas, geográficas e estéticas. Em vez de serem meros e ocasionais aspectos de segundo plano, todas essas dimensões e outras centenas são constituintes de nossa própria personalidade. Nossa identidade não é um fato dado ou uma entidade fechada. É uma troca: conforme me estabeleço em um lugar, o lugar se estabelece em mim. Como Maurice Merleau-Ponty argumenta: "O mundo está completamente dentro e eu estou completamente fora de mim".[38] Ou, como Ludwig Wittgenstein conclui: "Eu sou meu mundo".[39]

---

[37] Edward O Wilson, *Biophilia: The Human Bond With Other Species*. Cambridge, MA: Harvard University Press, 1984, p. 37.

[38] Maurice Merleau-Ponty, *The Phenomenology of Perception*. London: Routledge and Kegan Paul, 1962, p. 407.

[39] Ludwig Wittgenstein, *Tractatus Logico Philosophicus, eli Loogis-filosofinen tutkielma*. Porvoo and Helsinki: Werner Söderström, 1972, p. 68.

T

Tarefas da arquitetura

→ *beleza; processo de projeto; ideais; otimismo; realismo e idealização; conciliação; silêncio, tempo e solidão; velocidade; velocidade e tempo*

Paisagens e horizontes da arquitetura: arquitetura e pensamento artístico (2007)

A questão fundamental da arte das últimas décadas tem sido "O que é arte?". A orientação geral das artes desde o final dos anos 1960 tem sido cada vez mais emaranhada – na verdade, identificada – com suas próprias teorias. A tarefa da arquitetura também se tornou uma preocupação desde o final da década de 1960, primeiro por meio da crítica dos grupos de esquerda, que viam a arquitetura principalmente como um uso injusto do poder, redistribuição de recursos e manipulação social. A atual condição de excessiva intelectualização reflete o colapso do papel social da arquitetura e a escalada de complexidades e frustrações na prática do projeto. As incertezas atuais dizem respeito ao papel social e humano da arquitetura, bem como a seus limites como forma de arte.

A forma de arte da arquitetura nasce do confronto e ocupação proposital do espaço. Ela começa pelo ato de nomear o sem nome e pela percepção do espaço amorfo como uma figura distinta e como um lugar específico. Desejo enfatizar o adjetivo "intencional"; a intencionalidade utilitária é uma condição constitutiva da arquitetura. A tarefa da arquitetura, no entanto, reside tanto na necessidade de fundamentação metafísica para o pensamento e experiência humana quanto na provisão de abrigo contra uma tempestade violenta.

Experiência corporificada e pensamento sensorial: espaço vivenciado na arte e na arquitetura (2006)

A tarefa da arquitetura também é manter a diferenciação e articulação qualitativa do espaço existencial. Em vez de participar do processo de acelerar ainda mais nossa experiência do mundo, a arquitetura deve desacelerar a experiência, parar o tempo e defender a lentidão da experiência. A arquitetura deve nos proteger contra ruídos e comunicações excessivas. A tarefa da arquitetura é manter e defender o silêncio.

Sarah Robinson, Juhani Pallasmaa, editores, *Mind in Architecture: Neuroscience, Embodiment, and the Future of Design,* **Cambridge, MA e Londres: The MIT Press, 2007, 52–54**

O objetivo de nossas edificações é frequentemente compreendido apenas em termos de desempenho funcional, conforto físico, economia, representação simbólica e valores estéticos. No entanto, a tarefa da arquitetura extrapola suas propriedades materiais, funcionais e mensuráveis – e mesmo além da estética – para a esfera mental e existencial da vida. As edificações não apenas fornecem abrigo físico ou facilitam atividades distintas. Além de abrigar nossos corpos frágeis e nossas atividades, elas também devem abrigar nossas mentes, memórias, desejos e sonhos. As edificações intermedeiam o mundo e a nossa consciência ao internalizar o mundo e externalizar a mente. Estruturando e articulando espaço existencial vivenciado e situações da vida, a arquitetura constitui nosso sistema mais importante de ordem, hierarquia e memória externalizadas. Sabemos e lembramos quem somos como seres históricos por meio de nossos cenários construídos. A arquitetura também concretiza "instituições humanas", para usar uma noção de Louis Kahn, as camadas de estruturas culturais, bem como o curso do tempo. Em geral, não se reconhece que nosso mundo construído também domestica e escala o tempo para a compreensão humana. No entanto, a arquitetura desacelera, interrompe, reverte ou acelera o tempo experiencial, e podemos falar adequadamente de arquiteturas lentas e rápidas. Como sugere o filósofo Karsten Harries, a arquitetura é "uma defesa contra o terror do tempo".[1] Ela confere a espaços sem limites e sem sentido suas medidas e significados humanos, mas também reduz o tempo infinito aos limites da experiência humana; a mera imagem memorizada das pirâmides egípcias concretiza a distância de quatro mil anos em nossa consciência. É evidente que a arquitetura tem a tendência de girar cada vez mais rápido em nossa era de velocidade e aceleração. Por fim, Gaston Bachelard atribui à arquitetura uma tarefa verdadeiramente monumental: a casa "é um instrumento com o qual confrontamos o cosmo".[2] Ele critica a suposição heideggeriana da frustração humana básica decorrente de "ser lançado no mundo", pois, em sua opinião, nascemos "no berço da arquitetura",[3] não somos lançados em um espaço sem sentido. De fato, até a Re-

---

[1] Karsten Harries, "Building and the Terror of Time", *in Perspecta, The Yale University Journal,* issue 19, Cambridge, MA, e London: The MIT Press, 1982, como citado em David Harvey, *The Condition of Postmodernity.* Cambridge: Blackwell, 1992, p. 206.

[2] Gaston Bachelard, *The Poetics of Space,* Boston, MA: Beacon Press, 1969, p. 46.

[3] *Ibid.,* p. 7.

nascença, a principal tarefa mental da arquitetura era mediar entre macrocosmo e microcosmo, as divindades e os mortais. "Com o resgate renascentista da interpretação matemática grega de Deus e do mundo, e revigorado pela crença cristã de que o homem, como imagem de Deus, incorporava as harmonias do universo, a figura humana vitruviana inscrita em um quadrado e um círculo tornou-se um símbolo da simpatia matemática entre microcosmo e macrocosmo", informa Rudolf Wittkower.[4] Hoje, a arquitetura tornou-se mera utilidade, tecnologia e estética visual, e podemos concluir tristemente que ela abandonou sua tarefa metafísica fundamental. A essência humana da arquitetura não pode ser compreendida a menos que reconheçamos sua natureza metafórica, mental e expressiva. "A arquitetura é espaço mental construído", costumava dizer o professor finlandês Keijo Petäjä.[5] Na língua finlandesa, esta formulação projeta dois significados simultaneamente: a arquitetura é uma expressão materializada do espaço mental humano; e o nosso espaço mental é estruturado e estendido pela arquitetura. Esta ideia de uma relação dialética ou interpenetração do espaço físico e mental ecoa a noção fenomenológica de Maurice Merleau-Ponty, "a ligação quiasmática"[6] do mundo e do espaço físico, por um lado, e do eu e do espaço mental, por outro. Para ele, essa relação é um *continuum*, não uma polaridade. O *continuum* quiasmático do espaço físico externo e do espaço psíquico interno pode, talvez, ser ilustrado pela imagem enigmática da fita de Möbius, um laço torcido que tem apenas uma superfície contínua. É exatamente essa fusão e espelhamento quiasmático do material e do mental que tornou os fenômenos artísticos e arquitetônicos imunes a uma abordagem científica empírica; o significado artístico existe na experiência do mundo material, e essa experiência é sempre única, situacional e individual. O significado artístico existe apenas no nível poético em nosso encontro direto com a obra, e é existencial em vez de ideacional – e emocional em vez de intelectual. Merleau-Ponty também introduziu a sugestiva noção de "a carne do mundo"[7], o *continuum* do mundo, o qual estamos fadados a compartilhar com nossos corpos, bem como com nossa arquitetura. Na verdade, podemos pensar em obras de arquitetura como articulações específicas dessa carne existencial e experimental.

---

[4] Rudolf Wittkower, *Architectural Principles in the Age of Humanism*. New York: Random House, 1965, p. 16.

[5] Keijo Petäjä (1919–1988) foi um notável arquiteto finlandês e membro do grupo que editava a revista finlandesa *Le Carré Bleu* na área de teoria da arquitetura desde 1958.

[6] Maurice Merleau-Ponty. A noção deriva do princípio dialético de Merleau-Ponty da interrelação do mundo com o *self* (individualidade). Veja Richard Kearney, "Maurice Merleau-Ponty", *in Id.*, *Modern Movements in European Philosophy*, Manchester e New York: Manchester University Press, 1994, p. 73–90.

[7] Maurice Merleau-Ponty, "The Intertwining – The Chiasm", *in Id.*, *The Visible and the Invisible*, Evanston, IL: Northwestern University Press, 1992, p. 248.

Tarefas da arte

→ *beleza; realismo e idealização; realidade e imaginação; reconciliação; significado*

Experiência corporificada e pensamento sensorial: espaço vivenciado na arte e na arquitetura (2006)

Na medida em que nossa cultura de consumo e mídia contém uma manipulação crescente da mente humana – na forma de ambientes tematizados, condicionamento comercial e entretenimento entorpecente –, a arte tem a missão de defender a autonomia da experiência individual e fornecer a base existencial para a condição humana. Uma das tarefas da arte é proteger a autenticidade da experiência humana.

Os contextos de nossas vidas estão se transformando irresistivelmente em um *kitsch* produzido em massa e universalmente comercializado. Na minha opinião, seria idealismo infundado acreditar que o curso de nossa cultura obsessivamente materialista poderia ser alterado no futuro em perspectiva. Mas é exatamente por causa dessa visão pessimista do futuro que a tarefa ética de artistas e arquitetos, a defesa da autenticidade da vida e da experiência, é tão importante. Em um mundo onde tudo está se tornando semelhante e, em dado momento, insignificante e sem consequência, a arte tem que manter diferenças de significado e, em particular, os critérios de característica experiencial.

"Minha confiança no futuro da literatura reside no conhecimento de que há coisas que só a literatura pode nos dar, por seus meios específicos",[8] escreve Ítalo Calvino em suas *Six Memos for the Next Millennium* (*Seis propostas para o próximo milênio*), e continua (em outro capítulo): "Em uma era em que outras mídias fantasticamente rápidas e difundidas estão triunfando, correndo o risco de aplainar toda a comunicação em uma única superfície homogênea, a função da literatura é comunicar entre coisas que são diferentes simplesmente porque são diferentes, não atenuando, mas até afiando as diferenças entre elas, seguindo a verdadeira inclinação da linguagem escrita".[9]

A arte é geralmente vista como um meio de refletir a realidade por meio do artefato artístico. A arte de nosso tempo frequentemente reflete, de maneira provocativa, experiências de alienação e angústia, violência e desumanidade. Na minha opinião, a mera reflexão e representação da realidade prevalecente não é uma missão suficiente da arte. A arte não deve aumentar ou reforçar a miséria humana, mas aliviá-la. O dever da arte é examinar ideais e modos de percepção e experiência, e, portanto, abrir e ampliar os limites do mundo.

---

[8] Italo Calvino, *Six Memos for the Next Millennium*, New York: Vintage Books, 1993, p. 1.

[9] *Ibid.*, p. 45.

Tatilidade

→ *sentidos I; sentidos II. quantos sentidos temos?; cheiros; sinestesia; toque; visão não focalizada*

Tocando o mundo: espaço vivenciado, visão e tatilidade (2007)

A linha divisória entre o indivíduo e o mundo é identificada por nossos sentidos. Nosso contato com o mundo acontece na linha divisória de individualidade por meio de partes especializadas de nossa membrana envoltória. Todos os sentidos, incluindo a visão, são extensões do tato; os sentidos são especializações do tecido da pele, e todas as experiências sensoriais são modos de tocar e, portanto, relacionadas com a tatilidade. "Por meio da visão, tocamos o sol e as estrelas", como Martin Jay observa poeticamente em referência a Merleau-Ponty.[10]

A visão de Ashley Montagu, o antropólogo, baseada em evidências médicas, confirma a primazia da esfera tátil: "[A pele] é o órgão mais antigo e mais sensível, nosso primeiro meio de comunicação e nosso protetor mais eficiente. (...) Mesmo a córnea transparente do olho é revestida por uma camada de pele modificada. (...) O tato é a mãe de nossos olhos, ouvidos, nariz e boca. É o sentido que se tornou diferenciado em outros, um fato que parece ser reconhecido na avaliação antiga de que o tato é "a mãe dos sentidos".[11]

Em seu livro *Body, Memory, and Architecture*, um dos estudos iniciais na essência corporificada da experiência de arquitetura, Kent C. Bloomer e Charles Moore apontam para a primazia da esfera tátil: "A imagem corporal (...) é basicamente alimentada pelas experiências táteis e de orientação no início de nossa vida. Nossas imagens visuais são desenvolvidas mais tarde e dependem de experiências primais adquiridas tatilmente".[12]

O tato é o modo sensorial que integra nossas experiências do mundo e de nós mesmos. Até as percepções visuais são fundidas e integradas ao *continuum* tátil da identidade; meu corpo lembra quem sou e como estou localizado no mundo. No primeiro volume de *In Search of Lost Time*, de Marcel Proust, o protagonista, ao acordar na cama, reconstrói sua identidade e localização por meio da memória corporal, "a memória composta de suas costelas, joelhos e escápulas".[13] Meu corpo é, de fato, o umbigo do meu mundo, não no sentido do

---

[10] Como citado em David Michael Levin, editor, *Modernity and the Hegemony of Vision*, Los Angeles, London, Berkeley, University of California Press, 1993, p. 14.

[11] Ashley Montagu, *Touching: The Human Significance of the Skin*, New York, Harper & Row, 1968, p. 3.

[12] Kent C Bloomer, Charles W Moore, *Body, Memory, and Architecture*, New Haven and London, Yale University Press, 1977, p. 44.

[13] Marcel Proust, *In Search of Lost Time: Swann's Way*, London, The Random House, 1992, p. 4–5.

ponto de vista de uma perspectiva central, mas como o único local de referência, memória, imaginação e integração.

A cultura visualmente tendenciosa de nossos dias e sua consequente arquitetura retiniana estão dando origem a uma busca por uma arquitetura tátil e multissensorial, uma arquitetura de convite. A cultura de controle e velocidade, eficiência e racionalidade de hoje favorece uma arquitetura do olho com sua imagem instantânea e impacto distante, porém imediato. Já a arquitetura tátil promove lentidão e intimidade, é apreciada e compreendida gradualmente como imagens do corpo e da pele. Nossa cultura de velocidade pode muito bem se transformar tragicamente em uma cultura da amnésia.

Montagu vê uma mudança mais ampla acontecendo na consciência ocidental, que, sem dúvida, tem implicações imediatas na arquitetura, na arte e no *design*: "Nós, no mundo ocidental, estamos começando a descobrir nossos sentidos negligenciados. Essa crescente conscientização representa uma espécie de insurgência tardia contra a dolorosa privação da experiência sensorial que temos sofrido em nosso mundo tecnológico".[14]

Tatilidade e materialidade da luz

→ *luz; tato*

A sensualidade da matéria: imaginação material, tatilidade e tempo (2012)

James Turrell, o artista da luz, fala sobre a "coisidade da luz": "Eu basicamente crio espaços que captam a luz e a mantém para a sua sensação física. (...) É (...) uma percepção de que os olhos tocam, de que eles sentem. E quando os olhos estão abertos e você permite essa sensação, o toque sai dos olhos como uma sensação".[15] Para ele, os níveis normais de iluminação hoje são tão altos que a pupila contrai. "Obviamente, não fomos feitos para essa luz, fomos feitos para o crepúsculo. Agora, o que isso significa é que só em níveis muito baixos de luz é que nossa pupila dilata. Quando ela dilata, começamos a sentir a luz, quase como o tato."[16]

James Carpenter, outro artista da luz, faz uma afirmação semelhante sobre a materialidade experiencial e a tatilidade da luz: "Há uma tatilidade em algo imaterial que acho um tanto extraordinária. Com a luz, você está lidando com um comprimento de onda puramente eletromagnético que entra através da retina, e ainda assim é tátil. Mas não é uma tatilidade que envolva fundamental-

---

[14] Montagu, *op. cit.*, XIII.

[15] James Turrell, *The thingness of light,* Architecture Edition, Virginia, Blacksburg 2000, p. 1–2.

[16] *Ibid.*, p. 2.

mente algo que você pode pegar ou ao qual pode se agarrar... Seus olhos tendem a interpretar a luz e a conferir-lhe um caráter de substância que na realidade não está lá".[17]

A luz tende a estar ausente experiencial e emocionalmente até ser contida pelo espaço, concretizada pela matéria que ela ilumina ou transformada em uma substância ou ar colorido por meio de uma matéria mediadora, como neblina, névoa, fumaça, chuva, neve ou geada. "O sol nunca sabe o quão magnífico ele é até atingir a lateral de um prédio ou brilhar dentro de um cômodo", observa poeticamente Louis Kahn.[18]

O impacto emotivo da luz é extremamente intensificado quando percebido como uma substância imaginária. Os esquemas de iluminação de Alvar Aalto frequentemente refletem a luz de uma superfície branca curva, e o *chiaroscuro* das superfícies arredondadas confere à luz uma plasticidade experiencial, materialidade e presença intensificadas. Até mesmo luminárias agradáveis, como as de Poul Henningsen e Alvar Aalto, articulam e moldam a luz, como se desacelerassem a velocidade da luz e a parassem para o deleite do olho e do toque da pele. Esses instrumentos de iluminação sensualizam, enriquecem e erotizam a iluminação artificial.

As estreitas fendas nas coberturas dos prédios de Tadao Ando e Peter Zumthor forçam a luz em finas lâminas direcionais que contrastam com os espaços relativamente escuros ao redor. Nos edifícios de Luis Barragán, como a Capela das Capuchinhas Sacramentarias, na Cidade do México, a luz se transforma em um líquido quente e colorido, que até mesmo sugere características sonoras que quase podem ser ouvidas como um som imaginário – o próprio arquiteto escreve sobre "o murmúrio plácido do silêncio interior".[19] As janelas coloridas da Capela de Henry Matisse, em Veneza, e muitas das obras de luz de James Turrell transformam a luz de maneira semelhante em ar colorido que invoca sensações delicadas de contato com a pele e o som, e parece que estamos submersos em uma substância transparente.

Vivemos em um mundo de espírito humano, ideias e intenções, mas também existimos em um mundo de matéria sob as quantidades e qualidades do mundo físico. Temos dois domicílios que constituem nossa singularidade existencial: um, na historicidade do pensamento e emoção humana, o outro é o mundo da matéria e dos fenômenos físicos. É a profunda tarefa das artes, assim como da arquitetura, articular e expressar "como o mundo nos toca", conforme Merleau-

---

[17] Lawrence Mason, Scott Poole, Pia Sarpaneva, editores, *Interview with James Carpenter*, Architecture Edition, VA, Blacksburg, 2000, p. 5.

[18] Louis Kahn, parafraseando Wallace Stevens, em 'Harmony Between Man and Architecture', *in* Louis I. Kahn, *Writings, Lectures, Interviews*, New York: Rizzoli International, 1991, p. 343.

[19] Luis Barragán, *Official address*, Pritzker Architectural Prize 1980. Reimpresso em Raul Rispa, editor, *Barragán. The Complete Works*, London: Thames & Hudson, 1995, p. 205.

-Ponty caracterizou as pinturas de Paul Cézanne,[20] e, inversamente, como tocamos nosso mundo em nossa tentativa de transformá-lo em nosso domicílio.

A característica de um espaço ou lugar não é meramente uma característica perceptual visual, como normalmente se supõe. O julgamento do caráter ambiental é uma fusão multissensorial complexa de inúmeros fatores que são imediata e sinteticamente compreendidos como uma atmosfera, sensação, humor ou ambiente geral. "Entro em um prédio, vejo um cômodo, e – em uma fração de segundo – tenho determinada sensação sobre ele", confessa Peter Zumthor, um dos arquitetos que reconhecem a importância das atmosferas da arquitetura.[21] John Dewey, o filósofo norte-americano visionário que, há oito décadas, já captava a essência imediata, corporificada, emotiva e subconsciente da experiência, articula a natureza deste encontro existencial da seguinte maneira: "A impressão avassaladora e total vem primeiro, talvez num golpe, pela glória repentina da paisagem ou pelo efeito, em nós, da entrada em uma catedral quando luzes fracas, incenso, vitrais e proporções majestosas se fundem em um todo indistinguível. Dizemos com verdade que uma pintura nos toca. Há um impacto que precede todo o reconhecimento definitivo do que ela representa".[22]

Essa experiência é multissensorial em sua própria essência. Em seu livro *The Experience of Place*, Tony Hiss usa a noção de "percepção simultânea" do sistema que usamos para perceber nosso entorno.[23] Essa também é a forma como normalmente observamos, com todos os sentidos ao mesmo tempo. Como Merleau-Ponty testemunha: "Minha percepção não é, portanto, uma soma de dados visuais, táteis e auditivos: eu percebo de maneira total com o meu ser, eu compreendo uma estrutura única da coisa, um modo único de ser, que se comunica com todos os meus sentidos ao mesmo tempo".[24] Uma percepção atmosférica também envolve julgamentos além dos cinco sentidos aristotélicos, como sensações de orientação, gravidade, equilíbrio, estabilidade, movimento, duração, continuidade, escala e iluminação. Na verdade, o julgamento imediato do caráter do espaço requer nossos sentidos corporificados e existenciais e é percebido de maneira difusa e periférica, e não por meio de observação precisa e consciente. Esta avaliação complexa também inclui a dimensão do tempo, já que a experiência implica duração e funde percepção, memória e imaginação.

---

[20] Maurice Merleau-Ponty, "Cézanne's doubt", *in Id. Sense and Non-Sense*, Evanston, IL: Northwesten University Press, 1964, p. 19.

[21] Peter Zumthor, *Atmospheres: Architectural Environments – Surrounding Objects*, Basel, Boston, Berlin, Birkhäuser, 2006, p. 13.

[22] John Dewey, *Art as Experience*, New York: Perigee Trade, 2005, p. 145.

[23] Tony Hiss, *The Experience of Place: A New Way of Looking at and Dealing with Our Radically Changing Cities and Countryside*, New York: Random House, Inc., 1991.

[24] Maurice Merleau-Ponty, "The Film and the New Psychology", *in Id. Sense and Non-Sense*, op. cit., p. 48.

Além disso, cada espaço e lugar sempre é um convite e sugestão a atos distintos: os espaços são verbos.

Além das atmosferas ambientais, existem atmosferas culturais, sociais, de trabalho, familiares, interpessoais etc. A atmosfera de uma situação social pode ser apoiadora ou desencorajadora, libertadora ou sufocante, inspiradora ou entediante. Podemos até falar de atmosferas específicas na escala de entidades culturais, regionais ou nacionais. *Genius loci*, o Espírito do Lugar, é um caráter experiencial igualmente efêmero, difuso e não material que está intimamente relacionado à atmosfera; podemos, de fato, falar da atmosfera de um lugar, que confere ao local um caráter e identidade perceptual únicos. Dewey explica esse caráter unificador como uma característica específica: "Uma experiência tem uma unidade que lhe dá o nome, *aquela* refeição, *aquela* tempestade, *aquele* êxtase da amizade. A existência dessa unidade é constituída por uma única *característica* que permeia toda a experiência, apesar da variação de suas partes constituintes. Essa unidade não é emocional, prática ou intelectual, pois esses termos nomeiam distinções que a reflexão pode fazer no interior da unidade".[25] Em outro contexto, o filósofo reforça o poder integrador dessa característica experiencial: "A característica do todo permeia, afeta e controla todos os detalhes".[26]

Martin Heidegger vincula indissociavelmente o espaço à condição humana: "Quando falamos de homem e espaço, parece que o homem está de um lado, o espaço de outro. No entanto, o espaço não é algo que enfrenta o homem. Não é um objeto externo ou uma experiência interna. Não é que haja homens e, sobre e além deles, o espaço".[27] Quando entramos em um espaço, ele entra em nós, e a experiência é essencialmente uma troca e fusão entre objeto e sujeito. Robert Pogue Harrison, um norte-americano estudioso da literatura, afirma poeticamente: "Na fusão de lugar e alma, a alma é tanto um recipiente de lugar quanto o lugar é um recipiente de alma – ambos são suscetíveis às mesmas forças de destruição".[28] A atmosfera é, de modo similar, uma troca entre as propriedades materiais ou existentes do lugar e a esfera imaterial da percepção e imaginação humana. Ainda assim, eles não são "coisas" físicas ou fatos, pois são "criações" experienciais humanas.

---

[25] Dewey, *Art as Experience*, op. cit., p. 37.

[26] John Dewey, "Qualitative Thought", in Larry A. Hickman, Thomas M. Alexander, editores. *The essential Dewey, Volume 1: Pragmatism, Education, Democracy*. Bloomington, IN, Indiana University Press, 1998, p. 197.

[27] Martin Heidegger. "Building, Dwelling, Thinking". *in Id. Basic Writings*. New York: Harper & Row, 1997, p. 334.

[28] Robert Pogue Harrison, *Gardens: An Essay on the Human Condition*, Chicago and London: The University of Chicago Press, 2008, p. 130.

Paradoxalmente, captamos a atmosfera antes de identificarmos seus detalhes ou de compreendê-la intelectualmente. Na verdade, pode ser que sejamos completamente incapazes de dizer algo significativo sobre as características de uma situação, e, ainda assim, temos uma imagem clara, postura emocional e lembrança bem claras. Da mesma maneira, apesar de não analisarmos conscientemente ou compreendermos a interação de fatos meteorológicos, captamos a essência do clima em um vislumbre, e ele inevitavelmente condiciona nosso humor e intencionalidade. Quando entramos em uma nova cidade, captamos seu caráter geral de maneira semelhante, sem ter analisado conscientemente uma única de suas inúmeras propriedades materiais, geométricas ou dimensionais. Dewey ainda estende os processos que avançam a partir de uma compreensão inicial, mas temporária, do todo, rumo aos detalhes, até chegarmos aos processos de pensamento: "Todo pensamento sobre qualquer tema começa com exatamente esse todo não analisado. Quando o tema é razoavelmente familiar, distinções relevantes se apresentam rapidamente, e a pura qualitatividade pode não durar tempo suficiente para ser facilmente lembrada".[29]

Essa é uma capacidade intuitiva e emotiva que parece ser biologicamente derivada e em grande parte determinada de forma inconsciente e instintiva por meio da programação evolutiva. "Percebemos as atmosferas por meio da nossa sensibilidade emocional – uma forma de percepção que funciona incrivelmente rápido e da qual evidentemente precisamos como seres humanos para nos ajudar a sobreviver", sugere Zumthor.[30] As novas ciências da biopsicologia e da psicologia ecológica estudam essas causalidades evolutivas no comportamento e cognição instintivos humanos.[31] É evidente que somos condicionados genética e culturalmente a procurar ou evitar certos tipos de situações ou atmosferas. Nosso prazer compartilhado em estar na sombra de grandes árvores olhando para um campo aberto iluminado pelo sol, por exemplo, é explicado com base nessa programação evolutiva; esse tipo específico de cenário demonstra as ideias polares de "refúgio" e "perspectiva", que foram aplicadas para explicar a sensação agradável pré-reflexiva das casas de Frank Lloyd Wright.[32]

Embora atmosfera e humor pareçam ser características abrangentes de nossos ambientes e espaços, essas características não têm sido muito observadas, analisadas ou teorizadas na arquitetura ou no planejamento. O professor

---

[29] Dewey, "Qualitative Thought", *op. cit.*, p. 198.

[30] Zumthor, *op. cit.*, p. 13.

[31] Veja, por exemplo, Grant Hildebrand, *Origins of Architectural Pleasure*. Berkeley, Los Angeles, London: University of California Press, 1999, e *Id.*, *The Wright Space: Pattern & Meaning in Frank Lloyd Wright's Houses*, Seattle: University of Washington Press, 1992.

[32] Veja Hildebrand, *Origins of Architectural Pleasure*, *op. cit.*; *Id.*, *The Wright Space*, *op. cit.*; Edward O Wilson, "The Right Place", *in Id.*, *Biophilia*, Cambridge, MA, and London: Harvard University Press, 1984, p. 103–118.

Gernot Böhme é um dos pensadores pioneiros da filosofia das atmosferas, juntamente com Hermann Schmitz.[33] Estudos filosóficos recentes, baseados em evidências neurológicas, como o de Mark Johnson, *The Meaning of the Body: Aesthetics of Human Understanding*,[34] e pesquisas neurológicas como a de Iain McGilchrist, *The Master and his Emissary: The Divided brain and the Making of the Western World*,[35] valorizam significativamente o poder das atmosferas. As descobertas neurológicas atuais sobre os neurônios-espelho ajudam a entender que podemos internalizar situações e experiências físicas externas por meio da simulação corporificada.

Tempo

→ *atualidade; espaço-tempo; velocidade e tempo; sublime; tempo e eternidade*

O espaço do tempo: tempo mental na arquitetura (2007)

O tempo é a dimensão mais misteriosa da realidade física e da consciência humana. Parece evidente no contexto da vida cotidiana, mas é incompreensível em análises científicas e filosóficas mais profundas. Santo Agostinho fez uma observação apropriada sobre o mistério fundamental do tempo: "O que é o tempo? Se as pessoas não me perguntarem o que é o tempo, eu sei. Se me perguntarem o que é, então eu não sei".[36]

O tempo é objeto de fascinação tanto para o escritor quanto para o cientista, e, de fato, atualmente, os sonhos do escritor de ficção e do cientista dificilmente podem ser diferenciados um do outro; ambos sugerem múltiplas realidades do tempo. Em seu pequeno e encantador livro sobre as múltiplas faces do tempo, intitulado *Einstein's Dreams*,[37] o professor de física e escritor Alan Lightman imagina duas dúzias de diferentes realidades do tempo: tempo circular, tempo que flui irregularmente em riachos e redemoinhos, como um córrego, tempo revertido, tempo como qualidade, em vez de quantidade, e tempo que assume a forma de um rouxinol, por exemplo. Por outro lado, os astrofísicos de hoje

---

[33] Gernot Böhme, *Atmosphäre: Essays zur neuen Ästhetik*, Frankfurt am Main: Suhrkamp Verlag, 1995, Id., *Architektur und Atmosphäre*, München: Wilhelm Fink GmbH & Co. Verlags-KG, 2006, e Hermann Schmitz, *System der Philosophie. Studienausgabe: System der Philosophie 3/1. Der leibliche Raum: BD III/1*, Bonn: Bouvier, 2005.

[34] Mark Johnson, *The Meaning of the Body: Aesthetics of Human Understanding*, Chicago and London: The University of Chicago Press, 2007.

[35] Iain McGilchrist, *The Master and His Emissary: The Divided Brain and the Making of the Western World*, New Haven and London: Yale University Press, 2009, p. 184.

[36] Como citado em Jorge Luis Borges, *This Craft of Verse*, Cambridge, MA, and London: Harvard University Press, 2000, p. 19.

[37] Alan Lightman, *Einstein's dreams*, New York: Pantheon Books, 1993.

teorizam a viabilidade da viagem no tempo por meio de buracos de minhoca transponíveis e distorções impulsionadas. Eles falam com seriedade sobre a "proteção da cronologia" e as "máquinas do tempo". Vistos bem de perto, os teóricos da gravidade quântica dizem que até mesmo o espaço e o tempo ordinários se dissolvem em uma confusão turbulenta que chamam de "espuma espaço-tempo".[38]

Alguns teóricos da gravidade quântica chegam a argumentar que espaço e tempo são muito provavelmente uma espécie de ilusão, ou uma aproximação a ser substituída por alguma ideia mais fundamental no futuro. Independentemente dos saltos vertiginosos de fantasia na física de hoje, Stephen Hawking confessa modestamente em seu livro recente *The Universe in a Nutshell* (*O universo numa casca de noz*): "Mesmo que, no fim, seja impossível viajar no tempo, é importante que entendamos por que é impossível".[39]

Nosso entendimento comum do tempo parece ter evaporado sob o escrutínio da ciência e há, de fato, várias teorias muito diferentes sobre o tempo na física atual. E existem também escalas de tempo vastamente diferentes, como o tempo cósmico, o geológico, o evolutivo, o cultural e o experiencial humano. E todos nós sabemos como o tempo experiencial pode ser flexível e variado, dependendo da situação humana, ou horizonte, que fornece a medida para a passagem do tempo.

Todos nós temos motivos para nos assustarmos com o desaparecimento e a abstração do tempo e com o fenômeno curiosamente relacionado: a expansão do tédio. Não vou entrar neste tema, no entanto, irei simplesmente me referir a um livro recente sobre a filosofia do tédio do filósofo norueguês Lars Svendsen.[40] Gostaria de sugerir que perdemos nossa capacidade de morar no tempo, ou habitar o tempo. Temos sido empurrados para fora do tempo, o espaço experiencial do tempo. O tempo se transformou em um vácuo, em oposição ao "sentido tátil [do tempo]"[41] dos escritos de Proust, por exemplo. Vivemos cada vez mais fora do *continuum* do tempo; habitamos apenas o espaço. É trágico, de fato, que, à medida que entramos na era do espaço tetradimensional, ou multidimensional, em nosso pensamento científico, sejamos experiencialmente jogados de volta ao espaço euclidiano restrito a suas três dimensões espaciais. A substância do tempo parece existir hoje apenas como vestígio arqueológico nas obras de literatura, arte e arquitetura de épocas passadas. Do mesmo modo,

---

[38] Dennis Overbye, "Remembrance of Things Future: The Mystery of Time", *in New York Times*, June 28, 2005.

[39] *Ivi*.

[40] Lars FH Svendsen, *Ikävystymisen filosofia* [The Philosophy of Boredom], Helsinki: Kustannusosakeyhtiö Tammi, 2005.

[41] Jean-Claude Carrière, "Answering the Sphinx", *in* Stephen Jay Gould et al., editores. *Conversations About the End of Time*. London: Penguin Books, 2000, p. 95.

o silêncio originário do mundo existe apenas em fragmentos, porém, como sugere Max Picard, o filósofo do silêncio, somos assustados por todos os fragmentos.⁴² Somos igualmente assustados pelos fragmentos do silêncio e do tempo.

Tempo e eternidade

→ *memórias coletivas; eco emocional; memória; atualidade; velocidade e tempo; sublime*

Experiência corporificada e pensamento sensorial: espaço vivenciado na arte e na arquitetura (2006)

Há 40 anos, meu professor Aulis Blomstedt sabiamente ensinou: "Se você quer encontrar algo novo, tem que estudar o que é mais antigo".

O ingrediente central da arte é o tempo, não como narrativa, duração ou interesse futurista, mas como uma arqueologia da memória coletiva e biológica. Os mitos guardam as experiências e os temas mentais mais antigos da mente humana. Mesmo a arte mais radical deriva seu impacto mais forte do eco desta terra mental atemporal e das imagens da memória supraindividual. O tempo da arte é um tempo regressivo, nas palavras de Jean Genet: "Para ter significado, cada obra de arte tem que descer paciente e cuidadosamente as escadas dos milênios e fundir-se, se possível, na noite atemporal povoada pelos mortos, de maneira que permita que os mortos se identifiquem nesse trabalho".⁴³

Wasteland, de T. S. Eliot, uma das grandes obras de poesia, é um esplêndido exemplo da maneira como uma mente criativa, consciente da tradição, combina ingredientes de fontes completamente diferentes. As origens e os limites temporais das imagens perdem seu significado nesta fusão criativa. *Wasteland*, como todas as obras de arte excepcionais, é uma escavação arqueológica de imagens. O poema conecta imagens históricas de mitos intemporais com a vida comum da própria época do poeta. O poema combina referências da *Bíblia* a Ovídio, de Virgílio a Dante, de Shakespeare a Wagner e de Baudelaire a Hesse. Esta obra-prima poética começa com um lema citado do *Satyricon* de Petrônio e termina na reiteração do encantamento final dos *Upanixades*.

Teorizando a arquitetura

→ *arquitetura como disciplina impura; esquecimento*

---

[42] Max Picard, *The World of Silence*, Washington, DC: Gateway Editions, 1988, p. 212.

[43] Jean Genet, *L'atelier di Alberto Giacometti*. Paris: Gallimard, 1963, como citado em Juhana Blomstedt, *Muodon arvo*.

Arquitetura como experiência: significado existencial na arquitetura (2018)

Atrevo-me a questionar a viabilidade de uma teoria abrangente da arquitetura, devido às inerentes complexidades, contradições e incompatibilidades internas desse fenômeno. Por meio de sua relativa autonomia da arte e foco, as artes plásticas são fundamentalmente menos complexas e contraditórias em sua base ontológica do que a arquitetura. A complexidade interna inerente aos projetos de arquitetura foi apontada pelo meu compatriota Alvar Aalto em sua palestra inaugural como membro da Academia da Finlândia, em 1955. "Seja qual for a nossa tarefa, grande ou pequena (...) em todos os casos, os opostos devem ser reconciliados. (...) Quase todas as tarefas formais envolvem dezenas, muitas vezes centenas, às vezes milhares de elementos conflitantes que só podem ser forçados a uma harmonia funcional por um ato de vontade. Essa harmonia não pode ser alcançada por nenhum outro meio que não a arte. O valor final dos elementos técnicos e mecânicos individuais só pode ser avaliado posteriormente. Um resultado harmonioso não pode ser alcançado com matemática, estatística ou cálculo de probabilidades".[44] A declaração de Aalto, 60 anos atrás, sobre a supremacia da arte sobre a ciência foi uma declaração corajosa, considerando o fato de que alguns dos pensadores mais ilustres da Finlândia estavam na plateia; o matemático mundialmente famoso Rolf Nevanlinna e Georg Henrik von Wright, o filósofo que sucedeu Ludwig Wittgenstein como professor de filosofia na Universidade de Cambridge, para citar apenas dois. A visão de Aalto sobre o poder integrador da arte foi recentemente apoiada por Vittorio Gallese, um dos descobridores dos neurônios-espelho, há 30 anos: "Sob certo ponto de vista, a arte é mais poderosa do que a ciência. Com ferramentas muito menos caras e com maior poder de síntese, as intuições da arte nos mostram quem somos, provavelmente de maneira muito mais exaustiva em relação à abordagem objetivante das ciências naturais. Ser humano é compatível com a capacidade de nos perguntarmos quem somos. Desde o início da humanidade, a criatividade artística expressou essa capacidade em sua forma mais pura e elevada".[45] Essa é a visão de um cientista humanista contemporâneo.

A natureza intrinsecamente não científica da arquitetura surge do fato de que sua prática funde fatos e sonhos, conhecimento e crenças, racionalidade e emoção, tecnologia e expressão artística, inteligência e intuição, bem como as dimensões temporais do passado, presente e futuro. Além disso, é simultaneamente o meio e o fim; um meio para alcançar seus propósitos utilitários e

---

[44] Alvar Aalto, "Art and Technology", palestra na Academy of Finland em 1955, in Göran Schildt, editor. *Alvar Aalto In His Own Words*, Helsinki: Otava Publishing Company, Ltd., 1997, p. 174.

[45] Vittorio Gallese, Cinzia Di Dio, "Neuroesthetics: The Body in Esthetic Experience", in *The Encyclopedia of human Behaviour*, Vol. 2. VS Ramachandran, editor, Amsterdam: Elsevier, 2012, p. 693.

práticos, e um fim como uma manifestação artística, que medeia características e valores experienciais, culturais, mentais e emocionais. Em resumo, a arquitetura é conceitualmente muito "impura" ou "confusa" como um fenômeno da atividade humana para ser logicamente estruturada dentro de uma única teoria. Uma teoria da arquitetura me parece tão impossível e, em última análise, inútil quanto seria uma teoria da vida. Como consequência de sua complexidade, a arquitetura está destinada a surgir de uma ação iterativa e corporificada, que funde racionalidade e sentimento, análise e síntese, conhecimento e intuição, empatia e imaginação, em vez de uma teoria inclusiva e de processos totalmente racionalizados. Sem dúvida, existem aspectos racionais e fases, no processo de projeto, baseadas na teoria, mas, em sua totalidade, o processo é iterativamente sintético. O projeto de arquitetura como processo de criação, em geral, é guiado por uma ação "de piloto automático" subjetiva e em grande parte subconsciente e por uma identificação corporificada e imersiva com a tarefa concreta, que funde aspectos das múltiplas categorias irreconciliáveis, em vez de uma aplicação de um procedimento teórico-racional, metódico e previsível. Deixe-me repetir: o processo de projetar não é um caminho racional, uma vez que consiste em inúmeros e repetidos desvios, becos sem saída, novos começos, hesitações, certezas temporárias e um gradual surgimento de um objetivo aceitável como resultado do próprio processo. A estrutura e a essência potencial da tarefa de projetar são gradualmente reveladas à medida que a resposta do projeto emerge; perguntas e respostas são formuladas simultaneamente na criatividade arquitetônica e artística, e ambas estão sujeitas à imprevisibilidade do processo de criação. Devido ao conteúdo existencial essencial da arquitetura, seu projeto não pode ser um processo racional e suave de resolução de problemas. Como a poesia, todos os edifícios que nos tocam estão geralmente mais próximos de confissões pessoais do que de resoluções de problemas. Além disso, os textos arquitetônicos mais inspiradores são frequentemente evocações pessoais e poéticas, em vez de resultados de pesquisa ou provas científicas.

Paisagens e horizontes da arquitetura: arquitetura e pensamento artístico (2007)

Durante as últimas décadas, inúmeras estruturas teóricas originadas de vários campos de investigação científica têm sido aplicadas nas análises de arquitetura: psicologias perceptivas e Gestalt; estruturalismos antropológicos e literários; teorias sociológicas e linguísticas; filosofias analíticas, existenciais, fenomenológicas e desconstrutivistas; e mais recentemente, a teoria cognitiva e as neurociências, para mencionar as mais óbvias. Temos de admitir que nossa disciplina da arquitetura não possui uma teoria própria; a arquitetura é sempre explicada por meio de teorias que surgiram fora do seu próprio âmbito. No primeiro e mais influente tratado teórico da história da arquitetura ocidental,

Vitrúvio reconheceu já no século I a.C. a amplitude da disciplina do arquiteto e as consequentes interações com numerosas habilidades e áreas do conhecimento: "Que ele (o arquiteto) seja educado, habilidoso com o lápis, instruído em geometria, conheça profundamente a história, tenha seguido os filósofos com atenção, entenda de música, tenha algum conhecimento de medicina, conheça as opiniões dos juristas e esteja familiarizado com a astronomia e a teoria dos céus".[46] Vitrúvio fornece razões cuidadosas pelas quais o arquiteto precisa dominar cada um desses campos de conhecimento. A filosofia, por exemplo, "torna o arquiteto elevado, e não arrogante; mas, sim, torna-o cortês, justo e honesto, sem avareza".[47]

Em nosso tempo, no entanto, explicações teóricas e verbais de edifícios frequentemente pareceram mais importantes do que seu próprio projeto, e construtos intelectuais, mais importantes do que o encontro material e sensível das obras construídas. A aplicação acrítica de várias teorias científicas ao campo da arquitetura muitas vezes causou mais confusão do que uma compreensão genuína de sua essência específica. O foco excessivamente intelectual dessas abordagens tem afastado o discurso arquitetônico de sua base experiencial, corpórea e emocional; a intelectualização empurrou para o lado o senso comum da arquitetura. A interpretação da arquitetura como um sistema de linguagem, por exemplo, com regras operacionais e significados dados, deu suporte à heresia da arquitetura pós-modernista. A visão da teoria da arquitetura como uma pré-condição prescritiva ou instrumental para o projeto deve ser considerada com suspeita. Eu, pelo menos, busco uma tensão dialética e interação entre teoria e prática de projeto em vez de uma interdependência causal.

Paisagens da arquitetura: a arquitetura e a influência de outros campos de investigação (2003/2010)

A quantidade de verbalização logocêntrica – a histeria da teorização nas últimas décadas – pede uma explicação. Karsten Harries, um dos filósofos mais importantes da atualidade, profundamente interessado em arquitetura, dá uma explicação para a hiperatividade recente da teorização e filosofia: "Uma coisa que sugere o interesse generalizado em filosofia, que tornou-se parte integrante do cenário da arquitetura pós-moderna, é que a arquitetura tornou-se incerta quanto ao seu caminho. Nenhuma disciplina segura de si mesma se incomodará muito com a filosofia".[48]

---

[46] Vitruvius, *The Ten Books on Architecture* (De Architectura Libri Decem), New York: Dover Publications, Inc., 1960, p. 5–6.

[47] *Ibid.*, p. 8.

[48] Karsten Harries, "Philosophy and Architectural Education", manuscrito para uma palestra proferida na Helsinki University of Technology, 24 de outubro de 1993, p. 1.

Paisagens e horizontes da arquitetura: arquitetura e pensamento artístico (2007)

A complexidade de qualquer tarefa de arquitetura requer um modo de trabalho corporificado e uma introjeção total, para usar uma noção psicanalítica, da tarefa. O verdadeiro arquiteto trabalha, acredito, por meio de toda a sua personalidade, em vez de manipular peças de conhecimento pré-existente ou racionalizações verbais. Uma tarefa de arquitetura ou arte é encontrada, e não resolvida intelectualmente. Na verdade, no trabalho de criação genuíno, o conhecimento e a experiência prévia devem ser esquecidos. O grande escultor basco Eduardo Chillida, um artista que ilustrou o livro de Martin Heidegger *Die Kunst und der Raum* (1969), aliás, disse-me uma vez numa conversa: "Nunca me serviram para nada as coisas que eu sabia antes de começar um novo projeto de arte".[49] Joseph Brodsky, o poeta ganhador do prêmio Nobel, compartilha essa visão, ao dizer: "Na realidade (na arte e, eu pensaria, na ciência), a experiência e a *expertise* que a acompanham são os piores inimigos do criador".[50] Na introdução de seu livro seminal sobre o encontro fenomenológico de imagens de arquitetura, Gaston Bachelard cita Jean Lescure: "O saber deve ser acompanhado por uma capacidade igual de esquecer o saber. O não saber não é uma forma de ignorância, mas uma transcendência difícil do conhecimento. Este é o preço que deve ser pago para que uma obra seja, em todos os momentos, uma espécie de começo puro, que torna sua criação um exercício de liberdade".[51]

Toque

→ *memória corporificada; compreensão corporificada; tatilidade; sentidos I; sentidos II. quantos sentidos temos?; odores; som; sinestesia; tatilidade e materialidade da luz; mãos inteligentes*

A experiência integrada: orquestrando arquitetura por meio dos nossos sentidos negligenciados (2018)

Em seu importante livro *Touching: The Human Significance of the Skin*, Ashley Montagu, o antropólogo, afirma: "A pele é o mais antigo e mais sensível dos nossos órgãos, nosso primeiro meio de comunicação e nosso protetor mais eficiente. (...) Mesmo a córnea transparente dos olhos é recoberta por uma camada de pele modificada. (...) O tato é o pai de nossos olhos, ouvidos, nariz e boca.

---

[49] Conversa entre o escultor e o autor em um jantar em Helsinque, 1987.

[50] Joseph Brodsky, "A Cat's Meow", *in Id.*, *On Grief and Reason*, New York: Farrar, Strauss and Giroux, 1995, p. 302.

[51] Jean Lescure, *Lapicque*, Paris: Galanis 78, como citado em Bachelard, *Op. cit.*, p. XXVII–XXIV.

É o sentido que se diferenciou nos demais, um fato que parece ser reconhecido na avaliação antiquíssima do tato como "a mãe dos sentidos".[52]

Normalmente, não temos consciência de que todos os nossos órgãos dos sentidos são modificações do tecido cutâneo originário do feto e de formas transformadas de tato, e, portanto, relacionados e modificados pelo tato. Como testemunhou James Turrell, o artista da luz, todos podemos aprender com bastante facilidade a distinguir algumas cores fortes usando a pele do nosso cotovelo e as dobras do joelho.[53] Ondas de luz e som podem transportar a sensação visual e auditiva por longas distâncias, enquanto o cheiro sugere proximidade e o gosto traz o objeto para os nossos lábios e cavidade da boca, eliminando a distância por completo (exceto no gosto imaginado mediado pela visão ou pelo olfato). Entre os animais, até mesmo o cheiro pode servir como um sentido distante; estou pensando na capacidade olfativa extraordinária de cães e certas borboletas, que podem sentir o cheiro de seu parceiro a mais de 20 quilômetros de distância; a essa distância, o cheiro é tão "fraco" que há apenas uma molécula de feromônio em um metro cúbico de ar. Além disso, independentemente de nossas crenças, o olfato humano é surpreendentemente preciso; necessitamos de apenas oito moléculas de substância para desencadear um impulso de cheiro em nossas terminações nervosas e podemos distinguir mais de 10 mil odores diferentes.

As sensações da boca são o primeiro contato do bebê com o mundo; esse contato da boca da criança com o mundo é chamado de "introjeção" na literatura psicanalítica. O tato em si é o senso de estar em contato físico, exceto quando um estímulo tátil é mediado por outros sentidos mais distantes, como a visão e a audição.

Tocando o mundo: espaço vivenciado, visão e tatilidade (2007)

Todas as experiências sensoriais são fundamentalmente experiências de tato; tocamos tanto com nossos olhos, ouvidos, nariz e língua quanto com nossa pele. Além dos cinco sentidos aristotélicos, medimos e tocamos o mundo com nossos sensos de gravidade, equilíbrio, continuidade temporal e autoconsciência. Como Merleau-Ponty observa sobre as pinturas de Paul Cézanne, elas nos fazem vivenciar "como o mundo nos toca".[54] Tocamos o mundo de forma mais fundamental por nosso senso existencial.

---

[52] Ashley Montague, *Touching: The Human Significance of the Skin*. New York: Harper & Row, 1986, p. 3.

[53] James Turrell, "Plato's Cave and Light Within", in Mikko Heikkinen, editor. *Elephant and Butterfly: Permanence and Change in Architecture*, Helsinki: Alvar Aalto Academy, 2004, p. 144.

[54] Friedrich Nietzsche, *The Will to Power*, Book II. New York: Random House, nota 461, p. 253.

Todas as experiências reais de arquitetura são corporificadas e multissensoriais. Maurice Merleau-Ponty dá uma descrição poética dessa essência simultânea e multissensorial da experiência: "Minha percepção não é, portanto, uma soma de dados visuais, táteis e auditivos: eu percebo de maneira total com o meu ser, compreendo uma estrutura única da coisa, um modo único de ser, que se comunica com todos os meus sentidos ao mesmo tempo".[55]

Tocando o mundo: a integração dos sentidos e a experiência da realidade (2018)

Geralmente, não estamos cientes de que uma experiência inconsciente de tato é inevitavelmente ocultada na visão e audição. Enquanto olhamos, o olho toca e, antes mesmo de vermos um objeto, já o tocamos e julgamos seu peso, temperatura e textura superficial. Ouvimos e sentimos as características do espaço antes de conscientemente entendê-las. Ouvimos volumes, tamanhos, escalas, construções superficiais de materiais etc. Ouvimos ambiências específicas, como as diferenças de noite, manhã, dia e tardinha, conforme os fatos meteorológicos (temperatura, umidade etc.) condicionam as características acústicas. Na escuridão, tocamos a obra com nossos ouvidos e pele. Mesmo na percepção normal, o tato é a inconsciência da visão e da audição, e essa experiência tátil oculta determina as características sensíveis do espaço ou objeto percebido. A sensação inconsciente do toque media mensagens de convite ou rejeição, proximidade ou distância, prazer ou repulsa. É exatamente essa dimensão inconsciente do tato na visão que é desastrosamente negligenciada na arquitetura excessivamente visual de hoje. Nossa arquitetura pode seduzir e divertir o olho, mas não fornece um domicílio para nossos corpos, memórias e sonhos.

Tocando o mundo: espaço vivenciado, visão e tatilidade (2007)

"Vemos a profundidade, velocidade, maciez e dureza dos objetos, e diz Cézanne que vemos até mesmo o seu odor. Se um pintor deseja expressar o mundo, seu sistema de cor deve gerar este complexo indivisível de impressões, caso contrário, sua pintura apenas sugere possibilidades sem produzir a unidade, presença e diversidade inigualável que governam a experiência e que é a definição de realidade para nós",[56] escreve enfaticamente Merleau-Ponty. Desenvolvendo ainda mais a noção de "intensificação da vida", de Goethe, Bernard Berenson sugeriu, na década de 1890, que, ao vivenciar uma obra de arte, nós realmente imaginamos um encontro físico genuíno por meio de "sensações idealizadas".

---

[55] Max Scheler, *Vom Umsturz der Werte: Abhandlungen und Aufsätze*, p. 87–88, como citado em David Michael Levin. *The Body's Recollection of Being*. London, Boston, Melbourne and Henley: Routledge & Kegan Paul, 1985, p. 57.

[56] Maurice Merleau-Ponty, "Cézanne's Doubt", *in Id.*, *Sense And Non-Sense*, *op. cit.*, p. 15.

As mais importantes dessas sensações Berenson chamou de "valores táteis".[57] Para ele, a obra de arte autêntica estimula nossas sensações ideadas de tato, e essa estimulação intensifica a vida. Uma boa obra de arquitetura gera, de maneira semelhante, um complexo indivisível de impressões – ou sensações ideadas –, como as experiências de movimento, peso, tensão, dinâmica estrutural e contraponto formal e ritmo, que se tornam a medida do real para nós. Ao entrar no pátio do Instituto Salk, senti-me compelido a caminhar até a superfície da parede de concreto mais próxima e sentir sua temperatura; a sugestão de seda e pele foi avassaladora. Louis Kahn, na verdade, procurou a maciez cinza das "asas de uma mariposa" e adicionou cinzas vulcânicas à mistura de concreto para alcançar essa maciez material extraordinária.[58] A verdadeira característica na arquitetura se manifesta na plenitude e no prestígio incontestável da experiência. Uma ressonância e interação acontecem entre o espaço e a pessoa que o experimenta; eu me coloco no espaço e o espaço se estabelece em mim. Esta é a "aura" da obra de arte observada por Walter Benjamin.

Trabalho artesanal

→ *colaboração; mãos informatizadas; mão pensante*

Juhani Pallasmaa, *As mãos inteligentes: a sabedoria existencial e corporalizada na arquitetura*, Porto Alegre: Bookman Editora, 2013, 54–56; 61–62; 65–71

Trabalho artesanal

O trabalho artesanal surge com habilidade manual, treinamento e experiência – comprometimento e decisões pessoais. "Todo bom artesão mantém um diálogo entre práticas concretas e pensamento; seu diálogo evolui em hábitos sustentáveis, e esses hábitos estabelecem um ritmo entre solução de problemas e encon-

---

[57] Bernard Berenson como citado em Montagu, *op. cit.*, p. 308–309. Surpreende-me muito que Merleau-Ponty discorde enfaticamente da opinião de Berenson: "Berenson falou da evocação dos valores táteis, mas ele estava totalmente enganado: a pintura não evoca nada, muito menos o tato. O que ela faz é algo muito diferente, quase o oposto; graças a ela não precisamos de um "senso muscular" para termos a voluminosidade do mundo. (...) Os olhos vivem nesta textura, assim como um homem vive em sua casa", *in* Maurice Merleau-Ponty, "Eye and Mind", *in Id.*, *The Primacy of Perception*, Evanston, IL, Northwestern University Press, 1964, p. 166. Todavia, não consigo concordar com esta afirmação do filósofo. Ao experienciar a temperatura e a umidade do ar e ouvir os sons de uma vida cotidiana tranquila nas pinturas eróticas de Matisse ou Bonnard, temos a confirmação da realidade das sensações ideadas.

[58] Como citado em Scott Poole, "Pumping Up: Digital Steroids and the Design Studio", manuscrito não publicado, 2005.

tro de problemas", aponta Richard Sennett.⁵⁹ Até mesmo compositores, poetas e escritores muitas vezes se consideram artesãos. Anton Tchekhov usou a palavra russa *mastersvo* para descrever tanto seu ofício como médico quanto como escritor. Jorge Luis Borges também considerava artesanal o trabalho de um escritor, e essa postura se reflete no próprio título de suas palestras em Harvard, entre 1967 e 1968, publicadas em forma de livro como *This Craft of Verse*.⁶⁰

Além da ferramenta, a habilidade prática de um trabalho artesanal combina imaginação com as mãos; cada exercício habilidoso de arte projeta intencionalidade determinada e uma visão imaginada da tarefa ou objeto em questão. Richard Sennett oferece-nos dois argumentos básicos sobre a interação das ações corporais da mão e da imaginação: "Em primeiro lugar, que todas as habilidades, até mesmo as mais abstratas, começam como práticas corporais; em segundo, que o entendimento técnico se desenvolve por meio dos poderes da imaginação: o primeiro argumento se concentra no conhecimento adquirido pelas mãos com o toque e o movimento. O argumento sobre a imaginação começa com a exploração da linguagem que busca dirigir e orientar as habilidades corporais".⁶¹

O artesão precisa desenvolver relações específicas entre pensamento e concretização, ideia e execução, ação e matéria, aprendizado e desempenho, identidade e trabalho, orgulho e humildade. O artesão precisa corporificar a ferramenta ou instrumento, internalizar a natureza do material e, em última análise, tornar-se ele mesmo seu próprio produto, seja material ou imaterial.

Em seu livro *Berger on Drawing*, John Berger ressalta esta identificação ou fusão do criador com seu produto no ofício de desenhar: "Cada confirmação ou negação aproxima você do objeto, até que, por fim, você esteja, digamos, dentro dele: os contornos que você desenhou já não marcam mais a borda do que viu, e sim a borda do que você se tornou".⁶²

Ao desenhar, um projetista ou arquiteto maduro não enfoca nas linhas do desenho que ele próprio está visualizando: sua mente é que segura o objeto em suas mãos ou que ocupa o espaço sendo projetado. Durante o processo de projeto, o arquiteto ocupa a própria edificação que as linhas do desenho representam. Como consequência da transferência mental entre a realidade do desenho ou da maquete e a realidade do projeto, as imagens com as quais o projetista avança não são meras representações visuais, elas se constituem em uma realidade totalmente tátil e multissensorial da imaginação. O arquiteto se desloca livremente dentro do prédio concebido, por maior e mais complexo

---

⁵⁹ Richard Sennett, *The Craftsman*, New Haven and London, Yale University Press, 2008, p. 9.

⁶⁰ Jorge Luis Borges, *This Craft of Verse*, Cambridge, MA, and London, Harvard University Press, 2000.

⁶¹ Sennett, op. cit., p. 35.

⁶² John Berger, *Berger on Drawing*, Aghabullogue, Co. Cork, Ireland, Occasional Press, 2007, p. 3.

que ele seja, como se estivesse caminhando em um prédio, tocando em todas as suas superfícies e sentindo suas materialidades e texturas. Sem dúvida, essa intimidade é difícil, se não impossível, de simular por meios computacionais de modelagem e simulação.

Ao trabalhar em um desenho, você pode tocar de maneira concreta em todas as bordas e superfícies do objeto projetado pela ponta do lápis, que se transforma em uma extensão de seus dedos. A conexão entre mãos, olhos e mente no desenho é natural e fluida, como se o lápis fosse uma ponte que mediasse as duas realidades, e o foco pode oscilar constantemente entre o desenho físico e o objeto não existente do espaço mental representado pelo desenho.

A maioria dos designers – como os artistas do vidro e desenhistas de móveis, sem falar nos arquitetos – raramente constrói os objetos que eles mesmos projetam. Consequentemente, eles precisam entender as possibilidades e os limites dos materiais e ofícios que estão utilizando e comunicar suas ideias e intenções ao artesão especializado, cujas mãos se tornam as mãos substitutas do projetista na execução da obra. O arquiteto frequentemente precisa de uma equipe inteira de mãos substitutas, tanto em seu ateliê quanto no canteiro de obras, para executar seu projeto.

Dominar um ofício pessoalmente ajuda o designer ou arquiteto a compreender as nuances de outros ofícios e, antes de tudo, a respeitar a habilidade e a experiência especiais do artesão que executa o projeto em seu nome. Além disso, aprender qualquer habilidade intimamente ensina uma humildade bem-vinda. A arrogância nunca combina com a verdadeira habilidade.

Tradicionalmente, o trabalho do arquiteto era considerado artesanal ou próximo à noção de artesanato. As ideias de arquitetura eram criadas em interação próxima com a construção física real no canteiro de obras, e, inclusive, os desenhos surgiram como meios de conceber a arquitetura apenas na Renascença.[63] Até então, a arquitetura era vista como uma ocupação manual, assim como a pintura e a escultura. Para elevar essas artes manuais e mecânicas ao nível das "artes liberais" da aritmética, geometria, astronomia e música, que compunham o *quadrivium* das artes matemáticas, as práticas manuais tiveram que receber uma base teórica sólida, ou seja, matemática, algo que na época era encontrado na teoria musical.[64] A essência da arquitetura estava, em grande parte, nas questões práticas técnicas, como mostra, por exemplo, o tratado pioneiro de Vitrúvio (84–14 a.C.) *De Architectura Libri Decem* (*Dez livros sobre arquitetura*). Além de conceber o princípio estrutural inovador para a cúpula da catedral de Santa Maria del Fiore em Florença (1417–1446) – a cúpula elíp-

---

[63] Sobre o surgimento da prática do desenho na arquitetura, veja: Cammy Brothers, *Michelangelo, Drawing, and the Invention of Architecture*, New Haven and London, Yale University Press, 2008.

[64] Rudolf Wittkower, *Architectural Principles in the Age of Humanism*, New York, Random House, p. 110.

tica, de 43m de diâmetro, elevada a uma altura de 115m, foi erguida com duas cascas nervuradas sem cimbre –, Filippo Brunelleschi, relojoeiro de formação, também precisou inventar todos os equipamentos para o transporte e a elevação às enormes alturas do gigantescos blocos de pedra que compõem o domo. Devemos lembrar que os grandes arquitetos da Renascença geralmente eram também pintores e escultores respeitados.

Na nossa época, durante as décadas após a Segunda Guerra Mundial, a ênfase intelectual no ensino de arquitetura e o crescente distanciamento prático e intelectual entre o ateliê do arquiteto e o canteiro de obras enfraqueceram de modo decisivo a essência artesanal do trabalho do arquiteto. Hoje, o arquiteto normalmente atua a distância, em seu escritório, por meio de desenhos e especificações verbais, de modo muito similar a um advogado, em vez de estar diretamente envolvido com os processos materiais e físicos de produção. Além disso, a crescente especialização e divisão do trabalho dentro da própria prática da arquitetura fragmentou a entidade tradicional da identidade própria do arquiteto, seus processos de trabalho e seus resultados finais. Em última análise, o uso do computador rompeu a conexão sensorial e tátil entre a imaginação e o objeto de projeto.

Pequenos escritórios de arquitetura do mundo inteiro muitas vezes mantêm a tradição artesanal e uma conexão íntima e tátil com a obra. Renzo Piano é, sem dúvida, um dos mais sofisticados arquitetos *high-tech* da atualidade, mas ele mantém deliberadamente uma abordagem artesanal aos processos de projeto de arquitetura, à experimentação e à execução das obras. Piano explica seus métodos de trabalho quase artesanais da seguinte forma: "Você começa com um croqui, então faz um desenho, depois faz uma maquete e depois retorna à realidade – vai para o canteiro de obras – e então volta ao desenho. Você constrói uma espécie de circularidade entre desenho, execução e retorno".[65]

A abordagem do arquiteto aqui parece estar próxima ao método de trabalho do artesão-projetista. O aspecto importante do processo é sua "circularidade", a constante mudança de pontos de vista da ideia para o esboço, para a maquete e um teste em escala real, e para o retorno. Como consequência deste processo árduo e complexo, o edifício existe como uma construção mental completa imaterial muito antes do trabalho de construção real começar. Na verdade, o edifício muitas vezes foi construído e testado como uma construção mental em várias alternativas antes que o conceito final tenha sido escolhido.

A repetição incansável é uma característica fundamental do método de trabalho de Renzo Piano. "Isso é muito típico da abordagem do artesão. Você pensa e faz ao mesmo tempo. Você desenha e faz. O desenho (...) é revisitado. Você o faz, refaz e refaz novamente".[66] Piano adequadamente chamou seu ateliê de

---

[65] Como citado em Sennett, *op. cit.*, 40.

[66] *Ivi*.

Renzo Piano Building Workshop (Oficina de Edificação Renzo Piano) para refletir a ideia de trabalho em equipe e sugerir as longas tradições das oficinas de artesãos e artistas desde a Idade Média, com sua relação íntima entre mestre, aprendiz e trabalho. A sensação de estar em uma oficina de uma corporação de ofício medieval diferencia o ateliê de Renzo Piano, refletindo a materialidade e a tectônica de suas coisas, bem como seu trabalho físico, e distanciando-o da ordem e esterilidade dos escritórios de arquitetura atuais.

Na minha opinião, a conexão entre os processos de execução ainda é fundamental, e um arquiteto sensato de hoje busca construir amizades sinceras com trabalhadores manuais, artesãos e artistas, para reconectar seu mundo e sua maneira de pensar intelectualizados à fonte de todo o conhecimento verdadeiro, bem como unir o mundo real da materialidade e da gravidade ao entendimento sensorial e corporificado desses fenômenos físicos.

Trabalho criativo em equipe?

→ *colaboração; culto à personalidade*

Imaginação empática: simulação corporificada e emotiva na arquitetura (2016)

A ideia de projetar a si mesmo durante o processo de imaginação empática evoca outra questão crucial: de que maneira acontece uma projeção mental em um trabalho coletivo, como o trabalho em equipe em um grande escritório de arquitetura? Na verdade, todos os projetos de arquitetura de hoje estão destinados a ser algum tipo de colaboração. Em minha opinião, isso requer a sensibilidade e a identidade fundida de um grupo musical que ensaia bastante para ter sucesso na tarefa aparentemente impossível e exigente de imaginar em conjunto. Isso também exige uma atmosfera ou sintonia compartilhadas e um maestro carismático. No entanto, o trabalho em equipe raramente alcança a intensidade e integridade de uma obra concebida por um único criador. O trabalho em grupo tende a fortalecer os aspectos racionais, estilísticos e conscientes do projeto como resultado da necessidade de comunicação e acordo coletivo. Não é impossível pensar que uma obra profundamente emotiva e subconsciente, como a Villa Mairea (1938–1939) ou a prefeitura de Säynätsalo (1954), de Alvar Aalto, a Capela de Ronchamp (1952), de Le Corbusier, as igrejas tardias de Sigurd Lewerentz (1885–1975), a Capela das Capuchinhas Sacramentárias (1958), de Luis Barragán, ou o Salk Institute (1965), de Louis Kahn, pudesse surgir de um trabalho em equipe. Ela tem que ser resultado de uma imaginação única, emotiva, sintetizadora e empática. Essas ideias evidentemente foram incubadas em uma única personalidade. Para destacar a sutileza da intenção criativa, basta lembrar a especificação de Kahn sobre a característica desejada das superfícies de concreto para o Salk Institute: "O cinza mate das asas de uma mariposa".⁶⁷ Tal sutileza de imagem não tem como surgir em um trabalho coletivo.

Pensando um pouco mais, dou-me conta de que a imaginação coletiva é genuinamente possível por meio da tradição – a tradição é uma forma de imaginação coletiva, na qual as intenções individuais são suprimidas. Pense nas grandes tradições de construção nativa do mundo, ou nas grandes catedrais góticas. O pensamento psicanalítico realmente identifica uma psique e memória coletivas – e, por que não, imaginação coletiva –, mas ele exige a supressão do ego individual.

Tradição

→ *desterritorialização; museus do tempo; novidade, nostalgia; instantaneidade e eternidade; forma presente da arte*

Novidade, tradição e identidade: conteúdo existencial e significado na arquitetura (2012)

Em suas palestras em Harvard de 1939, Ígor Stravinski, o arquimodernista e arquirradical da música, apresenta uma crítica inesperadamente contundente ao radicalismo artístico e à rejeição da tradição: "Os que tentam evitar a subordinação apoiam unanimemente a visão oposta (contratradicional). Eles rejeitam a restrição e nutrem uma esperança – sempre condenada ao fracasso – de encontrar o segredo da força na liberdade. Eles não encontram nada além da arbitrariedade dos monstros e da desordem, perdem todo o controle, perdem-se".⁶⁸ Para o compositor, a rejeição da tradição elimina a base comunicativa da arte: "A exigência de individualidade e anarquia intelectual (...) constrói sua própria linguagem, seu vocabulário e meios artísticos. O uso de meios comprovados e formas estabelecidas é geralmente proibido e, portanto, o artista acaba falando em uma linguagem com a qual sua audiência não tem contato. Sua arte se torna única, de fato, no sentido de que seu mundo é totalmente fechado e não contém nenhuma possibilidade de comunicação".⁶⁹ O fato de *The Rite of Spring* (*A Sagração da Primavera*), de Stravinski, ter sido considerada tão radical em sua época, a ponto de sua estreia na Paris de 1913 ter se transformado em um tumulto cultural, confere importância adicional à visão do compositor sobre a dialética da tradição e do radicalismo artístico.

Desejo reiterar que a novidade e a singularidade, por si só, são aspirações pouco relevantes para a arte. Obras de arte significativas são expressões existenciais

---

⁶⁷ Louis I. Kahn, como citado em Scott Poole, "Pumping Up: Digital steroids and the Design Studio", manuscrito não publicado, 2005.

⁶⁸ Igor Stravinsky, *Musiikin poetiikka* (The Poetics of Music), Helsinki: Kustannusosakeyhtiö Otava, 1968, p. 75.

⁶⁹ *Ibid*., p. 72.

corporificadas que articulam experiências e emoções da nossa situação humana compartilhada. As obras de arte, da poesia à música, da pintura à arquitetura, são representações metafóricas do encontro existencial humano com o mundo, e sua qualidade advém do conteúdo existencial da obra, ou seja, de sua capacidade de representar e atualizar experiencialmente e energizar este mesmo encontro. Grandes obras de arquitetura e arte reestruturam, sensibilizam e enriquecem nossas experiências de encontro com o mundo. Como Maurice Merleau-Ponty aponta com propriedade: "Não vemos a obra de arte, e sim o mundo de acordo com a obra".[70] Uma articulação fresca e sensibilizada das questões fundamentais da arte confere à obra seu poder emotivo especial e força vital. Constantin Brancusi formula com ênfase o objetivo artístico: "A obra deve dar imediatamente, de uma vez, o choque da vida, a sensação de respiração".[71] Esse requisito do mestre escultor também se aplica à arquitetura; uma arquitetura que não evoca sensações de vida se mantém como um mero exercício formalista. Critérios e preconceitos formais, culturais e sociológicos, como singularidade, têm apenas valor subordinado em relação à tarefa mental da arte. Quando a arte é vista em sua dimensão existencial, a singularidade como característica formal perde sua importância.

Outro arquirradical, Ezra Pound, o poeta imagista, também confessa seu respeito pela tradição e pelo *continuum* histórico de várias formas de arte, destacando a importância das origens ontológicas de cada uma delas: "A música começa a atrofiar quando se afasta demais da dança. (...) A poesia começa a atrofiar quando se afasta muito da música".[72] Da mesma maneira, na minha opinião, a arquitetura se transforma em uma mera estética visual formalista quando se afasta de suas motivações originárias de domesticar o espaço e o tempo para a ocupação humana por meio de encontros primordiais distintos, como os quatro elementos, a gravidade, a verticalidade e a horizontalidade, bem como da representação metafórica do ato da construção. A arquitetura definha em um jogo formal sem sentido quando perde seu eco dos mitos e tradições atemporais da edificação. Em vez de retratar a novidade, a verdadeira arquitetura nos torna conscientes de toda a história da edificação e reestrutura nossa leitura do *continuum* do tempo. A perspectiva que muitas vezes é desconsiderada, hoje, é que a arquitetura estrutura nossa compreensão do passado tanto quanto sugere imagens do futuro. Toda obra-prima reilumina a história da forma de arte e nos faz olhar para obras anteriores sob nova luz. "Quando se escreve, a audiência mais imediata não são os contemporâneos, muito menos a posteridade, e sim os predecessores", afirma Brodsky.[73]

---

[70] Como citado em McGilchrist, *op. cit.*, p. 409.

[71] Como citado em Shanes, *op. cit.*, p. 67.

[72] Ezra Pound, *ABC of Reading*, New York, New Directions, 1987, p. 14.

[73] Joseph Brodsky, "Letter to Horace", in Id., *On Grief and Reason, op. cit.*, p. 439.

Arquitetura e identidade como processos evolutivos

Permitam-me esclarecer: não apoio o tradicionalismo nostálgico ou o conservadorismo, apenas afirmo que o *continuum* da cultura é um ingrediente essencial – embora principalmente inconsciente – de nossas vidas e de nosso trabalho de criação individual. O trabalho de criação é sempre uma colaboração: é uma colaboração com inúmeros outros pensadores, arquitetos e artistas, mas é também uma colaboração no sentido de reconhecer humilde e orgulhosamente seu papel no *continuum* da tradição. Toda inovação no pensamento – tanto nas ciências quanto nas artes – deve surgir dessa base e ser projetada de volta para esse contexto mais honroso. Qualquer pessoa que trabalha na esfera mental e acredita que chegou a suas realizações sozinha é simplesmente egocêntrica e ingênua.

As obras de arquitetura e de outras artes surgem no *continuum* da cultura e buscam seu papel e posição nesse *continuum*. Jean Genet expressa essa ideia de apresentar o trabalho à tradição de maneira tocante: "Em seu desejo de exigir significado real, cada obra de arte deve descer a escada de milênios com paciência e extrema cautela e encontrar, se possível, a noite imemorial dos mortos, para que os mortos se reconheçam na obra".[74] Quando uma obra aparentemente única não é aceita nessa galeria da tradição da arte em constante expansão, ela será rapidamente esquecida, como uma mera curiosidade momentânea. Por outro lado, mesmo a obra mais original e revolucionária que toca em características existenciais essenciais, além de sua novidade e valor de choque iniciais, acaba reforçando o *continuum* da tradição da arte e se torna parte dele. Este é o paradoxo básico da criação da arte: as obras mais radicais acabam esclarecendo e fortalecendo a tradição. O filósofo catalão Eugeni d'Ors confere uma formulação memorável a este paradoxo: "Tudo o que permanece fora da tradição é plágio".[75] A frase enigmática do filósofo implica que obras de arte que não são apoiadas e continuamente revigoradas pela constante circulação sanguínea da tradição estão fadadas a permanecer como meros plágios na esfera da novidade arrogante e pretensiosa. Essas obras não têm a força vital da arte e estão fadadas a se transformar em meras curiosidades do passado.

A defesa mais eloquente e convincente da tradição é, sem dúvida, o ensaio de T. S. Eliot intitulado *Tradição e talento individual* (1929), porém, hoje, infelizmente, sua sabedoria vem sendo esquecida. Ele afirma que a tradição não é uma "coisa" estática a ser herdada, preservada ou possuída, pois a verdadeira tradição precisa ser reinventada e recriada por cada nova geração. Em vez de valorizar apenas a história factual, o poeta argumenta a favor da importância

---

[74] Genet, *op. cit.*, tradução de Juhani Pallasmaa.

[75] Igor Stravinsky inclui esta sentença em seu livro *The Poetics of Music* (Poétique musicale, 1962), mas sem fazer qualquer referência à fonte, Eugeni d'Ors. Curiosamente, Luis Buñuel também se refere ao mesmo pensamento em sua autobiografia, *My Last Sigh* (Mon dernier soupir, 1982), dando o devido crédito ao filósofo catalão.

de "um sentido histórico", uma dimensão mental internacionalizada. É esse sentido histórico que une o artista e o arquiteto ao *continuum* da cultura e fornece a espinha dorsal de sua linguagem e sua compreensibilidade. As questões fundamentais de identidade no que diz respeito aos questionamentos sobre "quem somos nós" e "qual é a nossa relação com o mundo" são constitutivas. Esse senso histórico também traz significados culturais coletivos, bem como um propósito social. É esse senso histórico que confere às obras viscerais sua combinação de humildade, paciência e calma autoridade, enquanto as obras que aspiram desesperadamente por novidade e singularidade sempre parecem arrogantes, tensas e impacientes. Embora o ensaio de T. S. Eliot seja frequentemente mencionado, desejo citar sua mensagem mais essencial, que é, mais do que nunca, pertinente na atual era da globalização:

"A tradição é uma questão de significado muito mais amplo. Ela não pode ser herdada, e se você a quiser, deve obtê-la com muito trabalho. Envolve, em primeiro lugar, o senso histórico (...) e o senso histórico envolve uma percepção, não apenas da antiguidade do passado, mas da sua presença; o senso histórico obriga um homem a escrever [e a projetar] não apenas com a sua própria geração em seu âmago, mas com um sentimento de que toda a literatura [arquitetura] (...) tem uma existência simultânea e compõe uma ordem simultânea. Esse sentido histórico, que é um senso do atemporal, bem como do temporal, e do atemporal e do temporal juntos, é o que faz um escritor [um arquiteto] tradicional, e é, ao mesmo tempo, o que torna um escritor [um arquiteto] mais agudamente consciente de seu lugar no tempo, de sua própria contemporaneidade.

Nenhum poeta, nenhum artista de qualquer arte, tem seu significado completo sozinho. Sua importância, sua apreciação, é a apreciação de sua relação com os poetas e artistas mortos. Você não pode valorizá-lo sozinho; você deve colocá-lo, para contraste e comparação, entre os mortos."[76]

As argumentações do poeta deixam claro que o trabalho de criação está sempre destinado a ser uma colaboração, um esforço coletivo do artista com seus contemporâneos e predecessores. As visões dos pensadores artísticos que estou citando neste ensaio também desmistificam o mito do gênio solitário e isolado. Grandes obras de arte e de arquitetura não podem surgir da ignorância cultural; elas surgem em meio à história da forma da arte em constante evolução. As obras-primas surgem dotadas de uma capacidade de comparação e diálogo eternos.

Tradição e inovação

Quero repetir que não desejo louvar a tradição por nostalgia do passado. Não estou escrevendo sobre o tradicionalismo como alternativa à invenção individual, e sim sobre a corporificação da essência da tradição como pré-condição neces-

---

[76] Thomas Stearns Eliot, "Tradition and the individual talent", *in Id.*, *Selected essays*. New York, Harcourt, Brace & World, p. 1964.

sária para uma criatividade significativa. Escrevo sobre o valor da tradição por sua significância fundamental para o curso da cultura e da identidade humana, bem como para as artes ou qualquer outra atividade de criação. A tradição mantém e salvaguarda a sabedoria existencial coletiva e acumulada de incontáveis gerações. Ela também oferece uma direção confiável para o novo e mantém a compreensibilidade e o significado do novo.

É evidente que os significados artísticos não podem ser inventados, pois são, na maioria das vezes, reencontros existenciais pré-reflexivos e inconscientes de experiências, emoções e mitos humanos primordiais. Como escreveu Álvaro Siza: "Os arquitetos não inventam nada, eles transformam a realidade".[77] Na própria obra de Siza, essa atitude de humildade tem produzido características mais duradouras na arquitetura do que a autoconfiança de muitos de seus colegas célebres, que deliberadamente adotaram o papel de inovadores formais radicais. O *continuum* da tradição fornece o fundamento do qual todo significado humano emerge. O significado da arquitetura é sempre contextual, relacional e temporal. As grandes obras alcançam sua densidade e profundidade a partir do eco do passado, enquanto a voz dos produtos da novidade superficial permanece fraca, incompreensível e sem sentido.

As bases da cultura

A tradição é, em grande parte, um sistema não consciente que organiza e mantém um senso de historicidade, contexto, coerência, hierarquia e significado no fluxo constante da cultura. Uma coerência da tradição é criada pela fundação sólida da cultura, não por características ou ideias singulares e isoladas.

O rápido colapso dessa base mental coletiva durante as últimas décadas já é um sério obstáculo para a educação nas áreas criativas. É difícil, ou, muitas vezes, totalmente impossível, ensinar arquitetura quando não há tradição de conhecimento herdada sobre a qual o novo conhecimento possa ser compreendido e estruturado. A fragmentação do conhecimento em fatos isolados e informações, devido ao predomínio de novas mídias digitais de busca, reforça a falta de um pano de fundo integrador da cultura e dá origem a uma rápida fragmentação da visão de mundo. Um amplo conhecimento da literatura clássica e das artes tem sido um ingrediente crucial de compreensão da cultura como um contexto e pano de fundo para o pensamento inovador e a criatividade artística. Como ensinar arquitetura e arte quando a menção de quase qualquer nome ou fenômeno historicamente importante recebe um olhar ignorante? Nossas identidades pessoais não são objetos, não são coisas; nossas identidades são processos dinâmicos baseados no núcleo de uma tradição cultural herdada. O senso de individualidade só pode surgir do contexto da cultura e de sua historicidade.

---

[77] Como citado em Kenneth Frampton, "Introduction", *in Id.*, *Labour, Work and Architecture: Collective Essays on Architecture and Design*. London, Phaidon Press, 2002, p. 18.

Na arquitetura vanguardista de hoje, amplamente divulgada e aplaudida, a singularidade formal é buscada *ad absurdum* em detrimento da lógica funcional, estrutural e técnica, bem como das realidades perceptivas e sensoriais humanas. Entidades arquitetônicas são concebidas como objetos a-históricos, desvinculados, descorporificados e desconectados de seu contexto, sua motivação social e seu diálogo com o passado.

É provável que sociedades e nações não possuam capacidade de aprendizado; somente indivíduos a possuam. É triste observar que cidade após cidade, país após país, parecem cometer os mesmos erros fundamentais que outros – ligeiramente mais avançados em desenvolvimento cultural e econômico – já cometeram antes. Em particular, o êxtase da riqueza parece cegar as sociedades, fazendo-as subvalorizar ou negligenciar suas próprias histórias, tradições e identidades. No caso de sociedades contemporâneas recentemente enriquecidas, é como se, no momento de repentina riqueza, ficássemos envergonhados de nosso passado, independentemente da sua integridade humana e das qualidades de seus ambientes. É como, se de repente, quiséssemos esquecer quem somos e de onde viemos.

O que está em jogo na perda do sentido vivenciado da tradição é nossa própria identidade e senso de historicidade. Somos seres fundamentalmente históricos, tanto biologicamente quanto culturalmente. É perfeitamente razoável pensar que temos milhões de anos; nosso corpo lembra todo o nosso passado evolutivo por meio dos vestígios biológicos em nossos corpos, como o osso da cauda de nossa vida arbórea, a *plica semilunaris* de nossos olhos, de nossa vida sauriana, e os vestígios de brânquias em nossos pulmões, de nossa vida primordial como peixes.

Em seu livro sobre a lentidão, Milan Kundera argumenta que o esquecimento está diretamente relacionado à velocidade, enquanto a memória pede lentidão.[78] A mudança obsessivamente acelerada de moda e estilo de vida torna mentalmente difícil uma acumulação de tradição e memória. Como sugeriu Paul Virilio, o principal produto das sociedades contemporâneas parece ser a velocidade. Na verdade, duas das características perturbadoras da era pós-moderna, de acordo com filósofos como David Harvey e Fredric Jameson, são a falta de profundidade e a falta de uma visão geral das coisas.[79]

Identidade, memória e imaginação: paisagens de recordação e sonho (2007)

Somos geralmente condicionados a pensar que artistas e arquitetos devem se dirigir aos futuros leitores, observadores e usuários de seus produtos. Joseph Brodsky é muito determinado, de fato, quanto à perspectiva temporal do poeta: "Quando se escreve, a audiência mais imediata não são os contemporâneos,

---

[78] Milan Kundera, *Slowness*. New York: Harper Collins Publishers, Inc., 1996.

[79] Veja Harvey, *op. cit.*, e Fredric Jameson, *Postmodernism, or the Cultural Logic of Late Capitalism*, Durham: Duke University Press, 1991.

muito menos a posteridade, e sim os predecessores".[80] "Nenhum escritor de verdade jamais tentou ser contemporâneo", afirma Jorge Luis Borges, seguindo a mesma linha.[81] Essa visão abre outra perspectiva essencial sobre o significado e o papel da recordação; todo trabalho de criação é uma colaboração com o passado e com a sabedoria da tradição. "Todo verdadeiro romancista escuta aquela sabedoria suprapessoal (a sabedoria do romance), o que explica por que grandes romances são sempre um pouco mais inteligentes que seus autores. Romancistas que são mais inteligentes do que seus livros devem mudar de profissão", diz Milan Kundera.[82] A mesma observação é igualmente verdadeira para a arquitetura, edifícios excepcionais são frutos da sabedoria da arquitetura, são produtos de uma colaboração – muitas vezes inconsciente – com nossos grandes predecessores tanto quanto são obras de seus criadores individuais.

Generosidade, humildade e expressão artística: senso de realidade e idealização na arquitetura (2007)

Nenhum arquiteto digno de sua profissão trabalha sozinho, ele trabalha com toda a história da arquitetura "em seu âmago",[83] como escreve T. S. Eliot sobre o escritor consciente da tradição. A grande dádiva da tradição é que podemos escolher nossos colaboradores: podemos colaborar com Brunelleschi e Michelangelo, se formos sábios o suficiente para fazê-lo.

Apenas as obras que estão em diálogo vital e respeitoso com seu passado possuem a capacidade mental de sobreviver ao tempo e estimular os observadores, ouvintes, leitores e usuários futuros.

Tríade

→ *arquitetura como disciplina impura*

Juhani Pallasmaa, *As mãos inteligentes: a sabedoria existencial e corporalizada na arquitetura*, Porto Alegre: Bookman Editora, 2013, 150

Penso que a disciplina da arquitetura deve estar embasada em uma tríade de análise conceitual, execução de arquitetura e experiência – ou encontro – em

---

[80] Joseph Brodsky, "Letter to Horace", in Id., *On Grief and Reason*, Op. cit., p. 439.

[81] Jorge Luis Borges, *On Writing*, New Jersey, The Ecco Press, Hopewell, 1994, p. 53.

[82] Milan Kundera. *The Art of Novel*. New York, HarperCollins Publishers Inc., 2000, p. 158.

[83] "O senso histórico envolve uma percepção, não somente de que o passado já se foi, mas também de sua presença; o senso histórico força um homem a escrever, não apenas com sua geração presente em seu âmago, mas com uma sensação de que toda a obra da literatura (...) tem existência simultânea e compõe uma ordem simultânea, Eliot, *op. cit.*, p. 14.

todo o seu escopo mental, sensorial e emocional. O que desejo enfatizar é que um encontro emocional com a arquitetura é indispensável tanto para a criação de uma arquitetura significativa quanto para sua apreciação e compreensão. A prática de projeto que não é fundamentada na complexidade e sutileza da experiência se deteriora em profissionalismo morto, carente de conteúdo poético e incapaz de tocar a alma humana, enquanto uma investigação teórica que não é fertilizada por um encontro pessoal com a poética da edificação está fadada a permanecer alienada e especulativa – e pode, no máximo, apenas elaborar relações racionais entre os elementos aparentes da arquitetura. Contudo, não existem "elementos" em fenômenos artísticos, uma vez que as partes derivam seu significado inteiro do todo.

Troca

→ *realidade e imaginação*

Identidade, memória e imaginação: paisagens de recordação e sonho (2007)

A experiência de um lugar ou espaço é sempre um intercâmbio curioso; à medida que me estabeleço em um espaço, o espaço se estabelece em mim. Moro em uma cidade, e a cidade mora em mim. Estamos em constante intercâmbio com nossos ambientes; simultaneamente, internalizamos o ambiente e projetamos nossos próprios corpos ou aspectos de nossos esquemas corporais no contexto. Memória e realidade, percepção e sonho se fundem. Este entrelaçamento e identificação física e mental secretos também ocorre em toda a experiência artística. Na opinião de Joseph Brodsky, cada poema diz ao leitor: "Seja como eu".[84]

Aqui está o poder ético de todas as obras de arte autênticas; nós as internalizamos e as integramos com nossa própria noção de individualidade (*self*). Uma bela música, poesia ou arquitetura torna-se parte de minha individualidade física e moral. O escritor tcheco Bohumil Hrabal nos oferece uma descrição vívida dessa associação corporal no ato da leitura: "Quando leio, na verdade, não leio; coloco uma frase bonita na minha boca e chupo-a como uma bala dura de fruta ou bebo-a como um licor até que o pensamento se dissolva em mim como álcool, infundindo meu cérebro e coração e percorrendo minhas veias até a raiz de cada vaso sanguíneo".[85]

---

[84] Brodsky, *On Grief and Reason*, op. cit., p. 206.
[85] Bohumil Hrabal, *Too Loud a Solitude*, San Diego, New York, London, Harcourt, Inc., 1990, p. 1.

U

Universo digital

→ *espaço existencial I; espaço existencial II; falta de abrigo; nomadismo e mobilidade; nostalgia*

A falta de abrigo existencial: desterritorialização e nostalgia na era da mobilidade (2006)

A simultaneidade da desterritorialização e da atemporalidade do espaço moderno existencial, bem como a consequente desconexão de um realismo tátil e da intimidade, foram reforçados violentamente pela realidade digital. O computador e o universo digital são frequentemente recebidos com entusiasmo incondicional. Não quero promover uma atitude ludista contra o avanço da tecnologia, e sim considerar as possíveis consequências negativas dessas dimensões totalmente inesperadas da realidade em relação à nossa essência biocultural, à nossa profunda historicidade e ao nosso modo de existência fundamentalmente sensorial. Nossa constituição corporal, sensorial e mental está claramente ajustada às características do nosso hábitat natural, e não a uma realidade digital.

O espaço fabricado da era digital pode ser subdividido em três categorias: ciberespaço, hiperespaço e exoespaço. O *ciberespaço* é definido como o espaço de informações digitalmente sustentado na Internet; o *hiperespaço* é a percepção de espaço virtual em tempo real induzida pelo computador; enquanto o *exoespaço* é um imaginário das condições espaciais extraterrestres sustentado digitalmente.[1]

"A tecnologia de hoje é mais precisa e poderosa que o corpo humano (...) Não estamos mais limitados ao espaço da biosfera (...) Estamos rumando ao espaço extraterrestre, mas nosso corpo só está projetado para esta biosfera", argumenta

---

[1] Gül Kaçmaz, *Architectural Space in the Digital Age: Cyberspace, Hyperspace and Exospace Through Science Fiction Films*, Istanbul, Istanbul Technical University, Institute of Science and Technology, 2004.

Stelios Arkadiou (também conhecido como Stelarc).[2] Gostaria de acrescentar que nossos sistemas sensoriais estão sintonizados com um mundo de realismo material e gravitacional. Ouso, inclusive, afirmar que as experiências de beleza que nossos sentidos desfrutam derivam da materialidade natural, ritmo e casualidade do mundo natural. Não digo que a experiência de beleza não possa ser expandida além do "natural", eu simplesmente acredito que nosso senso de beleza tem suas origens bioculturais. O poeta Joseph Brodsky argumenta enfaticamente: "Acredite se quiser, o propósito da evolução é a beleza".[3]

Em sua dissertação de doutorado *Architectural Space in the Digital Age*, Gül Kaçmaz conclui sabiamente que "ciberespaço, hiperespaço e exospaço todos têm características espaciais; eles são formas de espaço, mas nenhum deles pode ser considerado como espaço arquitetônico. As características do espaço arquitetônico contrariam esses espaços. Espaços sustentados digitalmente são como o oposto do espaço arquitetônico: eles têm características que são o reverso do espaço arquitetônico. Eles são, na verdade, 'o outro' para o espaço arquitetônico".[4] Ela afirma que o espaço arquitetônico é real, tem materialidade, é contínuo e estático, além de ser extrovertido.

---

[2] Como citado em Kaçmaz, *op. cit.*, p. 51.

[3] Joseph Brodsky, *On Grief and Reason*, New York, Farrar, Straus and Giroux, 1997, p. 207.

[4] Kaçmaz, *op. cit.*, p. 103.

V

Velocidade

→ *nomadismo e mobilidade; nostalgia; silêncio, tempo e solidão; velocidade e tempo*

A falta de abrigo existencial: desterritorialização e nostalgia na era da mobilidade (2006)

A fascinação pela velocidade e as colisões inevitáveis da matéria e do pensamento, bem como a rejeição da causalidade, são claramente a essência do pensamento desconstrutivista. Também é característico da arquitetura de vanguarda atual questionar os valores e éticas humanistas tradicionais da arquitetura.

Identidade, memória e imaginação: paisagens de recordação e sonho (2007)

Acredito em uma arquitetura que diminui a velocidade e focaliza na experiência humana, em vez de acelerá-la ou difundi-la. Na minha opinião, a arquitetura deve salvaguardar as memórias e proteger a autenticidade e a independência da experiência humana. A arquitetura é fundamentalmente a forma de arte da emancipação, e nos faz entender e lembrar quem somos.

A falta de abrigo existencial: desterritorialização e nostalgia na era da mobilidade (2006)

Todos nós temos motivos para temer o desaparecimento e a abstração do tempo e o curioso fenômeno relacionado: a expansão do tédio. Parece-me que uma distinta lentidão revela a profundidade e o detalhe da vida, enquanto a velocidade e a mobilidade apagam essas dimensões, causando um senso de intolerável planura, monotonia e tédio. Além disso, velocidade e transição eliminam a dimensão erótica do mundo. Basta pensar nos lugares menos eróticos do mundo: os aeroportos internacionais.¹ Para mim, o critério definitivo na arquitetura é você conseguir imaginar que está se apaixonando naquele espaço; e vocês podem imaginar se apaixonar por alguém em um aeroporto?

Velocidade e tempo

→ *memória; museus do tempo; espaço-tempo*

O espaço do tempo: tempo mental na arquitetura (2007)

A era pós-moderna também trouxe um novo e curioso fenômeno: o completo colapso ou implosão do horizonte de tempo na tela plana do presente. Hoje podemos falar adequadamente da simultaneidade do mundo. David Harvey escreve, em 1989, sobre a "compressão tempo-espaço" e afirma: "Quero sugerir que temos experimentado, nessas últimas duas décadas, uma intensa fase de compressão tempo-espaço que teve um impacto desorientador e disruptivo sobre a prática político-econômica e o equilíbrio da luta de classes, bem como sobre a vida cultural e social".²

Nesse processo de compressão tempo-espaço, o tempo perdeu sua profundidade experiencial, sua plasticidade, poderíamos dizer. Esse colapso é provocado por uma incrível aceleração do tempo no mundo contemporâneo. A velocidade é o mais importante produto da fase atual da cultura industrial. Essa transformação deu origem a uma "filosofia da velocidade", como exemplificado pelos escritos de Paul Virilio.³ Virilio chama sua ciência da velocidade de "dromologia". Em sua opinião, a arquitetura contemporânea não expressa a falta de espaço e temporalidade, e sim um conceito de espaço temporal que domina nossas vidas. No entanto, a estética da velocidade já havia sido introduzida nas primeiras décadas do século passado. "A magnificência do mundo tem sido enriquecida por uma nova beleza; a beleza da velocidade", declarou Marinetti em seu *Manifesto*.⁴

A aceleração vertiginosa do tempo experiencial durante as últimas décadas é bastante fácil para qualquer um reconhecer em comparação com o tempo lento e paciente projetado pelos grandes romances clássicos russos, alemães e

---

[1] Contudo, o livro de Alberto Pérez-Gómez, *Polyphilo or the Dark Forest Revisited: An Erotic Epiphany of architecture*, Cambridge, MA, e London: The MIT Press, 1992, é uma novela de eventos eróticos que ocorrem em aeroportos; a obra é uma releitura do romance místico de Francesco Colonna, *Hypnerotomachia Poliphili*, publicado em Veneza em 1499.

[2] Harvey, *op. cit.*, p. 284.

[3] Por exemplo, Paul Virilio, *Katoamisen estetiikka* (The Aesthetics of Disappearance), Tampere: Gaudeamus, 1994.

[4] Como citado em Thom Mayne, "Statement", Ligang Qiu, editor, *Peter Pran*, China: DUT Press, 2006, p. 4.

franceses do século XIX. Basta mencionar aqui a descrição dolorosamente lenta da estadia de sete anos de Hans Castorp no Sanatório Berghof, no romance de Thomas Mann, *The Magic Mountain* (*A montanha mágica*), ou as 3.500 páginas de *Em busca do tempo perdido*, de Marcel Proust.

Ítalo Calvino comenta de forma interessante essa aceleração do tempo durante as últimas décadas do século XX: "Os longos romances escritos hoje talvez sejam uma contradição: a dimensão do tempo foi despedaçada, não podemos viver ou pensar exceto em fragmentos de tempo, cada um dos quais segue sua trajetória e imediatamente desaparece. Podemos redescobrir a continuidade do tempo apenas nos romances daquele período em que o tempo já não parecia estar parado e ainda não parecia ter explodido".[5]

É bastante surpreendente encontrar o lamento do Abbé Lamennais sobre o desaparecimento do tempo escrito já em 1819: "O homem já não lê. Não há tempo para isso. O espírito é chamado de todas as direções simultaneamente; ele tem que ser abordado rapidamente ou então desaparece. Mas há coisas que não podem ser ditas ou compreendidas rapidamente, e justo essas são as mais importantes para o homem. Essa correria, que não permite ao homem se concentrar em nada, em última instância despedaça toda a razão humana".[6] Ofereço esta evidência literária, datada de dois séculos atrás, para assegurar-lhe que o problema da aceleração do tempo tem raízes profundas na história da cultura moderna. Nossa perda de tempo é consequência de um processo histórico.

Marcel Proust faz um comentário interessante sobre a alteração da nossa consciência do tempo desde a época romana: "Desde que os trens foram criados, a necessidade de não perder trens nos ensinou a considerar os minutos, enquanto, entre os antigos romanos, que não apenas tinham um conhecimento mais superficial da astronomia, mas levavam vidas menos apressadas, a noção não só de minutos, mas até mesmo de horas fixas, mal existia".[7]

Gostaria de destacar uma mudança fundamental que ocorreu recentemente em um detalhe minúsculo e comum – a diferença na leitura do tempo por meio de um relógio tradicional e um relógio digital (minha citação deriva de um livro intitulado *Conversations About the End of Time*, publicado no início do milênio): "Quando você olha para um mostrador de relógio para saber as horas, que está situado dentro do círculo do tempo, você imediatamente lembra o que fez durante o dia, onde estava esta manhã, que horas eram quando encontrou seu amigo; você lembra quando o crepúsculo vai cair e vê o tempo que resta antes da hora de dormir, quando você irá para a cama sabendo que outro dia foi bem

---

[5] Italo Calvino, *If on a Winter's Night a Traveller*, San Diego, New York, London: Harcourt Brace & Company, 1981, p. 8.

[6] Como citado em René Huyghe, *Dialogue avec le visible: Connaissance de la peinture*, Paris, Flammarion, 1955, número da página não identificado.

[7] Proust, *In Search of Lost Time: Sodom and Gomorah*, op. cit., p. 258.

aproveitado, e com a certeza também de que, no dia seguinte, o tempo retomará seu curso diário em torno do seu relógio. Se tudo o que você tem é um pequeno retângulo, você tem que viver a vida como uma série de momentos, e perde toda a verdadeira medida do tempo".[8] Esta é a diferença experiencial básica entre a medição analógica e a digital. O que é essencialmente perdido com o relógio digital é a natureza cíclica do tempo natural.

É interessante observar que até mudamos nossa posição corporal em relação ao fluxo do tempo. Os gregos entendiam que o futuro vinha de trás de suas costas, e o passado recuava diante de seus olhos. Voltamos nossos rostos para o futuro, e o passado está desaparecendo atrás de nossas costas.[9]

Fazendo o mundo – espaço, lugar e tempo na arquitetura: desterritorialização e nostalgia na era da mobilidade (2012)

O que é perdido de maneira ainda mais essencial no mundo digital é nossa memória sensorial natural. Milan Kundera faz uma observação a esse respeito: "O grau de lentidão é diretamente proporcional à intensidade da memória; o grau de velocidade é diretamente proporcional à intensidade do esquecimento".[10] Quero apontar para as virtudes e benefícios da lentidão, ou a "química do tempo",[11] para usar uma noção de Proust, e a "química poética" de Bachelard.[12]

Todos nós temos motivos para temer o desaparecimento e a abstração do tempo e o curioso fenômeno relacionado: a expansão do tédio. No entanto, não vou entrar neste tema, mas simplesmente me referir a um livro recente sobre a filosofia do tédio, do filósofo norueguês Lars Svendsen.[13] Parece-me que uma distinta lentidão revela a profundidade e as minúcias da vida, enquanto a velocidade e a mobilidade apagam essas dimensões, causando um senso de intolerável planura, monotonia e tédio. Além disso, velocidade e transição eliminam a dimensão erótica do mundo. Basta pensar nos lugares menos eróticos do mundo: os aeroportos internacionais.[14] Para mim, o critério definitivo na ar-

---

[8] Stephen Jay Gould et al, editors, *Conversations about the End of Time*, London: Penguin Books, 2000, p. 139.

[9] Robert M Pirsig, 'An Author and Father looks Ahead at the Past', *in The New York Times Book Review*, data não identificada.

[10] Milan Kundera, *Slowness*, New York: Halper Collins Publishers, 1966, p. 39.

[11] Proust, *In Search of Lost Time: Time Regained*, London: Random House, 1996, p. 331.

[12] Gaston Bachelard, *Water and Dreams: An Essay on the Imagination of Matter*, Dallas, TX: The Pegasus Foundation, 1983, p. 46.

[13] Lars Fr H Svendsen, *Ikävystymisen filosofia* [The Philosophy of Boredom], Helsinki: Kustannusosakeyhtiö Tammi, 2005.

[14] Veja a nota 1.

quitetura é se você pode imaginar se apaixonar naquele espaço; algum de vocês consegue se imaginar se apaixonando por alguém em um aeroporto?

Eu gostaria de sugerir que perdemos nossa capacidade de morar no tempo, ou habitar o tempo. Fomos empurrados para fora do espaço do tempo. O tempo se transformou em um vácuo, em oposição ao "sentido tátil do (tempo)"[15] nos escritos de Proust, por exemplo. Vivemos cada vez mais fora do *continuum* do tempo, a duração bergsoniana;[16] habitamos apenas o espaço. É trágico, de fato, que, na era do espaço de quatro ou múltiplas dimensões em nosso pensamento científico e operacional, sejamos experiencialmente jogados de volta ao espaço euclidiano, restrito às suas três dimensões espaciais. Todos temos motivos até mesmo para nos preocupar com o desaparecimento da terceira dimensão – a profundidade do espaço. Hoje, a substância do tempo parece existir apenas como vestígio arqueológico nas obras de literatura, arte e arquitetura do passado. Da mesma maneira, o silêncio originário do mundo existe apenas em fragmentos, porém, como sugere Max Picard, o filósofo do silêncio, temos medo de todos os fragmentos.[17] Temos igualmente medo de fragmentos de silêncio, tempo e solidão.

Verbos *versus* substantivos

→ *encontrando a arquitetura*

Juhani Pallasmaa, *Encounters*, Helsinque: Rakennustieto Oy, 2005, 326–327

A arquitetura é geralmente compreendida como uma sintaxe visual, mas ela também pode ser concebida por meio de uma sequência de situações e encontros humanos. Experiências de arquitetura autênticas derivam de confrontos corporais reais ou ideados, e não de entidades observadas visualmente. Experiências de arquitetura autênticas, como frequentemente afirmo, têm, portanto, mais a essência de um verbo do que de um substantivo. Por exemplo, a imagem visual de uma porta não é uma imagem de arquitetura verdadeira, enquanto as ações de entrar e sair por uma porta são experiências de arquitetura. Da mesma maneira, o quadro da janela não é uma unidade de arquitetura, enquanto olhar o exterior pela janela, ou observar a luz do dia, filtrada por meio de dela, são encontros arquitetônicos autênticos.

Em sua descrição do processo de projeto do Sanatório de Paimio, Aalto formula uma filosofia de projeto que progride da identificação e articulação de

---

[15] Jean-Claude Carrière, 'Answering the Sphinx', in Stephen Jay Gould et al., editors, *Conversations About the End of Time*, London: Penguin Books, 2000, p. 95.

[16] Henri Bergson, *Matter and Memory*, New York: Zone Books, 1991.

[17] Max Picard, *The World of Silence*, Washington, DC: Gateway Editions, 1988, p. 212.

situações experienciais: "Uma edificação tem que ser concebida de dentro para fora, isto é, as unidades e detalhes menores com os quais uma pessoa está envolvida formam uma espécie de estrutura, um sistema de células, que, em certo momento, transforma-se na entidade da edificação. Ao mesmo tempo em que o arquiteto desenvolve uma síntese a partir das menores células, o processo oposto existe, e o arquiteto mantém a entidade em sua mente".[18]

Usando esse método de análise de situações experienciais, Aalto concebeu o Sanatório como um instrumento de cura, cuidadosa e empaticamente estudado, para o benefício dos seres humanos em seu estado mais frágil, "o ser humano horizontal", como Aalto chama seu cliente hospitalizado.[19] O Sanatório de Aalto talvez seja o edifício na história da arquitetura moderna que contém a maior concentração de inovações técnicas, e, ainda assim, permanece firmemente enraizado na realidade humana experiencial.

Visão desfocada

→ *atmosferas na arquitetura; senso atmosférico; tatilidade; sentidos II. quantos sentidos temos?; sinestesia; tato*

Tocando o mundo: espaço vivenciado, visão e tatilidade (2007)

Um fator notável na experiência de espacialidade envolvente, interioridade e tatilidade é a supressão deliberada da visão nítida e focada. Essa observação mal entrou no discurso teórico da arquitetura, já que a teorização da arquitetura continua interessada na visão focada, intencionalidade consciente e representação perspectivista.

O desenvolvimento histórico das técnicas de representação do espaço está intimamente conectado ao próprio progresso da arquitetura. As técnicas de representação revelam o entendimento simultâneo da essência do espaço, e vice-versa; os modos de representação espacial guiam a espacialidade do pensamento. É, de fato, instigante que renderizações computadorizadas de arquitetura pareçam sempre ocorrer em um espaço homogêneo e sem valor, um espaço matemático em vez de um espaço humano existencial e vivenciado.

O entendimento perspectivista do espaço tem enfatizado ainda mais a arquitetura da visão. A busca por libertar o olho de sua fixação perspectivista tem possibilitado a concepção do espaço multiperspectivado, simultâneo e tátil. Por sua própria definição, o espaço perspectivista nos torna observadores externos,

---

[18] Alvar Aalto, manuscrito sem título para uma palestra proferida em Turim, Milão, Gênova e Roma em 1956. The Alvar Aalto Foundation. Publicada em parte, em italiano, em Alvar Aalto, "Problemi di architettura", *in* Edizione Quaderni ACI, Turim: Associazione Culturale Italiana, 1956, p. 3.

[19] *Ibid.*, p. 4.

enquanto o espaço simultâneo e tátil nos envolve em seu abraço e nos transforma em participantes e *insiders*. Essa é a essência perceptual e psicológica do espaço pictórico impressionista, cubista e expressionista abstrato; somos atraídos para o espaço e o experimentamos como participantes em uma sensação plenamente corporificada. A realidade intensificada dessas obras de arte deriva da maneira como elas envolvem nossos mecanismos perceptivos e psicológicos e articulam a fronteira entre a experiência – do observador – de si mesmo e do mundo. Na arquitetura, de maneira semelhante, a diferença entre uma arquitetura que nos convida a uma experiência multissensorial e corporificada, por um lado, e a visualidade fria e distante, por outro, é igualmente clara. Os trabalhos de Frank Lloyd Wright, Alvar Aalto, Louis Kahn, Carlo Scarpa e, mais recentemente, de Peter Zumthor podem ser dados como exemplos de uma arquitetura multissensorial que reforça nosso senso de realidade.

Em estados emocionais intensificados, como ao ouvir música ou acariciar nossos entes queridos, tendemos a eliminar a sensação objetificadora e distante da visão ao fechar os olhos. A integração espacial, formal e de cores de uma pintura é frequentemente apreciada diminuindo a nitidez da visão. Até mesmo a atividade criativa e o pensamento exigem um modo de visão subconsciente não focado e não diferenciado, que é fundido com a experiência tátil integradora.[20] O objeto de um ato de criação não é apenas identificado e observado pelo olho e pelo tato, ele é introjetado, identificado com o próprio corpo e condição existencial. Em pensamentos profundos, a visão focada é bloqueada e os pensamentos viajam com um olhar distraído.

Visão periférica

→ *mãos informatizadas; visão desfocada*

Tocando o mundo: espaço vivenciado, visão e tatilidade (2007)

Imagens de arquitetura fotografadas são as imagens centralizadas de *gestalt* focada. No entanto, a realidade da arquitetura parece depender fundamentalmente da natureza da visão periférica, que envolve o sujeito no espaço. Uma floresta, um jardim japonês, um espaço arquitetônico muito bem moldado, bem como interiores ornamentados ou decorados, fornecem amplos estímulos para a visão periférica, e estes ambientes nos centram no próprio espaço. A esfera perceptiva pré-consciente, que é experimentada fora da esfera da visão

---

[20] Para os estudos pioneiros sobre a significância da visão inconsciente e periférica, veja Anton Ehrenzweig. *The Psychoanalysis of Artistic Vision and Hearing: An Introduction to a Theory of Unconscious Perception*. London, Sheldon Press, 1975, e Id., *The Hidden Order of Art*. London, Paladin, 1973.

focada, é tão existencialmente importante quanto a imagem focada. De fato, há evidências médicas de que a visão periférica tem prioridade em nosso sistema perceptivo e mental.[21] Essas observações sugerem que uma das razões pelas quais as edificações e os espaços urbanos de nosso tempo tendem a nos deixar como *outsiders*, em comparação com o envolvimento emocional avassalador de configurações históricas e naturais, é a sua pobreza de campo de visão periférica. A visão periférica inconsciente transforma as imagens retinianas em experiências espaciais e corporais. A visão periférica nos integra com o espaço e seus eventos, enquanto a visão focada nos empurra para fora do espaço e nos torna meros observadores.

O olhar defensivo e desfocado da nossa época, assoberbado e torturado pela sobrecarga sensorial, pode, em certo momento, abrir novos reinos de visão e pensamento, livres do desejo implícito do olho pelo controle e poder. Talvez, a perda de foco possa libertar o olho de sua visão predominantemente patriarcal e histórica.

Espaço, lugar e atmosfera: visão periférica e emoção na experiência arquitetônica (2012)

A percepção abrangente e instantânea das atmosferas exige uma forma específica de percepção – visão periférica inconsciente e desfocada. Essa percepção fragmentada do mundo é, na verdade, nossa realidade corrente, apesar da nossa crença de que percebemos tudo com precisão. A imagem que temos do nosso mundo de fragmentos perceptuais é mantida pela varredura ativa constante dos sentidos, movimento e fusão criativa e interpretação desses perceptos inerentemente dissociados por meio da memória.

O desenvolvimento histórico das técnicas de representação que retratam o espaço e as formas está estritamente ligado ao avanço da arquitetura em si. A compreensão perspectivista do espaço deu origem a uma arquitetura baseada na visão, enquanto a tentativa de libertar o olho de sua fixação perspectivista permite a concepção de espaço multiperspectivista, simultâneo e atmosférico. O espaço perspectivista nos relega à situação de observadores externos, enquanto o espaço multiperspectivista e atmosférico e a visão periférica nos

---

[21] Anton Ehrenzweig oferece o caso médico da hemianopsia como prova da predominância da visão periférica. Em alguns casos desta doença, metade do campo visual do paciente fica cego e somente metade do foco central mantém a visão. Em certos casos, um novo foco é formado, sugerindo que partes do campo periférico prévio adquirem precisão visual e, o que é ainda mais significativo, parte da área da antiga visão focada torna-se uma área do campo periférico desfocado. "Estes históricos de casos provam – se é que se precisa de provas – que há uma necessidade psicológica enorme nos forçando a deixar a maior parte do campo visual em uma vaga mistura de imagens", em Anton Ehrenzweig. *The Hidden Order of Art: A Study in the Psychology of Artistic Perception*. London: Phoenix Press, 2000, p. 284.

fecham e nos envolvem em seus abraços. Essa é a essência perceptiva e psicológica do espaço impressionista, cubista e expressionista abstrato; somos puxados para o espaço e levados a experienciá-lo como uma sensação completamente corporificada e uma atmosfera espessa. A realidade especial de uma paisagem de Paul Cézanne, uma pintura de Jackson Pollock, bem como da arquitetura e paisagem de cidades envolventes, deriva da forma como essas situações experienciais engajam nossos mecanismos perceptuais e psicológicos. Como diz Merleau-Ponty: "Vemos não a obra de arte, e sim o mundo de acordo com a obra".[22]

Ao passo que o olho agitado da câmera captura uma situação momentânea, uma condição passageira de luz ou um fragmento isolado, enquadrado e focado, a verdadeira experiência da realidade da arquitetura depende fundamentalmente da visão periférica e da previsão; a simples experiência de interioridade implica a visão periférica. A esfera percebida que sentimos além da esfera da visão focada é tão importante quanto a imagem focada que pode ser congelada pela câmera. Na verdade, há evidências de que a visão periférica e inconsciente é mais importante para o nosso sistema perceptivo e mental do que a percepção focada.[23]

Esta hipótese sugere que uma razão pela qual os espaços contemporâneos frequentemente nos alienam – em comparação com contextos históricos e naturais, que provocam uma forte participação emocional – tem a ver com a pobreza de nossa visão periférica e a consequente fraqueza de suas atmosferas. A visão focada nos torna meros observadores externos, enquanto a visão periférica transforma imagens retinianas em envolvimento espacial e corporal e dá origem ao senso de uma atmosfera envolvente e participação pessoal. A visão periférica é o modo perceptivo pelo qual captamos as atmosferas. A importância dos sentidos da audição, olfato e tato (temperatura, umidade, movimento do ar) para a percepção atmosférica surge de sua essência como experiências não direcionais e acolhedoras. O papel da visão periférica e inconsciente explica por que uma imagem fotográfica geralmente é um testemunho inadequado da verdadeira qualidade da arquitetura; o que está fora do quadro focado, e até mesmo atrás do observador, tem tanta importância quanto o que é conscientemente visto. De fato, os arquitetos deveriam se preocupar menos com a fotogenia de suas obras. Como a compreensão neurológica sugere, o significado sempre tem base contextual.

O chamado urgente de nossos dias por uma arquitetura ecologicamente sustentável sugere também uma arquitetura não autônoma, frágil e colaborativa, adaptada às condições precisas de topografia, solo, clima, vegetação e outras

---

[22] Como citado em Iain McGilchrist, *The Master and His Emissary: The Divided Brain and the Making of the Western World*. New Haven and London: Yale University Press, 2009, p. 409.

[23] Ehrenzweig, *op. cit.*, 273.

condições da região e do terreno. Os potenciais de atmosfera, *gestalt* fraca e fragilidade adaptativa serão, sem dúvida, explorados no futuro próximo na busca por uma arquitetura que reconheça as condições e princípios da realidade ecológica, bem como nossa própria natureza bio-histórica.

Sugiro que poderemos estar mais interessados em atmosferas do que em formas individualmente expressivas.. Entender as atmosferas provavelmente nos ensinará sobre o poder secreto da arquitetura e como ela pode influenciar sociedades inteiras, mas, ao mesmo tempo, nos permitirá definir nossa própria base existencial individual.

Nossa capacidade de apreender entidades atmosféricas qualitativas de situações ambientais complexas, sem uma gravação e avaliação detalhadas de suas partes e ingredientes, bem poderia ser chamada de nosso sexto sentido, e provavelmente será o sentido mais importante em termos de nossa existência, sobrevivência e vidas emocionais.

> *Não sabemos, e nunca saberemos se a mente, ou mesmo o corpo, é alguma coisa. A mente tem as características de um processo mais do que uma coisa, um se tornar, uma forma de ser, mais do que uma entidade. Cada mente individual é um processo de interação com o que quer que exista além de nós, de acordo com sua própria história individual.*[24]

---

[24] McGilchrist, *op. cit.*, 20.

Sementes: ideias para pensar a arquitetura

Matteo Zambelli

> *Não existem fatos, apenas interpretações.*
> Friedrich Nietzsche[1]

> *Uma obra aberta como proposta de um "campo" de possibilidades interpretativas, como configuração de estímulos dotados de uma indeterminação substancial, de modo que o usuário seja induzido a uma série de "leituras" sempre variáveis; por fim, a estrutura como uma "constelação" de elementos que se prestam a diferentes relações recíprocas.*
> Umberto Eco[2]

Preâmbulo

Sementes: ideias para pensar a arquitetura foi inicialmente publicado em italiano pela editora Pendragon, de Bolonha, em 2011, com o título de *Lampi di pensiero* (a tradução literal do italiano para o português seria *Relâmpagos de pensamento*). O livro foi editado por Mauro Fratta e por mim.

Após a versão italiana, Juhani Pallasmaa, que ficou intrigado com o livro, gentilmente me pediu em várias ocasiões que eu trabalhasse em uma versão em inglês. Visto que ele considerava *Lampi di pensiero* como a enciclopédia de seus pensamentos, também sugeriu que eu acrescentasse mais entradas para tornar o livro mais abrangente e atualizado com o desenvolvimento de sua pesquisa.

---

[1] Friedrich Nietzsche, *in* Bernard Tschumi, *Architecture and Disjunction*, Massachusetts, The MIT Press, 1994, p. 251.
[2] Umberto Eco, *Opera aperta*, Milano, Bompiani, 1976, p. 154.

Sementes é o resultado do meu trabalho editorial entre 2015 e 2019.

O que se segue é uma tentativa de explicar os objetivos originais de *Lampi di pensiero*, porque *Sementes* depende completamente dele, sendo uma versão estendida do livro italiano.

A escavação psicológica

Para revelar as razões por trás de *Lampi di pensiero*, por que e como o livro assumiu sua forma final, tive que passar por um tipo de escavação psicológica em minha própria história e, como consequência, em mim mesmo. Durante minha jornada pelo que fervilhava em minha mente enquanto trabalhava em *Lampi di pensiero*, entre novembro de 2007 e agosto de 2010, forcei-me a estabelecer uma ordem entre os diversos fragmentos de raciocínio e as peças aparentemente contraditórias de memória convocadas como testemunhas da elaboração do livro. Quero enfatizar a palavra contradição, porque você pode encontrar muitas delas em minha tentativa de explicação. Contradições podem surgir na medida em que abordei a elaboração do livro de maneira semelhante ao meu processo de projeto. *Lampi di pensiero*, de fato, foi projetado como um edifício, então, contradições no uso de minhas dicas e no desvio de minhas referências, típicas de qualquer processo de projeto, podem surgir. Espero que o livro as tenha suavizado um pouco.

Depois de escavar em minhas memórias, percebi que *Lampi di pensiero* sintetiza as pesquisas que tenho feito há quase 20 anos com mais propriedade do que todos os meus livros anteriores. Isso é estranho, porque o autor do livro é Juhani Pallasmaa, e eu, na verdade, não escrevi uma única palavra dele. Ainda assim, sinto-me intimamente conectado a *Lampi di pensiero*, como se fosse meu.

Ainda mais estranho, enquanto Pallasmaa estava lendo a cópia de prova do livro, ele me escreveu, dizendo que sentia como se não estivesse lendo suas próprias palavras. Na verdade, suas palavras adquiriram nuances diferentes por causa do novo contexto em que foram inseridas. Isso significava que Fratta e eu tínhamos agregado algo novo, que era completamente nosso, aos textos dele, e esse "algo" era forte o suficiente para fazer o autor real se sentir alienado de suas próprias palavras.

Quero aconselhar o leitor, antecipadamente, que todas as referências que entraram em jogo, ao conceber e fazer *Lampi di pensiero*, eram apenas um meio para o objetivo de um novo livro de uma coleção de ensaios.

A abordagem: saltos *versus* pensamento linear

Lampi di pensiero foi o resultado do trabalho editorial que Mauro Fratta e eu fizemos em oito ensaios escritos por Juhani Pallasmaa, entre 2006 e 2008, em ocasião de conferências e palestras que o autor proferiu ao redor do mundo. *Sementes* coleta as mesmas entradas de *Lampi di pensiero*, com acréscimos de fragmentos que eu extraí dos ensaios e livros escritos por Pallasmaa entre 2006 e 2019. Li mais ou menos 100 ensaios e extraí fragmentos de 48 ensaios e três livros.

Quando Mauro e eu recebemos os ensaios de Juhani, em princípio, pensamos em criar uma estrutura mínima para que os textos se encaixassem como estavam. Então, assim que começamos a lê-los, percebemos que havia tópicos recorrentes que imaginamos como uma espécie de núcleo do pensamento de Pallasmaa. De fato, poderíamos encontrar as mesmas frases em diferentes ensaios, e essas frases ganhavam nuances de significados ligeiramente diferentes em relação ao novo contexto conceitual em que eram inseridas. Pareceu claro para nós que Pallasmaa estava acostumado a brincar, como um colagista faz, com uma coleção de fragmentos, sempre evoluindo e expandindo ao longo dos anos, que são combinados nos ensaios que lhe são solicitados. Portanto, seus textos são quebra-cabeças coerentes cujas paisagens suaves (de significados) são feitas de fragmentos recorrentes que o estudioso finlandês escolhe de seu arquivo ordenado de pensamentos.

Devo admitir que minha compreensão da maneira de escrever de Pallasmaa foi influenciada pela técnica de montagem de Beate Gütschow,[3] uma artista alemã de quem gosto muito. Ela cria belas fotografias digitais combinando e mesclando fragmentos de imagens que tira ao redor do mundo, criando um todo contínuo graças ao Photoshop. Cada imagem consiste em 30 a 100 peças diferentes. Alguns fragmentos são reconhecíveis, já que se repetem em outras fotos, nas quais são capazes de trazer nuances diferentes de significado na medida em que são colocados em um contexto diferente.

Gütschow usa diferentes fragmentos porque, como ela diz: "Eu digitalizo e arquivo as fotografias em categorias específicas com base na localização das fotos e recorro a esse estoque de imagens para minha imagem final".[4]

Pallasmaa faz o mesmo. Ele tem uma coleção bem arquivada e ordenada de "fotos" (fragmentos de pensamento) – cada foto é marcada com diferentes palavras-chave para que ele possa buscá-las facilmente quando necessário. O resultado de sua montagem são novos ensaios coerentes, onde as peças individuais não são mais visíveis, mas estão misturadas, como nas fotografias de Gütschow.

Além dos próprios fragmentos de pensamento, o arquivo de Pallasmaa está cheio de citações emprestadas de seus autores amados (como Joseph Brodsky, Gaston Bachelard, Maurice Merleau-Ponty, Jean-Paul Sartre, Igor Stravinsky, Wystan Hugh Auden etc.). Os textos de Pallasmaa são ricos em citações porque elas são um meio destinado a reforçar seu pensamento e a colocá-lo no fluxo

---

[3] Há outros artistas, como Filip Dujardin e Justin Plunkett, que aprecio, cuja obra é similar à de Gütschow

[4] Beate Gütschow, *LS / S*, New York, Aperture Foundation, 2007, p. 38

da história, em estreita relação com pensadores e estudiosos do passado. Esse diálogo testemunha a humildade do autor finlandês em relação à tradição e seus mestres. Juhani Pallasmaa está acostumado a citar Thomas Stern Eliot quando ele diz: "Nenhum poeta, nenhum artista de qualquer arte, tem seu significado completo sozinho. Seu significado, sua apreciação, é a apreciação de sua relação com os poetas e artistas mortos. Você não pode valorizá-lo sozinho; você deve colocá-lo, para contraste e comparação, entre os mortos".[5] Este é o caminho de Pallasmaa para prestar homenagem ao gigante em cujos ombros nós, anões, estamos sentados.

Portanto, após estudar os ensaios, Mauro Fratta e eu chegamos a duas opções viáveis: ou publicar os textos como estavam, fornecendo-lhes uma estrutura fraca, ou fragmentá-los para revelar o núcleo forte do pensamento de Juhani Pallasmaa. Preferimos a segunda opção, apesar da objeção de Mauro de que a primeira opção era mais leve e respeitosa.

De fato, nossa abordagem ao livro foi diferente por causa de nossos antecedentes. Mauro é diplomado em Literatura Antiga (e, na verdade, também em Direito), e ele me disse que, ao estudar paleografia, aprendeu a prática de decifrar, ler e datar manuscritos históricos e o contexto cultural da escrita, incluindo os métodos pelos quais a escrita e os livros foram produzidos. Ele também frequentou cursos de filologia, onde aprendeu a estabelecer a autenticidade e a forma original de textos de literatura e registros escritos. Portanto, levando em conta seu histórico, Fratta teria preservado os ensaios como estavam e teria tentado saber por que foram escritos, em que ocasião, para qual contexto e propósitos; ele informaria ao leitor sobre as diferentes versões de cada ensaio individual e mostraria quais mudanças haviam ocorrido e por quê. Em outras palavras, ele teria gostado de reconstruir o contexto real para o qual os ensaios foram escritos.

Eu sou arquiteto; nunca frequentei cursos de paleografia ou filologia, e estava mais confiante em uma abordagem mais livre. Em retrospectiva, acho que queria sentir o livro em parte meu; uma mera tradução, que é sempre uma reescrita (cada tradução de uma língua para outra inevitavelmente carrega a contribuição criativa do tradutor), não era suficiente para mim. Portanto, decidi lidar com os ensaios de Juhani Pallasmaa com uma atitude mais descompromissada e menos respeitosa (o que não significa que não os respeitasse; eles eram, e ainda são, ótimos e provocativos em seu formato original). Adotei uma abordagem mais lúdica.

Falando em ludicidade, eu tinha em mente o que Paul K. Feyerabend diz sobre o método científico (sei que o conteúdo do trecho se aplica a um campo diferente, mas estou tentando revelar o que me influenciou enquanto eu concebia o livro) em seu livro *Against Method: Outline of an Anarchist Theory*

---

[5] Thomas Stearns Eliot, "Tradition and the Individual Talent", in Id., *Selected essays*. New York, Harcourt, Brace & World, 1964.

of Knowledge (1975): "Muitas vezes é dado como certo que um entendimento claro e distinto de novas ideias precede, e deve preceder, sua formulação e sua expressão institucional". *Primeiro*, temos uma ideia ou um problema, *depois* agimos, ou seja, falamos, construímos ou destruímos. No entanto, sem dúvida, não é assim que as crianças pequenas se desenvolvem. Elas usam palavras, combinam-nas, brincam com elas, até entenderem um significado que, até então, estava além de seu alcance. Uma atividade lúdica inicial é um pré-requisito essencial para o ato final de entendimento. Não há motivo para que esse mecanismo deixe de funcionar no adulto. Devemos esperar, por exemplo, que a ideia de liberdade só poderia ser esclarecida por meio das mesmas ações que deveriam *criar* a liberdade. A criação de uma coisa e a criação mais a compreensão plena de uma ideia correta da coisa são frequentemente partes de mim e do mesmo processo invisível, e não podem ser separadas sem interromper o processo. O processo em si não é guiado por um programa desses, pois contém as condições para a realização de todos os programas possíveis. É guiado, sim, por um desejo vago, por uma "paixão" (Kierkegaard). A paixão dá origem a comportamentos específicos que, por sua vez, criam as circunstâncias e a ideia necessárias para analisar e explicar o processo, tornando-o "racional".[6]

Então outras citações surgiram rapidamente em minha memória, como esta de Patrik Schumacher citando March e Olsen:[7] "O que era brincadeira tornou-se método. A ludicidade é o relaxamento temporário e intencional das regras para explorar as possibilidades de regras alternativas. Quando somos lúdicos, desafiamos a necessidade de consistência. Na verdade, anunciamos – antecipadamente – nossa rejeição às objeções habituais ao comportamento que não se encaixa no modelo padrão de inteligência. A ludicidade permite experimentação. Ao mesmo tempo, reconhece a razão. Aceita que, em algum momento... será integrada à estrutura da inteligência". Nesse contexto, March e Olsen chegam à percepção derridiana sobre a lógica temporal do devir: "O planejamento nas organizações tinha muitas virtudes, mas o plano muitas vezes pode ser mais eficaz como uma interpretação das decisões passadas do que um programa para as futuras. (...) Em uma organização que deseja continuar a desenvolver novos objetivos, um gerente precisa ser relativamente tolerante com a ideia de que ele descobrirá o significado da ação de ontem nas experiências e interpretações de hoje". O que para muitos parece como uma montagem de ensaios e tribulações desconectadas pode logo se unir em uma trajetória, carreira e obra valiosa.[8]

---

[6] Paul K. Feyerabend, *Against Method. Outline of an Anarchistic Theory of Knowledge*, New York e London: Verso, 1993, p. 17.

[7] James G March e Johan P Olsen, *Ambiguity and Choise in Organizations*, Oxford, UK: Oxford University Press, 1985.

[8] Patrik Schumacher, "Business, Research, Architecture. Projects from the Design Lab Research", *in Daidalos* n. 69/70. 1998/99, p. 43.

Essa atitude brincalhona me permitiu abordar os ensaios de Pallasmaa com menos fardos em meus ombros. Comecei a considerar os textos como um material bruto que estava esperando por minhas manipulações. Mas o que Mauro e eu poderíamos fazer com esse material bruto?

Des-, Ex-

Ex-cêntrico, des-integrado, des-locado, des-conjuntado, desconstruído, desmontado, desassociado, descontínuo, desregulado... des-, ex-. Estes são os prefixos de hoje.[9]

Os prefixos de hoje são "des-, ex-" como Bernard Tschumi escreveu em *Architecture and Disjunction*,[10] uma coleção de seus ensaios instigantes. Assim que me lembrei da citação de Tschumi, comecei a pensar em *Dissemination*, um livro escrito por Jacques Derrida em 1972.[11] Embora eu não conseguisse lembrar o conteúdo de *Dissemination*, foi o título que falou comigo, evocou alguns verbos – difundir, dispersar, estender-se, espalhar-se etc. – e implicava algumas ações que Mauro e eu poderíamos realizar nos textos de Pallasmaa: fragmentar, cortar, dissecar, esmigalhar, lascar etc.

A palavra disseminação sugeriu a ideia de fragmentar o livro em suas sementes para facilmente disseminá-las e espalhá-las em diferentes mentes, onde esperávamos que elas pudessem amadurecer e alimentar.

A palavra disseminação também afetou a tentativa de capa do livro: uma imagem de algumas sementes de dente-de-leão desprendidas de sua casca e livres para voar aonde os ventos as levariam. As sementes, que metaforicamente representavam os pensamentos reveladores de Pallasmaa, tinham que viajar pelo mundo para alcançar o maior número possível de leitores e florescer em diferentes contextos, dando origem a resultados novos e imprevisíveis, graças às diferentes interpretações e aos usos que as pessoas poderiam aplicar a elas.

Portanto, a palavra *Disseminação* era capaz de sugerir o livro inteiro. Surpreendentemente, uma única palavra continha em si o livro inteiro. Eu acho que essa perspectiva foi influenciada pela frase de Andrei Tarkovsky citada por Pallasmaa em um de seus ensaios: "Uma imagem (de arte) não é um significado específico expresso pelo diretor; o mundo inteiro é refletido nela como em uma gota de água".[12]

Assim que a palavra disseminação começou a ressoar em minha mente, a obra de Gordon Matta-Clark entrou em jogo e ofereceu seu apoio às nossas

---

[9] Bernard Tschumi, "De-, Dis-, Ex-", in Id., *Architecture and Disjunction*, Cambridge, MA, e London: The MIT Press, 1994, p. 225.

[10] Acredito que o que Bernard Tschumi escreveu no final da década de 1980 sobre os prefixos des-, ex- ainda é verdade e descreve claramente nossa sociedade atual.

[11] O pensamento de Jacques Derrida influenciou profundamente Tschumi e sua maneira de pensar sobre o que a arquitetura deveria ser, qual seria sua função e como ela deveria ser percebida.

[12] Andrey Tarkovsky, *Sculpting in Time*. London: Bodley Head, 1986, p. 100.

ideias sobre os ensaios de Pallasmaa. Sempre fiquei impressionado com as dissecações de Matta-Clark em prédios antigos e a sua capacidade notável de revelar o que está oculto pela forma e pelo uso final dos edifícios. Seus "cortes", fatias e feridas na carne de uma arquitetura condenada a ser desmantelada criam novas leituras e, consequentemente, novos significados para ela. As cirurgias de Matta-Clark alteram a percepção do que foi dado como certo em uma construção. Por meio de suas intervenções, Matta-Clark adiciona sua própria interpretação aos edifícios que corta.

Como James Wines escreve de maneira perspicaz sobre as dissecações de Gordon Matta-Clark: "O maior poder de sua arte estava no aspecto mais relacionado à Desconstrução: sua capacidade de mudar nossas percepções no nível mais básico. Por exemplo, em seu famoso projeto *Splitting* em Englewood, Nova Jersey, ele usou uma pequena residência suburbana designada a ser demolida, com todas as suas associações arquetípicas. Uma vez que esta casa seria removida de qualquer maneira, sua dissecação a converteu de demolição para preservação da vida por meio da demolição. A intervenção do artista alterou o curso dos eventos econômicos, o significado social e o *status* cultural de um prédio em um único gesto. Isso parece ser a essência da leitura Desconstrutivista na arquitetura".[13]

Matta-Clark mostra por meio de suas obras de arte que o intérprete, neste caso o artista, pode enriquecer o complexo de significados potenciais relacionados a um artefato.

Em um sentido mais amplo, ele demonstra que os leitores são agentes ativos ao ler um texto; cada leitor é um potencial portador de novos significados e interpretações. Na verdade, cada texto, assim que é lançado, assume vida própria, livre de qualquer vínculo com as intenções do autor e os significados postulados. Sabe-se que os autores, às vezes, descobrem significados imprevistos de sua própria obra apenas por meio de intérpretes, leitores, usuários, moradores, habitantes etc. Textos e obras de arte em particular estão abertos à interpretação, eles estão ansiosos para serem interpretados.[14]

Eu sempre fui intrigado por *Bingo* (1974). Aqui, Gordon Matta-Clark dividiu uma fachada lateral de uma casa em nove fragmentos retangulares: um retângulo permaneceu na casa, os outros oito foram exibidos separadamente como restos: os "tijolos" revelados do todo outrora representado pela casa.

Foi isso que Fratta e eu fizemos com os ensaios de Pallasmaa: uma dissecação homóloga à de Matta-Clark aplicada ao corpo de uma coleção de textos, em vez do corpo de um edifício. Por meio de intervenções cirúrgicas que nos

---

[13] James Wines, "The Slippery Floor", *in* Andreas Papadakis, Catherine Cooke e Andrew Benjamin, editores, *Deconstruction: Omnibus Volume*. London, Academy Editions, 1989, p. 138.

[14] O conceito de texto aberto e as contribuições dos intérpretes sobre os significados de um texto foram analisados por Umberto Eco em seu livro muito perspicaz, *The Open Text* (*Opera aperta*, em italiano). Este é outro livro que foi importante durante a concepção de *Sementes*.

levaram a fragmentar os ensaios de Pallasmaa em breves trechos (que, em certo momento, se tornaram entradas), revelamos patentemente o corpo de pensamentos de Juhani Pallasmaa. Por meio de nossos "cortes", criamos um novo conjunto e uma nova maneira de abordar os textos do estudioso finlandês. Mudamos a maneira como os ensaios são lidos, acrescentando algo novo ao seu corpo de pensamento, embora Fratta e eu não tenhamos acrescentado uma palavra às de Pallasmaa. Apenas organizamos suas palavras em um novo quadro, e essa mudança alterou completamente a percepção sobre elas, adicionando, consequentemente, novas interpretações às palavras de Pallasmaa.

Agora, entendo o que Derrida[15] quis dizer quando afirmou que cada desconstrução implica uma reconstrução.

Resposta de Pallasmaa à nossa proposta

Antes de começarmos, Mauro e eu precisávamos da aprovação de Pallasmaa. Em nossa mente, tudo estava claro e definido para abordar a ideia de decompor seus textos em fragmentos, mas, primeiro, precisávamos do consentimento do autor. Enviamos a ele as duas propostas por *e-mail* em 21 de março de 2008.

Proposta 1. Títulos provisórios: "Juhani Pallasmaa: esboços de pensamentos" ou "Dicionário de Juhani Pallasmaa: um livro de fragmentos"

A Proposta 1 deriva desta intuição: cada ensaio nos parece como uma composição de fragmentos independentes e autossuficientes que você seleciona de seu vasto arquivo e combina, a fim de responder aos tópicos sobre os quais lhe é solicitado que palestre ou escreva. Cada fragmento é poderoso porque contém/fornece revelações súbitas. Nós comparamos seus fragmentos aos haicais japoneses, nos quais você pode encontrar verdades simples apenas ouvindo e sentindo a profundidade secreta das palavras, deixando-se levar por meio de suas próprias fantasias e experiências gravadas em suas memórias e alma.

Os fragmentos também têm a força dos esboços de arquitetos, nos quais se pode ver um mundo de possibilidades porque seu conteúdo é delineado, mas não de forma definitiva. Os esboços são raciocínios *in fieri*, em que as pessoas podem encaixar seus próprios pensamentos, conhecimentos e experiências. Os esboços têm o mesmo poder de um *"non finito"*. Vamos considerar *Prigione* (Prisioneiros), de Michelangelo; elas não estão acabadas, mas, mesmo assim, abrem uma grande quantidade de possíveis interpretações e são capazes de falar com todos.

Fratta e eu propomos decompor todos os ensaios que você nos enviou em fragmentos e, em seguida, organizá-los em ordem alfabética. Cada fragmento

---

[15] Infelizmente, não consigo localizar o livro de Derrida em que está a citação. Relato de memória.

deve ter seu próprio título. Dessa forma, poderíamos criar um livro que contenha seus pensamentos e pontos de vista sobre arquitetura, mas sem uma estrutura forte. Este livro é semelhante a um dicionário que sintetiza, de A a Z, pesquisas, raciocínios e abordagens à arquitetura que você amadureceu e aprofundou ao longo de sua carreira.

Como acontece em dicionários estruturados, cada fragmento (entrada) pode ser relacionado a outros para recriar os diferentes caminhos de suas pesquisas. No entanto, essa estrutura "fraca" pode permitir que o leitor navegue livremente por seus pensamentos e encontre seu próprio caminho por meio de suas imagens. Além disso, o leitor pode se concentrar em um único conceito.

Em última instância, essa estrutura permitiria que você adicionasse novos fragmentos durante a elaboração do livro.

Proposta 2. Juhani Pallasmaa: ensaios reunidos

O livro é dividido em quatro partes.

Parte 1. Tudo sobre Pallasmaa

Parte 1. Biografia de Pallasmaa.

Parte 2. Ensaios reunidos

2.1 Arquitetura é...
   2.2 Arquitetura, percepção e sentidos
   2.3 Arquitetura e memórias
   2.4 Arquitetura e imaginação
   2.5 Arquitetura e raízes
   2.6 Arquitetura e tempo
   2.7 Arquitetura e cinema

Parte 3. Interpretação da arquitetura

Esta parte reúne os ensaios em que você interpreta/lê as obras de arquitetura que mais aprecia ou considera coerentes com os temas abordados na Parte 2.

Parte 4. Bibliografia

Esta parte é uma bibliografia fundamentada. Aqui, você poderia falar sobre "seus" livros, ou seja, os livros ou autores que você considera fundamentais para você. Você também pode listar os livros que gostaria de recomendar aos estudantes ou arquitetos, explicando brevemente por que os considera importantes.

A resposta de Pallasmaa voltou em 23 de março de 2008: "Estou bastante impressionado com sua perspicácia em ambas as propostas. Devo dizer que acho sua ideia de decompor meus ensaios muito atraente. Você entendeu muito bem minha abordagem: eu nunca aspiro a uma formulação teórica abrangente e fechada. Gosto de fins abertos, associações e recordações e um certo grau de obscuridade, bem como a ideia de colagem ou montagem. Simplesmente lanço meus olhos sobre fenômenos relacionados ao tema que me foi dado e relato o que vejo. Consideraria pretensioso da minha parte aspirar a declarações definitivas e finais; o que você vê e compreende em cada momento da vida depende de sua situação de vida e de como você está focado. Como consequência dessa situacionalidade, você está destinado a contradizer suas visões anteriores de tempos em tempos".

Pallasmaa também acrescentou: "Há cerca de 15 anos, minha boa amiga, a historiadora e escritora de arquitetura norte-americana Janey Bennett, preparou um manuscrito para um livro sobre meus pensamentos e trabalho intitulado *Resonance in silence*, e ela organizou trechos de meus escritos e nossas conversas como uma colagem de fragmentos. Eu gostei muito do conceito e do manuscrito, mas, naquela época, ela não conseguiu identificar uma editora para o livro. Depois, ela se envolveu completamente com seu primeiro romance".

Agora Mauro e eu estávamos prontos para começar.

Uma estrutura fraca: a ordem alfabética

> *O uso do termo arqueologia deriva do pós-estruturalismo francês, basicamente dos textos de Foucault, e tem sido adotado, por um lado, por pensadores como Jacques Derrida, por meio de uma análise da comunicação literária como um processo de desconstrução. No entanto, a noção de arqueologia tornou-se um meio bem-sucedido de descrever, de maneira quase física, as interpretações sobrepostas da realidade tectônica: de uma realidade que não pode mais ser vista como um todo unificado, e sim, pelo contrário, como a justaposição de diferentes camadas diante das quais a obra de arte não faz nada além de reinterpretar e redistribuir esse sistema de superposições. A noção de arqueologia introduz claramente a ideia de que estamos diante de uma realidade – não na forma de uma esfera fechada, mas sim diante de um sistema de vocabulários interligados. Ninguém pode ser tão ingênuo a ponto de acreditar que, para a arqueologia, o passado pode ser descoberto e conhecido simplesmente acumulando objetos encontrados em escavações. Pelo contrário, esses objetos aparecem como resultado de um processo de decomposição de sistemas sobrepostos, sistemas que não se tocam, que se movem autonomamente de acordo com sua própria lógica. A linguagem também é uma diversidade que não pode mais ser lida de maneira linear, pensando que a realidade do significado responde à precisão de um significante. Pelo contrário, como Deleuze diria, significado e significante aparecem como um magma produzido*

simultaneamente. É somente por meio de um trabalho de decomposição, uma tarefa de análise e compreensão do processo de justaposição, que certas relações podem ser classificadas.

A maneira de pensar desenvolvida nos campos da filosofia e das humanidades tem um claro contraponto na experiência da produção de forma, e, portanto, também na forma da arquitetura. De fato, a experiência de algumas arquiteturas recentes é a experiência da sobreposição. O significado não é construído por meio de uma ordem, mas por meio de partes que podem se tocar; que se aproximam, talvez sem se tocar; que se aproximam, mas nunca se encontram; que são sobrepostas, que aparecem em uma descontinuidade no tempo cujas interpretações como uma justaposição são a melhor abordagem que podemos fazer à realidade.[16]

Quando o filósofo Jean-François Lyotard fala sobre a crise das grandes narrativas da modernidade ("progresso", "libertação da humanidade" etc.), ele apenas prefigura a crise de qualquer narrativa, qualquer discurso, qualquer modo de representação. A crise dessas grandes narrativas, sua totalidade coerente, também é a crise dos limites. Assim como na cidade contemporânea, não há limites que delineiam um todo coerente e homogêneo. Pelo contrário, habitamos um espaço fraturado, feito de acidentes, onde as figuras são desintegradas, des-integradas. De uma sensibilidade desenvolvida durante séculos em torno da "aparência de uma imagem estável" ("equilíbrio", "harmonia"), hoje favorecemos uma sensibilidade do desaparecimento de imagens instáveis: primeiro nos filmes (vinte e quatro quadros por segundo), depois na televisão, depois nas imagens geradas por computador e, recentemente (entre poucos arquitetos), em disjunções, deslocamentos, desconstruções. (...) A cidade e sua arquitetura perdem seus símbolos – não mais monumentos, não mais eixos, não mais simetrias antropomórficas, e sim fragmentação, parcelamento, atomização, assim como a superimposição aleatória de imagens que não têm relação entre si, exceto por meio de sua colisão. Não é de surpreender que alguns projetos de arquitetura sublimem a ideia de explosão. (...) Nada mais de certezas, nada mais de continuidades. Ouvimos dizer que a energia, assim como a matéria, é uma estrutura descontínua de pontos: punctum, quantum. Uma pergunta: seria a única certeza o ponto?[17]

---

[16] Ignasi de Solà Morales, "Weak Architecture", in *Ottagono n. 92* (1989), p. 104–105.

[17] Tschumi, *cit.*, p. 217, 218, 219.

Assim que tivemos a aprovação de Pallasmaa, Mauro e eu começamos a decompor seus ensaios em fragmentos. Escolhemos organizar as peças por meio da estrutura mais fraca que conseguimos imaginar: a ordem alfabética. Assim, os fragmentos se tornaram entradas.

Considero a ordem alfabética como o "grau zero" das estruturas, a estrutura minimalista possível. A ordem alfabética me lembrou o que Bernard Tschumi disse sobre a grade que usou no projeto do Parque de La Villette, em Paris: "A grelha de pontos também foi um dos poucos modos de organização espacial que resistiu vigorosamente ao carimbo do autor individual: sua multiplicidade histórica a tornou um sinal sem origem, uma imagem sem "primeira imagem" ou marca inaugural. No entanto, a repetição serial e o aparente anonimato da grelha a tornaram uma forma paradigmática do século XX. E, assim como resistiu à reivindicação humanística da autoria, também se opôs ao fechamento de composições ideais e disposições geométricas. Por meio de suas marcações regulares e repetitivas, a grelha definiu um campo potencialmente infinito de pontos de intensidade: uma extensão infinita e incompleta, sem centro ou hierarquia. (...) A grelha não tinha origem, ela se abria para uma recessão infinita em imagens anteriores e sinais anteriores".[18]

Para mim, a ordem alfabética é o homólogo literário da grade; as entradas formam "uma estrutura descontínua de pontos" e "uma extensão infinita e incompleta, sem centro ou hierarquia".

A ordem alfabética alterou a narrativa dos ensaios de Pallasmaa de um formato linear para um formato livre e extravagante; foi isso o que mudou a percepção do autor sobre seus escritos e o que determinou uma nova perspectiva sobre eles e, como consequência, um livro completamente novo.

Com a ordem alfabética, Fratta e eu também estávamos procurando por algo que não fosse definido demais, algo *des*-integrado, um livro sem fronteiras claras e rico em fragmentos de significado que pudessem ser habitados pelo leitor/intérprete. Essas são as condições que podem libertar o intérprete enquanto lê e "usa" *Sementes*.

A estrutura fraca[19] evita qualquer unidade, qualquer centro ou hierarquia, qualquer relação causal entre os fragmentos, permitindo, assim, que os leitores encontrem seu próprio caminho, sua contribuição para os possíveis significados do livro, por meio dos fragmentos de pensamentos (ou entradas) navegados na estrutura de seu próprio conhecimento. O livro está aberto à contínua interrogação de seus leitores, que são convidados a buscar continuamente seus significados.

---

[18] Bernard Tschumi, "Abstract Mediation and Strategy", *in Id. Architecture and Disjunction*. Cambridge, MA, and London, The MIT Press, 1994, p. 194.

[19] A ideia de "Estrutura fraca", que, na verdade, soa como um paradoxo, foi inspirada livremente em um livro perspicaz, *Weak Thought*, editado pelos filósofos italianos Gianni Vattimo e Pier Aldo Rovatti (a primeira edição italiana remonta a 1983).

Acidentalmente, durante o mesmo período de tempo, eu estava trabalhando em *Browsing Architecture: Metadata and Beyond*,[20] um livro lançado no contexto de MACE.[21]

Vou divagar na descrição da *Browsing Architecture: Metadata and Beyond*, porque, lá, você pode encontrar a aplicação atual e anterior da base conceitual de *Sementes* e instruções sobre como ler e "usar" o livro de Pallasmaa.

Browsing Architecture: Metadata and Beyond trata de conteúdos digitais úteis no contexto mais amplo da educação padrão, do ensino à distância e do aprendizado ao longo da vida em arquitetura. Reúne 26 ensaios escritos por especialistas em ensino à distância, arquivos e *sites* de todo o mundo. O livro trata de pesquisas e abordagens inovadoras sobre ensino à distância e ferramentas conceituais e tecnológicas que podem ajudar usuários especializados e leigos a encontrar, etiquetar, adquirir, usar e compartilhar recursos digitais de arquitetura e engenharia.

Enquanto concebíamos o formato do livro, nos inspiramos, minha coeditora Anna Janowiak e eu, na maneira como os artigos são apresentados na Internet e nos jornais. Tentamos misturar essas duas diferentes formas de apresentar informações, pois, atualmente, mudar de um meio de apresentação para outro tornou-se algo natural para o leitor. *Browsing Architecture: Metadata and Beyond* foi elaborado para permitir que o leitor leia ou o usuário navegue. Na verdade, os textos são acessíveis de várias maneiras: tradicional, transversal, rápida e hipertextual.

Com o método tradicional, o leitor começa o livro a partir da primeira página e continua até a última. Seguir a ordem cronológica de um livro é a maneira mais convencional de adquirir seu conteúdo de maneira profunda e completa.

Hoje, no entanto, este método tradicional de leitura não é suficiente por si só, pois estamos nos acostumando cada vez mais aos diferentes modos de leitura propostos pelas mídias digitais. Isso significa que, quando passamos os olhos por uma página, inconscientemente habilitamos técnicas usadas na "leitura digital", o que pode inevitavelmente levar à confusão entre as diferentes mídias.

A teoria da Gestalt diz que tendemos a ver qualquer página como um todo, o que significa que primeiro passamos os olhos sobre o leiaute geral da página, identificando blocos autocontidos, antes de começar a ler. Cada bloco é definido por um conteúdo ou propósito preciso. Este modo de usar páginas definitivamente modificou a maneira como abordamos a leitura. Tendemos a

---

[20] Matteo Zambelli, Anna Janowiak e Herman Neuckermans, editores, *Browsing Architecture: Metadata and Beyond*, Stuttgart, Germany: Fraunhofer IRB Verlag, 2008. O livro foi apresentado por ocasião da conferência internacional "On-line repositories in architecture" no "Il Teatro Piccolo" no contexto da Bienal de Arquitetura de Veneza de 2008.

[21] MACE (Metadata for Architectural Contents in Europe), um projeto de pesquisa europeu mantido pela Comissão Europeia dentro do programa eContentplus, que visava criar uma rede europeia de portais, *websites* e arquivos federais dedicados à arquitetura. O MACE reuniu universidades, centros de pesquisa, institutos e empresas privadas da Alemanha, Itália, Espanha e dos Países Baixos.

sentir necessidade de sermos atraídos por diferentes estímulos provenientes da mesma página, desejamos pular de um ponto a outro seguindo as pistas de informação para acompanhar as dimensões ocultas de nossos pensamentos e buscas. Queremos folhear páginas antes de começar a ler seus conteúdos.

Partindo dessas considerações, propusemos outras maneiras de "navegar" no livro. Achamos, na verdade, que elas são mais atuais e diretamente relacionadas à ideia de navegar em recursos da Internet. Além disso, a forma como lemos revistas e jornais diários definiu nossa abordagem para a organização do livro.

A forma transversal de usar o livro permite que o leitor navegue por suas páginas. Enquanto lemos revistas ou jornais, geralmente lemos apenas as manchetes principais, as linhas de apoio e as frases destacadas dentro do texto. Ao fazê-lo, podemos rapidamente nos familiarizar com o conjunto inteiro de notícias. Também podemos facilmente separar os artigos mais interessantes e mergulhar neles, sem perder a visão geral ou a sensação. Portanto, em cada ensaio, destacamos as frases que consideramos mais significativas e/ou capazes de resumir o conteúdo. Em vez de cima para baixo, o "usuário" pode prosseguir por meio do texto "horizontalmente".

Também propusemos um modo de leitura rápida que fornece ao leitor uma lista de palavras-chave capazes de sintetizar o conteúdo de cada ensaio.

Esses modos de leitura de um livro foram a premissa que influenciou profundamente a concepção e a estrutura de *Sementes*.

Referências literárias

Enquanto concebia o livro, eu tinha em mente as seguintes referências literárias:

Culture and Value, de Ludwig Wittgenstein; *Pensées* (Pensamentos), de Blaise Pascal; *Escolios a un texto implícito*, de Nicolás Gómez Dávila; *Buch der Freunde* (*O livro dos amigos*), de Hugo von Hofmannsthal e, acima de tudo, *A Lover's Discourse: Fragments*, de Roland Barthes. Todos esses livros são compostos por uma coleção de pensamentos curtos e aforismos que têm a capacidade de iluminar diversos aspectos de nossas vidas cotidianas graças à sua profundidade e concisão rica e aguda. As entradas que Mauro e eu concebemos deveriam desempenhar em nossas intenções o mesmo papel dos pensamentos curtos dos livros mencionados, mas elas estão estritamente relacionadas à arquitetura e, em *Sementes*, lidam com uma certa atitude em relação à arquitetura.

O *Buch der Freunde* (O livro dos amigos) teve um papel importante. Hugo von Hofmannsthal concebeu o livro como um presente para seus amigos leitores; de fato, foi impresso em uma edição limitada. Quando Juhani Pallasmaa completou 70 anos, *Archipelago* foi publicado para celebrar o evento. O livro é uma coleção de ensaios escritos pelos amigos de Pallasmaa. Os textos são dedicados a vários tópicos, mas o denominador mínimo comum é a amizade.

Conheço Juhani há 11 anos, e posso garantir que ele é um bom e leal amigo e cultiva a amizade com amor, cuidado e sensibilidade.

Eu sempre considerei este livro um presente de Pallasmaa para seus amigos leitores espalhados pelo mundo, já que ele contém, sintetizadas em frases, a maioria dos tópicos com os quais ele vem lidando há vários anos. Essa é a razão pela qual o livro tem um estilo rapsódico, e isso explica seu caráter aforístico, embora, como Juhani apontou-me uma vez, esse não era o tom no contexto original. Pallasmaa nunca é axiomático, nem em seus ensaios e livros, nem em suas palestras. Sempre considerei seus pensamentos reveladores como haicais, embora não tenham sido originalmente concebidos nesse formato. O que realmente aprecio nos seus escritos é sua capacidade de revelar verdades súbitas sobre uma certa atitude de perceber e viver a arquitetura. Eles são como relâmpagos capazes de iluminar seu caminho na noite escura.

Então, sempre que você quiser ficar em contato com Pallasmaa, basta abrir este livro ao acaso e ler uma frase curta, e você imediatamente ouvirá a voz dele falando com você.

Por fim, deixe-me falar sobre o livro que foi minha inspiração desde o início. O livro que considero o pai de *Sementes* é o maravilhoso *A Lover's Discourse: Fragments*. Em retrospectiva, acho que devo a estrutura, o estilo rapsódico e, talvez, toda a ideia de *Sementes* ao livro de Barthes.

O livro, escrito por Roland Barthes em 1977, é uma coleção de fragmentos curtos, afiados e reveladores dedicados ao amor, organizados em ordem alfabética. *A Lover's Discourse: Fragments* estimula uma maneira não linear de leitura, como no livro de Pallasmaa. Você pode começar de onde quiser, pode pular de uma entrada para outra apenas seguindo o seu instinto, as palavras que mais gosta ou as frases as quais sente que precisa mais enquanto passa por um momento específico de uma história de amor.

O livro também está repleto de citações, extraídas por Barthes de diferentes autores ou amigos, que enriquecem ou apoiam seu discurso, como acontece nos textos de Pallasmaa.

O livro de Barthes trata do amor, o discurso de Pallasmaa, de uma abordagem fenomenológica da arquitetura.

O que é este livro e como devemos "usá-lo"?

> *O que se desenvolve nos grandes romances do século XX é a ideia de uma enciclopédia aberta – e aqui o adjetivo, é claro, contradiz o substantivo, que deriva etimologicamente da presunção de que todo o conhecimento do mundo poderia ser reunido e fechado em um círculo. Agora, qualquer totalidade que não seja potencial, especulativa ou plural já não é mais imaginável. (...) Os livros modernos mais amados, em contrapartida, surgem da confluên-*

cia e colisão de uma multiplicidade de métodos interpretativos, modos de pensamento e estilos de expressão. Mesmo que o projeto geral de uma obra tenha sido meticulosamente planejado, o que conta não é sua inclusão dentro de uma forma harmoniosa, e sim a força centrífuga que ela libera, com sua multiplicidade de linguagens como garantia de uma verdade que não é parcial.[22] Agora cheguei ao final da minha defesa do romance como uma grande rede. Alguns podem argumentar que, quanto mais uma obra tende à multiplicação de possibilidades, mais ela se afasta daquele unicum *que é a identidade do escritor, da sinceridade, da descoberta da verdade pessoal. Eu responderia: Pelo contrário, quem somos nós, quem é cada um de nós, se não uma combinação de experiências, de informações, de coisas que lemos e imaginamos? Cada vida é uma enciclopédia, uma biblioteca, um inventário de objetos, um livro de padrões de estilos, em que tudo pode ser constantemente remixado e rearranjado de todas as maneiras possíveis.*[23]

Juhani Pallasmaa sempre considerou *Sementes* como a semienciclopédia de seu pensamento. Ele o considera uma enciclopédia aberta, uma vez que sua pesquisa está sempre evoluindo, e ele tem enriquecido o número de entradas desde que começamos a trabalhar com *Lampi di pensiero*.

Como uma enciclopédia aberta, acredito que seu melhor meio não seja o papel, mas os *bits*, ou seja, a *web*; espero que seu destino final seja a Internet, para que possa ser realmente constantemente aumentado e atualizado. Veremos o que o futuro reserva para este livro.

Mas o que eu acho do livro de Pallasmaa?

Enquanto pensava em ideias sobre o que fazer com os ensaios de Pallasmaa, lembrei-me do livro *O castelo dos destinos cruzados*, do grande romancista italiano Ítalo Calvino. Como Calvino escreveu, ele imaginou aquele livro como uma máquina para multiplicar narrativas por meio de cartas de tarô, cujas imagens retratadas têm muitos significados possíveis, dependendo do quadro em que estão inseridas.

No livro, Calvino conta a história de um grupo de estranhos que passam a noite na mesma hospedaria. Está quase escuro e todos estão cansados depois de um dia de trabalho ou de viagem, mas ainda querem falar mesmo que ninguém possa conversar, já que perderam a capacidade de falar. Assim, o hospedeiro tira um baralho de tarô e, de repente, uma pessoa escolhe algumas cartas e

---

[22] Italo Calvino, *Six Memos for the Next Millennium*, Harcout, Boston, New York, HMH Mariner Books, Houghton, Mifflin, p. 142–143 (edição Kindle).

[23] *Ibid.*, 151.

começa a colocá-las uma ao lado da outra sobre uma mesa. Imediatamente fica claro que ele não quer jogar cartas de tarô para fins esotéricos, ele apenas quer narrar o que lhe aconteceu por meio das imagens exibidas nas cartas.

O livro contém vários contos construídos pela junção das mesmas cartas de tarô em combinações diferentes pelos vários contadores de histórias. Assim, as mesmas cartas podem descrever e compor diferentes histórias. É isso que Juhani Pallasmaa faz com seus pensamentos, ele combina, diligente e intencionalmente, o que arquivou em seu armazenamento quando lhe pedem para escrever um ensaio ou dar uma palestra dedicada a um tópico específico.

De fato, quando Mauro e eu fragmentamos os pensamentos de Pallasmaa e os etiquetamos, simplesmente criamos "palavras de tarô". Agora, os leitores estão livres para usar as palavras de tarô de Pallasmaa para criar seu próprio discurso, talvez adicionando suas novas palavras, implementando e enriquecendo os pensamentos de Pallasmaa.

Sei que esse processo pode parecer artificial, mas é uma das maneiras de criar um discurso novo e original, e é a moda que alguns arquitetos seguem ao projetar.

A seguir, estão dois exemplos para apoiar o que estou dizendo. Ambos foram reveladores para mim, porque me permitiram imaginar como os leitores podem ler e, então, "usar" *Sementes*.

O primeiro exemplo é o programa de TV italiano *Blob*, que é transmitido pela Rai3[24] desde 1989. *Blob* é feito a partir de uma coleção de fragmentos de vídeos, dedicados a diferentes tópicos e extraídos de programas de TV nacionais ou regionais, que são abruptamente colocados um ao lado do outro. Apesar do nome do programa de TV, os fragmentos selecionados não são fundidos, eles são simplesmente justapostos em um estilo paratáctico e, assim, circuitos mentais significativos são criados graças às fricções agudas geradas pela montagem dos diferentes fragmentos. As combinações dos trechos, que são completamente abstraídos de seus contextos, são capazes de criar uma nova trama/narrativa significativa. Assim, registros irônicos, satíricos, engraçados, ridículos, trágicos, traiçoeiros, pérfidos, reveladores e surpreendentes alternam-se uns após os outros graças às montagens.

O segundo exemplo é a Villa Dall'Ava, que mostra como as referências a edificações anteriores na forma de fragmentos são importantes durante um processo de projeto. A casa, projetada pelo OMA25 e concluída em Paris, França, em 1991, é uma bela colagem, pois é o resultado da montagem de fragmentos tirados de várias obras-primas do Movimento Moderno, como, a Villa Savoye de Le Corbusier (as duas caixas suspensas da Villa Dall'Ava se assemelham ao volume, aqui dissecado em duas partes, do *piano nobile* da Villa Savoye. Além disso, encontramos todos os cinco pontos da arquitetura moderna, como teorizado por Le Corbusier, na casa projetada por Koolhaas), a Casa Farnsworth, de Mies van

---

[24] Rai é a emissora de televisão pública nacional da Itália, e faz parte do Ministério da Economia e Finanças.

der Rohe, e uma obra de arquitetura do próprio Koolhaas, a piscina flutuante dos construtivistas russos de *Exodus or the Voluntary Prisioners of Architecture*.

O OMA interpretou todos esses fragmentos levando em consideração: o conceito de espaço temporalizado sintetizado na edificação da escola de Bauhaus, projetada por Walter Gropius; os ecos da obra dos arquitetos construtivistas e a obra suprematista de Malevich; e, por fim, a paixão *pop* de Koolhaas pelos materiais produzidos industrialmente, como a chapa de metal corrugado. Se você olhar cuidadosamente para a Villa Dall'Ava, todas essas referências são evidentes.

A montagem de fragmentos aparece em outros projetos do OMA, como as Two Patios Villas, que são uma reinterpretação *pop* (na verdade, parece uma espécie de plágio, se você considerar apenas o leiaute) da Fifty × Fifty Foots Villa, de Mies van der Rohe; e a Kunsthal em Rotterdam, onde Koolhaas enxertou a rampa (esticada e ampliada) da Villa Savoye de Le Corbusier na Neue Staatsgalerie, construída em Berlim, por Mies van der Rohe.

De fato, a MVRDV, uma empresa de arquitetura fundada por alguns antigos aprendizes do OMA, projetou a Villa VPRO (1997) "cortando" o projeto do OMA para as duas bibliotecas em Jusseu, uma universidade técnica em Paris, e adaptando o fragmento resultante para os propósitos da sede de um centro de radiodifusão público em Hilversum, nos Países Baixos.

Esses projetos nos mostram que o novo pode ser contado pela combinação de fragmentos retirados de diferentes fontes.

Na música, a técnica de montagem descrita nos dois exemplos anteriores é conhecida como *sampling*. O *sampling* é o ato de valer-se de uma parte ou amostra de uma gravação de som e reutilizá-la como instrumento ou gravação de som em uma música ou peça diferente.

OMA é uma firma de arquitetura cofundada em 1975 e de fato administrada por Rem Koolhaas.

Beate Gütschow usa o modo de *sampling* em suas imagens.

Hoje, essa técnica está disseminada (talvez até demais), graças à sua implementação em todos os programas instalados em um computador. A combinação de Ctrl + C e Ctrl + V permite aos usuários copiar e colar qualquer conteúdo digital de um contexto para outro com apenas dois toques. Isso explica por que o *sampling* é tão comum e influencia nossa maneira de pensar e compor textos, desenhos, projetos, imagens, pinturas etc.

Pensamentos finais

De fato, o livro, que sempre considerei um texto aberto (*opera aperta*), pede (eu diria que "exige") a participação ativa dos leitores. Eles são gentilmente convidados a traçar seus próprios caminhos entre as linhas do texto a fim de encontrar significados imprevistos e usos inesperados. Pelo menos, essa é minha esperança.

Índice

a

A experiência integrada: orquestrando arquitetura por meio dos nossos sentidos negligenciados (2018) 249
A falta de abrigo existencial: desterritorialização e nostalgia na era da mobilidade (2006)
    desterritorialização 265–266
    falta de profundidade 107
    mito 174–175
    niilismo 179–180
    nomadismo e mobilidade 180–182
    nostalgia 182–185
    raízes e biologia 205
    universo digital 265–266
    velocidade 267–268
A Lover's Discourse: Fragments (Barthes) 290, 291
A sabedoria existencial: fusão do espaço arquitetônico e mental (2008) 102–103
A sensualidade da matéria: imaginação material, tatilidade e tempo (2012)
    a experiência tem uma essência multissensorial 104
    linguagem da matéria 147–149
    perfeição e erro 196–198
    ruínas 210–211
    tatilidade e materialidade da luz 238–243
A tarefa existencial da arquitetura (2009) 131–132, 230–231
A veracidade da experiência: orquestrando a experiência com nossos sentidos negligenciados (2019)
    cheiros 55–56
    odores na arquitetura 190–191

    sentidos II 218–219
    sinestesia 224–226
Aalto, Alvar 3, 4, 13–16, 23, 43, 47, 83, 109, 114, 121, 153–154, 160, 166–167, 174, 198, 199, 204, 208, 210, 229, 239, 246, 256, 273
    Igreja das Três Cruzes 153, 160
Against Method: Outline of an Anarchist Theory of Knowledge 280
Água e tempo 1–2
Akhmatova, Anna 150
Ålander, Kyösti 116
Al-Sayed, Marwan 225
Ando, Tadao 100, 154, 196, 239
Animais construtores de artefatos 6
Animais, processos de construção 7
Animal architecture (von Frisch) 6
Anonimato 3–4
Antonioni, Michelangelo 20, 43, 110
    arquitetura 3
    Beyond the Clouds 132
Antropologia da arquitetura 5
Architectural Space in the Digital Age (Kaçmaz) 266
Architecture and Disjunction (Tschumi) 282
Architecture and Embodiment (Mallgrave) 37
Architecture and the Crisis of Modern Science 143
Arkadiou, Stelios 266
Arnaud, Noël 69, 95, 117
Aromatizantes artificiais 102
Arquitetos 198–199
    artistas *versus* 38–39
Arquitetura 5, 11, 13, 15, 17–29, 47, 199–201
    atmosferas 39–42
    livros e 149–151

cinema e 56–57
encontrando a 87–89
como experiência 93–94, 175–176
frágil 19–29
como disciplina impura 11–15
é espaço mental construído 17–18
odores na 190–191
fenomenologia da 107–110
racionalizando a 203–205
realidade e individualidade 29
animal 5–11
e ser 18–19
e biologia 15–17
Arquitetura animal 5–11
"Arquitetura científica" 13
Arquitetura como experiência: significado existencial na arquitetura (2018)
arquitetura como experiência 13–15
empatia 16, 86
encontrando a arquitetura 87–89
experiências relacionais 106
teorizando a arquitetura 245–247
arquitetura e biologia 15–17
Arquitetura de assinatura (de arquitetos famosos) 102
"Arquitetura da desolação" 179
Arquitetura e a natureza humana: em busca de uma metáfora sustentável (2011)
arquitetura como disciplina impura 12–13
homem 123–125
metáfora 171–173
arquitetura animal 11
Arquitetura e vida simbólica: o significado mental de tempo, memória e sepultamento na arquitetura (2019) 23–29
Arquitetura frágil 19–23
Arquitetura funerária 23–29
Arquitetura humana 9
Arquitetura modernista 204
Art as Experience (Dewey) 14, 63
Arte
como representação e realidade 30–31
versus ciência I 31–33
versus ciência II 34–36
Arte como representação e realidade 30–31
Arte Povera 148, 165
Artefatos animais 9
Artistas
como fenomenologistas e neurologistas 36–38
versus arquitetos 38–39

As cidades invisíveis (Calvino) 83, 150
As mãos inteligentes: a sabedoria existencial e corporalizada na arquitetura (Pallasmaa) 71, 74–78, 100–101, 137–139, 145–146, 157–161, 161–163, 201–202, 252–256, 263–264
desenho à mão 74–78, 78–79
incerteza 100–101, 137–139
limites 145–146
tríade 263–264
Asplund, Erik Gunnar 167
Atmosferas nas artes 42–44

b

Bachelard, Gaston 2, 14, 19, 32, 59, 100, 105, 120, 153, 166, 175, 205, 234, 249, 279
The Philosophy of No: A Philosophy of the New Scientific Mind 32
The Poetics of Space 6, 32, 59
Balthus 4, 50, 66, 88, 187, 188, 221
Barragán, Luis 2, 154, 156, 196, 215, 239, 256
Barthes, Roland 290, 291
A Lover's Discourse: Fragments 290, 291
Baudelaire, Charles 245
"Pintores da vida moderna" 74
Being and Time (Heidegger) 191
Beleza 45–47
Beleza biofílica 47–48
Beleza e ética 48–53
Beleza e tempo 53
Bell, Daniel 28, 99
Benjamin, Walter 59, 97, 199, 225, 252
"The Work of Art in the Age of Mechanical Reproduction", 97
Bennett, Janey 286
Resonance in Silence 286
Bentham, Jeremy 192
Berenson, Bernard 107, 252
Berger, John 75–78, 161–162, 253
Berger On Drawing 74
Beyond the Clouds (Antonioni) 139, 189
Biblioteca Mediciea Laurenziana 3, 120, 189
Bierstadt, Albert 229
Bill, Max 190
Biopsicologia 10, 42, 242
Blomstedt, Aulis 77, 146, 149, 163, 245
Blomstedt, Juhana 20, 190, 220
The Listening Eye 20
Bloomer, Kent C. 237
Böcklin, Arnold 3
A ilha dos mortos 155

Body, Memory, and Architecture 237
Böhme, Gernot 42, 243
Bonnard, Pierre 200, 217
Borges, Jorge Luis 39, 53, 90, 101, 150, 180, 187, 253, 263
   On Writing 150
   This Craft of Verse 253
Bousque, Joë 175
Brancusi, Constantin 43, 65, 215, 258
   Sculpture for the Blind 163
Breillat, Catherine 62
Brodsky, Joseph 2, 37, 45, 46, 48, 50, 86, 117, 127, 137, 150, 168, 170, 172, 182, 195, 206, 249, 262–264, 266
   Watermark 172
Brook, Peter 21, 60
Brunelleschi, Filippo 255, 263
   Hospital dos Inocentes 120
Bryggman, Erik 127, 167
Buch der Freunde (von Hofmannsthal) 290
Burnette, Wendell 225

c

Calícrates 38
Calvino, Ítalo 24, 83, 96, 102, 125, 130, 132, 150, 186, 236, 269
   As cidades invisíveis 83, 150
   Six Memos for the Next Millennium 24, 236
Capitalismo consumista 102
Carpenter, James 200, 238
Casa junto à ferrovia (Hopper) 59
Casey, Edward S 90, 97, 169
   Remembering: A Phenomenological Study 170
Castorp, Hans 269
Celant, Germano 186
Cézanne, Paul 37, 95, 140, 220, 240, 250, 275
Chandler, Marilyn R.
   Dwelling in the Text 109
Cheiros 55–56
Chillida, Eduardo 101, 148, 154, 165, 249
Christ in the Garden (Mantegna) 174
Church, Frederick 229
Ciberespaço 265–266
Cinema
   e arquitetura 56–61
   e pintura 61–62
Cirurgião 198–199
Cliente ideal 62
Colaboração 63–64

Cole, Thomas 229
Collins, Billy 138
Complexidade da simplicidade: a estrutura interna da imagem artística (2016) 64–67
Compressão tempo-espaço 99, 100, 268
Computador e imaginação 67–68
Condensação 68–69
Conhecimento e pensamento corporificado 69–70
Connolly, Cyril
   The Unquiet Grave 222
"Consciência imaginativa" 117
Construção verde, projeto de pesquisa 7
Construções de animais 6
Cortesia da arquitetura 23
Crime e castigo (Dostoiévski) 110
Cosmopolitanismo 181
Culto da personalidade 71
Cultura consumista 4
   emoções e 102–103
   estetização 46
Cultura hedonista 186
Cultura ultramaterialista 186
Culturas africanas tradicionais 7
Culturas humanas vernaculares 7
Culture and Value (Wittgenstein) 290

d

D'Ors, Eugeni 112, 146, 259
Dali, Salvador
   A casa encantada 59
Dávila, Nicolás Gómez
   Escolios a un texto implicito 290
Dawkins, Richard
   The Extended Phenotype 38
De Architectura Libri Decem (Vitrúvio) 5, 254
de Chardin, Teilhard 81
de la Tour, Georges 153
de Maria, Walter
   Lightning Field 229
de Saint-Exupéry, Antoine 53, 168, 185
Debord, Guy
   "Sociedade do espetáculo" 8
Derrida, Jacques 282, 284, 286
   Dissemination 282
Desabrigo 73–74
Desenho 74–78
   à mão livre 78–79
Dewey, John 14, 39, 63, 240
   Art as Experience 14, 63

Die Kunst und der Raum (Heidegger) 249
Dirac, Paul Adrien Maurice 51
Disque M para matar (Hitchcock) 61
Dóczi, György 146
"Doenças da civilização" 11
Dogville (von Trier) 43
Dostoiévski, Fiódor 45, 73, 110, 150, 183, 184
  Crime e castigo 110
Durand, Jacques-Nicolas-Louis
  Précis des Leçons d'Architecture 203
Dürer, Albrecht
  Melancolia 189
Dwelling in the Text (Chandler) 109

e

Eco emocional 81
Eco, Umberto
  O nome da rosa 129
Edinger, Edward F. 29
Educação 81-82
Ehrenzweig, Anton 158, 223
  The Psycho-Analysis of Artistic Vision and Hearing 158
Einstein, Albert 90, 134
Einstein's Dreams (Lightman) 243
Eisenstein, Sergei
  Encouraçado Potemkin 93
Eliasson, Olafur 30, 31, 35, 154
  Projeto Tempo 31, 35, 154
Eliot, T. S. 23, 24, 63, 209, 245, 259, 263
  "Tradição e talento individual" 259
  Wasteland 245
Emoções 82-84
  amplificadores 3
  e pensamento criativo 84-85
Empatia 86-87
Encounters (Pallasmaa) 19-23, 107-109, 115-116, 127-128, 135-136, 143-144, 164-167, 196-197, 271-272
Entendimento corporificado 89-91
Entre arte e ciência: realidade e experiência em arquitetura e arte (2018) 30-31
  arte como representação e realidade 30-31
  racionalizando a arquitetura 203-205
Escadarias no cinema 91-93
Escape from Freedom (Fromm) 147
Escavação psicológica 278
Escolios a un texto implícito (Dávila) 290
"Escultura atmosférica" 43

Espaço e imaginação 93-94
Espaço existencial I 94-95
Espaço existencial II 95-96
Espaço vivenciado 96-98
Espaço vivenciado na arquitetura e no cinema (2008)
  cinema e arquitetura 56-61
  cinema e pintura 61-62
  emoções 56-57
  escadas no cinema 56-57
  espaço vivenciado 96-98
  evocatividade 103
  fenomenologia da arquitetura 107-110
  fragmentos 113-115
  pintor, arquiteto e cirurgião 198-199
Espaço, lugar e atmosfera: percepção periférica na experiência existencial da arquitetura (2012)
  atmosferas na arquitetura 39-42
  atmosferas nas artes 42-44
  beleza biofílica 47-48
  emoções e pensamento criativo 84-85
  visão periférica 273-276
Espaço-tempo 98-100
Espiritualidade na arquitetura: arquitetura, arte e sacralidade existencial (2011) 229, 230
Esquecimento 100-101
Estetização 101-103
Eternidade, o agora e a 189-190
Evocatividade 103
existencial outsideness ("exterioridade existencial") 180
Existentialism & Humanism (Sartre) 119
Experiência corporificada e pensamento sensorial: espaço vivenciado na arte e na arquitetura (2006)
  arquitetura é espaço mental construído 17-18
  arte *versus* ciência I 31-32, 32-33
  beleza 45
  cinema e arquitetura 57
  conhecimento e pensamento corporificado 69
  educação 81
  emoções 82-83
  espaço existencial II 95-96
  horizontes de significado 125
  ideais 129-130
  modos de pensamento 175-176
  raízes e biologia 205
  ser no mundo 219-221

símbolo 223
tarefas da arquitetura 233–234
tarefas da arte 236
tempo e eternidade 245
Experiências relacionais 106

f

Falta de profundidade 107
Fazendo o mundo – espaço, lugar e tempo na arquitetura: desterritorialização e nostalgia na era da mobilidade (2012) 100, 270–271
Fehn, Sverre 8, 12, 26
Feldenkrais, Moshé 101
Fenomenologia da arquitetura 103–110
Feyerabend, Paul K. 280–281
Filosofia na carne 111
Forma presente da arte 112–113
Foucault, Michel 197
Fra Angelico 200
Fragmentos 113–115
Franck, Kaj 4
Fratta, Mauro 277, 278, 280, 283, 284, 288
Freud, Sigmund 47, 84, 93, 199
Friedrich, Caspar David 229
Fromm, Erich 45, 52, 74
    Escape From Freedom 147
Frost, Robert 150
Fuller, Buckminster 7
Fulton, Hamish 22
Fundamentalismo 115–116
Fusão do eu com o mundo 116–117

g

Gage, Fred 16
Gallese, Vittorio 34, 246
Gardner, Howard 85, 104, 124, 216
Generosidade 119–121
Generosidade artística, humildade e expressão: senso de realidade e idealização na arquitetura (2007) 119
    arquitetura e o ser 18–19
    beleza 45
    colaboração 63–64
    condensação 68–69
    cortesia da arquitetura 71
    culto da personalidade 71
    empatia 86–87
    filosofia na carne 191

    fusão do eu com o mundo 116–117
    generosidade 119–121
    humildade 126–128
    ideais 129
    otimismo 177
    realidade e imaginação 198
    realismo e idealização 197–198
    significado 156–157
    tradição 259
Generosidade na arquitetura 120
Genet, Jean 63, 113, 245, 259
Genius loci 40, 241
Gestalt 164, 191, 196, 247, 273, 276, 289
Giacometti, Alberto 30, 31, 36, 43, 63
Giedion, Sigfried
    Space, Time and Architecture 98
Giotto 140, 200
Goethe, Johann Wolfgang 19, 29, 56, 105, 251
Goldsworthy, Andy 22, 148
Gopnik, Alison 70
Gorchakov, Andrei 155, 183
Griffero, Tonino 106, 219
Gütschow, Beate 279, 296

h

Haahtela, Tari 11
Hadamard, Jacques 90, 158
Halbwachs, Maurice 170
Hall, Edward T. 131, 219, 230
Halprin, Lawrence 22, 23
Hamilton, Ann 200
Hansell, Michael H. 6
Hapticity and Time. Notes on Fragile Architecture (Pallasmaa) 19–23
Harries, Karsten 14, 18, 24, 29, 49, 50, 53, 57, 164, 215, 234, 248
    The Ethical Function of Architecture 49, 50
Harrison, Robert Pogue 25, 41, 172, 241
    The Dominion of the Dead 25
Harvey, David 28, 99, 262, 268
Hawking, Stephen
    The Universe in a Nutshell 244
Heidegger, Martin 14, 41, 57, 73, 74, 89, 108, 112, 134, 241
    Being and Time 112
    Die Kunst und der Raum 249
Heizer, Michael 200, 229
Henningsen, Poul 154, 239
Heráclito 191

Hesse, Hermann 150
Himmelb(l)au, Coop 179
Hiperespaço 265–266
Hiss, Tony
   The Experience of Place 39, 240
Hitchcock, Alfred 58
   Disque M para matar 61
   Intriga internacional 58
   Janela indiscreta 58, 59
   Os pássaros 58
   Pacto sinistro 61
   Psicose 58, 59
   Um corpo que cai 58, 93
Hofer, Johannes 183
Holl, Steven 13, 14, 155, 196
   Questions of Perception 14
Homem 123–125
Homes Without Hands (Wood) 6
Hopper, Edward 59, 83
   Casa junto à ferrovia 59
Horizontes de significado 125–126
Hospital dos Inocentes (Brunelleschi) 120
House, Form and Culture (Rapoport) 26
Hrabal, Bohumil 151, 265
Humildade 126–128
Husserl, Edmund 14, 108
Huxley, Aldous 125, 173

i

Íctino 38
Ideais 129–130
Idealismo social 30
Idealização
   realismo e 208–209
Identidade 130–132
Identidade cultural 130
Identidade, memória e imaginação: paisagens de recordação e sonho (2007)
   amplificadores de emoções 3
   arquitetura e ser 18
   artistas *versus* arquitetos 38–39
   eco emocional 81
   espaço existencial I 94–95
   fragmentos 113–115
   memória 167–169
   memória corporificada 169–170
   memórias coletivas 170
   memórias espacializadas 170–171
   novidade 185
   tradição 262–263

troca 164–265
velocidade 267
Igreja das Três Cruzes (Aalto) 153, 160
Iliescu, Sanda 163, 177
Imagens libertadoras *versus* imagens decadentes 132–133
   Imaginação criativa 133–134
Imaginação empática: simulação corporificada e emotiva na arquitetura (2016)
   arquitetura e a biologia 15–17
   imaginação criativa 133–134
   imaginação sincrética 134–135
   trabalho criativo em equipe 256–257
"Imaginação formal" 166–167
Imaginação material 166–167
Imaginação sincrética 134–135
Imaginário 135–136
Imperfeição 136–137
In Search of Lost Time (Proust) 169, 237
Incerteza 137–139
Infinito e limites: infinitude, eternidade e imaginação artística (2017)
   arte *versus* ciência II 34–36
   limites e imensidade 147
   o agora e a eternidade 189–190
   sublime 228–230
Inner Vision: An Exploration of Art and the Brain (Zeki) 37, 51
Inteligência atmosférica 139–140
Inteligência emocional 85, 104, 124, 216
Inteligência humana 85, 92, 124, 135
Inteligência moral 104
Interpretação reversa 140–141
Intriga internacional (Hitchcock) 58
Introjeção 250
Irwin, Robert 30, 200

j

James, William 66, 158
   The Hidden Order of Art 158
Jameson, Fredric 99, 262
Janela indiscreta (Hitchcock) 58, 59
Jay, Martin 237
Jogando com formas 143–144
Johnson, Mark 42, 52, 85, 90, 111, 112, 171, 243
   Philosophy in the Flesh 90, 111
   The Body in the Mind 90
   The Meaning of the Body: Aesthetics of Human Understanding 42, 243
   The Metaphors we Live by 171

Joy, Rick 196, 225
Judd, Donald 200, 201
Jung, Carl Gustav 199, 200

k

Kaçmaz, Gül
 Architectural Space in the Digital Age 266
Kafka, Franz 150, 209
Kahn, Louis 13, 38, 83, 131, 137, 153, 190, 205, 215, 230, 234, 239, 252, 256
Kaplan, David 10
Kapoor, Anish 190
Khan, Nurur Rahman 131
Kiefer, Anselm 148, 165
Kounellis, Jannis 148, 165, 200
Kraus, Karl 27
Kubrick, Stanley
 Uma odisseia no espaço 156
Kuma, Kengo 196
Kundera, Milan 112, 140, 262, 263, 270

l

L'enracinement (Weil) 205
La Poétique de l'espace (Bachelard) 6
Laib, Wolfgang 22, 190, 215
Laine, Jarkko 171
Lakoff, George 90, 111, 112, 171
 Philosophy in the Flesh 90, 111
 The Metaphors we Live by 171
Lamennais, Abbé 269
Lampi di pensiero 277–279
Lang, Fritz
 Disque M para matar 61
Lang, Richard 91
Lareira 92
Lavoisier, Antoine-Laurent de 115
Le Corbusier 13, 116, 120, 153, 164, 229, 230, 256, 295, 296
Le Nain, Louis 153
Le nouvel roman 20
Lehrer, Jonah
 Proust was a Neuroscientist 15, 37
Leib, Wolfgang 148, 200
Leiviskä, Juha 153, 229
Leonardo da Vinci 145
Leppänen, Kaarlo 160
Lescure, Jean 249
Lewerentz, Sigurd 2, 165, 210, 211, 256,

Lewis, Peirce F.
 The Interpretation of Ordinary Landscapes 195
Lightman, Alan 243
Lightning Field (de Maria) 229
Limites 145–146
 e imensidade 147–149
Linguagem da matéria 165–166
Long, Richard 22
Loos, Adolf 25, 27, 29
Louis, Morris 77, 163
Lund, Kjell 154
Luz 151–156
Luz na arquitetura 153
Luz negra 155

m

Mairea, Villa 121, 204, 256
Malevich, Kazimir
 Quadrado negro 64
Mallgrave, Harry F.
 Architecture and Embodiment 37
 The Architect's Brain 37
Mandelstam, Osip 150
Mann, Thomas 150, 269
 The Magic Mountain 269
Mantegna, Andrea
 Christ in the Garden 174
Mãos informatizadas 157–161
Mãos inteligentes 161–163
Marcel, Gabriel 69
Marcuse, Herbert 60, 175
 One-Dimensional Man 175
Marden, Brice 77, 163
Marinetti, Filippo Tommaso 179, 268
"*Marketing* multissensorial" 102
Martin, Agnes 201
Marx, Karl 73, 182
Matéria e tempo 163–167
Materialidade sensual 167
Matisse, Henri 76, 105, 155, 161, 217, 239
Matta-Clark, Gordon 148, 165, 200, 282, 283
 Bingo 283
"*Matter and Time. Notes on Fragile Architecture*" (Pallasmaa) 164–167
McGilchrist, Iain 42, 87, 140, 243
Melancolia (Dürer) 189
Memória 167–169
Memória corporificada 169–170

Memórias coletivas 170
Memórias espacializadas 170
Merleau-Ponty, Maurice 4, 14, 40, 65, 73, 88, 89, 91, 95, 105, 109, 120, 123, 131, 181, 216, 217, 219, 220, 224, 225, 231, 235, 237, 239, 240, 250, 251, 258, 275, 279
Metáfora 171–173
Meyer, Hannes 204
Michelangelo Buonarroti 36–38, 83, 263
Microcosmo 174
Mies van der Rohe, Ludwig 8, 230, 295, 296
Mind in Architecture: Neuroscience, Embodiment, and the Future of Design (Robinson, Pallasmaa) 36–38, 86–87, 215–216, 234–235
Minkowski, Hermann 98
Mito 174–175
Mobilidade 182–182
Modell, Arnold H. 171
Modos de pensamento 175–176
Monet, Claude 2, 43, 49, 154, 200, 217
Montagu, Ashley 148, 237, 238, 249
  Touching: The Human Significance of the Skin 249
Moore, Charles 14, 237
Moore, Henry 68, 89, 133, 134, 201
Morandi, Giorgio 33, 36, 39, 112
Movimento 176
Movimento Moderno 46, 166, 295
Mozart, Wolfgang Amadeus 135, 153, 189
Mugerauer, Robert 14
Mulher segurando uma balança (Vermeer) 153
Mumford, Lewis
  The City in History 25
Museus do tempo 176–177
My Life and my Films (Renoir) 145

n

Nelson, George 18
Neutra, Richard
  Survival Through Design 15
Nevanlinna, Rolf 246
Newman, Charles 107
Nietzsche, Friedrich 192, 277
Niilismo 179–180
Nils-Udo 22, 148
Nomadismo 180–182
Norberg-Schulz, Christian 14
Nostalgia (Tarkovsky) 60, 155, 183
"Nova tecnocracia da sensualidade" 102

Novidade 185–188
Novidade, tradição e identidade: conteúdo existencial e significado na arquitetura (2012)
  identidade 130–131
  novidade 186–188
  tradição 257–259
Nussbaum, Martha
  Poetic Justice 50

o

O espaço do tempo: tempo mental na arquitetura (2007)
  água e tempo 1–2
  beleza e tempo 53
  espaço-tempo 98–100
  forma presente da arte 112–113
  museus do tempo 176–177
  novidade 188
  raízes e biologia 206
  realidade *versus* símbolo 207–208
  tempo 243–245
  velocidade e tempo 268–270
O significado ético da beleza (2019) 48–53
O toque da luz: materialidade e tatilidade da iluminação (2011) 151–156
Odores na arquitetura 190–191
Olhos 191–193
On Beauty and Being Just (Scarry) 46, 50
On Photography (Sontag) 171
On Writing (Borges) 150
One-Dimensional Man (Marcuse) 175
Ong, Walter J. 226
Ortega y Gasset, José
  The Dehumanization of Art and Other Essays on Art, Culture and Literature 30, 49
Orwell, George 125
Os deuses malditos (Visconti) 62
Os pássaros (Hitchcock) 58
Otimismo 193
Otto, Frei 7

p

Pacto sinistro (Hitchcock) 61
Paisagem física e mental 195–196
Paisagens da arquitetura: a arquitetura e a influência de outros campos de investigação (2003/2010)
  interpretação reversa 140–141
  livros (e arquitetura) 149–151

Paisagens e horizontes da arquitetura:
arquitetura e pensamento artístico (2007)
   arquitetura como disciplina impura 16–17
   arte *versus* ciência I 21–23
   beleza 38–39
   colaboração 63–64
   imperfeição 135
   microcosmo 174
   paisagem física e mental 195–196
   pintura e arquitetura 199–201
   reconciliação 209–210
   tarefas da arquitetura 233
   teorizando a arquitetura 247–248
Pallasmaa, Juhani 277, 278, 280, 284, 290, 292, 295
Paré, Ambroise 6
Pascal, Blaise
   Pensées 290
Paz, Octavio 74
Pensamento psicanalítico 257
Perec, Georges 150
Pérez-Gómez, Alberto 14, 116, 143, 203
   Questions of Perception 15
Perfeição e erro 196–198
Petäjä, Keijo 17, 235
Philosphy in the Flesh (Johnson, Lakoff) 90, 111
Piano, Renzo 154, 255–256
Picard, Max 221
   The World of Silence 222
Picasso, Pablo 190
Piero della Francesca 200
Pikionis, Dimitris 22–23
Pintor 198–199
Pintura
   e arquitetura 199–201
"Pintura atmosférica" 43
Place and Placelessness (Relph) 180
Poetic Justice (Nussbaum) 50
Pollock, Jackson 77, 163, 189, 275
Porphyrios, Demetri 197
Pound, Ezra 46, 133, 136, 258
Précis des Leçons d'Architecture (Durand) 203
Processo de projeto 201–202
Projeto auxiliado por computador 160
Projeto Tempo (Eliasson) 31, 35, 154
Proust Was a Neuroscientist (Lehrer) 15, 37
Proust, Marcel 37, 99, 169, 176, 237, 269
   In Search of Lost Time 169, 237
Provincianismo 23
Psicose (Hitchcock) 58, 59

q
Quadrado negro (Malevich) 64
Quasi-Things: The Paradigm of Atmospheres (Griffero) 106
Questions of Perception (Holl) 14

r
Racionalizando a arquitetura 203–205
Raízes e biologia 205–206
Rapoport, Amos
   House, Form and Culture 26
Rasmussen, Steen Elier 14
Read, Herbert 116
Realidade e imaginação 206–207
Realidade *versus* símbolo 207–208
Realismo e idealização 208–209
"Realismo ingênuo" 206
Reconciliação 209–210
Reinhardt, Ad 155
Relph, Edward 180, 192
   Place and Placelessness 180
Remembering: A Phenomenological Study (Casey) 170
Renoir, Jean 43
   My Life and My Films 145
Resonance in Silence (Bennett) 286
Rilke, Rainer Maria 1, 44, 67, 73, 104, 117, 159, 197
   The Notebook of Malte Laurids Brigge 47, 61, 113, 116
Rodin, Auguste 33
Rosso, Medardo 33
Rothko, Mark 143, 163, 174, 181, 224
Rudofsky, Bernard 4
Ruínas 210–211
Rushdie, Salman 91, 116
Ruskin, John 43, 196, 197, 198
Rykwert, Joseph 27

s
Sabedoria corporificada e existencial na arquitetura (2009)
   conhecimento e pensamento corporificado 69
   educação 82
   existência corporificada 103–104
   filosofia na carne 111, 112
"Sabedoria da arquitetura" 112

Sachs, Oliver 217
Sacralidade existencial: luz, silêncio e espiritualidade na arquitetura (2012) 213
Sagrado 213-215
Sartre, Jean-Paul 63, 69, 70, 110, 117, 119, 207, 209, 220, 221, 223,
   Existentialism & Humanism 119
   Sketch for a Theory of the Emotions 119
   What is Literature? 119
Scarpa, Carlo 2, 22, 273
Scarry, Elaine 46
Scheler, Max 180-181, 192
Schelling, Friedrich 56
Schmitz, Herman 42, 243
Schumacher, Patrik 281
Seamon, David 14
Sennett, Richard 253
Senso atmosférico 215-216
Sentidos I 217-218
Sentidos II 218-219
Ser no mundo 219-221
Serra, Richard 30, 148, 165, 201
Serres, Michel 82, 148
Sibelius, Jean 190
Significado 221
Silêncio, tempo e solidão 222-223
Símbolo 223
"Simulação corporificada" 67
Sinestesia 224-226
Sistemas de tráfego 67
Six Memos for the Next Millennium (Calvino) 24, 236
Siza, Álvaro 4, 261
Sketch for a Theory of the Emotions (Sartre) 119
Smithson, Robert 200
Soane, (Sir) John 114, 165, 210
Som 226-228
Sontag, Susan
   On Photography 171
Space, Time and Architecture (Giedion) 98
Stalker (Tarkovsky) 83
Stein, Gertrude 37
Stevens, Wallace 95, 153
Stokes, Adrian 2, 136
Stravinsky, Igor 37, 145
   The Rite of Spring (A sagração da primavera), 257
Sublime 228-230
Survival Through Design (Neutra) 15
Sustentabilidade 230-231

Svendsen, Lars F. H. 186, 244, 270
   The Philosophy of Boredom 186

t

Tardieu, Jean 3, 149
Tarefas da arquitetura 233-235
Tarefas da arte 236
Tarkovsky, Andrei 33, 58, 60, 61, 112, 131, 137, 154, 172, 173, 227, 265, 272
   Nostalgia 143, 171
   Stalker 60
Tatilidade 237-238
Tatilidade e materialidade da luz 238-243
Tchekhov, Anton 39, 150, 176, 253
   The Steppe 176
Tempo 243-245
   água e 1-28
   matéria e 163-167
Tempo e eternidade 245
Teorizando a arquitetura 245-249
The Architect's Brain (Mallgrave) 37
The Body in the Mind (Johnson) 90
The City in History (Mumford) 25
The Dehumanization of Art and Other Essays on Art, Culture and Literature (José Ortega y Gasset) 30, 49
The Dominion of the Dead (Harrison) 25
The End of Modernity (Vattimo) 19
The Ethical Function of Architecture (Harries) 49, 50
The Experience of Place (Hiss) 39, 240
The Extended Phenotype (Dawkins) 38
The Hidden Order of Art (Ehrenzweig) 158
The Interpretation of Ordinary Landscapes (Lewis) 195
The Listening Eye (Blomstedt) 20
The Magic Mountain (Mann) 269
The Master and his Emissary: The Divided Brain and the Making of the Western World (McGilchrist) 42, 243
The Meaning of the Body: Aesthetics of Human Understanding (Johnson) 42, 243
The Metaphors We Live By (Lakoff, Johnson) 171
The Notebooks of Malte Laurids Brigge (Rilke) 22, 61, 114, 150
The Philosophy of Boredom (Svendsen) 186
The Philosophy of No: A Philosophy of the New Scientific Mind (Bachelard) 32
The Poetics of Space (Bachelard) 6, 32, 59

The Power of Limits (Valéry) 146
The Psycho-Analysis of Artistic Vision and Hearing (Ehrenzweig) 158
The Sixth Sense Reader 216, 218
The Steppe (Tchekhov) 176
The Universe in a Nutshell (Hawking) 244
The Unquiet Grave (Connolly) 222
"The Work of Art in the Age of Mechanical Reproduction" (Benjamin) 97
The World of Silence (Picard) 222
This Craft of Verse (Borges) 253
Tocando o mundo: a integração dos sentidos e a experiência da realidade (2018)
   espaço e imaginação 93–94
   inteligência atmosférica 139–140
   sentidos I 217–218
   silêncio, tempo e solidão 222–223
   som 226–228
   toque 251
Tocando o mundo: espaço vivenciado, visão e tatilidade (2007)
   arquitetura, realidade e identidade 29
   computador e imaginação 67–68
   entendimento corporificado 89–91
   experiência tem uma essência multissensorial (a) 104–105
   horizontes de significado 126
   imagens liberadoras *versus* imagens decadentes 132–133
   olhos 191–193
   sinestesia 224
   tatilidade 237–238
   toque 250–251
   visão desfocada 272–273
   visão periférica 273–274
Todd, Andrew 21
Tomlinson, Charles 77, 89, 162
Touching: The Human Significance of the Skin (Montagu) 249
Toque 249–252
Trabalho artesanal 252–256
Trabalho criativo em equipe? 256–257
Tradição 257–263
Tradição e talento individual (Eliot) 259
Tríade 263–264
Troca 263–264
Truffaut, François 58
Tschumi, Bernard
   Architecture and Disjunction 282
Turner, Joseph Mallord William (J. M. W.) 43, 154, 200, 229
Turrell, James 30, 52, 155, 189, 200, 201, 229, 238, 239, 250
Twombly, Cy 77, 163 190

u

Um corpo que cai (Hitchcock) 58, 93
Uma odisseia no espaço (Kubrick) 156
União olho-mão-mente 77, 163
Universo digital 265–266

v

Valéry, Paul 53, 66, 87, 89, 108, 146, 148, 152, 177, 189,
   The Power of Limits 146
"Valores táteis" 105, 252
Van den Berg, J. H. 36
van Eyck, Aldo 140, 149, 185
van Gogh, Vincent 77, 78, 83, 162
Vattimo, Gianni
   The End of Modernity 19
Velocidade 267–268
   e tempo 268–271
Verbos *versus* substantivos 271–272
Vermeer, Johannes 36, 153, 215
   Mulher segurando uma balança 153
Vigo, Jean 43
Virilio, Paul 182, 262, 268
Visão desfocada 272–273
Visão periférica 273–274
Visconti, Luchino
   Os deuses malditos 62
Vitrúvio 17
   De Architectura Libri Decem 5, 254,
von Frisch, Karl
   Animal Architecture 6
von Hofmannsthal, Hugo
   Buch der Freunde 290
von Linné, Carl 115
von Trier, Lars
   Dogville 43
von Weizsäcker, Viktor 207
von Wright, Georg Henrik 246
Vozes da tranquilidade: silêncio na arte e na arquitetura (2011) 4
Vrijman, Jan 61

w

Wasteland (Eliot) 245
Watermark (Brodsky) 172

Weil, Simone
   L'enracinement 205
Weinberg, Steven 32
Weyl, Hermann 48, 52
What is Literature? (Sartre) 119
Whitman, Walt 37, 64
Wilson, Colin St. John 88, 124, 166
Wilson, Edward O. 26, 37, 51, 67, 173, 231
Wines, James 283
Wittgenstein, Ludwig 28, 65, 69, 90, 129, 131, 134, 231, 246
   Culture and Value 134
Wittkower, Rudolf 34, 235
Wollen, Peter 92

Wood, John George
   Homes Without Hands 5
Wright, Frank Lloyd 2, 13, 38, 42, 242, 273

y

Yates, William Butler 227

z

Zeki, Semir 36, 37, 38, 51, 67
   Inner Vision: An Exploration of Art and the Brain 36, 51, 67
Zumthor, Peter 13, 35, 39, 42, 43, 154, 196, 211, 219, 239, 240, 242, 273